I0830353

VIOLACIÓN Y RESISTENCIA

Linda Martín Alcoff

Violación y resistencia

Cómo comprender
las complejidades de la violación sexual

Traducción de Luisa Fernanda Lassaque

Alcoff, Linda Martin

  Violación y resistencia : cómo comprender las complejidades de la violación sexual / linda martin Alcoff. - 1a ed . - Ciudad Autónoma de Buenos Aires : Prometeo Libros, 2018.

  352 p. ; 23 x 16 cm.

  Traducción de: Luisa Fernanda Lassaque.

  1. Estudios de Género. 2. Género. 3. Feminismo. I. Lassaque, Luisa Fernanda, trad. II. Título.

  CDD 305.42

Diagramación: María Victoria Ramírez
Corrección de galeras: Marina Rapetti

© De esta edición, Prometeo Libros, 2019
Pringles 521 (C1183AEI), Buenos Aires, Argentina
Tel.: (54-11) 4862-6794 / Fax: (54-11) 4864-3297
editorial@treintadiez.com
www.prometeoeditorial.com

Dedicado a quienes lo saben

Índice

Agradecimientos

A lo largo de los años, he tenido la suerte de participar en numerosos grupos de apoyo para sobrevivientes en Providence, en Kalamazoo y en Syracuse. Algunos de ellos habían sido organizados de manera formal por las organizaciones del servicio social, y algunos otros, simplemente por activistas. En estos grupos viví de primera mano, como testigo, el proceso colectivo y tentativo de comprender; también tomé parte como protagonista en ese proceso. Los recuerdos de nuestras muchas conversaciones se quedaron en mi mente durante años. He presentado partes de los argumentos de este libro en numerosas conferencias, universidades e instituciones de educación terciaria, en varios países de todo el mundo, y siempre he mantenido conversaciones personales con miembros del público una vez concluidas esas disertaciones públicas. Quiero expresar mi agradecimiento a todos los que me contaron sus vivencias y sus análisis.

También analicé estos temas con numerosos colegas y amigos a lo largo de los años, cosa que me benefició; algunas de esas personas fueron Ann Cahill, Laura Gray-Rosendale, Raja Halwani, Jamie Lindsay, Ingeborg Majer-O'Sickey, Sarah Clark Miller, Robert Praeger y Steven Seidman.

Para finalizar, me siento en especial deuda con las siguientes personas: con mi familia, por el apoyo y la bondad que mostraron en millones de actos; con Laura Gray-Rosendale, por animarse a colaborar conmigo con este difícil tema hace muchos años; y con Amber Chiacchieri, mi asistente de investigación, por trabajar con ahínco y gran esfuerzo, y también por darme devoluciones bien fundamentadas sobre numerosos puntos teóricos. También quiero agradecerle a Sarah Gokhale por preparar un excelente índex; y a Sam Alcoff y a Anna Gold, porque sus ideas me resultaron muy útiles para el diseño de tapa.

Agradecimientos respecto del texto

El capítulo 2, "La espinosa cuestión de la experiencia", se basa, en gran medida, en el ensayo "Sexual Violations and the Question of Experience". Copyright © *New Literary History*, Universidad de Virginia. Este artículo apareció en *New Literary History*, volumen 45, número 3 (trimestre junio-julio-agosto de 2014), págs. 445-62.

El capítulo 3, "La normativa de las prácticas sexuales", está inspirado en parte en "Dangerous Pleasures: Foucault and the Politics of Pedophilia", en *Feminist Interpretations of Michel Foucault*, editado por Susan J. Hekman (University Park: Pennsylvania University Press, 1996), págs. 99-136. Copyright © Universidad Estatal de Pennsylvania.

El capítulo 5, "La descolonización de los términos", está basado, en gran medida, en "Discourses of Sexual Violence in a Global Framework". Copyright © *Philosophical Topics*. Este artículo apareció en *Philosophical Topics*, volumen 37, número 2 (trimestre septiembre-octubre-noviembre de 2009), págs. 123-40.

Una versión mucho más temprana del capítulo 6, "Hablando 'como'", apareció, en co-autoría con Laura Gray (ahora Laura Gray-Rosendale), como "Survivor Discourse: Transgression or Recuperation?" Copyright © *SIGNS*. Este artículo apareció en *SIGNS*, volumen 18, número 2 (trimestre diciembre-enero-febrero de 1993), págs. 260-90.

Introducción
La violación después de Foucault

Vivimos en un momento de revolución social mundial sin precedentes. Esta ha sido instigada por las muchas sobrevivientes de la violencia sexual que se han atrevido a hablar, lo cual hizo que la cuestión subiera al escenario del dominio público con una visibilidad nunca experimentada antes. En todo el mundo, crece la fuerza de las múltiples voces de las víctimas, y estas cobran valentía a partir del éxito de las otras. En algunos casos, sus palabras han doblegado a poderosos hombres y han puesto a la defensiva a instituciones respetadas como el clero, las fuerzas armadas, los medios masivos de comunicación y la industria del entretenimiento. Igual importancia que estas voces tienen muchas otras mujeres que luchan por lograr que se escuchen las voces de las sobrevivientes, y de que ese testimonio se justiprecie.

Pese a lo dicho, aunque los medios cubren estas noticias de manera amplia y cada vez más satisfactoria, también persiste la antigua práctica de calificar a las acusadoras de mentirosas histéricas, o de culparlas por haber sido violadas; también persiste el amenazarlas para que guarden silencio o el empujarlas al suicidio. Para desacreditar a las acusadoras, se siguen utilizando los bien conocidos recursos de endilgarle a la mujer el "querer cobrar venganza", de "ser celosas", y de que "las mujeres son intrínsecamente mentirosas y engañosas"; también se utiliza con agotadora frecuencia la idea de que las mujeres exageran su sufrimiento para lograr algún tipo de rango especial. Las redes sociales han demostrado ser una afilada arma de doble filo: por un lado, los delatores de estas situaciones; por otro lado, un medio fácil para escenificar un virtual apedreamiento de las víctimas.

Puede parecer que la atmósfera que rodea la violencia sexual nos hace recordar un equipo deportivo con bandos claramente demarcados, separados por un gran espacio vacío en el medio. Las defensoras y las activistas pueden quedar atrapadas en la necesidad de hacer entender el mensaje de que estamos presas de una epidemia y de que hay que creerles a todas las acusadoras. Estas defensoras y activistas señalan, con toda justicia, de qué forma esta cuestión sigue generando una inexplicable indiferencia: "¿Por qué la vida de este hombre debería quedar arruinada solamente por 'veinte minutos de acción'?", como dijo el iracundo padre de un alumno de la Universidad Stanford, que había sido acusado. Uno de los aspectos de la violación que más perplejidad provoca es la forma en la cual muchas personas de todo el mundo persisten en repudiar la significación del daño y en situar la culpa en el lugar equivocado.

Este libro no está escrito desde un lugar de lucha entre contrincantes: soy defensora, he sido activista y también soy una sobreviviente. Sin embargo, sostengo que es preciso que el movimiento mismo no tenga miedo de explorar una comprensión compleja de la constitución de la experiencia de la violencia sexual ni de ahondar en la, a veces, complicada índole de la culpabilidad. Mucho más allá del plano de la reforma jurídica, existe una comprensible incertidumbre sobre qué alcance darle a la definición de coacción sexual, con cuánta claridad se pide el consentimiento, con cuánta seriedad se deben interpretar los recuerdos reprimidos, con qué grado de severidad es preciso limitar la libertad de los delincuentes que ya cumplieron su condena, e incluso cómo pensar la sexualidad y los deseos sexuales de los niños y de los jóvenes.

Con frecuencia, son las voces de las víctimas las que nos traen estas difíciles cuestiones; y así es como sostendré que son las voces de las víctimas las que necesitan permanecer en el centro de la lucha por el cambio cultural. Lo que está en juego es el conocimiento de ellas y el nuestro cuando se minimiza o se desestima el problema; pero es imprescindible prestarle atención a este conocimiento para ampliar, para enriquecer y también para tornar más complejo y rico nuestro entendimiento del problema. Por ende, lo que necesitamos es una nueva epistemología de la violación, lo cual equivale a decir "una nueva comprensión de la forma en la cual se ha formado nuestro conocimiento colectivo del problema y la manera en que podría mejorárselo".

Recién cuando comencé un estudio serio de la obra del filósofo francés Michel Foucault comencé a pensar acerca de la violencia sexual dentro de un marco teórico. Las afirmaciones específicas foucaultianas sobre la violación eran problemáticas –por decirlo diplomáticamente– y han sido objeto de una merecida crítica feminista (Plaza, 1981; McNay, 1992). Analizo esta cuestión en detalle en el capítulo 3. Si bien Foucault escribió *in extenso* sobre la historia de la sexualidad, no aportó ideas nuevas sobre la causa de la violencia sexual, un tema que todavía se encuentra en las primeras (y dolorosas) etapas de la investigación y del debate académico serios. En cualquier caso, yo estaba –y estoy– más interesada en una solución. Y aquí Foucault tiene algunos aportes interesantes que hacer.

La obra de Foucault brinda un diagnóstico de la política del discurso y de la autorización en relación con la posición del sujeto y la identidad social (Foucault, 1972; Alcoff, 1996; Hacking, 2002). Foucault definió ciertos discursos en tanto sistema contextual que organiza nuestro conocimiento y en tanto prácticas que se relacionan con el conocimiento. Sostuvo que el discurso es un sitial importante de lucha social dado que mediante los discursos se organiza el dominio de los significados inteligibles y se estructura el rango de preguntas y afirmaciones significativas. También mostró la manera en la cual debe haber un discurso excluido, menospreciado, no dicho, a fin de mantener incólumes los sistemas discursivos existentes. La idea foucaultiana del discurso no tiene tanto que ver con lo que se dice, sino que tiene mucho que ver con las condiciones previas de lo enunciable. El concepto de homosexualidad tal como lo empleamos hoy en día no tiene referente en la antigua Grecia, pese al hecho de que eran numerosas las actividades que asociamos con ella. No es tan simple como decir que existía la identidad entre ambas, a pesar de que esta carecía de un término: Foucault y otros sugieren –y es una sugerencia muy atendible– que las formaciones de la identidad y hasta la textura de las experiencias pueden verse afectadas por los conceptos que tenemos a mano y que delimitan el ámbito de lo inteligible. Así, los límites de lo significativo no están determinados por una forma simple y directa por las condiciones reales de la práctica ni por los sucesos normales y habituales. Dicho de otra forma: los conceptos, los términos y las afirmaciones no surgen como tales determinados por los mundos social y natural, sino que –de algún modo– son parcialmente independientes y, a veces, efectivamente constitutivos de esos mundos. El lenguaje mismo es parte de la práctica, parte de lo que la hace posible, parte de lo que la hace significativa, parte de lo que le da a las personas ideas de lo que pueden hacer y de lo que acaban de experimentar.

Las culturas que avalan la violación producen una formación discursiva en la cual la inteligibilidad de las afirmaciones está organizada no por argumentos lógicos ni por pruebas, sino por marcos que disponen quién puede ser victimizado, quién puede ser acusado, cuáles son las narrativas creíbles y en qué contextos puede hablarse de violación, incluso en los espacios privados. Los discursos no operan en el nivel basal, sino detrás de la escena –por así decirlo– y no determinan la validez de una afirmación en particular, sino que más bien definen los criterios por los cuales se interpretan y se juzgan las afirmaciones, qué puede ser dicho, y qué puede surgir para que se le aplique un juicio. No nos dicen qué es verdad; nos dicen qué *puede* ser verdad, a diferencia de lo que no tiene lógica (Hacking, 2002). Para Foucault, los discursos constituyen el producto total de concordancias entre dominios de la lengua, de prácticas, de instituciones y de formas de subjetividad, y no de intenciones o de sistemas individuales. En tal calidad, tales discursos pueden ser difíciles de discernir, de identificar y de subvertir.

Es preciso que consideremos las realidades de este complejo interjuego de causas conforme emprendemos el esfuerzo de lograr una reforma. Y es necesario que recurramos a las fuerzas políticas que limitan, que coartan y que, a veces, incitan este discurso para que nosotros podamos entender cómo cambiar el entorno lingüístico que con tanta frecuencia habilita la epidemia de violaciones y de violencia sexual.

En esta introducción, exploro, en primer lugar, lo que podemos aprender de la incertidumbre en la que están sumidas las personas sobre el problema de la violencia sexual; luego, me dedico a mostrar por qué ahondar en la filosofía foucaultiana nos puede ayudar a pensar a fondo la cuestión de la experiencia y la cuestión de la resistencia. Finalizo con un lineamiento general de los objetivos teóricos expresados y planteados por este libro dado que estos son necesarios para el avance del movimiento.

Las áreas grises

No es exagerado decir que la cultura de masas –al menos, en el Norte del planeta– está confundida respecto de la cuestión del sexo: maniobra entre un libertarismo cada vez más extremo y un aumento en la legislación para proteger a los menores. El fenómeno japonés de las "amigas" impresas en almohadas corporales, hechas a partir de fotos de tamaño natural de adolescentes mujeres tomadas del animé y apenas vestidas, está tan acepado que los hombres las llevan consigo en público y las venden abiertamente en las convenciones (Katayama, 2009). En Los Ángeles, chicas de dieciocho años compiten en concursos de baile vestidas como desnudistas, haciendo todo tipo de movimientos sensuales con las caderas; además, este espectáculo se comercializó en el plano nacional en el programa televisivo "Toddlers and Tiaras", que se emitía por una estación que fue boicoteada por patrocinar un programa que hablaba a favor de las identidades homosexuales (Morgan, 2012). Las películas para mercados selectos y para mercados masivos juegan con la idea de que el goce sexual femenino implica ser objeto de un depredador, sea este de tipo vampírico o un simple mortal. Los populares filmes de Miranda July y de Todd Solondz ponen en tela de juicio la venalidad de los perpetradores sexuales: los presentan como seres más bien tristes que peligrosos, y señalan que son los padres sobreprotectores de clase media los que están transidos de pánico social. Mientras tanto, ciertos adolescentes de catorce años que se dedican a enviar mensajes de texto con contenido sexual a otros adolescentes de catorce años –es decir, mediante el teléfono celular envían fotos de ellos o de amigos desnudos o semidesnudos– han sido detenidos bajo la acusación de pornografía infantil (Hasinoff 2016); además, se está desarrollando una campaña pública contra el uso de la vacuna para proteger a las adolescentes del cáncer de cuello uterino con el argumento de que podría alentar el sexo premarital (Grimes, 2016). La cultura pública es un enredado manojo de tortuosos circuitos de mensajes.

Es de esperarse que se produzca la situación descripta, dada la existencia de tantas voces nuevas y de tantos grupos de defensa, así como de definiciones jurídicas en veloz cambio que varían de una nación a otra, de un Estado a otro, y hasta de una provincia a otra. Las defensoras, las activistas y las sobrevivientes mismas no siempre están de acuerdo; además, sospecho que el público en general siente, con frecuencia, más incertidumbre que comodidad al oír hablar de estos temas, sobre todo en los campus universitarios.

De todas formas, lo que es claro es que, hoy en día, existe una gran dosis de incertidumbre sobre la índole de la violencia sexual y sobre el modo más efectivo de reducir la alarmante cantidad de incidentes. Los números que hoy manejamos son, sin duda, inexactos dada la generalizada reticencia, y debido a la simple incapacidad, por parte de las víctimas, de decir su verdad, incluso a sus amigos y a su familia. Pero más allá de la incertidumbre acerca de las cifras, también hay incertidumbre entre el público en general sobre la verdadera índole de la violencia sexual, sobre la veracidad de las afirmaciones por parte de las sobrevivientes, y sobre si el feminismo ha inflado las estadísticas mediante definiciones expansivas que sobrepolitizan nuestras vidas sexuales. ¿Son confiables los recuerdos "evocados"? En cuanto al término "violación", ¿caracteriza este a esos confusos sucesos, motorizados por la bebida alcohólica, en los dormitorios universitarios? Este volumen parte de la premisa de que hay sitio para cierta incertidumbre dado el veloz ritmo del cambio, pero también debido a la complejidad del problema. Si bien a numerosos defensores les gusta decir, en la actualidad, que "una violación es una violación", en rigor de verdad, algunos incidentes son ambiguos. No son solamente las antifeministas las que albergan cierta duda escéptica sobre las afirmaciones de violencia sexual; también hay un debate dentro del feminismo mismo acerca de la índole del placer, del rol de la fantasía y de las formas en las cuales nombramos e interpretamos nuestras experiencias.

Además, quienes han planeado cuestiones críticas sobre la forma en que hablamos de violencia sexual no fueron solo feministas libertarias como Katie Roiphe o Laura Kipnis, sino también influyentes feministas radicalizadas como Dorothy Allison. Allison (1994) ha refutado la idea de que el poder no tiene lugar en la sexualidad, ni cumple ninguna función en la excitación sexual. Por su parte, la escritora Mary Gaitskill (1994) ha insistido en que el simplista binario que se planea entre qué es violación y qué no es violación no siempre es aplicable, y no fue aplicable en su caso. Gaitskill fue clara en que ella no había querido mantener la relación íntima, pero que ella era muy joven en ese momento, que él se comportó de manera agresiva y que ella no había tenido la capacidad para ponerse firme y defenderse. Entonces, afirma ella, "la verdad completa es más complicada de lo que la mayor parte de los intelectuales que han escrito ensayos cuasi-sermones sobre la victimización parecen dispuestos a aceptar" (1994:36). Se había producido una colisión de voluntades y de expectativas en un contexto en el que Gaitskill no había aprendido aún a negociar, y nadie se lo había enseñado. Ella no sabía cómo hacer valer sus derechos ni su voluntad contra lo que parecían ser las reglas aceptadas de las relaciones íntimas. No obstante, tal cosa no significa que la conducta del hombre en cuestión esté exenta de culpa.

El hecho de que Allison y Gaitskill sean víctimas es importante ya que indica que las víctimas de la violencia sexual están tan interesadas como cualquiera en cómo entender las enredadas cuestiones de la asertividad sexual y la culpabilidad. Al haber leído una gran cantidad de remembranzas y al haber escuchado conversaciones en grupos de apoyo a sobrevivientes de los cuales yo he sido miembro, encuentro personas que se formulan preguntas sobre la aplicabilidad general del término "sobreviviente", sobre qué nombre darles a sus experiencias, y sobre cuál es la *verdadera* etiología de los síntomas post-traumáticos dados a una sociedad sobrediagnosticada y obsesionada con la terapia. También hay preocupación sobre la modalidad confesional puesta en escena por las víctimas que se atreven a hablar y acerca de si esta actitud exacerba el problema del sensacionalismo mediático y el ulterior debate sobre el reino de la fantasía, el juego de roles y el placer generado por las prácticas perversas. Incluso las feministas que entre 1976 y 2015 organizaron el festival de música Michigan Womyn –bastante radicalizadas y ortodoxas ellas– reservaron una tienda para la práctica del sometimiento. Con todo, en culturas donde las niñas todavía crecen, como le pasó a Gaitskill, sin poder expresar su voluntad, o sin siquiera saber cuál es su voluntad, el debate continúa respecto de las condiciones políticas que han constituido aspectos importantes de nuestros deseos.

Es claro que la fuerza crítica que subyace a la revolución social de la que estamos siendo testigos es la voz de las sobrevivientes. Y pese a ello, conforme más sobrevivientes hablan de lo que les ocurrió y a medida que se desarrolla una mejor ciencia social sobre este asunto, tengamos por seguro que oiremos más complejidades, más matices, más variedad y más preguntas (Gavey, 2005). Esta situación no debería ser motivo para que el movimiento tenga miedo; pero la receptividad del público a las nuevas voces emergentes requerirá una mejor comprensión de la índole de la experiencia humana: que esta siempre se ve afectada por un nexo de relaciones sociales y de opciones conceptuales existentes. Se desestimarán las voces que expresen complejidad por considerárselas sencillamente en estado de negación, o por ser mentirosas, o por sentirse engañadas respecto de su experiencia si no se empuja a la esfera pública a tener una comprensión más rica y compleja.

Imagine, estimado lector, qué sentiría usted si se despertara y se encontrara en una cama ajena, en medio del acto sexual, en una posición pasiva (digámoslo así). Imagine que la otra parte es alguien a quien usted conoce y, tal vez, incluso es alguien que tiene alguna relación con usted, pero es alguien con quien usted no había tenido relaciones sexuales antes de ese momento. Es como si usted ingresara en un acontecimiento justo en el punto medio de su desarrollo. Una persona que no es usted la comprometió a participar, la llevó hasta el lugar del evento, y las cosas marchaban bien antes de que usted, en cierto sentido, "hubiera llegado". Podría parecer improbable que uno pueda despertarse en una etapa tan tardía de una actividad, pero imagine que, antes de dormir, usted ingirió una bebida alcohólica o tomó alguna droga, tal vez, incluso, proporcionadas por la persona que ahora se encuentra encima de usted. Eso es lo que me sucedió a mí.

Parece una exageración llamar "violación" a esta circunstancia, pero tenemos el hecho de que yo no participé en la iniciación de este suceso. Poco tiempo después, yo rompí la relación; el suceso que acabo de describir me dejó una sensación amarga que no pude expresar bien a mis dieciséis años, pero era una sensación lo bastante fuerte como para darle tratamiento. Sabía que no podía confiar en él. La relación íntima siempre involucra algún grado de implementación –como creían Kant y Sartre–, y sin embargo, en ese punto, yo no sentí un "dar y recibir" ni una modificación recíproca de la autonomía. Antes de ese momento, yo había tenido novios y algunas experiencias sexuales, pero esos actos había sido más bien "cuestiones de a dos", aventuras colaborativas, una toma compartida de riesgos. Prefiero pensar que yo estaba en camino de desarrollar un sentido de asertividad sexual, incluso si todavía estaba relativamente poco desarrollada. Pero este suceso era diferente. Me di cuenta cuando él estaba encima de mí que él no tenía puesto un condón ni estaba empleando ningún otro método para evitar el embarazo. Con posterioridad –algún tiempo después de que hube cortado relaciones con él–, me di cuenta de que estaba embarazada, y ese hecho desencadenó una serie de acontecimientos que desembocaron en mi deserción de la escuela secundaria.

Yo no diría que eso fue una violación, pero lo considero una inconducta sexual de parte de él. Si, al darme cuenta de que él estaba encima de mí, yo le hubiera gritado que se detuviera y lo hubiera apartado de un empujón, y si él me hubiera obligado, entonces ese habría sido un caso claro. Pero yo se lo permití pasivamente, tal vez, en parte, debido a la sorpresa con la cual el suceso se apoderó de mí. Mi mente estaba embotada, mis reflejos estaban lentos, y todo sucedió bastante rápido. Además, había amigos en la habitación de al lado, y me sentía mortificada por la idea de que pudieran haber visto u oído qué sucedía. Yo quería que nadie oyera nada de lo que estaba sucediendo.

Siempre me despertó interés ese impulso de tomar un cuerpo aletargado y comatoso, desvestirlo, colocarlo en una posición apta para las relaciones sexuales y, luego, comenzar la acción, unilateralmente, antes de que la persona que habitaba ese cuerpo hubiera recuperado la conciencia. ¿Qué hace que un alguien, un joven, quiera tener relaciones sexuales bajo *ese* tipo de circunstancias cuando pudo haberlas tenido bajo otras? ¿Cuál es la índole del deseo que lleva a esos sucesos? ¿Cuáles son las creencias necesarias para generar tal acción, o para pensar, con posterioridad, que no se había producido ningún daño?

Sucesos parecidos a este constituyen un rango habitual de experiencias generalizadas en las vidas de las jóvenes y de las mujeres en muchos lugares del mundo, y también en las vidas de algunos muchachos y hombres. La terminología jurídica se ha expandido de tal manera que abarca un espectro de sucesos dentro de categorías como "relación sexual no deseada", pero no nos dice mucho sobre los sucesos reales y efectivos. Por otra parte, "relación sexual no deseada" suena como si fuera un eufemismo de "violación", con lo cual, otra vez, se desdibuja la complejidad. Si digo simplemente: "Ojalá me hubieran preguntado", esto que digo suena trivial, risible y tonto; pero es lo que me habría gustado que hubiese pasado. Si me hubieran preguntado, la índole de la experiencia habría cambiado para mí; no me habría dejado un "mal sabor", y yo podría haber planteado la cuestión del embarazo. Sucesos como este al cual me vi sometida son parte de una constelación de conductas normativas o comúnmente aceptadas, conductas que con demasiada frecuencia frustran el desarrollo de la asertividad sexual de las mujeres y de las jóvenes; es decir, su capacidad de desarrollar formas de autoconsideración, de autoestima, que sean lo bastante fuertes como para resistir las reglas aceptadas del juego. Por lo tanto, tales sucesos no deberían ser juzgados en forma aislada, sino como parte de un patrón cultural que obstaculiza el tipo de subjetividad sexual requerida por Beauvoir como necesaria para que las mujeres desarrollen su estatus de persona.

Las mujeres de mi cultura y de mi generación crecieron, en general, desarrollando una actitud de escape y de autoprotección. Cuando yo tenía trece años, podía sin ningún problema zafarme de algún muchacho que me hubiera atrapado; podía rechazar con un codazo su brazo, que me había rodeado desde atrás, e incluso salirme de una situación coercitiva en la cual yo había quedado encerrada por un muchacho más fuerte. La idea que finalmente desarrollé de enfrentar –y no de eludir– ciertas posibilidades como las mencionadas trasuntaban una gran valentía, tal vez nacida del fatalismo de que había alguna probabilidad de que pudiera yo mantener mi alentadora cantidad de éxitos. Yo no era para nada ingenua; pero ese giro se dio luego de una intensa lectura de Kahlil Gibran, luego de lo cual decidí que quería experimentar la vida con todos sus goces, físicos y de los otros. Una vez que hube decidido que ocasionalmente me acercaría –y no me alejaría– de las posibilidades, comencé a tener una "reputación"; pero la consideré el resultado de una malinterpretación de mi conducta, un retrógrado doble estándar para niños y niñas, y un ataque a mi libertad y a mi dignidad humana. La maldad de mis pares me llevó a pensar más profundamente sobre la índole de la sociedad y sobre mi vida.

En *Longing to Tell: Black Women Talk about Sexuality and Intimacy* (2003), el muy importante libro de Tricia Rose, una mujer llamada Sarita intenta explicar qué ocurrió en un suceso que tuvo lugar cuando ella estaba en la universidad:

> No lo llamaría una "violación en una cita", sino que lo llamaría "violación por fuerza mental". Una persona en la que yo confiaba me manipuló por completo debido a mis propias debilidades de carácter y me hizo tener relaciones sexuales. [...] Todavía siento mucha vergüenza acerca de lo que pasó porque en lo profundo de mí siento que di mi consentimiento (2003: 32-3).

El hombre de este caso tenía cincuenta años y había trabajado con ella durante algún tiempo en un espectáculo de danza grupal. Esa noche, él logró quedarse a solas con ella porque le había ofrecido enseñarle técnicas de percusión, y luego creó una situación en la cual, por miedo y por presión, ella "simplemente dejó que él tuviera sexo conmigo" (2003:34). Él no utilizó condón. Con posterioridad, Sarita intentó suicidarse, y tuvo la sensación corporal de no poder quitarse de encima el olor de él por mucho que se lavara y utilizara aceite. Es claro que él sabía lo que había hecho porque la llamó al día siguiente y le dijo: "Espero que estés bien porque anoche no pasó nada, ¿verdad? No pasó nada" (2003:33). De todas formas, en primer lugar ella se culpó por dejar que "la usaran", que "la manipularan". En la compilación de anécdotas de Rose se incluyen otros incidentes similares donde las mujeres les hicieron caso a las sugerencias de ciertos hombres hasta que se encontraron inmersas en situaciones de vulnerabilidad. Parte de la manipulación, en estos casos, es desplazar la causa eficiente y desviar la culpa: la vieja historia de culpar a la mujer por entrar a la habitación, o al auto, o ir al bosque a caminar, como si esas elecciones fueran el equivalente al consentimiento. Los manipuladores saben que es difícil expresar una desconfianza preventiva respecto de las personas que integran los círculos sociales a los que una pertenece, o respecto de los hombres con los que una trabaja. Esta dificultad puede verse exacerbada cuando existe una expectativa implícita de solidaridad racial contra una sociedad racista que presenta a los hombres de color como depredadores.

La asertividad sexual no es algo que se pueda aprender en un libro. Las condiciones locales y específicas que crean los obstáculos a la asertividad sexual requieren análisis locales y específicos. Tener una subjetividad sexual –como sostendré en el capítulo 4– es algo que nosotras debemos desarrollar como una especie de práctica dentro de las particularidades de un contexto cultural que tiene sus convenciones específicas y sus probables oportunidades, así como sus peligros.

Ciertamente para las jóvenes de numerosas culturas sexistas, puede ser una experiencia emocionante descubrir que una es deseable, dado que ese es el aspecto clave de nuestra valía social. Pero tener asertividad sexual significa que yo considero también cuáles son *mis* deseos. El desarrollo de la asertividad sexual requiere un espacio para intentar cosas, para experimentar, pero estas acciones requieren cierta medida de razonable expectativa de seguridad y de reciprocidad. Esto es lo que queremos cuando decimos: "Me gustaría que me hubiesen preguntado", "también yo querría poder preguntar".

Aquí, la cuestión va más allá de si el hombre a quien encontré encima de mí, en medio de la noche, tantos años atrás era jurídicamente culpable de una inconducta sexual, o si el hombre mayor que coaccionó a Sarita fue culpable de violación. Creo que ese novio mío de entonces tuvo algún grado de culpabilidad moral, si bien en un grado leve dadas las convenciones de conducta que eran evidentemente habituales en nuestro entorno. Sarita describe una circunstancia que suena más intencional y premeditada, sobre todo por la significativa diferencia de edades entre ella y el hombre en cuestión.

La idea de que el sexo es una cuestión compleja, pero que la violación no lo es no nos ayuda para nada. Hace pocos años, jóvenes activistas y víctimas introdujeron la frase "violación gris" para captar la complejidad de ciertos acontecimientos. Creo que esta frase ayudó a ampliar el alcance del debate y a hacer posible que más voces se atrevan a decir su verdad. La idea de que una violación es una cuestión sencilla y sin vueltas opera, en realidad, como factor disuasorio para que las víctimas guarden silencio porque se las hace sentir que su propia experiencia fue compleja y ambigua, y les inhibe el proceso vitalmente necesario de hablar la propia experiencia con otros. Reconocer la "violación gris" se convierte, entonces, en una forma de respetar la perspectiva de las sobrevivientes mismas.

Cómo manejar el problema

La violación y las violaciones sexuales de todo tipo han cobrado, en efecto, proporciones epidémicas, y permítaseme dejar en claro que no se justifica el escepticismo acerca de su predominio ni acerca de la severidad de los efectos sobre las sobrevivientes. La violencia sexual que tiene lugar en las cárceles, en las universidades, en las empresas y en las instituciones religiosas y militares *se maneja* de un modo tal que la que quede protegida sea la institución, no la víctima. Por su parte, el incesto (incluso el que involucra a los padres biológicos) está lejos de ser infrecuente, pero es difícil de ser llevado ante un tribunal debido a los procedimientos actuales en vigencia. Es necesario que la respuesta social a la violación se mida, pero no solo en relación con lo que sucede en los tribunales, sino también en función de las actitudes públicas generales. Lo que es claro es que la epidemia continúa *porque la respuesta a ella es deliberadamente insuficiente; y esa respuesta incluye otras cuestiones que superan y opacan la preocupación por el daño infligido a las víctimas.* Los individuos que sobreviven a la agresión sexual son vistas con excesiva frecuencia como un daño colateral respecto de la necesidad imperiosa de proteger la institución religiosa, o de mantener el buen ánimo de los militares, o incluso de ganar un torneo de fútbol.

Por lo tanto, tiene más sentido decir que muchas sociedades –si no la mayoría– *manejan* el problema –es decir, manejan a las acusadoras y a sus aliadas– sin llevar a cabo un intento serio de cambiar el *status quo*, la situación tal cual está ahora. Abordar y resolver el problema de manera seria requeriría desafiar muchas ideas y normas convencionales sobre la heterosexualidad y la identidad de género que excusan la violación o que la colman de romanticismo porque la tildan de "una forma de potente deseo o de normativa masculina", o como "una característica inevitable de ciertos tipos de interacciones o de situaciones de vida". Con excesiva frecuencia, un caso se convierte en noticia solo cuando le es funcional a algún otro objetivo que nada tiene que ver con la finalización de la violencia sexual; por ejemplo, el racismo anti-negro o anti-mexicano, o la homofobia, o las operaciones militares imperiales, o una reacción negativa contra las madres trabajadoras que ponen a sus hijos en guarderías infantiles, o sencillamente hacer elevar las mediciones de los medios haciéndoles notas a las famosas a las que les ha sucedido algo. Cuando el tema es "solo" acerca de un acontecimiento habitual como una violación sexual dentro de una relación, de un matrimonio, de una familia o en el ámbito de un vecindario, la cobertura es escasa. Esta situación genera un fatalismo generalizado.

Hoy en día, a consecuencia de esos nuevos movimientos sociales contra la violación que emergieron en numerosas sociedades, la oposición y el escepticismo provienen de diversos lugares. Los nuevos movimientos preocupan a ciertas personas porque parecen amenazar o, al menos, estar en discordancia con el intento de promover un radicalismo favorable al sexo o de explorar el poder del juego sexual. Todos los esfuerzos de la reforma antiviolación –reprobar los chistes referidos a la violación, requerir un "consentimiento afirmativo", cambiar las reglas respecto de la carga de la prueba– encuentran a su paso potentes críticas, y críticas que no siempre provienen de los sectores conservadores. Los comediantes librepensantes, los escritores alternativos e independientes, e incluso algunas feministas académicas sugieren que el movimiento contra la violencia sexual crea un pánico social, legitima la venganza, vilifica a los pedófilos más allá de una medida razonable y crea una vía directa que lleva a mantener actitudes negativas hacia el sexo y que conduce a una moral tradicional.

Es difícil no suponer que estos críticos no se toman el problema de la violencia sexual con tanta seriedad como se toman los problemas que podrían provocar las reformas. Esta situación podría explicarse como la consecuencia de cierto escepticismo acerca del alcance del problema mismo y las razones efectivas y reales que subyacen al aumento en la cantidad de acusaciones. Chloë Taylor (2009a, 2009b), por ejemplo, plantea si la violación siempre provocó un trauma en los períodos históricos pasados; Laura Kipnis (2017) sugiere que las mujeres jóvenes se han enamorado de la idea de que no tienen capacidad de acción. Tales críticas rara vez exploran reminiscencias como las de Tricia Rose o muchas otras.

Lo que es necesario es un abordaje que acepte la legitimidad de las preguntas complicadas acerca de los problemas con que nos enfrenamos sin minimizar, de ninguna manera, los profundos efectos provocados por nuestras culturas sexuales sexistas en nuestras subjetividades sexuales (Heberle 1996). Considero que la mayoría de las escépticas, como Kipnis, piensa equivocadamente; pero tal idea no significa que la forma en que entendemos la índole de los problemas sea ya fija e inamovible. Reconocer la necesidad de que exista una riqueza y una complejidad es crucial a fin de entender mejor la índole del problema y, además, a fin de forjar una respuesta política efectiva para darles a los escépticos. La índole de la experiencia humana es un complicado "ida y vuelta dialéctico" que involucra convenciones culturales, discursos, creencias y prácticas, como exploraré en el capítulo 2. El lenguaje y los conceptos afectan no sólo si podemos iniciar una acción judicial, sino también cómo nos relacionamos los unos con los otros y cómo experimentamos nuestras vidas. La rapidez de esta revolución ha encontrado que los conceptos que manejamos, a veces, no están en concordancia con las necesidades de las víctimas.

Pese a los muchos obstáculos que se oponen al cambio social, existe una creciente oleada global de activismo contra la violación y contra la violencia sexual que ha sido posibilitada gracias a que las víctimas se han atrevido a hablar y gracias a que insistieron en visibilizar en nuestra cultura pública sus vidas, sus experiencias y su rabia. Se hayan expresado como se hayan expresado —es decir, si acusaron a sus agresores en el ámbito judicial, si crearon una obra dramática con su caso, si organizaron manifestaciones o si utilizaron las formas anónimas provistas por las redes sociales—, no podemos ya soslayar el hecho de su presencia o de su llamamiento —su exigencia— al cambio. Su discurso ha operado como catalizador, y se lo ha vivenciado como una bomba arrojada contra instituciones protegidas o contra atesoradas formas culturales de vida. Finalmente, la diaria andanada de violaciones sexuales que se producen en nuestras comunidades se está convirtiendo en una cuestión pública que no puede soslayarse.

Con todo, la reacción más común toma, con frecuencia, la forma del descrédito, de la minimización del hecho, o de la desviación hacia otras cuestiones. Para hacer que el discurso de una sobreviviente sea tan políticamente efectivo como sea posible, necesitamos considerar las condiciones y el contexto de su recepción, de su interpretación y de su comprensión. En particular –como afirmaré a lo largo de este volumen–, necesitamos mejores relatos de la índole de las experiencias de violación y de violencia sexual, y es preciso que ayudemos al público en general a tornarse más receptivo y sensible en su entendimiento de las formas en las cuales está presentado el discurso de las sobrevivientes, cómo se lo interpreta y, a veces, cómo se lo malinterpreta adrede y se lo desacredita sin más.

Hace ya casi tres décadas que trabajo en esta área, tanto como filósofa cuanto como activista. Mi activismo ha sido, en general, de base, si bien, en ocasiones, ayudé a examinar procedimientos universitarios, presionar para que se introdujeran reformas y organizar eventos. Pero mi activismo también ha tomado la forma del escrito filosófico y de la conferencia a fin de ayudar a que los medios públicos y las culturas desarrollen una mejor evaluación de las situaciones y, además, una mejor respuesta feminista.

Como mencioné antes, también soy una sobreviviente, y he escrito y hablado en púbico como tal durante muchos años en una variedad de contextos: las noticias locales, las manifestaciones políticas, las reuniones de padres y maestros, y las conferencias académicas. Así fue como fui testigo de primera mano de todo tipo de reacciones problemáticas con que es probable que se encuentren las sobrevivientes cuando nos atrevemos a hablar en público; esas reacciones pueden ir desde el hostigamiento hasta las acusaciones de prejuicio antimasculino, o incluso confesiones de haberse sentido excitado por el tema. Al igual que muchas mujeres, he tenido más de una experiencia de violación en mi vida. La primera –y la peor– fue a los nueve años y fue un suceso que careció de toda ambigüedad. Me llevó veinte años poder hablar con alguien acerca de esto y, algún tiempo luego de este desahogo, me encontré haciéndolo público en una marcha del movimiento "Take Back the Night". El plan era que las sobrevivientes de la marcha llevaran brazaletes negros para dar a entender el alcance del problema. Si alguna sobreviviente en particular participaba dependía de nosotras, pero yo sentí el llamamiento a ayudar y a realizar un acto colectivo que fuera tan potente como se pudiera lograr. Fue un acto pequeño: era nada más que llevar una banda sobre el brazo, pero sentí que era una oportunidad importante para mostrar solidaridad y disconformidad con el *status quo*. Cuando acepté el brazalete, se me secó la boca, comencé a temblar y sentí el pánico delante de mí. En un instante, mi ser —maduro y capaz— se transformó en la niña que había sido amenazada con sufrir violencia si alguna vez decía algo. Pero logré hacerlo, de todas maneras; me quedé en la marcha y me recompuse. Lamento decir que el correr del tiempo no apacigua estos temores.

La violación sexual

En este libro sostendré que necesitamos *complejizar* nuestra comprensión de lo que cuenta como violencia sexual y que es preciso que nos apartemos de las categorías binarias simplistas y de las afirmaciones fáciles de que la violación tiene que ver con el poder, pero no con el sexo. En realidad, la violación no siempre involucra *violencia* en el sentido habitual; así, sugiero que utilicemos un título más abarcativo, el de *violación sexual*, para dejar en claro que nuestra preocupación es más amplia de lo que solía ser llamado "violación por la fuerza"; es decir, una acción que A le obliga a hacer a B coaccionándola físicamente. El verbo "violar" significa "avasallar a alguien, transgredir", y puede también significar "romper" o "quebrar". Las violaciones pueden tener lugar con sigilo, con manipulación, con palabras delicadas y con buenos modales, y le pueden suceder a un niño, a una empleada o a cualquiera que sea significativamente vulnerable a los oficios de otros. A veces, se emplea la frase "violencia sexual" como metáfora para que su significado logre abarcar tales sucesos; pero este "estiramiento" del significado es engañoso. La violencia no es determinante de lo que somos después. Lo que nos interesa es una violación de la asertividad sexual, de la subjetividad, de nuestra voluntad. También deben preocuparnos las formas en las cuales se forma nuestra voluntad.

La violación sexual es un fenómeno tan complejo como cualquier dominio de la experiencia humana significativa. Con frecuencia, tenemos un largo proceso en el cual cavilamos respecto de cómo entender y evaluar el acontecimiento; a veces, lo hacemos con la ayuda de otros. De la misma forma en que podemos reevaluar nuestras relaciones y nuestras experiencias familiares a lo largo de nuestras vidas, también podemos, en ocasiones, cambiar la forma en que entendemos el significado de un suceso de violación sexual. Y tales cambios pueden traer aparejados cambios también en el afecto (es decir, en el estado de ánimo). Los defensores de la causa antiviolación y los terapeutas a menudo describen su trabajo con sobrevivientes como "un pasaje de la vergüenza al enojo", como una fatalista desolación en la capacidad de recobrar la propia autoestima.

Sin embargo, si existe apenas un atisbo de cambio en la evaluación del suceso por parte de la víctima, se lo sigue tomando como un obstáculo a la credibilidad de la acusadora. Algunos toman esta actitud como prueba de susceptibilidad a la sugestión, de volubilidad o de motivos ulteriores. Con todo, lo que interpretamos –intentando, a veces, darle sentido con desesperación– no es una *tabula rasa* a la que puede dársele cualquier significado. Las experiencias corporales no son *infinitamente* maleables, y las que involucran partes corporales como los órganos sexuales –con su singular sensibilidad e importancia– tienen un *contenido* significativo que no puede ser manipulado a voluntad ni por las terapeutas feministas, ni por las culturas conservadoras, ni por las nuevas formaciones discursivas. Fundamentalmente, las violaciones sexuales tienen lugar en todo el ser humano –en el cuerpo y en la mente–, y no están solamente "en la cabeza", abiertas a cualquier significado que les demos. Susan Brison explica el trauma causado por la violación de manera memorable: "No solo asuela la mente consciente e inconsciente, sino que se queda en el cuerpo, en cada uno de los sentidos, listo para resurgir cuando algo desencadena una reescenificación del suceso traumático" (Brison 2002:x).

Estas complejidades de la experiencia humana sugieren que los teóricos y los filósofos tienen, en efecto, un papel que desempeñar en la comprensión de la violencia sexual, y en la expansión (y en el perfeccionamiento) de los conceptos que utilizamos para describirla. Como afirma Brison, las violaciones sexuales también tienen mucho que enseñarles a los filósofos sobre la índole relacional y corporizada del yo psicológico. Por lo tanto, no es un dominio simplemente para los psicólogos, o para los sociólogos, o para la jurisprudencia. Los filósofos han estado trabajando sobre la cuestión de la violación durante más de cuatro décadas, y se han dedicado sobre todo al desarrollo y a la definición de nuevos términos como "violación en una cita" y "acoso sexual", y a clarificar y a lograr la "sintonía fina" de viejos conceptos como el de "consentimiento" y "coacción" (véanse, por ejemplo, Foa 1977; Pineau, 1989; Kazan,

1998; Burgess-Jackson 1999a; Cahill, 2001). La lucha en derredor de la violencia sexual se ha librado, quizás, de una manera muy significativa en nuestros entornos lingüísticos. ¿De qué manera? Cambiando nuestros términos jurídicos y el discurso cotidiano, la forma en que nombramos y categorizamos nuestras experiencias, y la forma en que la justicia clasifica nuestros delitos y los tramite.

Estados Unidos finalmente cambió su definición de violación en el año 2013, de modo que ahora incluye otros orificios, además de la vagina; este cambio hace posible que se incluya a las víctimas de sexo masculino. Resulta desagradablemente sorprendente que, hasta hace muy poco, no se hayan llevado estadísticas de víctimas de sexo masculino, que no se monitorearan las cárceles, y que solo se pudieran presentar demandas por agresión física (Kramer, 1998; Federal Bureau of Investigations (FBI), 2013; Javaid, 2014). Cambiar las definiciones impacta en la posibilidad de resistencia, así como en la forma en la cual entendemos el daño. Es habitual que las generaciones mayores de mujeres denominen las experiencias sexuales coercitivas de manera muy diferente que las generaciones más jóvenes; aquellas suelen hacerlo con una gran dosis de fatalismo, como nada más que "una parte de la maduración como mujer", o como "uno de los peligros de haber nacido mujer". Melania Trump, la esposa de Donald Trump, dijo que una frase jactanciosa de su esposo había sido "una de esas cosas que dicen los hombres", una versión de la fatalista idea de "bueno, son hombres; son así".

Los conceptos que empleamos para la violencia sexual varían no solo diacrónicamente –de una generación a otra–, sino también sincrónicamente; es decir, de una cultura y sociedad a otra (como expongo en el capítulo 5). La variación mundial en la definición de violación capta un rango diferente de sucesos, lo cual hace que sea imposible tabular las cifras y, por lo tanto, generar estadísticas. En el pasado, lo que hoy llamamos "violación" se clasificaba con frecuencia como "seducción", pero incluía actos consensuales fuera del matrimonio. Por estos motivos, y debido a los obstáculos enfrentados una y otra vez por las víctimas cuando se deciden a hablar, no podemos, en rigor de verdad, afirmar que sabemos en qué medida ha existido el problema en el pasado, o en qué medida atraviesa hoy a todas las culturas. Steven Pinker (2011) ha afirmado hace poco que la violencia a lo largo de la historia humana ha disminuido de forma significativa; pero tales ideas no tienen un sustento probatorio firme, y mucho menos en este dominio de la violencia.

Frente a este caos lingüístico, los teóricos y los filósofos a veces intentan imponer un orden conceptual y terminológico. Ciertamente, a los efectos de la legislación, todos necesitamos términos definidos con claridad, con un alcance y una referencia especificables; sin embargo, sostendré en el capítulo 1 que es un error designar el ámbito jurídico como el sitial principal para resarcir el problema de las violaciones sexuales. El objetivo de los tribunales es el de establecer la culpabilidad individual, mientras que los defensores de la causa antiviolación, los intelectuales, las víctimas y los partidarios de estas están interesados, con mayor frecuencia, en el cambio social, en el análisis y en el entendimiento. La baja incidencia de las denuncias (más del 90 por ciento jamás llegan a la policía o al organismo receptor pertinente) reduce la eficacia de la ley en tanto factor disuasorio; por su parte, los problemáticos ámbitos jurídicos de todo el mundo –la actividad policial, las prácticas judiciales y la injusticia carcelaria– son, en verdad, una causa significativa de que no se realicen denuncias de violación. Además, el estrecho espacio discursivo de que se dispone ante un juez, en un tribunal, no es un ámbito idóneo para la labor de *transformar* nuestro lenguaje. A los abogados les interesa el resultado cuando hablan con los jurados o con los jueces, un hecho que los alienta a basarse en las presunciones existentes y a valerse de ellas.

Así, nuestro abordaje de los conceptos de violencia sexual no debería coaligarse con un proyecto que tenga que ver con la filosofía del derecho ni con una reforma jurídica. El criterio para generar nuevos conceptos debería ser, en primer lugar, que nos ayuden a entender el fenómeno y a oír las palabras de las sobrevivientes con más claridad. En general, deberíamos dejar de tomar el ámbito judicial como el único sitio para buscar la verdad, una tendencia que surte efectos perniciosos en los discursos públicos sobre la violación. El hecho de que un caso presentado ante un tribunal haya tenido un fallo adverso para la víctima no significa que dicho caso no sea cierto ni que la agredida haya formulado una falsa acusación. En realidad, la capacidad de lograr una condena depende de numerosas variables que nada tienen que ver con la veracidad del caso, sino que, antes bien, tienen que ver con la presentación que hace la acusadora del acusado, los prejuicios de los miembros del jurado y de los fiscales, y las ambigüedades de los criterios a los que deben ajustarse las pruebas. Entonces, el reino de lo jurídico jamás debe tomarse como la ruta privilegiada hacia la verdad o como el *único* dominio en el cual interese la verdad. Ambas suposiciones están equivocadas.

El trabajo teórico acerca de la violación y de la violencia sexual debe, entonces, ir más allá del terreno de las clarificaciones jurídicas y de las reformas a las leyes y a los códigos. ¿Cómo podríamos pensar en los objetivos de la teoría a la luz de las consideraciones intelectuales y las del activismo?

La problemática de Foucault

Adentrarse en la obra de Foucault sobre estas cuestiones resulta ser útil en un sentido sorprendente. En esencia, sostendré, la percepción de la gente sobre el rol constitutivo del lenguaje en la formación de nuestras experiencias –es decir, la afirmación de que es el feminismo mismo el que produce denuncias "infladas"– es una versión de la famosa afirmación foucaultiana de que el discurso desempeña un papel constitutivo en nuestra experiencia; de que, como él lo dijo, los discursos no son nada más que "grupos de signos", sino que son "prácticas que sistemáticamente forman los objetos de los cuales ellas hablan" (1972:49). Las teorías feministas sobre la violación deben dar tratamiento a esta en forma directa, como lo haré en este libro.

Además, adentrarse en la obra de Foucault es útil en otro sentido. Él cometió errores, pero también tuvo varios aciertos; por ejemplo, en la índole reflexiva del lenguaje (es decir, en el "ida y vuelta dialéctico") y de la experiencia, así como de los discursos y de las prácticas; en la particular preocupación moderna por la normalidad y la normalización; en la necesidad de analizar las convenciones del habla que distribuye diferencialmente roles y autoridad; y en las formas en las cuales los conocimientos están vinculados al poder. Foucault se equivocó y mucho acerca de la violación; pero su lúcido análisis del poder y sus objetivos liberatorios respecto a las "tecnologías del yo psicológico" lo convierten, tal vez, en un aliado inconsciente, como sostengo en los capítulos 3 y 4. Sería útil considerar su idea de que nuestro objetivo no puede simplemente ser la reformulación de nuevas normas de la práctica sexual, ni nuevas nociones de qué es lo normal, sino que debemos, además, considerar de qué forma impacta un clima discursivo dado "en la conciencia que uno tiene de lo que hace, de lo que uno hace con una experiencia, y del valor que uno le atribuye a ella" (1989:322). Es preciso que las teorías feministas sobre la violación y la violencia sexual, concluyo, piensen tanto con Foucault como más allá de él a fin de construir abordajes más creativos y efectivos para la reducción de la violencia sexual.

La mayor parte de las feministas está de acuerdo en que Foucault estaba equivocado en los pocos enunciados que hizo explícitos acerca de la violación. Foucault sostuvo que la violación debía ser tratada análogamente al robo de morada o a la agresión física y, por lo tanto, le quita toda asociación con el sexo. Vaya sorpresa, dada la gran atención que le dio al poder, Foucault adoptó un abordaje simplista a la cuestión del consentimiento: sugirió en más de un lugar que el sexo entre adultos y entre jóvenes –incluso niños– podría ser inocuo considerado aparte del efecto de ciertos acicates normalizadores, como la vergüenza y la culpa. En el capítulo 3 exploraré esas cuestiones en algún detalle.

Como suele suceder con los mejores filósofos, los errores de Foucault son interesantes. Sus puntos de vista no son tan esotéricos como podríamos imaginar y, en ciertos sentidos, resulta paradójico que sus escritos sobre el sexo hayan abrevado en el *zeitgeist*, el espíritu de la época. Esta es una razón más para explorarlos.

Una de las principales causas de nuestra confusión contemporánea sobre la índole y el alcance reales de la violencia sexual tiene que ver, precisamente, con la forma en que el lenguaje afecta a la experiencia. La afirmación de que las feministas han creado la epidemia de la nada es, claro está, una ilusión patriarcal; con todo, las feministas saben muy bien que los lenguajes que tenemos a mano para denominar, para acusar y para explicar desempeñan un papel importante en algunos aspectos de la experiencia. Creer que un suceso es "mi culpa, y solo mía" hace que su fenomenalidad sea diferente de entenderlo como algo que no merecí en lo absoluto. Decir que un agresor operó a partir de una elección que él mismo realizó o de su propia volición, y no a partir de un torrente hormonal imparable puede marcar una diferencia afín a la distinción que existe entre los desastres naturales y los causados por la mano humana. Los desastres naturales, en general, no generan ira, ni humillación, ni vergüenza, ni remordimiento.

La forma en que la sociedad piensa el sexo puede desempeñar un papel importante en la obliteración de la violación, en su justificación, en su trivialización, en su racionalización y en su encubrimiento. Por eso, el feminismo *tuvo* mucho que ver en la creación de una epidemia cuando produjo una agitación tendiente a crear ira cuando esta es necesaria para la autoestima, para el autorrespeto y para lograr el cambio social. Pero sería un error pensar que existe una "realidad" estable en la violación mientras los teóricos, los poetas y los tribunales se pelean por el lenguaje. No debemos dar por sentado que el significado de nuestras experiencias se despliega imperturbable gracias a los contextos discursivos.

Teorizar la violación después de Foucault requiere que nos consustanciemos con la índole constitutiva de los tipos de discursos, pero esta actitud abre una caja de Pandora de un potencial relativismo, así como nuevas oportunidades para desestimar la alta incidencia de las afirmaciones. Lamentablemente, Foucault sugirió que, antes de la era de la *scientia sexualis* y de las codificaciones jurídicas de la perversidad, los intercambios monetarios entre los aldeanos y las jovencitas a los efectos de lograr cierto acercamiento afectuoso eran sucesos mínimos y triviales. David L. Riegel se encuentra entre quienes han trazado generalizaciones a partir de tales ideas, tras lo cual afirmó que "gran parte de lo que leemos en los escritos sobre victimología y en los medios masivos de comunicación tiene que ver con hombres que consideran *en retrospectiva* sus relaciones de juventud, sexualmente expresadas, con hombres más grandes como relaciones negativas y abusivas" (2007:35; las cursivas son mías). Riegel considera que esta reevaluación retrospectiva es el resultado de lo que él llama "un profundo y persistente lavado de cerebro" y afirma que es "nada más que la interferencia de terceros externos" lo que produce el trauma emocional experimentado por los sobrevivientes. No es el suceso en sí mismo lo que introduce la vergüenza y la culpa, sino la idea de que la interacción sexual con adultos es anormal e inmoral (2007:35).

El punto de vista de Riegel de que el grave trauma emocional producido a partir de la relación sexual entre un adulto y un niño es "tan infrecuente que está desapareciendo" puede que no sea compartida por todo el mundo; pero su óptica de que un medio "victimológicamente orientado" haya tenido un efecto distorsivo en una amplia gama de experiencias sexuales es mucho más trillada (véase, por ejemplo, Angelides, 2004). Numerosas feministas han compartido la visión de Naomi Wolf de que hemos estado exagerando con la victimización de la mujer (véase Wolf, 1994). Y el amplio apoyo prestado a Roman Polanski y a Woody Allen –ambos tuvieron relaciones sexuales con menores; en el caso de Polanski, incluso, se produjo una administración manipulativa de drogas– debería demostrar que las opiniones de Riegel no están, ni por lejos, relegadas a los márgenes (véase Toobin, 2009; Geimer & Silver, 2013)[1]. Muchos de los que acuden a ver sus películas piensan que ni Allen ni Polanski hicieron nada malo, mientras que otros creen que el daño fue mínimo. El influyente ensayo de Gayle Rubin, "Thinking Sex" (1984), un clásico obligado en los cursos de estudios sobre mujeres, plantea que a los pedófilos se los victimiza injustamente a través de las cazas de brujas; exploraré sus puntos de vista en profundidad en el capítulo 3. En verdad, la incertidumbre y el desacuerdo respecto de numerosos aspectos de la violencia y de la coacción sexual incluyen también a los que involucran menores.

El relato foucaultiano de los regímenes de poder y de conocimiento nos ayuda en este punto a poner de resalto el carácter contingente y variable de nuestras problematizaciones, o la forma en que se formulan las cuestiones que nos ocupan. Las afirmaciones absolutas, vengan de instituciones religiosas o de la psicoterapia más moderna, hacen surgir escepticismo acerca de si son tan objetivas como dicen serlo. Además, el diagnóstico de Foucault acerca del foco en la "normalidad" también arroja luz en nuestras actuales controversias. Foucault sugirió que la investigación de lo normal produjo no solo juicios negativos, sino también formas de resistencia presentadas como versiones nuevas y "corregidas" de lo normal. La posterior proliferación de normas en pugna ha producido un conflicto y una refutación que han dado lugar a la incertidumbre que existe hoy en día. La suposición intocable que subyace a esta incertidumbre, sugiere Foucault, es el deseo "de conocer".

Foucault sostuvo, y con razón, que llevar el sexo al dominio de la investigación científica –un fenómeno bastante reciente– motorizó las operaciones de vigilancia del Estado. Este enunciado se ha verificado sobre todo a través de la idea de que existen "normas" identificables sobre deseo y prácticas sexuales. Sostendré que las feministas pueden perfectamente unirse con Foucault en el rechazo a la búsqueda de lo "normal", pero también afirmaré que la identificación de la violación no requiere, en absoluto, que produzcamos un relato de lo que es normal en cuanto a sexualidad humana. Si bien cualquier relato sobre la violación sexual será, por fuerza, normativo, los fundamentos de esas consideraciones normativas no necesitan estar vinculados a las ideas sobre qué

---

[1] Woody Allen, por su parte, afirmó que su matrimonio con Soon-Yi Previn ha funcionado bien porque antes habían tenido una relación de padre e hija (Bryson-Taylor 2015).

es "lo normal". De allí que el proyecto de resistencia requiera un nuevo temario, una problematización diferente.

Un temario para la teoría

Con este libro formulo y, a la vez, doy tratamiento a un grupo de interrogantes programáticos relativos a la índole de la experiencia y a las estrategias de resistencia vitales para que avance el movimiento contra la violencia sexual. Estos interrogantes son los siguientes:

1. ¿Qué denominación le damos a nuestras experiencias? En particular, ¿cómo deberíamos entender el proceso de darles nombre a nuestras experiencias, dada la relación reflexiva entre lenguaje y experiencia?

2. Dado que el concepto mismo de violación sexual es normativo, ¿cómo deberíamos normativizar nuestras prácticas sexuales? ¿Cómo podemos hacerlo sin inscribir nuevas jerarquías de práctica que vilipendien a las minorías sexuales?

3. ¿Cómo deberíamos "amigarnos" con la variedad cultural de normas, prácticas y conceptos sexuales? ¿Cómo podemos maniobrar entre esas diferencias sin replicar los abordajes racistas y colonialistas?

4. Dado que hablar a las claras de lo ocurrido (la violación sufrida por la víctima) constituye una herramienta crítica para cambiar la forma que tiene el público en general de entender y de apoyar el cambio social, ¿cómo podemos mejorar las condiciones de recepción experimentadas por las sobrevivientes?

5. ¿Cómo podemos mantener un interés en la verdad y asegurar, al mismo tiempo, que las sobrevivientes sean escuchadas con equidad? En otras palabras, ¿cómo podemos rectificar las formas en las cuales las sobrevivientes son tan a menudo juzgadas equivocadamente como personas deficientes, carentes de inteligencia, moral e indignas de respeto, incluso cuando identificamos la importancia crítica de evaluar epistémicamente tanto nuestras afirmaciones como las de otros?

6. Dada la frecuencia con la que se muestra interés por la violación para sustentar otras cuestiones —como el racismo, el colonialismo, el odio religioso, entre otros—, ¿cómo podemos mejorar la atención a las dimensiones interseccionales del problema? Es decir, cuando se presenta un caso muy publicitado de violencia sexual, que podría funcionar como sustento de cuestiones racistas ¿de qué manera diferente podría tratárselo

sin que de ninguna manera se minimicen los daños reales y efectivos de la violación?

En el capítulo 1, "La resistencia mundial: nuevos temarios para la teoría", se presenta un panorama general de la forma en que se produjo la muy alta visibilidad actual de la epidemia. Se muestra allí la importancia que ha tenido el discurso de las sobrevivientes, pero también en qué medida las respuestas a este discurso siguen siendo políticamente variables. A partir de estas inquietudes, desarrollo un temario para los teóricos, para lo cual hago uso de tres conceptos enunciados por José Medina: la *meta-lucidez*, la *fricción epistémica* y el *eco*. Estos conceptos nos ayudarán a analizar y a reformar las condiciones de recepción en el dominio público.

En el capítulo 2, "La espinosa cuestión de la experiencia", me concentro en el complejo proceso por el cual logramos denominar la experiencia vivida y llegamos a interpretarla. En lugar de bloquear o de resistirnos a los críticos que creen que el discurso feminista puede afectar la forma en la que experimentamos los sucesos, es preciso que las teóricas feministas le den tratamiento a la cuestión de los efectos reflexivos del lenguaje y de las ideas. Empleo un rango de conceptos tomados de William James, de Foucault y de otros intelectuales a fin de sostener una noción mediada de la experiencia que evite el relativismo. En contra del concepto de "lo guionado", de un "libreto" repetido "como loros" por los individuos, me valgo del concepto de "ofrecimiento" o "enactivación", en el cual la percepción es entendida como un algo que puede ponerse en acto y que implica acción e implementación.

En el capítulo 3, "La normativa de las prácticas sexuales", abordo la antipática cuestión de las normas. Me pronuncio en contra de algunos de los seguidores de Foucault, que afirman que la elaboración de normas no nos involucra en los conceptos de "qué es lo normal". Examino con cuidado las opiniones de Foucault sobre la violación, así como la influyente versión foucaultiana de Gayle Rubin acerca de la resistencia a las normas. Sostengo que el libertarismo característico de la posición de Rubin es anti-foucaultiana e improbable, además de ser, en mi opinión, nada más que una táctica elusiva para no tratar las difíciles cuestiones a las que debemos enfrentarnos acerca del sexo.

En el capítulo 4, "La subjetividad sexual", desarrollo un abordaje alternativo al libertario, no obstante lo cual me pronuncio a favor de un pluralismo abierto respecto de las posibilidades que nuestra vida sexual tiene a su disposición. Sostengo que la vía clave para entender el daño causado por la violación sexual reside en los efectos que produce en nuestra asertividad sexual y, por ende, en nuestra subjetividad, un concepto que elaboro en este capítulo. Desarrollo el concepto en parte a través de una exposición y un análisis sobre el consentimiento, el deseo, el placer y la voluntad. También brindo aquí un relato de la historia del uso del concepto de consentimiento, y los peligros de apoyarse demasiado en este concepto.

En el capítulo 5, "La descolonización de los términos", exploro con algo más de profundidad las polémicas entre feministas así como en el público en general acerca de tres conceptos importantes: el consentimiento, la víctima y el honor. Busco las fuentes de controversia respecto de cada uno de esos conceptos y muestro que las controversias están relacionadas en la medida en la cual las connotaciones y los significados operativos están vinculados con la ubicación geográfica y geopolítica. Sobre esta base, desarrollo un argumento en contra de la idea de que deberíamos procurar establecer un metalenguaje universal o un conjunto de definiciones mundiales. En cambio, me pronuncio a favor de un abordaje descentralizado que mantenga la atención a la variación hermenéutica de los significados y los diversos efectos políticos de los términos.

En el capítulo 6, "Hablando 'como'", le doy tratamiento a la cuestión de hablar sobre violaciones sexuales en primera persona. En este capítulo, que está desarrollado a partir de una monografía de la que fui coautora con Laura Gray-Rosendale, exploramos la cuestión de hablar como sobrevivientes a la luz de la crítica foucaultiana del modo discursivo confesional. Sostenemos que la lección de la crítica foucaultiana es no evitar el discurso "confesional" en todos los casos, sino considerar las condiciones en las que hablamos. También comenzamos a formular ideas sobre cómo permitir la máxima subversividad en el discurso de la sobreviviente; a veces, mediante tácticas guerrilleras.

En el capítulo 7, "El problema de hablar por mí misma", continúo con la exploración de la autonarración en relación con cuestiones de autoridad epistémica así como de juicio moral. Exploro y contrasto los análisis de Judith Butler y de Sue Campbell del privilegio de la primera persona. Sostengo que las legítimas preocupaciones de Butler sobre las nociones exageradas del autoconocimiento no permiten, en verdad, el escepticismo del que ella es partidaria. La ausencia de un perfecto éxito en el autoconocimiento no demuestra que no exista un éxito parcial. A diferencia de esta situación, el relato social y mediado de Campbell acerca de la relación que mantiene una con su yo y, en particular, con los propios recuerdos brinda un abordaje realista (y más foucaultiano) que conserva la capacidad de lograr evaluaciones comparativas más que el privilegio absoluto de la primera persona.

En la conclusión, "Situados en la intersección", le doy tratamiento a la cuestión de la interseccionalidad. Conforme la violación sexual ingresa cada vez más en el dominio público, con demasiada frecuencia se lo toma de rehén para apoyar otros temas, o para ponerle paños fríos a la intensidad de las reacciones públicas hacia los proyectos militaristas, racistas, hetero-normativos, u otros. Será preciso que las feministas desarrollen una forma de reaccionar a las violaciones sexuales que involucren refugiados, por ejemplo, y que piensen a fondo los múltiples vectores de la opresión laboral en muchos casos. Me pronunciaré aquí a favor de algunas soluciones que no involucran al Estado y que generan oportunidades para la colaboración horizontal entre grupos de oprimidos.

Coda

Ser una escritora que escribe sobre la violación, y que ella misma haya sido violada es una especie de error de categoría. En este dominio, a diferencia de la mayoría de los otros, se da por sentado que la teoría y la experiencia son inconmensurables.

Sostengo en este libro que se vigila mucho menos la violación que el discurso de las víctimas de violación. Se controlan y se limitan los lugares en los que hablamos, lo que podríamos llegar a decir y la forma en que lo decimos; además, las desobedientes pagan un alto costo. Esta situación se justifica porque, por lo general, a las víctimas –y a las mujeres en general– se las califica de "histéricas", sumado a esto un escepticismo general acerca de la capacidad de las mujeres de ser objetivas o la capacidad de formular argumentos sin que intervenga en esta formulación la emoción o la manipulación. Si las mujeres en general seguimos siendo consideradas como menos capaces de lograr la objetividad, las mujeres que son víctimas *confesas* de violencia sexual a veces están deshauciadas. Tendemos a falsear y a inventar, a ver cosas que no son, a exagerar trivialidades hasta darles una proporción monstruosa. Nosotras solo queremos el dinero de ellos, o nos sentimos despechadas porque no tenemos el amor de ellos ni compartimos su fama. Y por si todo esto fuese poco, nos regodeamos y disfrutamos de nuestra victimización, desarrollamos victimologías y demonizamos a los hombres con nuestra insistente denuncia de las estadísticas.

La cuestión de fondo es que nuestra presencia visible y verbal incomoda a la gente. *Nosotras* somos incómodas.

Escribo este libro porque me violaron cuando tenía nueve años. No hubo una seducción progresiva, no se fue construyendo una relación que fue tornándose peligrosa; solamente hubo violencia que me tomó absolutamente por sorpresa. Y sucedió más de una vez. El efecto fue una difícil negociación con mi entorno cotidiano, la nueva experiencia de un temor omnipresente, una dolorosa toma de conciencia de que el mundo –incluida mi propia calle– era inseguro, y la certeza de que ni mi familia ni mis amigos podían protegerme del terror. La culminación fue una incapacidad total de contarlo. El perpetrador era un vecino, no un extraño; era una persona conocida de mi familia, de mis amigos, alguien que no era "de afuera", sino que pertenecía al círculo confiable de relaciones sociales en el cual yo vivía. Y toda esa situación involucraba algo que incluso en mi inocente cabecita sabía que era de naturaleza sexual y, por lo tanto, era un tabú; es decir, una cosa inconfesable y prohibida, algo que no se asociaba con los niños, que jamás podría asociarse con ninguna relación entre niños y adultos, y que no podría tener nada que ver conmigo.

En ese momento, yo no tenía la capacidad lingüística para denominar lo que sucedía. Si me hubieran pedido que lo contara, yo no habría sabido qué decir. Como se decía en ese momento, yo no conocía "los hechos de la vida". La palabra "violación" no estaba en mi vocabulario, y mucho menos las frases "abuso sexual", "violencia sexual", ni "pedofilia". Poco tiempo después, leí un libro de mi madre, cuya autora era Erma Bombeck, un libro humorístico en el cual Bombeck hacía una broma que incluía una referencia tangencial a la violación. La palabra se me cristalizó en la página. Le pregunté a mi madre qué significaba; ella me echó una mirada de extrañeza, incómoda, y respondió con palabras ambiguas e indefinidas que estuvieron lejos de calmar mi incertidumbre. Pero, de algún modo, la palabra se quedó dándome vueltas en la cabeza, como un misterio que tenía algún significado y alguna relación con mi vida.

Con posterioridad, mi cuerpo y mi mente habían cambiado en varios aspectos; eso lo entendí más tarde. Ya no quería jugar juegos que involucraran destrezas físicas, ni quería recibir bromas de ese mismo tipo; no podía jugar como los demás niños, sin preocuparme; no quería jugar a las escondidas, ni a la mancha congelada, ni a nada de eso que hacían los niños de nuestra acera. No podía soportar que me persiguieran, así que no podía hacer deportes que implicaran la sensación de que me siguieran –ni siquiera por un momento– sin que se despertara en mí una reacción histérica: arañaba a cualquiera que lo hiciera. Ni siquiera hoy soporto que me persigan, ni que me acechen, ni que me observen desde atrás; y esa reacción es tan inmediata y neurológica que no puede explicarse ni racionalizarse. Lo único que puedo hacer es huir de la situación, de inmediato. La intensidad de mi violenta reacción jamás deja de sorprender a mis colegas cuando se asoman por la puerta de mi oficina y, entonces, ven que doy un respingo y, a veces, incluso grito. Es muy vergonzante –para ellos, pero sobre todo para mí–, y merece una explicación que no puedo dar. Pero sé cuándo comenzó todo y qué lo causó.

Cuando era niña, mi mecanismo para lidiar con la situación fue convertirme en una eximia trepadora de árboles; solo me sentía segura entre las ramas más altas, a una reconfortante distancia de cinco metros, desde donde podía mirar todo el vecindario. Desde ese sitial lograba ver de antemano quién se acercaba, y, por suerte, nadie a quien yo conociera podía trepar tan alto como yo, mucho menos los adultos. Clavé un tablón de madera para estar cómoda allí arriba, y al tiempo comencé a hacerme llevar libros con la ayuda de mi hermana y de un sistema de poleas que ideamos juntas; de esta forma, yo justificaba el estar arriba del árbol durante horas seguidas. La lectura fue una verdadera seducción, un mundo exento de riesgos cuyas puertas se me abrían de par en par en un espacio que yo sí podía controlar y que me ofrecía expandir mi experiencia con riesgos muy limitados. Finalmente, me hice escritora. Y finalmente me di ánimos para escribir este libro.

1

La resistencia mundial: nuevos temarios para la teoría

Hoy en día, la violación y las violaciones sexuales son noticia de portada de todos los diarios del mundo. Este reciente interés de los medios se ha sostenido en el tiempo –lo cual es interesante–, pero también encierra sus complejidades políticas. No deberíamos dar rápidamente por sentado que este nuevo interés público en las violaciones sexuales necesariamente traen consigo un cambio social transformativo y duradero. Una oleada de denuncias puede producir una sensación de fatalismo con tanta facilidad con la que puede producir la decisión de actuar, ya que estas oleadas le brindan fundamento a la idea de que la violencia sexual es una característica natural, inevitable y universal de la conducta humana. La indignación pública puede canalizarse hacia los juicios críticos y mezquinos sobre las mujeres que se atreven a hablar, o hacia el sexismo de *otras* culturas, o hacia las acciones y las actitudes de unos pocos perpetradores presentados como enfermos, o hacia la "necesidad" de cerrar fronteras o de dejar fuera a quienes busquen asilo; y todo esto puede hacerse con la misma facilidad con que puede transformarse en el combustible que aliente la reflexión seria y la crítica social acerca de las convenciones sobre qué es la normalidad en la sociedad, o en el campus, o en la comunidad religiosa. Entonces, un análisis político y una resistencia que sean productivos están lejos de ser el resultado inevitable de una mayor atención por parte de los medios masivos de comunicación.

Con todo, sin dudas es significativo que haya disminuido el imperativo de guardar silencio respecto de esta cuestión. Cuando yo era pequeña, la violación sexual rara vez se mencionaba en público *o* en privado, salvo como parte de una comedia. Los procesos judiciales eran infrecuentes y abarcaban una serie muy acotada de casos; por lo general, los que eran funcionales a algún temario racista. Hoy en día, la cuestión se está tornando más visible, pero está ingresando al terreno de los medios que tienen al mercado como su único norte y a un dominio púbico de sexismo masivo y prejuicios de todo tipo; y también penetra en el terreno de la grave ignorancia acerca de la índole de este problema.

La nueva resistencia en los nuevos movimientos sociales de todo el mundo se ha visto estimulada como, tal vez, nunca antes en la historia por las sobrevivientes que se atrevieron a contar lo que les pasó. ¿Cómo podemos aprovechar esta nueva atención que se le presta a la violación y a la violencia sexual, y cómo podemos lograr dar otro paso adelante hacia una mayor comprensión y una resistencia más efectiva? Creo que esta pregunta debería fijar el temario para los teóricos.

En este capítulo procuraré desarrollar una vía para entender las condiciones en las cuales hablan las sobrevivientes, lo cual incluye la forma en la cual se transmite este mensaje, qué forma y qué "envase" se le da, y cómo se lo interpreta.

Sostengo que necesitamos prestarle una detallada atención a las especificidades de los contextos en los cuales se está dando una mayor cobertura; para eso, haré uso, con algunas modificaciones, de tres conceptos tomados de la obra de José Medina sobre la epistemología de la resistencia; la idea es trazar un mapa de los desafíos actuales y de las oportunidades que nos presenta esta nueva atención. Esos conceptos son los siguientes: la *meta-lucidez*, la *fricción epistémica* y el *eco*. Sostendré que necesitamos un plan mediante el cual concentrarnos no solamente en hacer correr la voz, sino en reformar y transformar las condiciones de recepción en los grandes públicos en los cuales surgen nuestras palabras.

Un período de mayor visibilidad

Si queremos entender cómo surgió la visibilidad que tienen hoy en día la violación y la violencia sexual, es preciso que recordemos algunas de las primeras exposiciones que la hicieron posible. Sin dudas, un momento importante que ayudó a transformar la cobertura mundial de la violencia sexual tuvo lugar a principios de la década de 1990, con la extensa cobertura periodística de los llamados "campos de violación" que fueron parte de la guerra en la ex Yugoslavia (Stiglmayer, 1994; Zarkov 2007). Lo que se tornó claro a partir del testimonio de las mujeres que hablaron fue que esos campos se establecieron, se organizaron y se mantuvieron debido a las instituciones y a los líderes militares; la difusión que se le dio a estos campos ayudó a que disminuyera la tan habitual idea de que la violación es un aspecto fortuito de la guerra, que tiene lugar de manera arbitraria como producto de la anarquía social. Lo que atrajo la atención del público (al menos, en Occidente) respecto del caso de Yugoslavia fue el hecho de que las violaciones habían sido organizadas como parte de una campaña estratégica; habían sido elementos claves de una operación psicológica para desmoralizar y para debilitar a las comunidades opositoras, así como para hacer que disminuyeran drásticamente los lazos de parentesco de la siguiente generación. Esos campos de violación no fueron el *resultado* del caos social, sino parte de una calculada campaña para *producir* un tipo de caos político en las comunidades a las que se dirigía esta estrategia.

Los campos de violación han sido característicos de numerosas guerras; por ejemplo, en muchas zonas de América Central, en Japón y en la República Democrática del Congo; el sistemático permiso oficial que recibían las fuerzas estadounidenses para violar mujeres también es un rasgo bien conocido de la guerra de Vietnam. Las atrocidades sexuales experimentadas por las jóvenes y las mujeres alemanas a manos de las tropas soviéticas tras la Segunda Guerra Mundial han recibido gran atención, pero mediante ciertos estudios recientes se han conocido las numerosas violaciones cometidas también por las tropas estadounidenses durante esta guerra, las mismas que, con frecuencia, fueron caracterizadas como la "Gran Generación" (Roberts, 2013). Si las violaciones producidas en tiempos de guerra son cuestión de todos los días entre una diversidad de sociedades, es lógico que queramos extraer conclusiones universalistas y hasta deterministas; pero en el análisis presentado en ciertos informes, como el del Instituto Estadounidense de Paz (USIP, en inglés), en realidad, se sugiere lo opuesto (Cohen et al., 2013). En otros estudios comparativos se indica que las violaciones que se producen en tiempos de guerra no constituyen, en realidad, una característica universal, sino que varía ampliamente: por ejemplo, en un extenso estudio sobre cuarenta y ocho conflictos armados que tuvieron lugar en África, se consideró que en el 64 por ciento –casi dos tercios– *no* había existido ninguna forma de violencia sexual. En el informe del USIP se resumieron los datos existentes, y a través de ellos se mostró que la violación no es una característica omnipresente de las luchas de origen étnico, ni es más habitual dentro de los grupos de rebeldes ni de insurgentes que en las fuerzas patrocinadas por los Estados, lo cual se seguiría si fuera válida la idea de la "anarquía social". En realidad, las pruebas sugieren que la violación es más habitual en los conflictos orquestados por los Estados (Cohen et al., 2013). De allí que las investigaciones existentes contrarresten la idea de que la violación es un subproducto "natural" de la guerra o incluso del militarismo, y sugieren, en cambio, que la violencia sexual está *orquestada*, y tiene lugar de manera más generalizada solo en virtud de ciertas condiciones, de ciertos comandantes y de ciertas estructuras de comando. Por lo tanto, la resistencia y los esfuerzos en pro de la reforma están lejos de ser inútiles. Desnaturalizar la incidencia de la violación en situaciones de guerra es un paso adelante importante para hacer posible que las instituciones y los mandos militares sean considerados responsables, y para estudiar las condiciones específicas bajo las cuales la violación se convierte en una práctica sistemática y consentida.

Luego de que se denunciaran los campos de violación de Bosnia, las activistas se organizaron alrededor de la idea de que la violación es un delito específico de guerra, contra el cual pueden iniciarse acciones judiciales, y es además una violación de los derechos humanos. Con posterioridad, tanto en Yugoslavia como en el período posterior a la guerra civil que tuvo lugar en Sierra Leona, las instituciones internacionales presentaron acusaciones de "esclavitud"; y en Sierra Leona, el Tribunal Penal Internacional (en inglés, el ICC, International Criminal Court), aceptó las acusaciones de "esclavitud sexual" y desarrolló con posterioridad la idea de que la violencia sexual era un delito de guerra (Grewal, 2016a). Esto ayudó a forjar las reglas del combate y a fijar el dominio de la conducta criminalmente punible ante la justicia. Sin embargo, cada reforma jurídica y discursiva que ingresa en una comunidad internacional dividida por el racismo, por la fobia al Islam y por los colonialismos de todo tipo produce resultados complejos que merecen análisis detallados; los resultados de esta reforma todavía están siendo debatidos (Kapur, 2002; Razack, 2004).

Por ejemplo, los críticos sostienen que los prejuicios que existen en el Norte de nuestro planeta acerca de los matrimonios arreglados hicieron que el ICC borrara la distinción que existía entre matrimonios arreglados y matrimonios forzados. Los matrimonios arreglados tienen lugar, en efecto, en virtud de una variedad de condiciones; pero no todas constituyen coacción (por ejemplo, cuando alguno de los miembros de la pareja puede optar por abandonarla, el acuerdo no es necesariamente coercitivo). En otros casos, los organismos internacionales buscaron re-emplazar los malos acuerdos a que se llegaba en tiempos de guerra con malos arreglos convencionales, de suerte tal que la definición operativa de "esclavitud sexual" consistía simplemente en que el precio de la novia no hubiese sido pagado y que los patriarcas no hubieran sido consultados (Grewal, 2016a).

De todas formas, al conceptualizar la violación como una práctica orquestada más que como el resultado de una conducta desviada personal, en la década de 1990 se comenzó a pensar la violación en relación con ciertos contextos institucionales y con ciertos sistemas políticos. Si bien al comienzo las instituciones examinadas eran principalmente militares, este nuevo enfoque abrió la puerta para considerar *otros* tipos de instituciones; por ejemplo, las prisiones, en las cuales la violación había sido tomada desde hacía tiempo como una especie de "daño colateral" y no como el efecto buscado de ciertas elecciones institucionales. Una vez que la violación fue definida como una violación a los derechos humanos, pudo ser más efectivamente condenada *incluso cuando* sucediera en cárceles, en combates o en las barracas militares en tiempos de guerra.

Ciertamente, mucho antes de la década de 1990, muchos latinoamericanos sabían acerca del uso sistemático de la violación en las dictaduras militares, así como de las campañas patrocinadas por Estados Unidos contra los grupos autóctonos y guerrilleros; también en Asia, muchos sabían del uso de la violación por parte del ejército japonés. Pero en este capítulo quiero explorar las reverberaciones mundiales que ayudaron a producir un salto cualitativo que ayudó incluso a las víctimas de estas tempranas atrocidades a lograr un amplio apoyo público a sus exigencias de justicia. Hoy en día es más rutinario que los casos muy sonados de violación en una parte del mundo encuentren eco en otros lugares, lo cual les da confianza en sí mismas a las víctimas y a sus aliadas. Los mayores decibeles del escándalo parecen indicar que –al menos, para algunos– la violación ya no se considera como algo *inevitable*.

Así, es probable que los informes provenientes de Sarajevo instigaran un discurso mundial sobre la índole y la causa de las violaciones sexuales que todavía registra ecos en todo el mundo; dichos informes versaban sobre a) la forma en que esos delitos pudieron haber sido alentados y hasta orquestados por instituciones estatales; b), la forma en que debían ser denominados y qué tratamiento jurídico debía dárseles; y c) por qué esos delitos constituyen un problema mundial y no son simplemente una característica de ciertas sociedades (por ejemplo, las que se encuentran fuera de "Occidente"). La acumulación de testimonios de las víctimas de violación también hizo visible al público los duraderos efectos psicológicos, físicos y sociales de la violación, y no solamente en las víctimas; también en sus relaciones, en sus familias y en sus comunidades; esta toma de conciencia hizo que disminuyera la idea de que "algunas" mujeres son lo bastante fuertes como para soportarla. Se ha tornado visible la existencia de una habitualidad de reacciones y de efectos entre las amplias diferencias que se registran entre los diversos contextos culturales. Hoy en día, el campo de los "estudios acerca del trauma" es útil para identificar y trazar un mapa de las experiencias comunes de veteranos de combate, de los sobrevivientes de desastres naturales, y de las sobrevivientes de la violación, del incesto y de la violencia sexual; por eso, ahora tenemos el concepto de "trastorno por estrés post-traumático" que une esos variados grupos (Herman, 1997). Todo este movimiento ayuda a quitar del medio la desolación en la que quedan sumidas las sobrevivientes de la violación, así como las antiguas ideas sobre el exagerado estado emocional de las mujeres como causa de nuestro prolongado trauma.

Sin embargo, pese a los interesantes e importantes acontecimientos que podrían identificarse a lo largo de este período en cuanto a que el público entienda qué es la violación, la realidad es que la visibilidad que se ha logrado hasta ahora de la violencia sexual es un fenómeno complejo que despierta repercusiones políticas contradictorias. La cobertura pública provoca resultados probadamente variables. Presento a continuación cinco ejemplos que muestran algunas de esas complejidades:

1) Durante la campaña presidencial estadounidense de otoño de 2016, Donald Trump, candidato republicano, fue acusado de haber sido protagonista de una variedad de actos sexuales coactivos; y no solo eso: se jactó de tales actos. Su respuesta a esas acusaciones fue una combinación de negación con ácidas afirmaciones de que algunas de sus acusadoras no eran lo bastante atractivas como para "merecer" su atención sexual. Los grandes medios periodísticos repitieron sin cesar las cantinelas de Trump, y dieron lugar a un prolongado debate respecto de si estas acusaciones le producían alguna mella a su campaña, incluso si se demostraba que eran ciertas. Así, se expuso a la opinión pública a actitudes que, sin duda, expresaban misoginia acerca de la violación sexual, y debió ser testigo

del repetido agravio hacia las acusadoras. Estas conductas no hacen otra cosa que difundir una sensación de fatalismo, por no mencionar que despiertan brotes generalizados de trastorno por estrés post-traumático. No obstante, también se registró cierta vigorosa resistencia: algunas mujeres prominentes declararon ser sobrevivientes, y desde algunos medios periodísticos se permitió un sano debate sobre la "cultura de la violación".

2) Con fecha 8 de mayo de 2013, el *New York Post* puso en su portada el titular "ESCLAVAS SEXUALES", con letras de catástrofe; al costado aparecían las fotos de tres jovencitas que acababan de escapar de una década de secuestro, brutales golizas y violación en Cleveland, Ohio. En los artículos que aparecían en el interior del medio figuraban los nombres completos de las jóvenes, sus edades, sus datos familiares, detalles de las agresiones y del abuso sufridos, y una multitud de fotos. Las víctimas no hablaban en los artículos, sino que se hablaba de ellas. Este sensacionalismo de vieja escuela, en el cual se silencia a las víctimas, todavía se produce en los centros metropolitanos del Norte de nuestro planeta, pero también en otros lugares.

3) En otoño de 2012, un caso ocurrido en Steubenville, Ohio, concitó un amplio interés luego de que una bloguera feminista, Alexandria Goddard, agitara las redes sociales para alertar a su pueblo respecto de una posible violación en grupo (Levy, 2013). Los jugadores locales de fútbol habían subido fotos y un video de una jovencita desnuda, de dieciséis años y por completo embriagada; en ese material, se veía que abusaban sexualmente de ella y que la llevaban de un lado al otro. El uso que hicieron estos jugadores de las redes sociales para jactarse de estas acciones se sumó a la humillación que sentía la víctima, y hasta instigó un "apedreamiento" virtual por parte de los habitantes de otros pueblos, que culpaban a la víctima (Yee, 2013). Ciertos casos similares de humillación por Internet y de comunidades enteras que le echan la culpa a la víctima se han convertido en un fenómeno habitual, que llevan a tragedias mayores: por ejemplo, una adolescente de Halifax, Nova Scotia, se suicidó en abril de 2013 luego de que cuatro muchachos difundieran una fotografía de ella en la escuela secundaria; en la foto, los cuatro estaban violándola; los compañeros comenzaron a llamarla "prostituta" (Newton, 2013). Así, hoy podemos observar los múltiples usos de las redes sociales como medios para la jactancia, la humillación y el hostigamiento, pero también como una vía para la resistencia, para la educación y para el activismo social.

4) En Egipto, las activistas políticas que habían sido sexualmente agredidas en la plaza Tahrir, en 2011, comenzaron a revelar sus experiencias. Nora Soliman y otras brindaron testimonios a la prensa, en primera persona, sobre las agresiones que ellas habían sufrido, y también contaron la forma coordinada en la que operaban los agresores en dicha plaza, mientras la policía miraba los hechos plácidamente sin intervenir. Hubo quienes dijeron que las mujeres que habían hablado eran heroínas, pero también recibieron una andanada de críticas y de amenazas, incluso desde el Comité de Derechos Humanos del Consejo de la Shura –un organismo islámico–, que acusó a las mujeres de ser las propiciadoras de las agresiones (Taha, 2013). No obstante, las víctimas siguieron insistiendo en que las asistía el derecho a estar en el espacio público y a la participación política. Para dramatizar esta idea, las mujeres organizaron una marcha en la plaza mencionada para condenar la violencia sexual bajo el lema "Una mujer en la plaza es una revolución" (Davidson, 2013). Sus aliados de sexo masculino comenzaron a formar grupos de justicia por mano propia para buscar y golpear a los agresores, y para hacer públicas las identidades *de estos* (Fahim, 2012).

5) Un último ejemplo es un recordatorio de la forma en la cual permanece la selectividad de la visibilidad pública de la violación, y de cómo a una mayoría de casos todavía se les escamotea la cobertura periodística debido a la etnia a la que pertenece la víctima, o debido a su clase social, su sexualidad, su religión y la relación con sus atacantes. Uno de los casos más publicitados en una generación sigue siendo la brutal violación, ocurrida en 1989, a la que volveré en la conclusión de este libro; se trató de la violación de una mujer blanca, de clase media-alta, en el Central Park de Nueva York. Durante la misma semana en que se produjo este caso, *se denunciaron en Nueva York otros veintiocho violaciones en primer grado o en grado de tentativa; casi todos ellos involucraban víctimas negras o latinas* (Smith, 1998). Los casos que involucran víctimas jóvenes o maduras, blancas, de clase media o alta y heterosexuales, y perpetradores que son inmigrantes, personas que buscan asilo, musulmanes u hombres de color reciben mucha más prensa que otros. La identidad de las víctimas y de los perpetradores se usa de continuo para definir la cobertura mediática (si se le dará o no, y hasta qué punto). El efecto predecible de esta situación es un sistema parcializado de justicia en el cual demasiados hombres inocentes van a dar a la cárcel, mientras que los verdaderos perpetradores escapan.

La capacidad del público de entender las verdaderas condiciones causales del problema disminuye cada vez más. En el caso del Central Park, los cinco jóvenes de color condenados por este delito fueron absueltos con posterioridad, luego de haber pasado años en la cárcel. Sin duda alguna, la difusión pública de este caso contribuyó a esta injusticia.

Estos ejemplos muestran que la visibilidad pública de la violación y de la violencia sexual es, hoy en día, un fenómeno complejo. Sigue habiendo un sensacionalismo truculento y morboso, a la vieja usanza, y una "segunda violación", materializada en el escarnio y el acoso hacia las víctimas, además de un ánimo de ofender muy selectivamente según la identidad; sin embargo, las declaraciones intencionales y públicas de victimización y la decisión de resistir han tomado una nueva forma. En algunos casos, las víctimas hablan por sí mismas; en otros, se habla por ellas o acerca de ellas desde una variada serie de motivaciones políticas o pecuniarias. Es claro que en esta era de medios masivos mundiales, cada nuevo caso que se hace público reverbera con los ecos de los demás, conforme las víctimas, los defensores de estas y los enemigos de todas ellas toman nota de las formas en las cuales se toma en el mundo la cuestión de la violación: en Pakistán, India, Egipto, Congo, Guatemala, México, Inglaterra, Francia y Estados Unidos. También se han producido ecos en instituciones poderosas, como la Iglesia Católica, el ejército estadounidense, cadenas televisivas como la BBC y Fox News, las universidades estadounidenses de primera línea (las integrantes de la Ivy League), los Chicos Exploradores, los estudios de Hollywood, y en las comunidades hasídicas de Brooklyn, Nueva York. Las víctimas que pertenecen a estas instituciones y comunidades cobraron valentía y tomaron ideas de otras que enfrenaban un silenciamiento parecido por parte de organizaciones que se manejan con una política de autoprotección de puertas cerradas.

Lo que estamos viendo, sugeriría yo, no es nada más que el surgimiento de un discurso oculto que ahora sale a la luz del día; antes bien, esto que vemos es una refutación respecto de los términos epistémicos y discursivos mediante los cuales las violaciones sexuales pueden entrar en el dominio público amplio. Para parafrasear a Foucault (1972), lo que estamos viendo es una resistencia a las modalidades convencionales del discurso público; es decir, las convenciones sobre quiénes pueden hablar, de qué pueden hablar, a quién se le dará el título de experto o de testigo creíble, cómo tiene lugar la circulación del discurso, y cuáles serán los posteriores efectos del discurso en los entornos discursivos y extradiscursivos, así como en los ámbitos jurídicos y extrajurídicos. Las víctimas se manifiestan y ganan, en algunos casos, una plataforma pública; pero, con frecuencia, este discurso tiene un "envase", se lo interpreta de ciertos modos, se le imprime un determinado "sesgo", y está altamente circunscripto. Cuando las víctimas se atreven a hablar en público, se ponen en riesgo de quedar desacreditadas, de ser culpadas, de ser amenazadas y de ser objeto de daño físico; esta situación también cobra dimensiones mundiales (sus ecos se reproducen por todo el planeta) y lo que se logra es que se exacerbe el fatalismo y que se les brinden nuevas ideas a las culturas de la violación sobre cómo sofocar la rebelión de las víctimas.

Pero en esta refutación respecto del discurso de las sobrevivientes, quiero argumentar que no hay sencillamente buenos y malos actores, sino que se presenta un debate complicado que versa sobre los diversos modos de discurso provenientes de teóricos jurídicos y teóricos estudiosos de los medios, de psicólogos, de activistas-defensoras, y de las víctimas. Se produce un debate respecto de ciertas cuestiones; una, si el foco debería estar en el resarcimiento jurídico o extrajurídico; otra, si debería protegerse el anonimato de las víctimas o de los acusados. Hay un debate respecto de cuál papel deberían desempeñar las defensoras de la causa antiviolación que no fueron víctimas, y respecto de si la probable incitación de la xenofobia, del racismo o del heterosexismo debería atemperar las condenas públicas. Son numerosos los grupos –los medios de comunicación, todos los niveles de la justicia, los gobiernos, y las instituciones como el ejército y la Iglesia– que toman decisiones acerca de qué puede decirse, quién puede hablar, cómo puede circular el discurso, y a quién se le dará una credibilidad presunta.

Sin duda, el principal impulso, la principal fuerza instigadora que subyace a ese nuevo terreno público del discurso es el discurso de esas sobrevivientes que han podido y que han querido hablar públicamente, desde Nueva Delhi hasta Nueva York. Es el discurso de *ellas* lo que ha instigado el análisis público y la acción. Las víctimas también han hablado de lo que les pasó para corroborar las acusaciones de algunas figuras públicas de alto perfil, con gran costo para las primeras, como Trump, Jimmy Savile (de la BBC), Bill Cosby y Dominique Strauss-Kahn. Y sin embargo, las sobrevivientes rara vez –o nunca– controlan las formas en las cuales se edita su discurso, se lo procesa, se lo empaca, se lo publicita, se lo transmite mundialmente, se lo interpreta, se lo entiende o se lo toma como fundamento para tomar las medidas a que dé lugar.

Objetivos razonables

Tanto las corrientes mundiales como locales de comunicación se ven, sin duda alguna, distorsionadas por una combinación de intereses económicos y desequilibrios de poder arraigados en el colonialismo. Hay claros patrones estructurales que rigen qué noticias se seleccionan, y también hay intereses económicos detrás de una noticia sensacionalista. Pero estas realidades no deberían ocultarnos el hecho de que la comunicación también tiene un carácter descentralizado y anárquico. Las reacciones malvadas de las redes sociales a sucesos tales como los que ocurrieron en Steubenville no fueron orquestados por los magnates de los medios de comunicación; y tampoco pueden los ejecutivos de los medios empresarios ni sus portales controlar qué noticias, qué videos, qué tweets, ni qué posteos se hacen virales, por mucho que lo intenten.

Esto significa que incluso bajo las circunstancias más favorables no es realista pretender controlar cómo se utiliza nuestro discurso ni cómo circula. Esta no es una exigencia en la que se pueda ganar. Podemos y debemos reclamar mejores prácticas rutinarias en la selección y en el encuadre dado a las noticias, y exigir que los portales de los grandes medios periodísticos instituyan políticas por las cuales se den a conocer las noticias de manera responsable, sin permitir que a las acusadoras se las demonice, ni que se las juzgue por su apariencia, ni que se las desacredite presuntamente por otras razones ilegítimas. Pero tales reformas solo pueden aplicarse en las instituciones, no en los particulares ni en las redes descentralizadas de comunicación ni en las redes sociales. Las mejoras en esta esfera requieren intervenciones en la forma en que los diversos públicos interpretan nuestro discurso y en la forma en que ellos evalúan quiénes intentan desacreditarnos y silenciarnos. Necesitamos una intervención en el meta-nivel de la recepción, en el amorfo éter de los discursos intercambiados entre los diversos públicos. Este no es un proyecto utópico ni imposible. La mayoría de las personas puede discernir un poco mejor, en nuestros días, de qué forma la publicidad se aprovecha de nuestras inseguridades y presenta con un fantástico ornato los beneficios de los bienes que pretende vender; también se dan cuenta de que los portales de noticias y los medios gráficos editan de cierta manera sus noticias y le dan un sesgo en particular; de que las noticias vienen "envueltas" con un cuidado y con una belleza parecida a la de las películas de Hollywood; de la misma manera, podemos lograr un poco más de discernimiento respecto de la forma en que se nos presenta la cuestión de la violación sexual, y respecto de la forma en que se controla y se recorta el discurso sobre la violación.

Entonces, quiero sostener que es realista que apuntemos a un mundo en el cual *los patrones dentro de los cuales circula nuestro discurso* pueden tornarse más lúcidos y ser objeto de análisis críticos. Es preciso que saquemos a la luz las maquinaciones que, detrás de escena, se organizan al dar a conocer una noticia y al hacerla circular. Este proceso no solo involucrará una crítica a las grandes empresas de medios masivos de comunicación, sino también un análisis crítico de las formas en las cuales se interpretan los relatos acerca de la violación sexual y de las maneras en que se dichos relatos son juzgados por las convenciones habituales de nuestras sociedades.

Dicho proceso y dicho análisis crítico necesita de públicos que se tornen más *meta-lúcidos*, según la terminología de José Medina. En *Epistemology of Resistance* (2013), Medina ofrece un detallado análisis de la injusticia epistémica y de la resistencia epistémica; en otras palabras, las formas en las cuales la opresión afecta los dominios del conocimiento, así como las prácticas del conocer. Además de la *meta-lucidez*, Medina desarrolla otros dos conceptos que quiero emplear a continuación: el concepto de *eco* (y de *factibilidad del eco*), y el concepto de *fricción epistémica*. Brindaré aquí una breve glosa de estos tres conceptos y voy a detallarlos en los párrafos siguientes. El concepto de *eco y de factibilidad del eco* tiene que ver con la forma en que una afirmación o una idea pueden tornarse móviles de un contexto a otro. El concepto de fricción epistémica tiene que ver con la forma en la cual los saberes en conflicto pueden motivar el cambio en nuestras normas convencionales y en nuestras prácticas del saber. Y el concepto de meta-lucidez describe el proceso de tornarse más consciente de cómo llegamos a forjarnos nuestros juicios. Juntos, estos conceptos pueden ayudarnos a reflexionar acerca del mundo real y no ideal de las prácticas tendientes a conocer en los dominios públicos amplios, y las formas en las cuales aquellas pueden reformarse y mejorarse.

Ya hice uso del concepto de "eco", así que permítanme, en este punto, prestar atención al concepto de "meta-lucidez". Esta idea se refiere a una capacidad de segundo orden para reflexionar sobre las condiciones de nuestra lucidez misma: más que conocer, es una reflexión sobre cómo llegamos a conocer y sobre cómo pueden impedirnos que conozcamos. El concepto tiene como objetivo brindar una solución a lo que Medina llama la "meta-ceguera" o la "meta-insensibilidad": esta situación tiene lugar cuando somos insensibles e ignorantes acerca de nuestras insensibilidades. A veces, somos conscientemente proclives a desestimar preventivamente una afirmación sobre la base de la identidad de quien realiza la afirmación; por ejemplo, cuando hacemos caso omiso, al ir por la calle, de las exclamaciones de los predicadores religiosos o de las personas que piden limosna. Estas decisiones (la de no prestar atención, por ejemplo) operan a un meta-nivel que organiza nuestra atención y nuestras sintonías perceptivas. Este proceso puede producir hábitos que le dan a nuestra actividad cognitiva consciente una señal de alarma, de suerte tal que dicha actividad cognitiva consciente automáticamente evita ciertas personas o fuentes de información. Claro está, estos hábitos se ven, con frecuencia, afectados por las estructuras sociales de desigualdad en las cuales todos vivimos y trabajamos; y esos mismos hábitos desestiman preventivamente a ciertos tipos de personas que se expresan por razones que no son epistémicamente sólidas y valederas. De allí que Medina recomiende enfáticamente que cultivemos la meta-lucidez o la reflexión sobre las "limitaciones de las formas dominantes de ver", a fin de cerciorarnos de que nuestros hábitos de atención no sean injustificados (2013:47). Medina explica, además, que la meta-lucidez constituye un logro cognitivo crucial que puede tornarse indispensable para conservar el rango de agente epistémico responsable que vive bajo condiciones de opresión. Los sujetos meta-lúcidos son los que están al tanto de los efectos de la opresión en nuestras estructuras cognitivas y los que son conscientes de las limitaciones de las prácticas epistémicas (de ver, hablar, escuchar, razonar, etc.) que están fundadas en relaciones de opresión (2013:192).

Es posible que nos veamos motivados a cambiar nuestros hábitos epistémicos mediante la experiencia de lo que Medina llama "fricción epistémica". Con esta frase, Medina se refiere al conflicto que tiene lugar no sólo entre las creencias, sino también entre los marcos interpretativos y de entendimiento generado por nuestras creencias, lo cual hace que algunas afirmaciones sean inteligibles y otras queden fuera del área de consideración. El conflicto entre marcos engendra una fricción que puede motivarnos a volvernos más meta-lúcidos cuando dicha fricción conduce a la reflexión sobre cómo ocurrió el conflicto y por qué se originó. En potencia, al menos, podemos tornarnos más reflexivos acerca de nuestras propias prácticas cognitivas y también acerca de las convenciones dominantes referidas a, por ejemplo, de qué forma la credibilidad presunta se asigna diferencialmente a los distintos grupos de identidad y de estatus. Quienes creen que sus líderes religiosos son incapaces de involucrarse en una conspiración para encubrir el abuso sexual de un grupo de niños pueden verse movidos, a través de la fricción epistémica provocada por una avalancha de denuncias, no solo a reconsiderar la creencia específica, sino también a reflexionar sobre su propia recalcitrancia previa y, así, ajustar sus creencias. De esta forma, la fricción epistémica puede conducir a un período de reflexión que puede mejorar las prácticas que desplegamos para conocer y, entonces, reducir la injusticia epistémica.

Sugiero que la visibilidad emergente de las violaciones sexuales en todo el mundo está produciendo tal fricción epistémica. Incluso cuando tiene lugar bajo condiciones muy deficientes –como una cobertura sensacionalista–, la visibilidad pública de las violaciones sexuales pone ante la vista de todos una realidad difícil de digerir acerca de nuestras comunidades y de nuestras instituciones. La fricción epistémica que se produce, entonces, le plantea una exigencia al público, un llamamiento que tiene la potencialidad de producir una mayor meta-lucidez.

Siempre es posible minimizar la fricción que experimentamos en formas que sencillamente sustenten la opinión hacia la cual nos inclinamos y que excusen nuestra tendencia a evitar ciertos testimonios. Por ejemplo, podríamos concentrarnos exclusivamente en el problema de las falsas acusaciones, o enfatizar los beneficios económicos de las sobrevivientes que escriben sus memorias, o atribuir a todas las acusadoras el sentir deseos ocultos de recibir atención. Pero la creciente cantidad, coherencia y variedad de las fuentes de cada acusación puede debilitar esas defensas y motivar la reflexión sobre la forma en la cual se desestima preventivamente y con demasiada frecuencia la credibilidad de las mujeres, de los niños, de los adolescentes, de las activistas políticas, de los pobres, de las mujeres y hombres de color, de las personas del colectivo LGBT, de las minorías religiosas y de otros grupos específicos (confróntese Fricker, 2007; véase también Shapin, 1995).

El entusiasmo mostrado por Medina respecto de la posible "fricción epistémica" lo lleva por ciertos caminos por los cuales no puedo seguirlo. A Medina le agrada la idea de una especie de revolución permanente en el frente epistémico, donde los diversos marcos creen una utopía caleidoscópica de entendimientos divergentes (véase, sobre todo, el capítulo 6 de su libro de 2013). Medina quiere que tal caleidoscopio epistémico, cargado de conflicto, sea un estado estable y normado positivamente, donde se aliente el florecimiento y la multiplicación de las diferencias como forma de proteger las opiniones minorizadas y donde se potencie la crítica y la creatividad. En efecto, es factible que los resultados caleidoscópicos puedan ser el puntapié inicial de la creatividad y una protección contra la opresión epistémica; pese a ello, yo sostengo que los beneficios potenciales de la fricción epistémica en la tarea de alentar una mayor meta-lucidez tienen lugar *porque bregamos por tener coherencia en nuestras vidas, alguna congruencia básica.* Una dosis incesante e intensa de fricción puede resultar incómoda, molesta, perturbadora, y es esto lo que nos motiva a pensar desde cero formas en las que podamos reducir el conflicto. Los efectos caleidoscópicos pueden mantenerse vigilando los reservorios de las distintas comunidades epistémicas, que tienen marcos particulares de interpretación; pero la ventaja epistémica de la fricción tiene lugar cuando hay una comunicación entre los reservorios y cuando hay una motivación para repensar las prácticas que se verifican en cada dominio *a la luz de los demás.* En otras palabras, la ventaja de la fricción epistémica en la mayor meta-lucidez se produce porque intentamos reducir la fricción.

Me preocupa que el hecho de aceptar el caleidoscopio epistémico como un estado estable haga que evitemos nuestra motivación de comprometernos seriamente con otros que se encuentran fuera de nuestras comunidades de familiares y amigos que piensan igual que nosotros (véase Alcoff, 1996:cap.6). Tal como lo repiten una y otra vez en la actualidad los teóricos de esta cuestión y los de otras, el problema permanente de la injusticia epistémica no se ve compensado por una tolerancia basada en el no-compromiso, ni en la aquiescencia al relativismo radicalizado, sino por el difícil trabajo del diálogo serio y el intento de entender las diversas diferencias de privilegio y opresión (Moreton-Robinson, 2000; Moya, 2002).

La tesis de Medina es correcta a nivel descriptivo: sin duda, siempre existirán diferencias en la creencia y en la práctica epistémica; en cuanto al conflicto entre las múltiples prácticas por las cuales se forman las creencias, aquellas seguirán siendo una fuente generativa de creatividad y nos ayudarán a compensar el dogmatismo y la inercia. Sin embargo, para mí, la prescripción de adoptar el caleidoscopio no funciona. La fricción genera resultados positivos debido a nuestro deseo de tener un conjunto coherente de opiniones. Es este deseo de coherencia lo que puede motivarnos a reconsiderar incluso nuestras creencias más atesoradas y nuestras prácticas habituales. Una prescripción de diversidad máxima sugiere el objetivo de la coexistencia pacífica entre diferencias significativas; en este caso, no hay necesidad de perturbar la serenidad de nuestras creencias y prácticas preferidas. Pero esta situación no tiene ventajas en una meta-lucidez potencialmente mejorada. No aceptamos el desafío planteado por el conflicto; sencillamente, hacemos caso omiso de él.

Entonces, si bien la imagen de un caleidoscopio es, sin duda alguna, una buena *descripción* de las inevitabilidades de cualquier paisaje epistémico, es insuficiente como *norma epistémica*. De todas formas, el concepto de fricción epistémica es una buena forma de entender el momento actual de la atención pública a la violencia sexual. Esta mayor atención no ha producido un resarcimiento inmediato, sino que ha instigado el tipo de incertidumbre y conflicto que crea una oportunidad para que se produzca un debate productivo y para que tengan lugar transformaciones en las suposiciones convencionales que ofician de marco y en las prácticas de la adquisición de conocimiento.

Los complicados ecos que rodean la violación sexual

El tercer concepto enunciado por Medina es el que quiero aplicar aquí –luego de incorporar el concepto de meta-lucidez y de fricción epistémica– es el de "eco". En cuanto al eco, Medina desarrolla, en realidad, dos conceptos relacionados: el de "eco" y el de "factibilidad del eco", con vistas a observar de qué manera se presenta el cambio social y, en particular, como forma de refutar los relatos sobresimplificados que se concentran demasiado en las personas que participan de actos dramáticos y valerosos. Medina lo explica de la siguiente forma: "El impacto transformativo de la conducta que consideramos *heroica* depende crucialmente de las redes sociales y de las prácticas diarias que se hacen *eco* de esa conducta". Sin entender esta explicación, podemos caer en "una peligrosa trampa tendida por el individualismo dominante en las culturas occidentales a los movimientos sociales de resistencia" (Medina, 2013: 187).

Medina desarrolla este argumento mediante el ejemplo de Rosa Parks, heroína de los derechos civiles. En primer lugar, Medina está interesado en las formas en las cuales el acto de resistencia de Rosa Parks hacia la segregación contra los negros hizo eco en el contexto de un fermento social amplio de decisión esperanzada y colectiva de introducir un cambio. Los lectores recordarán que, en una ahora famosa noche de diciembre de 1955, en Montgomery, Alabama, Parks se rehusó a dejar su asiento de autobús para que lo ocupara una persona blanca; con posterioridad, Parks fue arrestada. En las noticias con las que se difundió el hecho, se dijo simplemente que ella estaba demasiado "cansada" para levantarse porque había trabajado todo el día; es decir, en la noticia no se aludió a ninguna motivación política, si bien el arresto de Parks desató un boicot que desempeñó un papel clave en la finalización de la segregación en el transporte público en todo el sur de Estados Unidos. En la nueva biografía escrita por Jeanne Theoharis (2013) se detalla que a Parks se la interpreta una y otra vez mediante las ideas populares occidentales acerca del individualismo heroico. Parks también ha sido objeto de estereotipos sexistas y racistas que versan sobre las mujeres trabajadoras, humildes y negras cuya fortaleza moral reside en su simplicidad, una forma de pensar en conflicto con la actividad política consciente, intencional y militante. En realidad, el acto llevado a cabo ese atardecer por Rosa Parks fue por completo intencional: ella era una funcionaria del capítulo local de la NAACP (la Asociación Nacional para el Progreso de las Personas de Color), con una extensa trayectoria en materia de activismo. La NAACP tomó la decisión estratégica de hacer que su caso cobrara tanta notoriedad como fuera posible porque los integrantes de esta organización sabían que ella encajaba en el perfil que despertaría la simpatía y la compasión de muchos miembros de la opinión pública; incluso de algunos blancos. Ellos sabían que la imagen proyectada por Parks resonaría dentro de los marcos convencionales que versan sobre las "buenas" mujeres negras; de esta forma, mostrarían el hecho de que la oposición al opresor blanco no provenía de una "persona problemática" ni de otro tipo de mujer u hombre rebeldes. Entonces, debido al aspecto de Parks, a su conducta y a su edad, el acto realizado por ella provocaría un eco (una "factibilidad de eco") que ayudaría al movimiento.

El acto llevado a cabo por Parks fue parte de una serie de sucesos inter-conectados que reverberaron unos con otros. De esta forma, se estableció un contexto para interpretar el significado de cada suceso en particular. Sin tal contexto, el contenido significativo de cualquier acto o suceso –por heroico que fuera– puede perderse, malentenderse o interpretarse de manera muy diferente de lo planeado por su agente. Desobedecer las reglas de la segregación no era nada inusual; pero había sido interpretado por muchos blancos como una simple contravención más que como una forma de protesta política colectiva. La acción de Parks logró quebrar esta interpretación, no solo debido a la imagen proyectada por ella, sino también por el movimiento social en medio del cual ocurrió: la creciente resistencia a la no segregación, bien publicitada, colectiva y no violenta.

Ciertamente, Parks fue una heroína solitaria: ella desafió la violencia terrorista para favorecer una causa más amplia. Narra Theoharis que numerosos actos recurrentes de resistencia a la segregación dieron como resultado no solo el arresto de los manifestantes, sino también golpizas, y Parks lo sabía muy bien. Ella no tenía razones para creer que ella se beneficiaría en forma alguna. En realidad, durante los años posteriores a su detención, ella estuvo en un segundo plano respecto de la notoriedad pública del movimiento de derechos civiles; ese segundo plano incluso se vio en algunos eventos públicos, casi como un recuerdo lejano; lo que Parks sí hacía era trabajo administrativo para su capítulo local del NA-ACP. Tuvieron que pasar muchos años antes de que fuera homenajeada como el ícono del movimiento, e incluso ese tardío reconocimiento fue ambiguo y no se ajustó por completo a los hechos: por lo general, era pre-sentada –incluso por los líderes del movimiento– como una mujer mayor motivada solo por la fatiga, y no como una activista militante de larga data involucrada en un movimiento estratégico y bien calculado. Si bien se le brindó una apreciación efusiva, el hecho de que fuera una activista militante de larga data no tuvo factibilidad de eco, ni siquiera por parte del movimiento. En realidad, Parks había crecido sentada en el porche de su casa, por las tardes, con su padre, sobre cuyas rodillas descansaba un rifle; ambos compartían la decisión de mantener a raya al Ku Klux Klan. Cuando llegó a adulta, Rosa Parks se convirtió en investigadora de campo para la NAACP, para lo cual viajaba a zonas rurales para recolec-tar pruebas sobre casos de violación con motivaciones racistas, como lo analizaré en párrafos siguientes (véase McGuire, 2010; Theoharis, 2013).

La exposición realizada por Medina sobre el eco y la factibilidad del eco presenta, por lo general, estos fenómenos con un aura positiva y políticamente productiva; sin embargo, es claro que el eco puede producirse en una compleja variedad de formas, no todas las cuales son productivas para transformar las relaciones sociales de poder. La acción de Parks registró eco en formas que resultaron equívocas, en parte, y confirmatorias de estereotipos problemáticos. Esta circunstancia merece una exploración más profunda. En un fascinante estudio sobre el movimiento de derechos civiles estadounidense, la joven historiadora Danielle L. McGuire (2010) revela una dimensión previamente desconocida de un movimiento del que muchos de nosotros creemos que conocemos bastante en profundidad. Resulta que la *resistencia a la violencia sexual* fue un componente clave de la lucha a favor de los derechos civiles, desde la Reconstrucción hasta la década de 1960. Supimos durante mucho tiempo sobre el papel desempeñado por las *acusaciones* de violencia sexual para crear coartadas tendientes a los linchamientos: las falsas acusaciones de violación, o incluso los inocentes coqueteos se utilizaban como justificación de la violencia por parte de la muchedumbre blanca, violencia esta que incluía torturas en público y homicidios. Gunnar Myrdal, un prominente sociólogo de las formaciones raciales estadounidenses observó, allá por 1944, lo siguiente: "El sexo es el principio alrededor del cual se organiza toda la estructura de segregación" (citado en McGuire, 2010:1). Los racistas blancos sostenían que la vigencia de las estrictas leyes de Jim Crow (es decir, las leyes por las cuales se implementaba la segregación racial), fueran o no constitucionales, eran necesarias para proteger de las violaciones a las mujeres blancas.

Al mismo tiempo, las relaciones sexuales entre mujeres negras y hombres blancos –y cuando digo "relaciones" incluyo la agresión física y la violación– no eran motivo de intervención policial, en ninguna parte. Los hombres blancos tenían el derecho de acceder de una u otra manera. Cuando leemos acerca de estas rutinarias violaciones, persistentes, numerosas y brutales, nos viene a la mente la práctica del *droit du seigneur*, que le aseguraba a los señores feudales europeos tuvieran acceso permitido a los cuerpos de las campesinas. Pero en el sur de Estados Unidos, los hombres blancos no necesariamente tenían que ser terratenientes para participar del privilegio de la violación. El Klan aprovechó la desprotección de la comunidad negra para intervenir, por brutal que fuera la agresión en la que los miembros del Klan incurrieran.

Estas circunstancias comenzaron a cambiar recién durante el surgimiento del activismo, en la década de 1940. El capítulo de Alabama de la NAACP, en 1944, tomó el caso de Recy Taylor; ella estaba caminando con su familia por el pequeño pueblo de Abbeville cuando hicieron que entrara por la fuerza a un auto, donde se encontraba una pandilla de hombres blancos, y la violaron. La familia de Taylor pidió ayuda, y la NAACP envió a Abbeville a una de sus más consumadas investigadoras principales, una mujer llamada Rosa Parks. En los siguientes quince años se produjeron más casos en Tallahassee, Florida; en Montgomery, Alabama; en Raleigh, Carolina del Norte; y en Burton, Carolina del Sur. Los periódicos afro-estadounidenses de todo el país cubrieron estas noticias, pero la prensa blanca lo hacía solo ocasionalmente. En un despliegue de valentía, las mujeres negras y sus familias presentaron acusaciones, exigieron que se detuviera a los culpables y presentaron su testimonio ante los tribunales. La publicidad obtenida por estos casos aseguró que, incluso cuando los perpetradores blancos fueran exonerados, la prueba de violencia sexual rutinaria se diera a conocer al público en general; de esta manera, se ponía en claro que el problema enfrentado por las mujeres afro-estadounidenses en el sur de Estados Unidos no era nada más que un mero segregarlas de ciertas instalaciones (autobuses, salas de espera, entre otras), sino que era algo peor: era un tratamiento brutal infligido adrede a una población que se encontraba impotente de objetarlo.

Así, el hecho de que la violación sexual fuera un aspecto institucionalizado de las leyes a favor de la segregación (las leyes Jim Crow) se le fue haciendo patente a un público más amplio; por ejemplo, el público que no era negro. La lectura del registro histórico exhumado por McGuire pone en claro que estas violaciones no fueron delitos de individuos enfermos, con patologías; los efectos de estas violaciones tampoco fueron relegados a los individuos y sus familias. La violación en el sur segregacionista fue, como en las atrocidades institucionalizadas de la guerra, un elemento clave del terror social utilizado para desmoralizar, desmovilizar y debilitar a las comunidades sojuzgadas. Involucró la humillación y el tormento de cada una de sus mujeres, pero también afectó profundamente –en el plano emocional y en el plano político– a todos los que sabían acerca de los delitos impunes. Jamás se guardó silencio total respecto de esas violaciones; incluso antes de que los capítulos de la NAACP comenzaran a llevar estos casos ante los tribunales, era frecuente que las comunidades negras supieran qué había ocurrido, e incluso quién había sido el perpetrador. En algunos casos, lo sabían porque, al igual que en el caso de Abbeville, las mujeres negras habían sido atrapadas en abiertos e impúdicos despliegues de supremacía blanca realizados por parte de grupos familiares o de amigos a los que conocían; en consecuencia, las víctimas sobrevivían para contar la historia y para decir cuál era el nombre de los perpetradores. En otros casos, la comunidad lo sabía porque los hombres blancos se jactaban de lo hecho. Lejos de mantener en silencio el delito, las violaciones sexuales de mujeres negras bajo condiciones de segregación eran conocidas tanto por las comunidades sojuzgadas como por, al menos, partes de las comunidades blancas, y lo habían sido desde la época de la esclavitud.

Toda esta situación confirma otro punto en el cual Medina hace hincapié: que el campo del discurso es variopinto. Incluso si se produce un silencio oficial en la mayoría de la comunidad respecto de una cuestión en particular –sea la violación interracial o el predominio de la actividad homosexual–, no significa que este silencio sea total. Pese al hecho de que las relaciones homosexuales fueron, hasta hace poco tiempo, *invisibilizadas* entre el común de las personas heterosexuales, Medina sostiene que muchas personas homosexuales tenían vías de comunicación, de compartir información sobre qué lugares y qué personas debían evitar, e, inversamente, dónde era probable que pudieran encontrar un compañero. Medina sugiere además, que ellos tenían formas de denominar la homofobia antes de que dicho término se creara, y también contaban con modos seguros y, a veces, subversivos de expresar su sexualidad. La necesidad de contar con ayuda y con conocimiento compartido hizo que se crearan métodos de comunicación, incluso si estos no tenían factibilidad de eco en los espacios de discurso dominante. En general, este dominio minorizado del discurso se encontraba en un sitio aparte, sin desafiar el establishment y protegía su invisibilidad. Si bien su mera existencia implicaba correr un riesgo y ejercer resistencia, no pudo efectivamente alterar la hermenéutica del conjunto de la comunidad.

Lo que se torna claro a partir de esta exposición de casos reales es que no es el discurso en sí mismo ni por sí mismo lo que genera los ecos productivos que puedan conducir al cambio social, sino las circunstancias específicas de tal discurso: dónde se origina, dónde se transmite, cómo se lo toma, cómo se lo entiende y quiénes lo toman y lo entienden. Este contexto determinará si el discurso puede llevar a la acción o si los hechos revelados deben soportarse con fatalista resignación. Como dije antes, una avalancha de nuevas denuncias puede exacerbar la ya existente tendencia a comportarnos de forma fatalista respecto de la posibilidad de mejorar las condiciones sociales para los grupos que carecen de poder; no necesariamente va a llevar a una resistencia colectiva. También puede desencadenar formas contraproducentes de acción que sean funcionales a otros propósitos, como sostener el poder del Estado, el racismo, la histeria anti-inmigrantes o la ideología de un patriarcado protector. Llevar la violencia sexual al dominio público puede incluso llevar a empeorar el problema; por ejemplo, cuando se ocultan los casos reales, cuando se dirige la culpa al lugar equivocado, y cuando se proponen soluciones que refuerzan la subordinación de las víctimas. Kiran Kaur Grewal (2016a, 2016b) muestra que la atención pública a la violencia sexual incluso hoy puede ser utilizada para sostener las relaciones dominantes de poder y las convenciones normativas de género al dirigir erróneamente la culpa hacia representaciones esencializadas de una religión o de una cultura. Y como Lucía Sorbera (2014) muestra en su análisis de la resistencia a la violencia sexual en la "primavera árabe", incluso el activismo progresista antiviolación puede verse cooptado por los Estados tiránicos y puede llegar a ser funcional a los objetivos imperialistas. Analizaré esta cuestión en mayor detalle en la conclusión de este libro.

Así, resulta crítico analizar la visibilidad de la violencia sexual en el contexto de los dominios específicos discursivos y políticos en los cuales surge tal visibilidad. Es factible que los movimientos sociales contra la opresión sistémica de todo tipo consideren el estado existente de los diversos dominios públicos del discurso. Esta cuestión es abordada por la "factibilidad del eco". El movimiento pro-derechos civiles creó, por primera vez en la historia de Estados Unidos, las condiciones para que tuviera lugar la resistencia productiva contra las violaciones sexuales de mujeres negras a manos de hombres blancos; y pese a ello, la factibilidad del eco de esta resistencia se vio perjudicada por las formas dominantes en que Estados Unidos formuló su historia racial. A veces, los activistas mismos de los derechos civiles –como se muestra en la historia de Mc-Guire– evitaban denunciar ciertas violaciones sexuales previendo el eco que dichas acusaciones podrían probablemente tener en el establishment blanco. Si bien los tormentos sexuales de las mujeres negras fueron, al principio, útiles para captar la atención del público acerca de la verdadera índole de las leyes pro-segregación de los negros, los líderes se preocupaban de que tanta atención prestada a las violaciones encendiera la chispa de viejos estereotipos por los cuales los afro-estadounidenses fueran demonizados por considerarlos hipersexuales. La campaña pro-derechos civiles se presentó como una campaña moral, por sobre todo, y los hechos de violación planearon el espectro del sexo, que muchos líderes del movimiento querían evitar. Los Consejos de Ciudadanos Blancos se pronunciaban enérgicamente contra lo que ellos llamaban la "amalgama", un eufemismo que empleaban en lugar de la palabra "mestizaje"; y los líderes de los derechos civiles no querían emprender una campaña pública que concentrara la atención en el sexo más allá de la línea de color, ocurriera como ocurriera. Entonces, ya en la década de 1950 se hizo a un lado la campaña contra la violencia sexual, y lo que se puso en primer plano fueron las luchas de los hombres blancos. Si bien la violación sexual fue una parte indisoluble de la movilización popular con que se inició el movimiento, la cuestión fue, con posterioridad, tan marginalizada que pocos hoy conocen su central importancia.

En general, las violaciones sexuales plantean cuestiones específicas respecto del eco; por su parte, las condiciones de factibilidad de eco que se verifican en el mundo real, en numerosos contextos, puede parcializar las interpretaciones de los sucesos informados a fin de crear resultados contraproducentes. Hoy en día, podemos vernos tentados a juzgar con dureza a quienes frenaron la campaña contra la victimización sexual de las mujeres negras a manos de los hombres blancos; pero sus decisiones fueron tomadas con la conciencia de que el contexto discursivo –sobre todo en el sur de Estados Unidos, pero no solo allí– estaba dominado por un espectro de tabúes sexuales y de mala información (o desinformación) que creaba una distorsión de ese eco. Al igual que hoy en día, debemos vérnoslas con un contexto mundial que se hace eco del problema de la violación sexual en países que están fuera de Occidente y, en particular, en los países musulmanes de una forma problemática cuando las noticias llegan al Norte del planeta. Las coberturas periodísticas de cada país tienden a hacerse eco de las violaciones de mujeres jóvenes de clase media en detrimento de otras, y suelen concentrarse en la violación perpetrada por un extraño en detrimento de otras formas más habituales. Comprender que la violencia sexual tenga una factibilidad de eco en el mundo real es parte de desarrollar la comprensión de "las limitaciones de las formas dominantes de ver" en nuestro tiempo (Medina, 2013:47).

Con todo, debemos seguir abriendo más vías para que haya más discurso. Dadas las distorsiones del establishment, debemos desarrollar plataformas alternativas. Si bien las activistas deben reconocer la existencia de esa cámara de eco que afecta la forma en que nuestro discurso va a ser oído y evaluado, también necesitamos una estrategia para alterar las condiciones existentes de factibilidad de eco. Para esto, es vital que existan más discursos provenientes de un grupo más diverso de sobrevivientes. Sin lugar a dudas, esta situación va a complicar y a enriquecer los marcos narrativos tendientes a comprender este problema, y va a facilitar la resistencia a las prolijas narrativas imperiales, raciales o de género que presentan a quienes tienen mayor poder como los culpables menos probables. No se justifica una política general para que ningún movimiento u organización evite la cuestión. Pese a lo dicho, *jamás* debería presionarse a las sobrevivientes a que hablen públicamente ni a que hagan acusaciones; los individuos pueden evaluar su propia situación a fin de determinar cómo llevar a cabo su autoprotección y su autoestima, y esas personas a las que las sobrevivientes les han contado sus difíciles vivencias deben apoyarlas en la decisión.

Incluso cuando es probable que el propio discurso se vea distorsionado y malinterpretado por el común de la gente, sigue habiendo una posibilidad de hablar de un modo más restringido, que reduce el peligro de daño. Faye Bellamy, una de las líderes más importantes de la SNCC, la Campaña Coordinadora de No Violencia Estudiantil, durante la década de 1960, encabezó una sentada interna por parte de las mujeres de esta campaña; el objetivo fue protestar contra el sexismo (el machismo) que tenía lugar dentro de la organización (Robnett, 2000)[1]. Esos fueron días en que la SNCC se encontraba todos los días bajo amenaza: les arrojaban bombas incendiarias a las oficinas; a los líderes los detenían y los golpeaban; y la prensa blanca era, con frecuencia, hostil. Bellamy y otras mujeres de la SNCC no querían ventilar sus quejas para no hacerles el juego a los enemigos de la organización; pero ese machismo hacía que ellas se vieran

---

[1] También tomé conocimiento de estas circunstancias a partir de conversaciones personales con Bellamy en la década de 1980.

reducidas a labores como la limpieza, el archivo de papeles y responder el teléfono. Organizaron una sentada dentro de las oficinas de la organización en Atlanta, a puertas cerradas, lejos de los medios, rehusándose a seguir con la carga de trabajo asignada. Con esta acción interna se lograron resultados; tal vez, habría sido menos exitosa si hubiera sido una pelea en público. Al organizar la protesta en el ámbito interno, estas mujeres de la SNCC mostraron solidaridad con la organización –porque querían que siguiera existiendo y la protegían–, y estaban, por lo tanto, en una posición correcta para sostener que la supervivencia de la SNCC no se contradecía con la lucha para ampliar la acción política de las mujeres negras. Utilizar el discurso en el plano político, entonces, requiere bastante más que el coraje de entrar en una confrontación: requiere también la capacidad de analizar los probables efectos que pueden producirse en el mundo real, y hace preciso que cada uno maneje su discurso hacia la generación del resultado que uno desea.

Analizar los posibles resultados del discurso requiere prestar atención, al mismo tiempo, a dos niveles: no solo al nivel basal, en el cual uno intenta obtener una atención inmediata, sino también a un meta-nivel, en el cual la circulación del discurso y la credibilidad respecto de un tema en particular es objeto de vigilancia, se lo circunscribe y, a veces, se lo utiliza para que sea funcional a objetivos extraños e incluso inmorales. La lucha contra las violaciones sexuales en la plaza Tahrir ha puesto bien en claro estas complicaciones. Los imperialistas occidentales desean darles a las acusadoras mucho tiempo de emisión porque eso coincide con sus propios objetivos: mostrar el autoritarismo del Estado egipcio, alentar la fobia contra el Islam o brindar justificación para que se emprendan acciones militares unilaterales desde Occidente. La publicidad occidental podría seguir marginando a los medios no occidentales y contribuyendo al fatalismo acerca de las posibilidades de que exista democracia en los países dominados por los musulmanes. Aliarse con esas fuerzas –como, por ejemplo, ha hecho Mona Eltahawy– puede deshabilitar la lucha de las egipcias por crear condiciones en las cuales las víctimas de la violencia sexual en Egipto tengan la capacidad de hablar por medio de vías de expresión que no les distorsionen el mensaje ni lo usen como excusa para otros objetivos (véanse Eltahawy, 2012; Serageldin, 2012). Y sin vías de expresión alternativas que no ayuden a los imperialistas occidentales ni a los islámicos de derecha, muchas pueden decidir permanecer en silencio.

Recuerdo bien un ámbito más personal de este tipo; fue en diciembre de 1989, justo antes de que mi país natal, Panamá, fuera invadido por Estados Unidos. En los principales medios periodísticos estadounidenses se repitió sin cesar una denuncia de acoso sexual por parte de las Fuerzas de Defensa panameñas hacia las esposas de dos soldados estadounidenses. La imagen de las ciudadanas estadounidenses a merced sexual de unos militares matones y latinoamericanos cayó bien en los medios estadounidenses, que repitieron una larga historia de estereotipos. Por increíble que parezca, este pequeño incidente fue utilizado por el presidente George H. W. Bush como una especie de "gota que rebalsó el vaso" para legitimar la invasión militar. El general Manuel Noriega había llegado al poder a través de un golpe militar luego de que el anterior general, Omar Torrijos –un militar más populista– hubiera sido asesinado bajo misteriosas circunstancias. Rápidamente, Noriega se mostró infiel a sus aliados estadounidenses al comerciar armas con Nicaragua y con Alemania Oriental. Cuando se produjo el incidente que involucró a las esposas de los soldados, el presidente Bush organizó una conferencia de prensa (¡!) en la que describió el suceso, denunció a Noriega, y declaró que tal conducta no sería tolerada por Estados Unidos. En el término de una semana, se despacharon veintisiete mil tropas estadounidenses a la ciudad de Panamá que destruyeron edificios de departamentos de habitantes de bajos ingresos, acto en el cual mataron a más personas que con la voladura de las Torres Gemelas. Los cadáveres fueron sepultados en tumbas colectivas o quemados en pilas por la calle. Pasaron doce horas antes de que yo pudiera comunicarme por teléfono con mi familia. Finalmente, pude hablar con mi hermano Rafael, quien estaba en cuclillas debajo de la mesa de su comedor, viendo cómo, desde los helicópteros MIG, les disparaban a los edificios de su acera. En ese momento, estaba tan furiosa como ahora porque la violación sexual se utilizó como herramienta ideológica de guerra a efectos que no tenían nada que ver con la reducción de los delitos sexuales. Dado el clima ideológico que se vivía en ese agitado período, es difícil decir si se pudo haber denunciado algún acto de violencia sexual perpetrado por tropas panameñas sin exacerbar la soberbia militar imperialista.

Una joven alumna mía, a la que llamaré Sofía, pertenecía a una comunidad religiosa que se regía por ciertas tradiciones socialmente conservadoras; hacía poco que ella se había enfrentado con una situación parecida por su complejidad, pero encontró una solución productiva que evitó el silenciamiento. En este caso, sin embargo, lo que estaba en juego eran ciertos modos de vida y no vidas en sí mismas. Sofía descubrió que los manuales de matrimonio que circulaban entre las jóvenes de su comunidad aconsejaban el sometimiento de la esposa en materia sexual; en esos manuales se decía: "Si tu esposo quiere relaciones sexuales, pero tú no, acuéstate y piensa en la lista de compras". Mal consejo, pero mi alumna estaba en una encrucijada respecto de qué hacer. Las críticas que vinieran de las personas que no pertenecían a esa comunidad serían refutadas, sin lugar a dudas: el carácter de inmigrantes de los miembros de esa comunidad y el rango marginal de estos los mantenía escépticos de los juicios de los afuerinos, y los hacían resistentes tanto a la crítica como al cambio. Mi alumna se preocupaba de que, si ella lanzaba una crítica feminista como miembro de esa comunidad, fuera considerada como "chica con la cual no hay que casarse". Con todo, su mayor preocupación era que su familia sufriera graves consecuencias económicas si su pequeño comercio llegaba a ser boicoteado porque esa hija era considerada desleal. Entonces, decidió comenzar a escribir un blog anónimo y encontró la forma de hacerlo circular entre la comunidad. Ella escribía textos conmovedores y muy directos acerca de su desacuerdo respecto del consejo del manual para el matrimonio; decía que la promoción del sometimiento sexual de la esposa no era funcional a los objetivos de la comunidad misma, que era el de apoyar la creación de familias sólidas y matrimonios felices. El blog de Sofía engendró una andanada de intensas respuestas, algunas de las cuales en defensa de lo que ella criticaba, provenientes de líderes religiosos; otras, de mujeres miembros de la comunidad que culpaban a mujeres como ella por sembrar la discordia. Pero también hubo una avalancha de miembros de la comunidad –incluidas muchas jóvenes– que estuvieron de acuerdo con la crítica de Sofía. Ella había encontrado una forma de promover y de hacer circular un discurso de resistencia que surtió efectos positivos y que no perjudicaría el futuro de su familia ni el de ella misma. Sospecho que este blog producirá un eco positivo en las mentes de la comunidad durante los años venideros, y esperemos que, mediante este eco, se pongan en tela de juicio las convenciones de la práctica epistémica que silencian a las jóvenes y que desacreditan preventivamente sus opiniones tildándolas de "desleales".

Los desafíos específicos de contar lo que a cada una le pasó

Como sostendré en capítulos venideros, hablar en público en calidad de sobreviviente sigue trayendo aparejados riesgos significativos en muchas partes del mundo, incluido Occidente. Los riesgos son la desaprobación social, la tensión en las relaciones e incluso la propia seguridad. Uno arriesga el propio equilibrio emocional cuando la gente responde con comentarios ignorantes, idiotas y dolorosos. Si uno tiene un trabajo que requiere de algún grado de credibilidad como analista objetivo, podría verse perjudicado en la propia vida profesional. También nos arriesgamos a quedar "pegadas" de por vida a una identidad que puede afectar la forma en que una puede ser interpretada de allí en adelante respecto de todo tipo de cuestiones, desde el feminismo en general hasta cuestiones jurídicas o hasta la orientación política. Recordamos quién nos cuenta que fue violada.

Las sobrevivientes deben negociar estas múltiples consideraciones para decidir si hablar, cómo hacerlo, dónde y a quién decírselo. Como dije antes, jamás deberían existir presiones externas: las consideraciones son demasiado personales y complejas; por su parte, sobrevivir suele ser una tarea de tiempo completo. Pero hablar como sobreviviente no siempre es una posibilidad que tengamos abierta, sobre todo ahora, que los medios masivos de comunicación toman como práctica habitual quebrantar el anonimato de las víctimas. Incluso si nuestro nombre queda fuera del periódico, puede llegar a existir un pequeño círculo que sepa y que difunda la información sin que demos el consentimiento para ello.

Sería óptimo que el hablar públicamente como sobreviviente dependiera solamente de la sobreviviente. La respuesta negativa al hablar en público o al hacer una denuncia ante las autoridades locales suele ser tan perjudicial que hemos llamado a esta circunstancia una "segunda violación". Las sobrevivientes se encuentran en la mejor situación para determinar si tienen los recursos y un entorno que las apoye para soportar esta segunda violación. Podemos sopesar los factores negativos contra el hecho de que –al menos, en algunos casos– hablar puede ser un acto poderoso para recuperar la propia vida y para rehacerla, para hacer causa común con aliados, y para tomar medidas contra los perpetradores o contra las fuerzas sistémicas que les permiten conducirse como victimarios.

Tengan buenas intenciones o no, las personas que no han padecido una violación pueden empujarnos en diferentes direcciones: muchos piensan que, para protegernos, no deberíamos hablar; de esta forma dan por sentado que esta es siempre una posición más segura; al mismo tiempo, otros piensan que estamos en falta, en el plano político y hasta moral, si elegimos no denunciar. Pero eso es decirle a la víctima, una vez más, qué es lo que tiene que hacer. Nadie entiende en profundidad como nosotras qué efectos surtirá el hecho de que hablemos: las imágenes que vuelven, las rupturas en nuestras relaciones, los ataques de pánico, la pérdida de la credibilidad y el peligro para nuestra seguridad. Así, lo mejor que pueden hacer nuestros seres queridos y nuestros aliados es quitarnos presión en ambos sentidos.

Es crítico entender que el discurso que rodea la violación sexual plantea cuestiones singulares. La violación es un tipo muy particular de delito, incluso en contextos muy divergentes, según sea que tenga lugar en tiempos de guerra, o en luchas intestinas entre comunidades, o dentro de comunidades, o bajo condiciones de anonimato. En la vasta mayoría de los casos (80 por ciento del tiempo, una estimación aproximada), las víctimas y los atacantes se conocen: son vecinos, amigos, compañeros de trabajo o familiares (National Sexual Violence Resource Centre, 2013). Las agresiones, y el conocimiento de estas, afectan profundamente el entramado de nuestras relaciones y de las comunidades; por su parte, las víctimas pueden tener razones sensatas y racionales para querer proteger las relaciones que necesitan y de las cuales se benefician, incluso cuando esta circunstancia afecte su capacidad de obtener justicia respecto de la violación sexual. Es preciso que les demos a las víctimas la capacidad de tomar decisiones razonables sobre las denuncias o sobre las declaraciones que puedan querer hacer; de esa forma, en esas decisiones se tendrán en cuenta la intensidad relativa del delito y la vulnerabilidad de los perpetradores sin reducir todo ese razonamiento a la categoría de negación y de opresión internalizada (véase, por ejemplo, Leo, 2011). Estos últimos son fenómenos significativos, sin lugar a dudas; pero hay muchas variantes que producen un impacto en los efectos de la agresión (por ejemplo, la edad, las condiciones particulares del hecho y la existencia de una red de contención). Algunas mujeres de alto perfil han escrito, hace poco, memorias en las cuales afirman que una experiencia de violación que tuvieron no fue, en efecto, un suceso definitorio en sus vidas. Me doy cuenta de que esta circunstancia es posible, pero no fija un estándar normativo para que las demás las emulen o mediante el cual ser juzgadas. Es preciso aprender a escuchar la variabilidad de las reacciones a la violación sin hacer que un relato refute otros o los supere.

Sin embargo, con excesiva frecuencia, la capacidad de las víctimas de formular evaluaciones razonadas acerca de su experiencia o de realizar elecciones razonadas sobre los riesgos aceptables y sobre las repercusiones del contar lo sucedido se ve contrarrestada por un silenciamiento coactivo. Incluso hoy, la mayoría de las culturas proyectan algún tipo de desdoro sobre las víctimas, y lo hacen de tal manera que pueden alterar para siempre su emplazamiento social y su potencialidad para tener, en el futuro, relaciones o empleo. Ese desdoro puede ser de índole sexual –como en la vieja idea del conocimiento carnal– o puede ser de índole psicológica; por ejemplo, en la proyección sobre las víctimas de un daño psicológico permanente que sea tan severo que sus juicios se consideren para siempre inválidos, lo cual puede conducir a la inempleabilidad en ciertos tipos de profesiones. Este desdoro psicológico que ha surgido en las sociedades occidentales se parece mucho al desdoro anterior que pensábamos como premoderno; la única diferencia real es que, hoy en día, al desdoro se le ha dado una caracterización aparentemente psicológica y, por ende, "científica y racional". Se considera que las víctimas tienen cicatrices que jamás se curarán, y se las trata como potenciales histéricas (Hengehold, 1994). Esta es una práctica muy antigua; la diferencia es que ahora se le da un ropaje nuevo y suministra un poderoso disuasorio respecto de hablar a las claras sobre lo que sucedió, incluso entre amigos íntimos. También por este motivo es posible que una se sienta más segura de hablar de esta parte de la propia vida solo con otras sobrevivientes o principalmente con ellas.

Hay otras cuestiones que son singulares del discurso en este ámbito. La posibilidad de que pueda producirse un embarazo a partir de la violación significa que las futuras generaciones pueden verse afectadas de manera profunda si se enteran de la índole de su concepción. Con frecuencia, está en riesgo la seguridad física y emocional de las víctimas, dado que es habitual que los perpetradores profieran amenazas durante el ataque y, a veces, incluso prolonguen esas amenazas con posterioridad. Lograr la meta-lucidez en el ámbito de la violación sexual requiere lograr conocimiento acerca de las particularidades específicas de hacer silencio en este dominio; es decir, lo que Kristie Dotson (2011b) ha llamado "acallamiento testimonial". Karyn L. Freedman (2014) ha sostenido que los costos de hablar son tan altos que la credibilidad de las víctimas que eligen hablar sobre lo que les pasó pese a estos costos debería ser motivo de especial encomio.

Hace ya tres décadas que escribo sobre esta cuestión, y yo misma he hablado en calidad de sobreviviente en una cantidad de ocasiones académicas, periodísticas y de activismo. Entonces, aprendí de primera mano la forma en la cual los noticieros televisivos editan selectivamente las entrevistas, de suerte tal que cortan los análisis, pero conservan los detalles que una brinda sobre el ataque y sobre la reacción de nuestros colegas y amigos; y esa reacción es, a veces, de preocupación, y nos dan sinceros consejos de que deberíamos dejar de contar lo que nos pasó; otras veces, reaccionan con incomprensibles confesiones de que se sienten excitados. Me he dado cuenta de que ningún lugar está realmente exento del riesgo de recibir una reacción desubicada o impredecible. Esta afirmación es cierta incluso dentro del ámbito de la teoría feminista, donde el golpeteo de la crítica en contra de focalizarse en la victimización de la mujer también ha reverberado en mi cabeza y me ha tornado, por momentos, reticente. Pero sigo creyendo que hablar de lo que pasó es una táctica poderosa y subversiva.

Si bien aumentar la circulación del discurso de las víctimas es nuestra mejor táctica de resistencia, las condiciones discursivas que interpretan y que hacen circular nuestro discurso requieren también de una resistencia política. Las activistas feministas que emplean las redes sociales lo aprendieron: incluso la defensa de lo que deberían ser casos exentos de toda ambigüedad pueden convertirse en "un tiro por la culata", y la circulación de un video en las redes sociales puede perjudicar peligrosamente las posibilidades de la sobreviviente. Incluso cuando creamos nuestros propios ámbitos –o cuando nos convertimos en editoras de periódicos, en productoras periodísticas para televisión, o cuando escribimos libros sobre la violación– no podemos controlar por completo toda circulación o interpretación ulterior. Así, debemos trabajar para aumentar la capacidad del público de entender sutilezas, cuestiones más complejas sobre el poder, la dominación masculina, el racismo, el heterosexismo, el imperialismo, los intereses financieros de los medios, la autoprotección institucional y otras dinámicas, y cómo todos ellos pueden distorsionar gravemente la forma en que nos interpretan y nos juzgan.

Los pasos hacia el cambio

Entonces, ¿cómo hacemos para mejorar la conciencia crítica del público acerca de las condiciones de este discurso? ¿Y cómo posibilitamos su mayor impacto político transformativo? Con vistas a esos objetivos, desarrollo seis puntos críticos para crear una meta-lucidez alrededor de la cuestión de la violación sexual.

1) *Resistirse a la hegemonía del terreno jurídico.* Con excesiva frecuencia se da por sentado que el terreno jurídico –es decir, jueces y tribunales– es el único ámbito para que se haga justicia. Es cierto que las violaciones sexuales son delitos y que deben someterse a un proceso penal, y también es cierto que la lucha política emprendida a lo largo de los últimos cincuenta años para reexaminar las leyes y los procedimientos judiciales ha sido una esfera productiva de las reformas propuestas por las activistas. Y no cabe duda de que hay una relación, una retroalimentación, entre la forma en que los tribunales denominan y tratan estos delitos y la forma en que el público entiende su índole y la percepción de su gravedad (Freedman, 2013). Sin embargo, el terreno jurídico no es el único en el cual pueden establecerse la verdad y la culpabilidad. En realidad, como sostuvo Carol Smart (1989), el derecho es un dominio muy circunscripto de acción social y puede, en efecto, frustrar algunas reformas.

Los tribunales tienen un inmenso poder para limitar lo que puede decirse, lo que puede presentarse como acusación, lo que puede ser juzgado o lo que puede ser decidido (Estrich, 1987). Ellos fijan límites estrictos en las reglas del testimonio, incluido quiénes pueden testificar, bajo qué condiciones y sobre cuáles cuestiones. En la mayoría de las situaciones, no está permitido el apoyo representado por el testimonio de otras víctimas de un perpetrador, ni siquiera si dicho testimonio ayuda a confirmar el *modus operandi* o el patrón de conducta. En muchos lugares, la prescripción de los casos (es decir, el período luego del cual "caduca" la posibilidad de accionar jurídicamente) está definida de tal forma que ciertos casos de violación infantil son casi imposibles de llevar a juicio. Smart muestra que las reglas del testimonio pueden colocar a las víctimas en una situación en que pueden verse más culpables que el perpetrador mismo.

La plana burocrática del ámbito jurídico está constituida por instituciones –como las fiscalías de Estados Unidos– que necesitan protegerse, y que necesitan justificar su existencia; y lo hacen aumentando las tasas de éxitos logrados por sus organismos (y jactándose de ello). El éxito cuantificado por esas tasas poco tiene que ver con el éxito en reducir la violencia sexual: en realidad, miden nada más que los porcentajes de casos cuyo resultado es una condena, *y solo de esos casos que fueron elegidos para ser tramitados ante los tribunales.* Es decir, los fiscales y los jueces tienen un poderoso interés en elegir solo esos casos en los que creen que van a ganar. Aun más: se ven motivados a manipular los prejuicios que tienen los miembros del jurado, más que por alentarlos a que eleven el nivel de comprensión que, por lo general, requieren esos delitos. Los abogados que deben convencer a los miembros del jurado y a los jueces a fin de obtener una condena pueden llegar perfectamente a exacerbar ideas negativas, si tal exacerbación los ayuda a ganar el juicio. Es preciso que el público se torne más consciente de las limitaciones que este tipo de influencias plantean en una presentación abierta y justa de los casos judicializados; también es necesario que estén conscientes de que fracasar en un tribunal puede indicar poco acerca de los fundamentos del caso. Esto también se aplica, por supuesto, a los casos que sí triunfan en los tribunales.

Los llamados casos "exitosos" de acoso sexual terminan, con frecuencia, con un arreglo financiero extrajudicial que puede ayudar a pagar la terapia o los honorarios de los abogados, pero que amordaza a las acusadoras a través de acuerdos de no divulgación. Con esta habitual práctica se protegen las marcas institucionales (la buena fama de una universidad o de una gran empresa), y permite que los perpetradores busquen otros cargos sin que les pese su inconducta. Por otra parte, un acuerdo de no divulgación permite a los perpetradores seguir acosando y multiplicar la cantidad de víctimas, como en el caso de Harvey Weinstein, el magnate de Hollywood. Es parte de la ideología capitalista dar por sentado que el dinero resuelve el problema; pero más importante aun es que los tribunales apuntan a establecer la culpabilidad *individual* sin prestar atención a la complejidad ni a las condiciones sociales y estructurales más afines a una verdadera comprensión y prevención de la violencia sexual (May y Strikwerda, 1994). Con frecuencia, las activistas, las defensoras de la causa antiviolación y las sobrevivientes se ven motivadas por objetivos mucho más amplios que el de establecer el tipo de culpabilidad individual que puede merecer un proceso judicial. Comprender que en el problema social de la violación sexual hay involucrado un sistema de culpabilidad más difuso y complejo –más allá del que puede ser remediado mediante medidas jurídicas– puede ser más pertinente para lograr un cambio real y duradero.

El error, entonces, no es el uso que se hace del dominio jurídico para implementar el cambio, sino visualizar dicho dominio jurídico como el único mecanismo que existe, el único lugar donde puede determinarse la verdad de un caso y la mejor forma de procurarse justicia. La verdad está limitada, circunscripta por el foco puesto por el tribunal en la culpabilidad individual, así como por la serie de reglamentaciones que determinan la recopilación de pruebas; por su parte, la justicia se interpreta con demasiada estrechez, como "condena-y-castigo" y, a veces, rehabilitación. Las condenas pueden crear un factor disuasorio que reduzca los incidentes de violencia; pero en ciertas investigaciones recientes se muestra que la prisión y hasta la ejecución surten efectos disuasorios ínfimos. Y si la etnia, la clase y la sexualidad circunscriben con estrechez los tipos de casos que terminan en una condena, esta circunstancias apenas producen la escala de cambio a la que apuntamos. El hecho es que en los sistemas jurídicos de todo el mundo se ha procedido a realizar una selección dentro de la masa de los casos judiciales hasta dejar una minoría; y esta actitud genera fatalismo y, con frecuencia, exacerba las narrativas distorsionadas sobre el delito y las acusadoras.

Entonces, en resumen, si bien puede brindar una lección públicamente visible y potente, y puede lograr que algunos perpetradores ya no pueda cometer actos violentos, el ámbito de lo jurídico no es el único lugar en el cual se descubre la verdad ni se introduce el cambio social; ni es necesariamente el mejor.

2) *Desarrollar una conciencia de "empirismo inverso"*. Es preciso desarrollar la conciencia de las convenciones específicas por las cuales se juzga la credibilidad de los acusadores; y, en particular, es necesario desarrollar la conciencia del fenómeno que denomino "empirismo inverso". Este fenómeno implica la disminución de la presunta credibilidad de los grupos o individuos mismos que tienen una experiencia directa del problema. Esta situación no implica rehusarse a aceptar la credibilidad de las acusaciones, sino que se trata de proyectar sobre quienes tienen la experiencia de una violación sexual la incapacidad de juzgar o evaluar racionalmente, de allí en más, cualquier cosa o a cualquier persona en ámbitos relacionados de indagación. Entonces, una víctima adulta de una violación cometida en su adultez puede ser considerada incompetente para juzgar un caso de

posible violación de un menor, o una víctima adulta de abuso de menores puede ser considerada incompetente para evaluar un caso de acoso sexual.

El empirismo inverso se justifica por la mácula psicológica (el desdoro) proyectada sobre las víctimas de la violación sexual, como comenté antes, y la mácula que se presenta con posterioridad a causa de una dilatada historia multicultural en la cual las víctimas –más que los perpetradores– son vistos como perturbados, moralmente afectados e incapaces de objetividad o de racionalidad. Con demasiada frecuencia, tales proyecciones se asocian con las culturas "premodernas", con lo cual Occidente queda fuera de ese mapa. Pero el empirismo inverso produce una mácula, un desdoro que tiene bases aparentemente más racionales en la tarea de dar por sentado que las víctimas traumatizadas han perdido su capacidad de emitir juicios más cuidadosos y mesurados respecto de cualquier cuestión que pueda, de alguna forma, vincularse con la violación. Ciertas películas y programas de televisión, muy populares, presentan una y otra vez a las víctimas como potenciales histéricas, personas posiblemente violentas, con la psiquis dañada de manera permanente y, por lo tanto, incapaces de mantener relaciones "normales". Las víctimas del incesto y las sobrevivientes de la violación se tornan alocadas asesinas seriales o incompetentes a quienes hay que tenerles lástima.

El resultado es una inversión de la habitual orientación empirista que privilegia el rol de la experiencia en el conocimiento. Por lo general, les asignamos credibilidad empírica a quienes han tenido experiencias directas, de primera mano; pero en el caso de la violencia sexual, a quienes tienen experiencia directa del problema se les asigna un déficit de credibilidad. Muchos evitarían consultar a una víctima de abuso sexual infantil respecto de si vale la pena tomar como atendibles sus sospechas acerca de un vecino. Resulta interesante notar que el empirismo inverso opera, por lo general, también en ciertos otros tipos de casos: las afirmaciones sobre racismo realizadas por personas de color son juzgadas, con frecuencia, con escepticismo por personas blancas que dan por sentado que quienes no son blancos tienen una sensibilidad exacerbada o son demasiado mezquinos en la interpretación de la conducta de los blancos. Miranda Fricker (2007) sostiene que atribuir una capacidad epistémica disminuida socava el respeto a la capacidad de una determinada persona de interpretar sus alrededores y actuar con juicio y raciocinio, debido a sus propias características personales.

El principal supuesto que subyace al empirismo inverso no es totalmente inválido. Por supuesto, nuestra experiencia personal, la ubicación social, el entorno y otros factores pueden surtir efectos epistémicos en nuestro juicio; y puede resultar legítimo tomar tales consideraciones en cuenta en ciertas circunstancias. Pero la suposición de que las víctimas de una violación sexual tienen obnubilado el juicio en esta área, o de que la gente de color que identifica casos de racismo probablemente se esté precipitando a extraer conclusiones soslaya consideraciones en pugna: que esos que *no* han sido víctimas de violencia sexual o de racismo pueden verse afectados por la negación, por la elisión, por un interés creado que los lleva a minimizar cuestiones que exigen que se tome medidas, o que están simplemente desinformados sobre la índole y los signos sutiles del problema. Las víctimas de violación sexual o de racismo pueden, en efecto, ser especialmente renuentes a encontrar otra instancia del problema que los ha afectado tan profundamente, a verse forzados a confrontar pruebas de que su familia, su lugar de trabajo, su escuela o su vecindario son, de nuevo, un lugar poco confiable, o que el hijo de su vecino o de su amigo es una posible víctima.

De allí que no se justifique la existencia del empirismo inverso respecto de estas cuestiones específicas. Aunque todos nosotros tenemos un punto de vista, un conjunto de intereses y experiencias que pueden afectar adversamente nuestro juicio en algunos aspectos, las sobrevivientes tienen una experiencia que puede ser muy productiva al momento de formarse un juicio, mejorar su confiabilidad al momento de evaluar posibles perpetradores, entender los efectos posteriores de la agresión física y los signos de trauma, entre otros factores. Quienes han tenido experiencia con los avances de un perpetrador manipulador pueden ser más capaces de captar el patrón. También pueden estar familiarizados con las negaciones típicas de la familia, de los amigos y de los compañeros de trabajo que desestimen ciertos signos y trivialicen los peligros. Y ellos pueden saber que las sobrevivientes tienen reacciones afectivas variadas, no uniformes, y que la ausencia de lágrimas en el banquillo del testigo no pueden tomarse con algún significado fijo y pétreo.

En este punto, mi argumento no sería que las víctimas de violación sexual son jueces uniformemente confiables; antes bien lo que digo es que nosotras contamos con experiencia directa afín a un juicio, y no debería existir una desautorización preventiva ni una suposición prejuiciosa de que somos incapaces de emitir un análisis mesurado y bien pensado. Como Laura Gray-Rosendale y yo sostenemos en el capítulo 6, con excesiva frecuencia los medios presentan una bifurcación entre las víctimas: algunas son ingenuas informantes; otras son expertas que puede ofrecer marcos analíticos más complejos. Para darle tratamiento a los déficits de credibilidad experimentados por los sobrevivientes es preciso corregir esa bifurcación. Muchos excelentes teóricos y asesores en esta área cuentan con alguna experiencia en violación sexual; con todo, sienten la necesidad de mantener oculta dicha circunstancia para conservar la capacidad de funcionar. Esta actitud bien puede ser necesaria, pero da como resultado una distorsión de las condiciones epistémicas del discurso público y permiten que el público en general siga proyectando una mácula epistémica en las víctimas. Permítaseme subrayar nuevamente que no estoy diciéndole a nadie que rompa su silencio, sino que necesitamos tomar nota del patrón de empirismo inverso que vemos en acción y criticar los supuestos que lo mantienen fijo en su lugar.

3) *Desarrollar una comprensión de la complejidad y la contexto-dependencia de nuestros términos y conceptos*. Podría parecer obvio que debemos apuntar a desarrollar una terminología uniforme, con definiciones acordadas de antemano; esta conducta ayudaría en los casos judiciales, en la recopilación de datos, y en los análisis y en el diálogo intercultural. Pese a lo dicho, afirmo aquí que tal cosa es imprudente y poco realista. Incluso cuando se emplee el mismo término, su significado puede cambiar en ciertos contextos de uso de la vida real vivificado por diversas connotaciones que pueden tener muy diferentes implicaciones políticas. Y si bien deberíamos interesarnos, como sostuve, en la probable recepción de los públicos en general, esta no debería obstar a la recepción por parte de las sobrevivientes. Chris Coulter sostiene que el dominio por parte de las ONG y el lenguaje de los derechos humanos han limitado la variedad en las narrativas públicas emergentes de la guerra civil de Sierra Leona: "Me doy cuenta de que las mujeres con experiencia en ONG o en otros cuerpos profesionales emitían narrativas menos detalladas y menos personales, y seguían una línea argumental más estructurada y estandarizada" (Coulter, 2009:25). Cuando las estructuras organizativas del Norte de nuestro planeta, por bien intencionadas que estén, procuran uniformidad en el análisis y en la terminología, esta uniformidad impone una forma imperial de discurso que limita la capacidad de las sobrevivientes de darles

un significado a sus experiencias en formas que, para tales estructuras, tengan sentido. Y esta limitación hace que disminuya nuestra capacidad de aumentar nuestra comprensión de la violación sexual, su impacto y sus posibles soluciones.

En lugar de intentar acordar un conjunto uniforme de términos y definiciones, sería más útil emplear palabras y frases más amplias y menos precisas; por ejemplo, "violación sexual", con las que las sobrevivientes puedan tener la flexibilidad de denominar sus propias experiencias a su propio modo. También es preciso que permanezcamos abiertos a nuevos términos y conceptos, nos ayuden o no en los casos jurídicos, o despierten o no simpatía en los países ricos del Norte de nuestro planeta o en las ciudades del Sur del planeta.

Los significados son, en cierta medida, siempre locales. Podemos imponer definiciones uniformes en diversos contextos, pero los significados operativos variarán a la luz de las connotaciones y las asociaciones contexto-específicas que existan en cada espacio local. Veremos esto en el capítulo 5 con respecto a ciertos conceptos polémicos como "delito de honor", "víctima" e incluso "consentimiento". Además de la variación en el significado, las connotaciones contextualmente específicas de los términos pueden generar efectos políticamente preocupantes (por ejemplo, alimentar prejuicios culturales o de otros tipos).

Si bien no deberíamos procurar un meta-lenguaje universal y mundial, esta premisa no alienta un localismo formulaico ni dogmático, ni nos condena al relativismo lingüístico. La alternativa al universalismo (impuesto por el Norte de nuestro planeta) es el abordaje dialógico que promueve el entendimiento entre contextos específicos a fin de desarrollar proyectos colaborativos en torno, por ejemplo, de las condiciones del trabajo sexual migrante o de la justicia transicional que involucra múltiples comunidades étnicas o nacionales. Sin embargo, si las corrientes de dinero y de poder están parcializadas, sesgadas, es probable que dichas colaboraciones dialógicas sean un fraude.

Necesitamos una práctica metodológica basada en el contextualismo. Mediante tal práctica se reconocería que: 1) los significados operativos están siempre sujetos a los efectos contextuales; sin embargo, 2) los contextos son internamente complejos; 3) hay vinculaciones causales e influencias entre contextos; y 4) pese a la índole contextual de los significados, es preciso que permanezcamos abiertos a la posibilidad de obtener resultados comunes en una amplia variedad de contextos.

La mayor parte de los contextos locales son, en realidad, pluritemáticos más que monotemáticos: contienen múltiples sistemas referenciales culturales y constelaciones de significados, más que uno solo. Medina hace hincapié en que nuestros ámbitos discursivos contienen, hoy en día, múltiples sexualidades, culturas, religiones y etnicidades, con múltiples puntos de referencia lingüística en pugna. Por lo tanto, si bien puede sonar contradictorio, lo local no está vinculado con lo local, dado que hay connotaciones y significados que cruzan las fronteras culturales, incluso si no son universales. El valor depositado en la virginidad femenina puede no ser universal, pero puede encontrárselo en una diversidad de comunidades religiosamente conservadoras; e incluso en las culturas progresistas y librepensantes, el valor conferido a la ausencia de vello, a la delgadez y a la juventud extrema sugieren una resonancia con el ideal de la virgen. Otro ejemplo es que los hombres que matan a las esposas infieles reciben castigos menores en numerosas comunidades religiosas, así como en algunos contextos laicos. Ciertas malas ideas producen un eco que genera coartadas naturales que favorecen la opresión. Es preciso que todo abordaje contextualista permanezca en sintonía con estas vinculaciones.

Entonces, un requisito central de tornarse meta-lúcidos acerca de las formas en las cuales surge la violencia sexual en el discurso público es, por un lado, estar atentos a las condiciones contextuales que pueden cambiar la connotación de los términos y, por lo tanto, del significado de éstos; por otro lado, prescindir de la exigencia de contar con términos universales, dotados de definiciones precisas que se les puedan imponer a las sobrevivientes. Si bien el contextualismo acerca del significado complica, sin dudas, el desarrollo de la labor empírica en esta área, mejorará la probabilidad de una recopilación más precisa de hechos, como han descubierto hace poco los científicos sociales (Gavey, 2005). Cuando permitimos que las sobrevivientes describan sus propias experiencias, podemos reunir más y mejores datos.

4) *Desarrollar nuestros propios lugares de comunicación*. Con excesiva frecuencia, cuando las sobrevivientes hablamos de nuestro padecimiento, nuestro discurso se ve limitado o se diluye su impacto para ser funcional a propósitos que no están vinculados con nuestros objetivos. Circunscribir

nuestro discurso a los "lugares legítimos" puede significar un bloqueo de su potencialidad transgresora. Los principales y poderosos medios masivos de comunicación pueden llegar incluso a exacerbar la epidemia cuando refuerzan los marcos narrativos problemáticos. En el capítulo 6 parto de una monografía que escribí en conjunto con Laura Gray-Rosendale (1996), en la cual analizo ese problema. Allí muestro que no es solo una cuestión de contenido, sino que también tiene que ver con la forma en la cual nuestra habla se ve validada y juzgada por los demás.

Lo que aquí llamo "lugares legítimos" se refiere a sitios oficialmente reconocidos y autorizados, en los cuales las autoridades determinan tanto el contenido como la estructura de la comunicación; por ejemplo, los tribunales, los comités judiciales de los campus, las juntas internas de revisión de muchas instituciones, y la mayor parte de los medios de comunicación. Es llamativo que, en el medio de una epidemia, se defienda con tanto vigor la hegemonía de tales lugares: a las sobrevivientes se las sanciona, se las multa, se las suspende o se las expulsa de la universidad, y se las colma de críticas si se atreven a hacer pública su experiencia en lugares no oficiales y no controlados; por ejemplo, las redes sociales, los grafitis anónimos o el activismo mediante el arte.

Conforme más sobrevivientes hablan de sus experiencias, el terreno de lucha ha pasado a ser el discurso mismo y el intento de limitarlo dentro de los lugares y de los modos que a las autoridades les parece digestible. La resistencia a esta hegemonía está motivada por el reconocimiento de que el sistema no está funcionando. Tanto los teóricos como las activistas necesitan considerar no solamente el contenido del discurso, sino también la manera en que este circula, se lo distribuye y se lo edita; además, es preciso tener en cuenta los intentos de sancionar a quienes "sacan los pies del plato" de la oficialidad comunicativa. Más allá de criticar lo existente, necesitamos también explorar cómo serían los lugares no oficiales de comunicación que querríamos construir para que se maximice la efectividad política de nuestra prédica y para que seamos nosotras quienes elijamos las normas por las cuales regirnos. Abordo esta cuestión en los dos siguientes puntos.

5) *Educar a la opinión pública, y a nosotras mismas, acerca de la larga historia de injusticia epistémica que ha afectado a las violaciones sexuales.* Las sociedades occidentales han practicado desde antiguo ciertas convenciones epistémicas en las cuales las mujeres, los niños, los campe-

sinos, los esclavos, los no europeos, los judíos y otros grupos han sido preventivamente desautorizados; por si esto fuera poco, algunas de esas desautorizaciones han sido permitidas por las epistemologías ya establecidas (Lloyd, 1984; Shapin, 1995; Campbell, 2003; Fricker, 2007). Esta no es una historia antigua: hasta 1975, los estados tenían permitido excluir a las mujeres de los jurados. Las restricciones implementadas por los tribunales se fundaban en las ideas epistémicas que versaban sobre la correlación entre veracidad y tipos de identidad, educación formal, rasgos de ecuanimidad desapasionada vinculadas con el sexo masculino, y la autosuficiencia o prosperidad económica. Ya sabemos que Aristóteles creía que ni los esclavos ni las mujeres en general comprendían el valor de decir la verdad; por otra parte, son demasiados los filósofos que podríamos enumerar que creían que las mujeres eran inferiores en cuestiones de razonamiento, que su pensamiento estaba nublado por la vaguedad, y que, en general, estaban incapacitadas por sus vidas emocionales de buscar la verdad de una forma rigurosamente sistemática y objetiva. Debido a que, en la mayor parte de las violaciones, las víctimas son mujeres adultas o niñas y los perpetradores son hombres; estas pertinaces ideas siguen proyectando déficits de credibilidad sobre la mayor parte de las acusadoras. Las recientes elecciones indican que parte del público general parece persistir en la idea de que es más probable que los ricos digan la verdad porque no dependen de otros para su sustento diario.

El famoso enunciado de Matthew Hale, jurista inglés del siglo XVII, planteó la idea de que, si bien la violación era "un delito nefando", también era "una acusación fácil de hacer y difícil de probar, y más difícil aún de ser refutada por la parte acusada", por inocente que esta fuera. Por esta razón, Hale sostuvo que era necesario que en los delitos de violación se implementaran prácticas testimoniales singulares, una idea que sigue ejerciendo influencia (Freedman, 2013: 17, 153-4). Igor Primoratz explica que, siguiendo a Hale, "los criterios de prueba se hicieron más exigentes que los relativos a otros delitos" (1999:157): se requerían pruebas de que el acto había sido forzado y se necesitaba la corroboración de otros testigos, más allá de la víctima. Podría considerarse que el enunciado de Hale es aplicable a las acusadoras y al acusado de cualquier identidad; pero Estelle Freedman (2013) nos muestra, tal enunciado encontró buena acogida entonces (tal como lo hace ahora) con las ideas sobre la asociación que se hace entre la sinceridad y el género, la etnia y la clase. Pero Hale hizo caso omiso de algo importante: que a ciertas estructuras sociales no les puede resultar para nada fácil hacer una acusación; sobre todo, algunos grupos en especial. En 1793, un rico neoyorkino fue acusado de haber violado a una modista de diecisiete años. El abogado de este hombre citó a Hale cuando sostuvo que las acusaciones de violación ponen "la vida de un ciudadano en las manos de una mujer" (Freedman, 2013:17). El jurado –que estaba compuesto solamente de hombres– entregó un veredicto absolutorio luego de deliberar nada más que durante quince minutos.

Steven Shapin (1995) ha escrito una excelente historia sobre las ideas europeas modernas acerca de la verdad; esta historia muestra el razonamiento que subyacía a estos juicios. Las mujeres, los niños y los campesinos eran considerados demasiado irracionales por naturaleza, mientras que a los judíos se los consideraba demasiado astutos. Resulta interesante notar que a los miembros de alto rango social de la corte real también se les atribuía un bajo nivel de credibilidad. El motivo era que, probablemente, estuvieran involucrados en alguna intriga cortesana y, por lo tanto, su juicio se iba a ver guiado por consideraciones estratégicas más que por virtudes epistémicas puras. En definitiva, se consideraba que era probable que solo los hombres con medios de vida independientes fueran a decir la verdad. Esta idea, como dije, sigue siendo válida hoy en día; es decir, que la riqueza confiere confiabilidad epistémica, una idea que Donald Trump ha logrado hacer funcionar para sí mismo. Es claro que la distribución de la presunta credibilidad epistémica según ciertas categorías identitarias –es decir, el género, la clase, la etnicidad, la edad, entre otras– es una práctica muy antigua de la que aún no hemos podido librarnos. Cuando un caso se caracteriza por ser "la palabra de uno contra la de la otra", es muy posible que no se trate de una disputa entre partes iguales, sino que sean los prejuicios de identidad los que prevalezcan en su determinación.

Más recientemente, ha habido intentos sutiles y no tanto de desautorizar o de desacreditar las afirmaciones de homosexuales, de mujeres de color, de activistas de izquierda y de personas de clase baja en general. Se ha fundado esta desautorización en factores como sus objetivos políticos, su falta de confiabilidad intelectual, sus aspiraciones económicas o alguna combinación de todos ellos. El corolario de la idea de que la riqueza confiere confiabilidad epistémica porque el hablante es económicamente autosuficiente es la idea de que quienes son vulnerables de una u otra forma –en el plano económico o en el social– tienen motivos para mentir, y que es, por lo tanto, justificable degradar su presunta credibilidad y requerirles las pruebas adicionales solicitadas por Hale. Es preciso que le quitemos la hojarasca a esta historia de las ideas sobre el conocimiento y sobre la justificación, tanto profesional como popular, y que depuremos la forma en que tal historia sigue influyendo infecciosamente en las respuestas contemporáneas a las sobrevivientes que acusan. En particular, es imperativo que corrijamos el supuesto de que los que más ricos son en una comunidad son los que con más probabilidad se enfrentarán a la verdad y la dirán.

6) *Mantener un interés en la verdad.* ¿Cómo mantener un interés en la verdad? La pregunta es acuciante frente a nuestro intento de procurar lograr una mayor meta-lucidez sobre la complicada índole de la violencia, frente a los desafíos de interpretar las experiencias traumáticas y de conceptualizar los términos adecuados, y en vista de los patrones de desautorización presunta. La potencialidad transformativa y subversiva del discurso de la sobreviviente depende por completo de su valor de verdad para que, de esta forma, no pueda soslayarse la cuestión de la verdad. Las sobrevivientes tienen un interés en la verdad en este dominio que es tan importante o más importante que el de cualquier otra persona, porque lo que está en juego es nuestra capacidad de confiar en nuestro juicio, entender nuestras vidas, proteger a quienes amamos, y lograr seguridad.

Conferirles una credibilidad *presunta* a las acusaciones no es lo mismo que otorgarles una *aceptación* automática. Debemos encontrar formas de superar el legado de los prejuicios basados en la identidad que, por razones ilegítimas, puedan generar escepticismo hacia una acusadora. Quienes escuchan deben ser excepcionalmente cautos y reflexivos respecto de sus juicios iniciales. Atribuirles una credibilidad *inicial* es solo un medio de comenzar el proceso para una evaluación ulterior.

Por supuesto, en la vida cotidiana, no siempre estamos en situación de juzgar todas las afirmaciones que se realizan; y, en la mayoría de los casos, deberíamos reservarnos un juicio definitivo. Es posible que no tengamos la capacidad de recolectar una mayor cantidad de pruebas, y ciertamente no tenemos justificación para someter a un interrogatorio feroz a la persona que ha hablado. Tratar alegaciones de violencia sexual con una presunta credibilidad es solo hacer concordar esta esfera con otros tipos de afirmaciones testimoniales que todos los días tomamos sin mayor análisis: que nuestra compañera de oficina dice la verdad cuando afirma que no durmió bien por la noche, o que nuestro vecino nos está diciendo la verdad cuando dice que no vio a nuestro gato. A menos que tengamos razones *específicas*, y buenas razones, para dudar de estos testimonios diarios, es razonable aceptarlos; al menos, sobre un fundamento provisorio.

Pero, claro está, en algunos casos una afirmación puede llegarnos de manera más específica; por ejemplo, si quien la formuló es alguien a quien conocemos, o si requiere que tomemos medidas. En tales casos, se requiere un nivel más alto de capacidad evaluativa. Para este tipo de afirmaciones necesitamos más que una credibilidad presunta, si bien esta no necesariamente nos da el derecho de acribillar con preguntas a la acusadora o a que se nos muestren todas las pruebas.

Los lugares legítimos donde se dirimen las afirmaciones y donde se las comunica al público no son confiables. Sin embargo, la solución a estos problemas no puede desentenderse de todo interés por la verdad, sino que debe ser la generación de nuevas normas y prácticas relacionadas con la verdad.

Conclusión

En este capítulo he sostenido que los ecos mundiales de la violación sexual reverberan, hoy en día, en formas productivas e improductivas. Es preciso que los movimientos que procuran el cambio trabajen para mejorar la forma en que el público en general entiende la forma en que circula el discurso de la sobreviviente, y cómo se lo interpreta y se lo trata en la generalidad de los casos; y también es preciso que esos movimientos nos ayuden a mejorar nuestra evaluación y nuestra crítica de las estrategias por las cuales nuestro discurso se silencia. El contenido crítico del discurso en este dominio, sin embargo, tiene que ver con el enunciado de nuestra experiencia. Este será el tema del siguiente capítulo.

2

La espinosa cuestión de la experiencia

¿Cómo nos decidimos por una interpretación –por una palabra, incluso– cuando expresamos experiencias de violación sexual? Con frecuencia, tanto los defensores como los críticos quieren que nos apresuremos, que dejemos de demorar la cuestión, que le pongamos un nombre a lo sucedido, que demos nombres, y que jamás –Dios no lo permita– cambiemos lo que ya hayamos dicho. A veces, esa presión nos ayuda, pero no siempre. Y no se debe a que la persona que ha sido maltratada sexualmente no necesite que se la siga presionando, sino porque necesitamos honrar la complicada índole de nuestras experiencias de violación sexual, así como el proceso –a veces, lento– por el cual llegamos a denominarlo. Incluso la experiencia de la violación, mucho me temo, no siempre es una cuestión de blanco o negro.

Las violaciones sexuales son experiencias, experiencias en primera persona. Esto significa que están sujetas a preguntas epistemológicas generales acerca de la índole de la formación y de la interpretación de la experiencia. Si nuestras experiencias están constituidas discursiva e históricamente –incluso en parte– por lo fortuito de las culturas en las cuales hemos nacido, por lo que Foucault (1972) maravillosamente llamó nuestro "a priori histórico", ¿cómo altera esta situación el rango epistémico y lo fructífero de las afirmaciones surgidas de la experiencia?

La manera en la cual respondemos estas preguntas tendrá, obvio es, un impacto crítico en la autoridad epistémica conferida a las denuncias realizadas por las víctimas. La forma en la que caracterizamos la *causa* de la experiencia vivida por todas ellas será de especial importancia. Bien podemos tomar al pie de la letra lo que dicen las personas acerca de la índole subjetiva de la experiencia que vivieron –o la significatividad de la experiencia que vivieron– y, pese a ello, conservar una hermenéutica de sospecha sobre la etiología de esta significativa experiencia. En otras palabras, podemos preguntarnos acerca de los fundamentos de nuestras percepciones subjetivas de los sucesos que tienen lugar en nuestras vidas, las razones por las cuales los interpretamos como lo hacemos, y las razones por las que nos afectan como lo hacen. Si esto parece extraño respecto de las violaciones sexuales, consideremos cuántas veces muchos de nosotros realizamos como rutina tales hermenéuticas de sospecha respecto de las afirmaciones de los perpetradores cuando afirman que genuinamente fueron las víctimas las que propiciaron el encuentro, que dicho encuentro no las dañó y que, incluso, lo disfrutaron. Sin duda, muchos mienten; pero tal vez algunos estén contando con precisión sus experiencias subjetivas. Si creemos que los perpetradores pueden experimentar genuinamente tales "invitaciones", pero solo debido a su socialización dentro de las culturas que avalan la violación, entonces habremos cedido terreno a la idea de que la índole significativa de las experiencias subjetivas puede constituirse por el propio entorno social.

La índole subjetiva de la experiencia

"Experiencia" es una palabra engañosa; por otra parte, es una palabra que, hoy en día, a los filósofos en general no les gusta. Puede utilizarse para referirse, como mínimo, a los contenidos de nuestra percepción y, como máximo a un conjunto denso y rico de sensaciones, o a una actitud cargada de cognición y afectos hacia un suceso. A veces, esta palabra se emplea de manera similar en el discurso diario para dar a entender algo parecido al costado subjetivo de un suceso, o el costado que nosotros, por así decirlo, experimentamos. Gran parte de la labor reciente de la filosofía y de las neurociencias se concentra en demostrar de qué forma la experiencia subjetiva puede desconectarse significativamente de los hechos objetivos, como cuando pensamos que hemos visto una sombra que no estaba, o un arma que, en realidad, es una billetera, o cuando no vemos un gorila en medio de la pantalla. Desde el giro lingüístico –un giro que afectó a las tradiciones filosóficas anglo-estadounidenses y continentales–, algunas veces se ha considerado que la experiencia está tan mediada que puede virar hacia el solipsismo. La genealogía de nuestra experiencia en el gran mundo se encuentra fuera de la mesa de análisis.

Sin embargo, siguiendo a William James y a John Dewey, sugeriría yo que, en las formas más habituales de hablar, la experiencia es una palabra que, por lo general, significa más que una percepción efímera y posiblemente equivocada, o una sensación enteramente interna. Antes bien, incluye mis sensaciones perceptivas, mis respuestas afectivas y mis actitudes cognitivas reunidas dentro de un tiempo y lugar particulares. Dewey lo expresa de esta manera: "La experiencia es *de algo*, así como lo es en la naturaleza. No es la experiencia lo que se experimenta, sino la naturaleza. [...] Las cosas que interactúan de ciertas formas son experiencia; son lo que se experimenta; [...] son, también, *cómo* las cosas se experimentan" (1958:4a). Por ejemplo, por lo normal decimos que tuvimos "una experiencia increíble", o decimos que "hemos aprendido de la experiencia", o simplemente que "no tenemos experiencia respecto de una cuestión en especial". Por lo tanto, al referirnos a la experiencia, uno se refiere, por lo general a más que algo que está nada más que en el contenido de la propia cabeza. La experiencia puramente subjetiva –es decir, una experiencia que puede estar "solamente en mi cabeza"– requiere un modificador, un término que la califique. En el discurso diario, entonces, la experiencia siempre involucrará la subjetividad, pero no se considera, por lo general, que sea exclusivamente subjetiva. Como dice Dewey, tenemos una experiencia *de* algo. Nuestras sensaciones están vinculadas, de alguna manera, a sucesos, bien sea los que tienen lugar ahora, bien sea los recuerdos de sucesos que tuvieron lugar en el pasado. De este modo, la idea de la experiencia va más allá del solipsismo del individuo y abarca una relacionalidad que se produce entre nosotros mismos y los sucesos específicos de un tiempo y un lugar. Podemos no tener la capacidad de expresar una experiencia con total competencia lingüística, ni para describirla de manera suficiente y adecuada; no obstante, la experiencia puede, de todas formas, ser significativa, si bien parcialmente inteligible y encontrarse más allá de nuestra capacidad de verbalización.

Esta caracterización de la experiencia –bastante amplia y laxa– no se encuentra en boga entre muchos filósofos de esta época, que prefieren tomar objetos de indagación de medidas más modestas y empíricamente mesurables; por ejemplo, la percepción y la conciencia. James Gibson (1979:1) observó lo siguiente: incluso una experiencia perceptiva visual es objeto de reducción hasta lograr el tamaño de una apertura, de una instantánea fotográfica, a los fines de su análisis, como si la cabeza humana (la mente) fuera como una cámara estable sobre un trípode, y esa cámara se abriera durante un único instante, en lugar de ser una parte de un cuerpo en movimiento continuo, en el cual podemos movernos hacia un objeto o alrededor de él[1]. Con todo, los acertijos que podríamos explorar acerca de la índole de la experiencia uniría a los filósofos con el resto del mundo: es difícil hacerles creer a los alumnos la posibilidad de que mi percepción de una vaca pueda ser, en realidad, la de una cabra pintada de forma tal que parezca una vaca; pero es fácil hacer que se interesen en debatir cómo evaluar las diferencias existentes entre cada una de las experiencias de un acontecimiento. Y, por supuesto, en realidad, hay diferentes puntos de vista entre nosotros respecto de cómo demarcar las interacciones sexuales benignas de la coacción sexual. En muchos casos de la vida real, nuestras experiencias difieren sustancialmente; y en el caso de la violación sexual, la diferencia puede ser significativa y compleja.

Ideología y experiencia

Si hoy en día a los filósofos no les gusta el concepto de "experiencia", y por lo general lo han minimizado para referirse a un contenido perceptual, los teóricos sociales han tenidos sus propias preocupaciones, principalmente respecto de la significatividad de nuestras experiencias. ¿Cómo surge esta significatividad? En la vida política, con frecuencia hablamos como empiristas cuando tomamos la experiencia para fundamentar el conocimiento, para explicar la orientación política y la conversión, para que oficie como base para desarrollar puntos de vista para el pensamiento crítico, y también para brindar una forma de criticar los limitados entendimientos de la clase dominante. Y, con todo, la experiencia, por sí misma y en sí misma no es confiable ni como predicción ni como explicación: quienes tienen experiencias similares pueden llegar a pensar de manera muy diferente respecto de los acontecimientos. ¿Cómo podemos concederle a Dewey que las experiencias son *de* algo y, aun así, explicar dicha variabilidad?

En particular, gran parte de la teoría feminista ha sido sospechosa –por razones más que entendibles– de alegaciones de experiencia durante los últimos veinticinco años. Las experiencias de los hombres y de las mujeres, en tanto sujetos con género, no han de ser merecedoras de confianza cuando se trata de nuestra aceptación de la miríada de convenciones rela-

---

[1] En *What We Mean by Experience* (2012), de Marianne Janack, véase también una exposición muy ilustrativa sobre la pertinencia del abordaje de Gibson respecto de cómo entendemos la experiencia.

tivas a las experiencias de género, lo cual incluye, claro está, el sexo. En el nivel más profundo de sentimiento y de reacción, así como de nuestras interpretaciones y entendimientos de los acontecimientos, las mujeres en particular pueden verse sujetas al peso de las socializaciones ideológicas que nos dirigen a experimentar el abuso como algo que nos merecíamos, o como algo que no es abuso.

Si bien muchos filósofos siguen utilizando intuiciones habituales como criterio principal para someter a prueba la plausibilidad de las teorías mediante experimentos con el pensamiento, las intuiciones también constituyen fuentes poco confiables en los dominios cargados políticamente, como las relaciones de género. Y las intuiciones entre el público en general cambian drásticamente respecto de cuestiones críticas como si una mujer ebria es una "presa fácil", o si una chica de catorce años puede auténticamente elegir trabajar como prostituta. Movilizar nuestras intuiciones, como tienden a hacer los teóricos de la ética, puede ser revelador en algunos aspectos, pero no decide nada. En cuestiones referidas al sexo, las intuiciones son principalmente útiles a los efectos de la crítica ideológica.

Consideremos los debates que se dieron en torno de las noticias de que, en abril de 2011, Dominique Strauss-Kahn, presidente del Fondo Monetario Internacional y, por entonces, candidato a presidente de Francia, había agredido sexualmente y había intentado violar a una mucama de hotel que, además, era inmigrante guineana. Nassifatou Diallo denunció que Strauss-Kahn la había tomado por la fuerza cuando ella llegó a limpiarle su habitación, la forzó a hacerle sexo oral y hasta intentó rasgarle la ropa antes de que pudiera escapar. Sin embargo, el espectro de relativismo cultural se vio elevado en siguientes debates en los que se revivieron viejos tropos sobre en qué medida las interacciones sexuales difieren entre Estados Unidos y Francia. Antes de lo que llegó a conocerse como el "escándalo DSK", muchos seguían creyendo que los estadounidenses todavía están infectados por su pasado puritano en cuestiones sexuales, mientras que los franceses son "conejos excitados". Se pensó que la diferencia entre las dos culturas demarcaba de manera distinta una interacción sexual benigna, por un lado, y, por el otro, el acoso, y posiblemente hasta la agresión física.

La cantidad de mujeres que, en Francia, contaron lo que les había pasado luego de que este escándalo estallara rápidamente puso en tela de juicio esta fácil adopción del relativismo. A las mujeres francesas, se descubrió, no les gusta que les toquen el cuerpo cuando no han pedido que se los toquen, de la misma forma que tampoco les gusta a las mujeres de cualquier otra nacionalidad. Una de las víctimas de Strauss-Kahn que con posterioridad contó lo que le había pasado lo describió como un "chimpancé en celo", con lo cual pintaba de él un retrato mucho menos grato que nada tenía que ver con los conejos. Si bien algunos siguieron considerando que en Francia existe un nivel más alto de tolerancia respecto de los amoríos extramatrimoniales y que hay un mayor respeto por el derecho a la intimidad de los políticos, esas mismas personas sostienen que ninguna de esas diferencias puede hacer que el hecho de que un extraño (o un compañero de trabajo) tome por la fuerza a una mujer y le toque el cuerpo sea considerado benigno.

Pero ¿qué pasaría si no solo la *negación* del abuso estuviera sujeta a procesos problemáticos de interpretación, sino también la *identificación positiva* del abuso? En definitiva, el proceso por el que se definen y se demarcan los límites de esos dominios que generalmente asignamos a la categoría no benigna de experiencia sexual —el acoso, la coacción sexual, el abuso sexual, incluso la violencia sexual, todo lo cual quiero definir como formas de *violación sexual*— es un proceso interpretativo. ¿Podría ser que su *carácter ofensivo* fuera relativo a la perspectiva del receptor, sobre la base de su propia sensibilidad basada en el contexto? En términos más amplios —y más problemáticos— ¿podría suceder que nuestra *experiencia* misma de un encuentro pudiera verse significativamente afectada por las particularidades arbitrarias involucradas en lo que Foucault llamó "nuestro discurso"?

Los encuentros sexuales violentos y brutales, incluso para los sadomasoquistas, son menos proclives a estar sujetos a interpretaciones ampliamente variables. Pero numerosos sucesos que se encuentran en el dominio de la violación sexual son más imprecisos: muchos casos de violación en una cita y muchos otros de acoso sexual, así como la categoría de estupro, pueden estar sujetos a múltiples interpretaciones. Y tal variabilidad es, sin duda alguna, lo que se esconde detrás de las diferentes actitudes que la gente adopta respecto de los casos específicos de alto perfil, así como en las propuestas de políticas y en las medidas reparatorias: se presenta una gran dosis de incertidumbre en el público en general sobre si las estadísticas son realmente tan altas como afirman algunos, y cómo se interpretan los sucesos. Incluso quienes no presumirían de cuestionar el trauma de una víctima podrían, en silencio, preguntarse sobre la genealogía del trauma de esta.

Las sobrevivientes mismas se encuentran entre esas que se preguntan sobre la prolija demarcación de nuestras categorías. Esto es lo que ha dado lugar al nuevo término popular de los campus universitarios: la "violación gris". Como comenté en la introducción, la autora Mary Gaitskill (1994) sostuvo hace años, con buena repercusión, que el par de categorías "violación"/"no violación" eran sencillamente insuficientes para clasificar la densa complejidad de su propia experiencia. Ella no había querido tener la relación sexual, pero había sido incapaz de expresar su voluntad. En consecuencia, sentía que el *significado* de su experiencia era ambiguo, resistente a un cierre; un área ni blanca ni negra, sino gris.

El caso de Gaitskill sugiere que la frase "violación gris" puede ventajosamente caracterizar la desconexión que, a veces, existe entre nuestro repertorio conceptual y nuestra experiencia. Si los términos de que disponemos no se ajustan por completo a nuestra experiencia, entonces el rechazo de Gaitskill a este par de categorías tiene sentido y, en verdad, habla de su integridad. Pero la frase "violación gris" podría, en sí misma, tener más de un significado. Podría entendérsela como un marcador de una ambigüedad no eliminable, o como un término provisorio hasta que desarrollemos uno mejor, o como un tipo de experiencia que se encuentra en algún punto del continuo entre las categorías existentes. La primera posibilidad –la cuestión de la ambigüedad en la experiencia– no se ve sencillamente impulsada por las complicaciones particularmente extremas de un conjunto de casos especiales, sino que puede representar una cuestión más general. Si las experiencias logran su significado a partir de condiciones contextualmente relativas y arbitrarias, sobre lo que Foucault llama "lo histórico *a priori*", ¿existe una ambigüedad *necesaria* en la verdad acerca de nuestras experiencias, sobre la base de en qué medida la significatividad de estas depende del discurso?

Algunas personas podrían sostener que este es un análisis que no vale la pena hacer; que la violencia sexual –o las interacciones sexuales, más generalmente hablando– no admite una variabilidad suficiente para engendrar posibilidades serias de relativismo. Con todo, la cuestión de la complejidad de nuestras experiencias de violencia sexual surge no solo a partir de los filósofos y de los teóricos –es decir, surge de esas personas de cuyas dudas escépticas podríamos, como Wittgenstein, albergar dudas escépticas–, sino también de las sobrevivientes, como indica Gaitskill (1994). *A veces*, la descripción plena, suficiente y adecuada de los sucesos da por tierra con toda clasificación simplista. *A veces*, nuestro entendimiento de los sucesos cambia con el correr del tiempo. Los partidarios y los defensores de la causa antiviolación –todos ellos bien intencionados– pueden resistirse a tales complejidades, pueden urgirnos a formular la acusación y a darle, sin vueltas, un nombre al suceso, y pueden albergar dudas escépticas sobre nuestras dudas escépticas. Pero rechazar la posibilidad de ambigüedad o de complejidad, o desestimarla por ser un producto de la negación, de la socialización femenina, de las maquinaciones patriarcales o de una psicopatología tiene la consecuencia no prevista de cerrar la puerta a las exploraciones de las sobrevivientes; es decir, de nuestros propios procesos de construir significado. Escuchar a las sobrevivientes significa concedernos la capacidad creíble de teorizar la complejidad, así como la capacidad de vivir con nuestras, a veces, indeterminadas conclusiones.

Cuando pensamos en una experiencia memorable y significativa en nuestras vidas, como la violencia sexual, con frecuencia tenemos experiencias del suceso a lo largo del tiempo; y estas experiencias pueden variar. Tenemos una experiencia al momento del suceso; otra, en el momento inmediato posterior; luego, tenemos la experiencia del recuerdo del suceso; y también se presenta la temporalidad continua de sus efectos posteriores de tipo físico, psíquico y emocional. He intentado separar los recuerdos de la experiencia que tuve a los nueve años de mis interpretaciones, narrativizadas con posterioridad; creo que simplemente experimenté terror, miedo, confusión, sufrimiento físico y una aguda sensación de que lo que yo quería –es decir, salir de esa habitación y librarme de sus manos– no importaba. Mi capacidad de darle cognición al suceso más allá de estas sensaciones era muy limitada dado que yo, en ese momento, no contaba con las palabras para darle un nombre; mucho menos para entenderlo. Con posterioridad experimenté un miedo extremo hacia el perpetrador. Mis sensaciones y mis percepciones tenían un contenido y también una relacionalidad hacia el suceso en particular en ese espacio y en ese tiempo, incluida la ubicación de dicho suceso, su iluminación, su color, su sonido, su oportunidad en el tiempo y, por desgracia, el recuerdo especialmente difícil del tacto, del contacto físico. Este recuerdo ha estado conmigo durante más de cincuenta años, y me ha provocado una diversidad de reacciones y de preguntas. Como muchas otras, también he experimentado otros acontecimientos sexuales en mi vida, después de superar la vulnerabilidad especial de la infancia, que contuvieron más ambigüedad y complejidad; a esos, la frase "violación gris" les cuadra a la perfección. ¿Cómo llegamos a interpretar nuestras experiencias de la manera en que lo hacemos?

Foucault

El aporte de Foucault a esta exposición reside fundamentalmente en su afirmación de que la experiencia tiene una historia (Foucault, 1986; O'Leary, 2010). Decir que la experiencia tiene una historia equivale a decir que es preciso que comprendamos que las formas habituales en las cuales respondemos a ciertos tipos de acontecimientos y los entendemos se produce, en algún sentido –al menos, en parte, si no como un todo–, por diversos elementos del tiempo y del lugar en el cual ellos ocurren. Las experiencias de desagrado, de éxtasis, de miedo, de vergüenza y otras semejantes no son compartidas por todas las personas en todos los períodos históricos. En la versión fílmica del año 2000 de *House of Mirth*, de Edith Wharton, los dos personajes principales unen sus manos mientras están sentados bajo un árbol; la respiración pesada que tiene lugar mientras tanto y la agitación de sus pechos hacen parecer que están besándose apasionadamente o incluso que están haciendo el amor. Tal vez en ese período se necesitaba de un grado menor de estimulación para experimentar la intensidad pasional de la conexión sexual.

Foucault sostiene en *El uso de los placeres* (1986) –el volumen dos de su *Historia de la sexualidad*– que la forma en la cual experimentamos los acontecimientos surge del interjuego de tres elementos:

1) Hay un "dominio actualmente configurado del conocimiento", con lo cual Foucault tiene la intención de aludir a las formas en las cuales, por ejemplo, pueden constituirse los objetos de conocimiento; por ejemplo, las orientaciones sexuales de toda la vida, las identidades patológicas y las personalidades delictivas. La sexualidad, en nuestra era, se aborda, en general, como un dominio del conocimiento empírico y generalizable referido a nuestros patrones de respuesta sexual y elección de objeto, entre otras cosas. El dominio del conocimiento tiene que ver con la forma en la cual se constituyen los objetos de indagación y los métodos por los

cuales producimos teorías. Los proyectos de conocimiento –es decir, los proyectos de indagación– que apuntan a entender la índole de la sexualidad humana pueden producir nuevos conceptos, términos, categorías y tipos que afecten la forma en que entendemos nuestras propias reacciones, con el efecto de reforzar una sensación efímera y hacernos creer que se trata de una disposición bien arraigada que surge de una identidad sexual supuestamente innata. Las configuraciones del conocimiento y los proyectos de indagación pueden, así, afectar nuestra interpretación de nuestras propias experiencias; y estas pueden, entonces, afectar nuestra conducta y, tal vez, incluso nuestras posteriores sensaciones. Ciertamente, sugiere Foucault, los conocimientos pueden brindar una intensificación de las sensaciones y una repetición del acto que las hizo surgir.

2) También hay tipos ampliamente variables de normatividad; es decir, de normas. En numerosas sociedades contemporáneas, las normas más importantes tienen que ver con el *objeto* de deseo y, en particular, si el objeto de nuestro deseo es una persona con genitales parecidos o distintos. Respecto de los antiguos griegos, Foucault argumenta que las normas tenían que ver con la manera en la cual se expresaba el deseo, más que tener que ver con el objeto hacia el cual dicho deseo se dirigía. La importante preocupación normativa era si un ciudadano ateniense de sexo masculino era el que procedía a la penetración o el que se dejaba penetrar; esta circunstancia era más importante que si su compañero era mujer, un jovencito adolescente, o un esclavo. Las normas morales y las restricciones morales se centraban en la propia posición en los actos sexuales, más que en los genitales de los participantes. El hecho de que las normas varíen sincrónicamente y diacrónicamente es irrefutable. La sugerencia de Foucault es que las normas pueden afectar la experiencia mediante la intensificación de un placer al que se le brinda más atención por una norma; por ejemplo, una experiencia que se considera transgresora y prohibida. Analizaré esta cuestión en los capítulos 3 y 4.

3) Foucault (1986:29) también sostiene que la forma de relación con el propio yo psicológico está involucrada en la constitución de la experiencia: hay una "historia de la forma en la cual a los individuos se los urge a constituirse como sujetos de conducta moral" (véase también Foucault, 2005). Con esto, Foucault quiere decir "las formas en las cuales uno podría interrogar a su propio yo, juzgar a su propio yo, o conocer su propio yo, o conocer los objetivos que uno podría proyectar para el

desarrollo del propio yo". Si apuntamos a la piedad cristiana, podríamos llegar a un examen detallado de los propios pensamientos, sueños y sensaciones para buscar signos de depravación o de tentación; por su parte, apuntar a una actitud psicológica positiva hacia el sexo podría llevar a un examen de los sentimientos más que de los pensamientos. Otras formas de constitución del sujeto (como en la guerra) podrían desaconsejar un exceso de autoexamen por considerarlo improductivo, y podría promover hábitos de acción sin reflexión.

Casi no hay dudas de que la evolución de los exámenes autodirigidos del cristianismo, en la forma de confesiones, constituyeron una forma particular de relación con el propio yo, ni de que esta forma es continua con un modo psicológico de inventarios interiores detallados. En ambos casos, la relación con el propio yo psicológico está mediada por las autoridades que juzgan y evalúan –el sacerdote o el terapeuta–, con lo cual los individuos se abren a la influencia proveniente de los discursos de las instituciones poderosas que entonces configuraron nuestras experiencias de maneras nuevas.

Este abordaje trilateral –conocimiento, formas de normatividad y relaciones con el propio yo psicológico– suministra una forma útil de pensar acerca de la constitución histórica de las experiencias con vistas a, primero, entender cómo llegamos a concentrarnos en elementos particulares y a interpretarlos de maneras específicas; y, segundo, nos ayuda a pensar por qué quienes tienen diferentes respuestas hablan sin escuchar al otro (cada uno ensimismado en su pequeño monólogo) y pueden, sin embargo, sentirse bien seguros de que su experiencia es obvia y objetiva. También explica provechosamente por qué la libertad no puede equipararse al libertinaje, que es la capacidad de hacer lo que a uno se le ocurra. Si la experiencia está históricamente constituida dentro del interjuego de estos tres elementos, entonces lo que parece ser una libertad ilimitada (o lo que se siente como una libertad ilimitada) conserva elementos heterónomos. Para Foucault, la solución a la heteronomía no es el empoderamiento de cada persona, sino el lograr una distancia crítica respecto de las formas de subjetividad, de los dominios del conocimiento, y de los modos de normalización en un régimen dado de poder/conocimiento. Nuestra capacidad de crítica se relaciona con una capacidad de imaginar cosas de manera diferente y, de esa forma, participar en las transformaciones. Así, Foucault apunta a escribir historias del presente que nos ayudarán a despegarnos de las actuales configuraciones que bloquean tales transformaciones, pero no como un medio para liberarnos en un espacio vacío carente de significación, sino para imaginar nuevas formas de darles significado a nuestras experiencias. Retornaremos a esta idea en el capítulo 4 como una característica de la subjetividad sexual, o la capacidad de involucrarse en prácticas de auto-construirse, de construir el propio yo psicológico. Aquí, sin embargo, quiero concentrarme en la cuestión de la experiencia.

¿Qué se sigue de la explicación foucaultiana de la forma en que la experiencia puede verse afectada, o constituida, respecto de cómo entendemos el rango epistemológico de las afirmaciones experienciales? En particular, ¿qué se sigue en cuanto a cómo entendemos las afirmaciones experienciales que tengan que ver con la violación sexual?

Los guiones de la violación

Una idea que ha surgido con posterioridad a la obra de Foucault es la idea de que existen "guiones (libretos) de la violación". Los guiones de género y de identidad de todo tipo se han tornado una forma habitualmente utilizada de transmitir la afirmación de que las personas se ajustan a patrones reconocibles de conducta apropiados a su designación categórica; por ejemplo, blanco o negro; masculino o femenino; e incluso homosexual o heterosexual. Anthony Appiah (2005) se refiere a un "scriptorium social" que norma las identidades colectivas, que puede seguirnos por diferentes dominios de nuestras vidas y que puede afectar tanto nuestra autotransformación (la transformación de nuestro yo) como la forma en que los demás interpretan nuestras acciones. Appiah define "opresión" de esta forma: "Situación en la cual nuestros guiones nos siguen por cada dominio de la interacción, de suerte tal que siempre me ven como latina, sea que esté bailando, siendo madre o enseñando filosofía". Virginia Valian (1999), en su trabajo en la disciplina de la psicología social, emplea una idea relacionada de esquemas de género para sugerir formas en las cuales las interacciones basadas en el género involucran una dinámica previa que necesita un análisis más sistémico que una reducción a la acción individual o a la esporádica toma de decisiones. Estos esquemas, por lo general, no están expresados, se encuentran por debajo del nivel de la conciencia, y su contenido puede incluso ser conscientemente repudiado; con todo, pueden afectar la forma en que visualizamos y tratamos a otros y a nosotros mismos. La idea de los guiones se relaciona con la idea de los esquemas y, tal vez, hasta sea una aplicación laxa de estos últimos.

Sharon Marcus (1992:387) ha aplicado esta idea a la violencia sexual; sugiere que los relatos feministas de la violación funcionan en el sentido de guionar nuestras experiencias, y hasta pueden dotarlos de "una invulnerable y aterrorizante facticidad que coarta nuestra capacidad de desafiar la violación y desmitificarla". Marcus se interesa, en parte, en la idea de que la violación es "un sino peor que la muerte". Ella sugiere que el "tono apocalíptico" adoptado respecto de la violación debilita nuestra resistencia, bien sea para rechazar físicamente una violación, bien sea para procurar medidas reparatorias de orden jurídico. Es claro que Marcus apunta a las viejas ideas que hacían que la virtud de una mujer fuera más importante que su vida. Pero en lugar de pensar que el tono apocalíptico adoptado respecto de la violación es el producto de guiones problemáticos sobre la violación, podríamos considerar el concepto formulado por Orlando Patterson (1985) de "muerte social" como forma de entender la fenomenología de la violación sexual, en la cual el yo psicológico es convertido en un mero instrumento para que otro lo use. Patterson sostiene que la muerte social inducida por la absoluta instrumentalización de la esclavitud surte efectos externos e internos y cambia la forma en que uno es visto por el propio yo y por los demás. Dada esta explicación, se torna más sencillo entender cómo uno podría desear que la muerte real es preferible a esta experiencia de ser tratado como carne mientras aún está vivo, como les sucede, según ellos mismos denuncian, a los que experimentaron la esclavitud o la tortura.

El concepto de "muerte social" puede parecer mal aplicado a los actos aislados de violación; pese a ello, claro está, muchas víctimas experimentan las violaciones sexuales durante mucho tiempo. Pero la experiencia incluso de un suceso aislado y único de instrumentalización totalizante puede producir un quiebre traumático en el propio flujo vital autonarrativizado que puede ser difícil de reparar (Brison, 2002).

La sugerencia más potente de Marcus es la siguiente: caracterizar la violación como un suceso apocalíptico es una causa contributoria, por sí misma, a la victimización de las víctimas, cosa que socava su capacidad de acción y de asertividad. Si abandonamos los "tonos apocalípticos", sugiere ella, esa actitud puede dar como resultado una resistencia más transgresora por parte de las víctimas, dado que se salen del guión, del libreto. Comparto el escepticismo de Nicola Gavey hacia esta sugerencia. Al analizar el argumento de Marcus, Gavey dice lo siguiente: "No queda bien claro de qué forma exacta podría tener lugar este tipo de transgresión" (2005:188). Pero Gavey también apoya la idea de que "puede ser posible conceptualizar la violación de manera diferente, de suerte tal que se la pueda tornar menos gravitante en nuestras vidas sin por eso trivializarla" (2005:188). Aquí, la idea del guión no se aplica a una serie de acciones que tienen lugar durante el suceso o inmediatamente después, sino a las reacciones de largo plazo, tanto afectivas como cognitivas. La sugerencia es que las sobrevivientes –las víctimas– siguen guiones sobre cómo responder a tales sucesos.

Puede ser útil tomar el camino de la idea de que ciertas cosas como los "guiones" o los "esquemas" desempeñan un papel importante en las experiencias de violación. Consideremos la vergüenza. La vergüenza es un sentimiento dirigido hacia uno mismo, y tiene, al mismo tiempo, un contenido moral y cognitivo. Implica una sensación del propio estado en relación con un mundo de otros, el propio estado físico así como el estado moral. Como sostuvo Bernard Williams (1993), es necesariamente relacional: uno no siente vergüenza delante de un árbol. Es una condición atribuida desde antiguo por numerosas sociedades de todo el mundo a las víctimas de la violación sexual por una lógica que muchos consideran ahora absurda. Con todo, el hecho de que las víctimas a veces experimenten vergüenza en lugar de enojo parece ser un buen indicio para la afirmación de que siguen un guión, un libreto convencional. La vergüenza no es una experiencia que emerja espontáneamente: uno puede fácilmente imaginar ser la víctima de una violación sexual sin sentir vergüenza en absoluto. Uno bien podría sentir la humillación causada por el desagrado de haber sido tratado como si el propio estatus fuera tan bajo que podrían tratarlo a uno como un objeto de desdén, pero la humillación no involucra los aspectos autoincriminantes de la vergüenza.

También es posible que, dado que la violación sexual ha entrado en el discurso público a lo largo de los últimos cuarenta años, hayan surgido ciertas normas sobre la forma en que uno "normalmente" reaccionaría a dichos sucesos en la propia vida. Nancy Whittier (2009:129), si bien crítica del "marco de pánico moral" para minimizar los peligros reales y para sobre-enfatizar el poder de la sugestión, sugiere ella misma que los libros de autoayuda sobre cómo lidiar con las consecuencias de la violencia sexual que comenzaron a surgir en las décadas de 1980 y 1990 pudieron haber "creado una norma más fuerte acerca de cómo deberían ser esas experiencias, y marcaron un camino que las sobrevivientes bien podrían seguir". Sobre todo en condiciones en las cuales una jamás ha tenido una oportunidad de hablarle a nadie en absoluto sobre la experiencia, en las cuales una jamás tuvo la capacidad de involucrarse en el proceso de crearse una narrativa para una misma respecto del suceso y de su efecto en la propia vida, esos discursos públicos pueden, tal vez, tener una influencia más poderosa. Tal vez.

¿Interpretaciones de variado tipo?

Para resumir lo que se ha expuesto hasta ahora, parece que algunos aspectos de las experiencias pasadas y presentes de violación sexual pueden ser llevadas, con provecho, bajo escrutinio crítico mediante un abordaje que visualice la experiencia como una experiencia constituida en el nexo del conocimiento, de las formas de normatividad, de la relación con el yo, y de los esquemas convencionales o los guiones. Pero todavía necesitamos considerar lo siguiente: ¿hasta dónde llega ese abordaje? ¿Podrían el terror y la sensación "apocalíptica" explicarse plenamente de esta forma? ¿Podemos aplicar este análisis a la significación del daño mismo? ¿Dónde deja ese abordaje la significación de la experiencia?

El cuestionamiento feminista más influyente de la experiencia provino de Joan Scott y su ensayo escrito en 1992, "The Evidence of Experience" ("La prueba de la experiencia"). Scott es una bien conocida historiadora y filósofa de la historia que, en dicho ensayo, se involucra con el "apelar a la experiencia como evidencia irrefutable y como punto originario de explicación, como una base sobre la cual se base el análisis" (1992:24). Tal punto de vista equivaldría a una versión del fundacionalismo empirista o a un positivismo de la vieja escuela, en los cuales se considera que la experiencia es pre-teórica o pre-lingüística. La crítica de Scott a ese punto de vista es tanto filosófica como política. Ella sostiene que tal abordaje solo puede producir proyectos liberadores centrados en "visibilizar la experiencia". En el contexto de los movimientos sociales, esto significa visibilizar esa experiencia de identidades invisibles anteriores. El problema con dichos proyectos es que cercenan el análisis de la forma en la cual los discursos construyen identidades, experiencias y, en efecto, diferencias. Así, dice Scott, el proyecto de visibilizar la experiencia torna invisible la historicidad de la experiencia y reproduce los términos y las condiciones mismos sobre los cuales se funda, en efecto, esa experiencia. Lo que necesitamos hacer en el plano político es transformar la experiencia, no simplemente revelarla; pero un entendimiento filosófico deficiente de la genealogía de la experiencia bloqueará esta labor transformadora.

El relato alternativo que hace Scott sobre la experiencia está expresado con estas palabras: "No se trata de individuos que tengan experiencia; se trata de sujetos que se constituyen a través de la experiencia. La experiencia, en esta definición, entonces, no se convierte en el origen de nuestra explicación, ni en la evidencia llena de autoridad (porque fue sentida o vista) que da fundamento a lo que se conoce, sino, más bien, eso que procuramos explicar, eso acerca de lo cual se produce el conocimiento" (1992:26). En pocas palabras, "la experiencia es un acontecimiento lingüístico. [...] La cuestión, entonces, se convierte en cómo analizar el lenguaje" (1992:34). De esta forma, Scott pone de cabeza la explicación ingenua y positivista de la experiencia. Si la experiencia es un epifenómeno que se origina fuera del individuo en tanto punto final de un proceso, entonces, su valor explicativo queda eclipsado por un análisis teórico de ese proceso mismo. Según algunas opiniones, ese proceso puede ser llamado "lenguaje". Una inquietud que me gustaría plantear aquí es que si la experiencia es solo eso que debemos explicar, y jamás es eso que contribuye a la explicación, entonces, se le niega un aporte epistémico como actor en la formación del conocimiento.

Hasta cierto punto, estas recientes exposiciones suenan como una repetición de los viejos debates modernos entre empirismo y racionalismo. Según la opinión empirista, todo conocimiento está, en última instancia, fundado en la experiencia sensorial; por su lado, según la opinión racionalista, en algunos casos importantes puede obtenerse conocimiento de forma independiente a la experiencia; y la experiencia, por su parte, requiere interpretación antes de que pueda contribuir al conocimiento. La amplia tradición hegeliana hizo algunos avances hacia la superación de este dilema con el concepto de *Erfahrung*, una experiencia cargada de significado. Hegel considera que la experiencia es epistémicamente indispensable, pero jamás es epistémicamente autosuficiente; podemos explorar las condiciones constitutivas que hacen de una experiencia la experiencia que es; pero esas condiciones se entienden como parte de un mundo inmanente; ni como meramente discursivas, ni como completamente a-históricas.

Al analizar las condiciones de la experiencia, analizamos un mundo socialmente específico y, así, el intento de cambiar la experiencia no puede tener lugar simplemente mediante el cambio de nuestras proyecciones, de nuestras interpretaciones, ni de nuestros esquemas. Podríamos pensar que este es el punto de vista al que se dirige Scott; pero por su relato, es la experiencia por sí misma lo que necesita explicación, y no el proceso de análisis teórico, mientras que, según la visión de Hegel, ambos requieren una interrogación crítica y pueden ser analizados con gran provecho en conjunto, mediante algo así como un "equilibrio reflexivo" o un abordaje hermenéutico coherentista. De la misma forma que la experiencia se ve mediada por conceptos, también los conceptos se interpretan a través de nuestras experiencias. Hegel pensó, siguiendo a Kant, que nuestra experiencia siempre viene "en virtud de una descripción", como lo han expresado filósofos más recientes; pero esta significatividad emerge en encuentros interactivos. Fue este tipo de abordaje el que inspiró a James y a Dewey.

Sin embargo, Hegel se apartó de Kant cuando sugirió que la formación conceptual es un proceso que tiene lugar dentro de contextos específicos, y cuando afirmó que esos contextos afectan la especificidad de los conceptos desarrollados. Las ideas que las culturas se hacen sobre el tiempo, sobre el espacio o sobre la identidad van variando. Entonces, pese al espíritu foucaultiano de reconciliación con Kant en su ensayo "¿Qué es la ilustración?" (1984), podemos trazar una línea mucho más fácilmente desde Hegel hasta Foucault que desde Kant a Foucault. A diferencia de Kant, Hegel y Foucault comparten el punto de vista de que la experiencia tiene una historia, y que esta afecta a la formación de conceptos que influyen en el significado y que interpretan la experiencia.

Un abordaje fenomenológico

En el espíritu de este abordaje mediado de la experiencia, entonces, permítaseme ofrecer un conjunto alternativo de sugerencias respecto de cómo podemos evitar eclipsar la índole de contenido o, dicho de otra forma, la significatividad de los sucesos, y cómo podemos devolverles a las sobrevivientes la autoridad epistémica sin reducir los complejos procesos de generación de significado. La labor feminista en materia de fenomenología es un lugar fructífero desde el cual comenzar.

Judith Butler ha rechazado desde hace mucho tiempo el uso de la fenomenología dado que ella la considera como una filosofía de la conciencia que se apoya demasiado en el concepto de expresión y, por lo tanto, es excesivamente crítica del uso epistémico de la experiencia (véase, por ejemplo, Butler, 1988). Su concepto propio de "realizatividad" tuvo por objetivo precisamente reemplazar la expresión como una forma de entender la subjetividad, la identidad y la experiencia humana en general. La expresión da por sentado un yo psicológico innato que nada más se hace visible o manifiesto, mientras que la realizatividad implica un proceso creativo de autocreación, de "hacerse a uno mismo". Este último ayudaría a explicar la variabilidad que todos observamos en los efectos de la experiencia: los mellizos que terminan teniendo posiciones políticas opuestas, o los refugiados de guerra que adoptan interpretaciones en pugna. La fenomenología de la experiencia misma no desempeña ningún papel explicativo en este tipo de punto de vista: todo se centra en la forma en que uno *interprete* el propio pasado.

Los fenomenólogos, desde Sara Heinämaa a Lanei Rodemeyer o a Linda Fisher, han refutado esta explicación por considerarla una mala interpretación de la tradición fenomenológica. Ellas afirman que esta tradición no se trata de una expresión acrítica, y mucho menos un fundacionalismo empirista, sino que, en realidad, siguiendo *grosso modo* los pasos de Hegel, se trata de las condiciones constitutivas que hacen posible la experiencia. Estas condiciones constitutivas vienen en dos categorías: la trascendental, por un lado, y, por el otro, la inmanente o contextual. Las condiciones inmanentes o contextuales nos permiten animar y observar ciertas experiencias socialmente variables, como el miedo racial o el comportamiento corporal femenino. Sin embargo, la experiencia se encuentra en el centro de este análisis; no se encuentra carente de problemas, ni es meramente epifenoménica.

Consideremos este pasaje tomado de Simone de Beauvoir (1969:19-20):

> He descubierto el placer de tener un largo pasado detrás de mí. No tengo el tiempo libre como para narrármelo de nuevo; pero, con frecuencia, y de forma totalmente sorpresiva, puedo verlo de soslayo: un entorno de diáfano presente; un entorno que le da su color y su luz, de la misma for-

ma que las rocas o la arena se muestran a través del alternante brillo del mar. Hace mucho tiempo yo atesoraba planes y promesas para el futuro; ahora, mis sentimientos y mis gozos se han calmado y se han suavizado con el sombreado terciopelo de los tiempos pasados.

Aquí, Beauvoir invoca la idea de que nuestras experiencias del pasado realizan aportes sustantivos a nuestras experiencias del presente; y esta circunstancia incluye esos elementos de la experiencia que abarcan las sensaciones perceptuales, las reacciones afectivas y las actitudes cognitivas reunidas en un tiempo y lugar particulares. La experiencia pasada tonaliza el presente y, así, aporta a los procesos por los cuales emerge la significatividad.

En otras palabras, la índole temporal de las experiencias es una condición constitutiva fundamental que forma la manera en la cual un suceso dado pasa a estar pleno de significado para nosotros. Esto no hace que su significatividad esté "en nuestra cabeza", sino que significa que deberíamos entender que el mundo mismo se está temporalmente desplegando y que siempre está situado o que es particular. Sara Heinämaa y Lanei Rodemeyer (2010:5) lo expresan de esta manera: "En la perspectiva genética, el ego trascendental no es un polo vacío, sino un proceso de habitación. Las experiencias se suman unas sobre otras, se sedimentan, de suerte tal que el yo obtiene cierta profundidad temporal y una integración en su pasado". Tal abordaje, sugeriría yo, explica tanto las inevitables diferencias de interpretación que pueden tener los individuos de las experiencias compartidas y la pertinencia epistémica de la experiencia. Nosotros abordamos el presente de manera diferente sobre la base de un conjunto de elementos que aportan una textura a nuestra orientación perceptual o afectiva. Una historia personal que incluye una violación o un abuso sexual puede, en efecto, tonalizar nuestra percepción; no necesariamente hará que nos apresuremos a sacar conclusiones, sino que, tal vez, aporte una visión lúcida respecto de los probables resultados. Nosotras estaremos más conscientes de los signos del abuso, más afectadas por lo que sabemos que será un trauma de largo plazo, e incluso más dispuestas a aceptar el largo proceso de construcción de significado que podemos adivinar que una sobreviviente deberá atravesar. Pero cualquier experiencia dada de violación sexual se agrega, entonces, a un conjunto de otras experiencias; de esta forma, aporta un elemento a un horizonte complejo y cambiante. Este tipo de abordaje capta la forma cotidiana en la cual se utiliza la experiencia para explicar, precisamente, la *variabilidad* de las interpretaciones.

La idea de que nuestro pasado produzca un conjunto de sedimentaciones que contribuyen a los procesos interpretativos equipara la tradición de la fenomenología con la tradición de la hermenéutica. Los significados no se procesan a través de "un polo vacío" o un yo psicológico exento de toda carga que se dedica a la deliberación racional basada en el ingreso de percepciones, sino dentro de un horizonte que tiene capas, un entorno aportante que, en su mayor parte, retrocede –como señaló Beauvoir–, pero que ocasionalmente cobra relieve. Con todo, este panorama de interpretación hace que sea preciso una corporización, un mejor entendimiento de la manera en la cual se manifiesta la materialidad de la experiencia. No es que esa materialidad yazca inerte hasta que le aportemos significado, forma y lenguaje –como una vez pintó Aristóteles el contenido terroso del vientre al que se le da la forma o el alma por la cual comienza a existir un nuevo ser–, sino que la materialidad misma, el vientre, en efecto, da forma, puja y entrega un objeto formado. Consideremos el fenómeno del tacto.

Las violaciones sexuales tienen lugar, de una forma u otra, mediante la abolición de la intimidad física; normalmente, en la forma de tacto. Los fenomenólogos desde Husserl a Merleau-Ponty resaltaron que el tacto es una experiencia de mundanalidad. El toque de los otros revela una estructuración del mundo más allá de nuestro propio yo psicológico, y se la describe, en esencia, como una forma de alienación, aunque en algunos casos la alienación respecto de nuestro propio solipsismo puede ser bienvenida. Para Sartre, que tiene una visión extrema, el tacto es una vía siempre teñida de sadismo, en la cual convertimos al otro en un objeto sin libertad, o en la cual intentamos convertirnos nosotros mismos en seres sin libertad. El toque del otro es una experiencia a través de la cual aprendemos de nuestra mortalidad, de nuestra facticidad, y de nuestra instrumentalidad para los demás. Tocar a los otros siempre parece ser una forma en la cual escenificamos el sojuzgamiento, de una forma u otra. Para Merleau-Ponty, en marcado contraste, el toque, el tacto es más dialéctico. Ser tocado es siempre un toque mutuo: en cada encuentro, yo toco lo que me toca. Ser tocado es, entonces, una animación de mi propia capacidad de tocar a otro, lo cual problematiza la idea de acción, de asertividad, como algo que necesariamente se origina en un acto autónomo.

Las fenomenólogas feministas han considerado que las experiencias físicas constituyen una apertura al entendimiento de cómo está organizado el mundo, de cómo este está afectivamente sintonizado, y de cómo nuestro lugar dentro de un espacio social está políticamente prefigurado. Las sedimentaciones de nuestra experiencia pasada le dan fundamento a las prácticas físicas que se tornan habituales, desde un esfuerzo insuficiente en los deportes hasta un distanciamiento racial. Alia Al-Saji adopta este modo de análisis específicamente con la cuestión del tacto. Ella sugiere: "Es importante darse cuenta de la forma en la cual un modo particular de tocar se convierte en un modelo normalizado de toque" (2010:33). Este concepto debería recordarnos la idea foucaultiana de que la experiencia es producto, en parte, de los modos de normalización, que pueden incluir normas morales centradas en la propia posición física en los actos sexuales. Foucault plantea esta posibilidad de marcar un contraste con el presente, en el cual las normas morales están obsesionadas con los genitales del propio amante más que con la índole de la participación física. Podríamos sugerir, sin embargo –siguiendo a Al-Saji–, que las normas o "reglas" de la participación, hoy en día, afectan las expectativas de la práctica tanto como los contornos de las fisiologías de los participantes. Las normas existen en hábitos corporizados; hacer que esta afirmación sea clara, patente, es lo que hace posible que la experiencia se convierta en un terreno apto para el conocimiento.

Al-Saji ofrece el germen de lo que podría ser una combinación de Foucault y Merleau-Ponty, u otra versión de la esperada reconciliación entre el post-estructuralismo y la teoría social feminista; y lo hace cuando dice: "La sociabilidad, la historia y la cultura no son externas al toque, sino que configuran su forma, su textura y su sensación desde dentro". Lo que se sigue de esto es que "no es simplemente el contexto social del toque lo que está en tela de juicio. Lo que se encuentra en juego es la referencia social y la posicionalidad *constitutiva* del toque" (Al-Saji 2010:35). En otras palabras, la sociabilidad, la historia y la cultura son constitutivas de la subjetividad y de la experiencia misma, desde dentro, como lo expresa Al-Saji. En este contexto, ella sugiere lúcidamente que la forma libre en la cual se hace que los cuerpos de las mujeres sean objeto de toque en numerosas culturas modernas occidentales puede producir una defensividad reactiva. "Dentro de un campo social donde la corporización femenina constantemente se encuentra en riesgo de encontrarse con el toque no deseado e intrusivo, tal corporización femenina parece habituada a una cierta autocontención táctil defensiva" (Al-Saji, 2010:33). También puede habituarse al fracaso en sus esfuerzos defensivos. De esta forma, el abrazo exuberante de un compañero de trabajo puede sentirse como una incursión, no porque yo tenga guiones insertos en mí, sino por el contenido del fenómeno de mi horizonte de experiencia. Un abrazo que me presiona fuerte el pecho puede animar mi sentido justificable de que el compañero de trabajo me está "toqueteando". Este es un conocimiento basado en la experiencia.

Quiero agregar un elemento a este análisis, elemento este que debería tornarse razonable cuando consideramos una violación sexual. Si bien la experiencia de un toque no deseado puede, en efecto, traer a la mente la definición sartreana de sadismo –la de convertir a otro en una cosa–, también torna patente nuestra subjetividad, como lúcidamente sugirió Sarah Miller (2009). Yo soy una de esas personas que no desea eso; soy una persona que se resiste, que se ve repelida por el toque. Desde hace mucho tiempo, los filósofos han considerado que la aserción involucra una declaración simultánea del yo; Ricoeur lo expresó de esta forma: "La atestiguación es fundamentalmente la atestiguación del yo" (1995:22). Acusar es, como enfatizó Levinas (1998), decir algo como *me voici*; es decir, "¡aquí estoy yo!". La cuestión planteada por Miller, como yo la entiendo, es llevar esta idea general hacia un plano más corporal, más allá de la queja lingüística, para que sea operativa incluso cuando, en efecto, no se haya pronunciado ninguna queja. Un toque que no es deseado torna agudamente perceptible la relación yo-otro y realza la separación del yo respecto del otro. Esta situación puede hacer que nuestros deseos se tornen visibles a nosotros mismos, estemos o no en condiciones, en ese momento, de dotar efectivamente de voz a nuestra preferencia.

El toque no deseado, entonces, despierta mi relación con mi yo psicológico, como diría Foucault, en tanto y en cuanto yo me entienda en situación de resistencia, como un sujeto con sus propias preferencias y con sus, a veces, experiencias divergentes de un toque. Con el toque no deseado e intrusivo, me convierto no solo en el objeto en que me convierte el otro, sino eso que excede a la objetivación, precisamente porque experimento el toque como indeseado e intrusivo y, entonces, tal vez interprete la experiencia como una violación. Pero es el toque lo que puede comenzar el proceso. El toque no deseado produce el sentido de subjetividad en primera persona; plantea la cuestión de mi deseo; impulsa una formación de voluntad, o una reafirmación de ésta.

La experiencia como un "saber hacer"

Agreguemos al planteo anterior la idea de los ofrecimientos o enactivaciones, desarrollada por psicólogos ambientalistas como Gibson, y podemos amplificar o ampliar aun más la índole de la experiencia. La idea de las comprensiones intuitivas, sugiero, puede ayudarnos a explicar la variabilidad de significado y otorgarles a las víctimas una postura de autoridad respecto de la significatividad del suceso; de esta manera, se les permitiría tener un espacio para el trabajo de construcción de significado, trabajo este que se basa en un proceso. La significatividad no es una respuesta a los estímulos, ni produce solo un par de conceptos como "reconocimiento-negación". Más bien, la significatividad involucra una actividad práctica. Las comprensiones intuitivas, escribe Edward Reed, son "oportunidades para la acción; no son causas ni estímulos; pueden utilizarse y pueden motivar a un organismo a actuar, pero no provocan ni pueden provocar ni siquiera la conducta que las utiliza" (citado en Janack 2012:154). De allí que el concepto de comprensiones intuitivas ponga de manifiesto la actividad práctica asertiva siempre involucrada en la significatividad, y resista la idea de que estamos sujetos a la causalidad de una externalidad determinante cuyo significado monodimensional está plenamente contenido antes del compromiso relacional. La experiencia tiene lugar dentro del siempre-ya de una práctica de mundanalidad, un mundo colmado de oportunidades plurales de construcción de significado. La experiencia no es la respuesta-estímulo de un sujeto, ni es un sujeto que se encuentra con un suceso indecidiblemente ambiguo ni exento de contenido. La experiencia es más rica de lo que puede ser transmitido por un modelo de respuesta a un estímulo, pero no un lienzo en blanco sobre el cual proyectar la fantasmática.

A veces, la actividad práctica de la percepción en este tipo de relato se llama "representativa". Lo que hace la percepción es representar, poner en acto, más que recibir, sencillamente, como lo explica Marianne Janack con un análisis de la obra de Alva Noë (Janack 2012:165-9). La imagen de una abertura que se abre por un segundo es insuficiente para explicar las actividades múltiples y secuenciales involucradas en la experiencia perceptiva. Tal idea brinda apoyo a una comprensión excesivamente simplista de la percepción en la cual se soslaya, por un lado, la índole aprendida de la percepción y su especificidad de formas; por el otro, cómo se convierte en una actividad habilidosa y, por lo tanto, un conocimiento, un "saber hacer". Pero si tomamos la idea de percepción en relación con las comprensiones intuitivas, podemos dar multiplicidad al mundo sin deconstruir la autoridad epistémica: mi forma de ver es una práctica habilidosa y particularizada; y, por lo tanto, puede brindar percepciones diferentes de las de otra persona, pero no porque yo esté proyectando o imaginando.

Podríamos leer esta línea argumentativa como un agregado crucial al análisis foucaultiano o a su corrección, sobre todo dada la lectura común de su obra: la de apoyar un abordaje tipo "guión": a uno le dan un guión, uno sigue el guión o, como mucho, lo corrige. El guión es la norma o el discurso. Podría decirse que el abordaje tripartito foucaultiano de la experiencia –que involucra el dominio del conocimiento, el de las formas de la normatividad, y el de la relación con el propio yo psicológico– está mal representado por el modelo del guión. Lo que Foucault nos da es una explicación de cómo se forman las problematizaciones, no los guiones, de las actividades habilidosas más que de los esquemas de conjunto. Con todo, su explicación, también, hace necesario un suplemento fenomenológico, en efecto. Los efectos subjetivantes del tacto, junto con la noción de la percepción representativa y de las múltiples comprensiones intuitivas tendientes a construir significado, nos ayudan a ver de qué manera la agitación feminista alrededor de la violación ha producido en nosotras un nuevo "saber hacer", una asertividad habilidosa al momento de experimentar el mundo de las violaciones sexuales como oportunidad para la acción.

Las experiencias sexuales de todo tipo son oportunidades para la actividad práctica de la expresión interpretativa. No hay un "saber hacer" que sea superior a otros; y, con todo, el proceso mismo no puede representarse como una proyección desconectada del dominio específico y pleno de contenido sobre el cual procura saber. Las actividades de esos que más plenamente están vinculados con el suceso tendrán mejor acceso a todo lo que formó y forma la experiencia.

Para concluir, las experiencias de violaciones sexuales jamás están solo "en la cabeza". No son producidas infundadamente, a partir de guiones feministas, susceptibles de alguna interpretación posibilitada por un entorno discursivo. Nuestras experiencias –incluidas las de una violación sexual– son siempre experiencias *del* mundo social *en* el mundo social. Con todo, ese mundo es un entorno cargado de significado. Las sobrevivientes que procuran encontrarle sentido a sus experiencias y encontrar los términos y conceptos adecuados se encuentran en una posición privilegiada para hacerlo, dado que lo que procuran hacer es encontrarle sentido a *su* experiencia, una relación entre ellas mismas y los sucesos que tuvieron lugar en un momento y lugar específicos. El hecho de que existan interpretaciones variables e incluso una etiología social históricamente específica de la experiencia significativa no contradice el hecho de que las sobrevivientes conserven un mejor acceso al contenido de eso que están procesando.

Lo que la teoría y la práctica feministas ha agregado es un nuevo "saber hacer" por el cual nos abrimos camino a lo largo de este proceso interpretativo. Para utilizar el lenguaje de los psicólogos ambientalistas, podría decirse que el feminismo ha creado un nuevo conjunto de formas con las cuales se ponen en acto, se representan, la percepción y el entendimiento. Las influencias sociales y colectivas pueden ser más o menos confiables en el plano epistémico, conducentes a la verdad, o constructivas. Podemos confundirnos y soslayar, aprehender incorrectamente, precipitarnos a sacar ciertas conclusiones. Podemos existir en un contexto con un repertorio conceptual árido donde las comprensiones intuitivas estén acotadas. Hoy en día, nuestro "saber hacer" respecto de cómo interpretar las violaciones sexuales –incluso cómo experimentarlas– está atravesando una refutación adeudada desde hace mucho tiempo, dentro del feminismo y fuera de él. Pero sin lugar a dudas, estos son debates en los cuales las experiencias en primera persona de las sobrevivientes y los análisis interpretativos de estas serán críticos. En los siguientes dos capítulos comenzaré a forjar un nuevo "saber hacer" respecto de las violaciones sexuales.

3

La normativa de las prácticas sexuales

La idea de fijar evaluaciones normativas de nuestras vidas sexuales –en la forma de prescripciones del tipo "debería" y "no debería"– les parece a algunos un camino muy malo a tomar. En definitiva, ya hemos tenido bastante de esas prescripciones en los siglos pasados, y millones de personas siguen sufriendo persecuciones por deseos inocuos. Entonces, hoy, predominan las versiones nuevas y más teóricamente complejas del libertarismo en el establishment progresista y feminista, incluso al punto de defender a quienes desean mirar fotos de niños mientras se masturban, o comprar ropa interior usada de niños (Miller, 2013). Algunos sostienen que el problema no reside en el deseo; si solo nos concentramos en el acto y no tanto en los juicios de nuestro yo sexual, estaremos sobre tierra más firme.

El hecho de que las ideas sociales sobre el sexo hayan estado tan equivocadas durante tanto tiempo ha llevado a una entendible antipatía hacia los juicios morales en cuestiones sexuales. No confiamos en nuestra capacidad de juzgar los deseos y las necesidades de los demás, pero también desconfiamos de los expertos. Las afirmaciones por parte de numerosos líderes religiosos han estado basadas en el apego dogmático a los textos colmados de hipocresía moral cuando, por ejemplo, condenan a la homosexualidad mientras permiten que un padre intercambie a sus hijas por alguna otra cosa, como sucede en una lectura literal de la Biblia cristiana. Con todo, los científicos que afirman contar con un abordaje más racional y laico de la actividad sexual también demostraron ser capaces de patologizar una cantidad de prácticas que no conllevaban culpa, desde el vestirse con ropas del sexo opuesto a tener un fetiche con los pies; eso sugiere que sus conclusiones estaban guiadas por algo más que un argumento racional o las pruebas empíricas. Las presentaciones no convencionales de género todavía son caracterizadas por algunos importantes psicólogos como una indicación de enfermedad mental.

Hace poco, en una edición especial de la publicación *differences*, sus editoras, Robyn Wiegman y Elizabeth A. Wilson, recopilaron una colección de ensayos en los cuales se analizaba las formas en las que "una defensa contra la normatividad es un principio rector de la indagación en lo inusual" (Wiegman y Wilson, 2015:3). Este principio se desprende del indiscutible hecho de que la normatividad es un mecanismo clave en los aparatos de opresión. Normar algo significa decir qué es lo normal y que no lo es, qué es bueno y qué no lo es; y, así, establecer rangos, excluir y, con frecuencia, avergonzar y culpar. En *The Psychic Life of Power* (1997), Judith Butler desarrolló un influyente análisis de las condiciones constitutivamente opresivas de la normatividad; lo hizo concordando la tesis foucaultiana del poder disciplinante con las teorías freudianas de la formación de la identidad. Para Butler, las identidades son intrínsecamente opresivas porque operan como normas (aunque debo decir aquí que el empleo que hace Butler de Foucault de esta manera es polémico; véase, por ejemplo, Jagose, 2015). La idea general propuesta por Butler es que las normas son constitutivamente opresivas, sea cual sea su contenido o su objetivo.

Según mi punto de vista, el número especial de la publicación *differences* instala, para provecho de todos, un debate que nos debíamos respecto de la justificación filosófica y de las implicaciones normativas de una antinormatividad todo-abarcativa. Las normas y la normatividad han sido, con demasiada frecuencia, vinculadas con el análisis foucaultiano de la normalización, lo cual hizo que se pasara fácilmente desde el efecto poderosamente crítico de los discursos sobre "lo normal" a la idea de que la evaluación normativa, en cualquiera de sus formas, se funda en la exclusión y en el repudio. En realidad, la práctica de normar, teórica o de otra manera, es simplemente la práctica ubicua e inevitable de juzgar. Necesitamos un análisis comparativo de las ideas y de las prácticas del normar más que un repudio todo-abarcativo, que es, en definitiva, una contradicción realizativa. Pero gracias a la influencia de Butler, sigue habiendo una rígida línea divisoria en los terrenos de la teoría social y de la teoría cultural entre quienes procuran la teoría normativa y quienes no la tocarían ni con un palo de tres metros.

La categoría de "violación sexual" es innegablemente un concepto normativo que requiere juzgar actos sexuales y deseos sexuales. No hay una forma fácil de establecer la línea divisoria entre el sexo dañino y el sexo inocuo. La violencia no es un criterio ni necesario ni suficiente de demarcación: muchas violaciones surgen de ser formas no violentas de coacción y de manipulación; y algunas relaciones sexuales incluyen una violencia cuyos participantes disfrutan. El consentimiento es la principal forma, según afirman muchos, en que deberíamos distinguir normativamente entre buenas y malas prácticas sexuales; pero el consentimiento siempre está incluido dentro de estructuras que plantean desafíos para los grupos de bajo rango de todo tipo (Pateman, 1980; Gauthier, 1999). Además, como muchos filósofos han sostenido, el consentimiento puede ser un indicador muy malo del deseo o de la voluntad (Chamallas, 1988; Baker, 1999; Cahill, 2001). En realidad, las nuevas investigaciones en materia de psicología revelan que el consentimiento puede simplemente ser un medio para evitar la violencia, la discordia o la pérdida de relaciones vitales (Gavey, 2005). Como bromeó un comediante, la forma principal en la cual las mujeres prestan su consentimiento puede ser con las palabras "ah, está bien".

La norma tras la cual realmente estamos cuando abogamos por el concepto de "consentimiento" es algo más que la resignación, algo más cercano a un deseo voluntario que surge dentro de una posición de poder, en la cual decir "no" no surtiría efectos sustantivamente perniciosos, sean estos económicos, físicos o emocionales.

Así, dado que no podemos apoyarnos en el consentimiento expreso, determinar cómo trazar el límite de la categoría de la violación sexual nos lleva sin más rodeos al dominio de normativizar las prácticas sexuales, incluso las que puedan parecer consensuales. Pero, entonces, ¿en qué criterio nos apoyamos para distinguir entre sexo benigno y una *violación* sexual? Responder esta pregunta no es una tarea fácil. El problema no es solamente nuestras conductas y nuestras creencias, ni nuestros patrones de excitación y nuestras fantasías, sino nuestra subjetividad sexual en conjunto, o nuestra capacidad de ser actores de nuestro yo sexual.

En este capítulo y en el siguiente sostendré que normar las prácticas sexuales debería llevarnos a que la subjetividad sexual sea el criterio más importante para definir la violación sexual. Aquí podemos tomar una página del concepto foucaultiano de las tecnologías del yo, en la cual el foco no está en descubrir ni en expresar nuestra sexualidad (innata), sino en construir o diseñar un yo sexual. Con este abordaje, la liberación llega a significar menos una concordancia con nuestra sexualidad "natural" o "normal" que una capacidad para participar en el proceso de *construir* nuestro yo sexual. Debe entenderse que los deseos, los placeres y las prácticas sexuales humanos son maleables y están sujetos a contextos históricos y sociales que varían sincrónica y diacrónicamente. Así, necesitamos un abordaje que tenga un final abierto, lo cual posibilitará que no se cierre a futuras transformaciones. Algunos podrían considerar que dicho abordaje es la razón precisa por la cual todas las normas deben ser rechazadas, pero no se sigue tal cosa. Podemos diseñar normas, pero no alrededor de la elección de un objeto o de una posición sexual, sino en relación con la acción, la mutualidad y el cuidado hacia los otros y hacia nosotros mismos.

La forma en la cual la opresión y la dominación operan en nuestras vidas sexuales no está determinada por el rango de cosas que podemos hacer, y ni siquiera el rango de placeres que podemos tener: todos los tipos de placeres pueden coexistir con la manipulación, con la dominación y hasta con el trauma. Más que concentrarse en el placer, sugiero que nos concentremos en nuestra capacidad de participar en los procesos sociales, colectivos e individuales de crear ideas sexuales, convenciones, formas de relacionalidad y prácticas. La cuestión original es si tengo un yo sexual capaz de sentir placer; pero esa cuestión pasa a ser otra: *¿tengo la capacidad de participar en la construcción de mi ser sexual?* Si nuestro objetivo es sencillamente permitir que los individuos actúen sobre su yo sexual, terminaremos permitiendo formas problemáticas de heteronomía en las cuales actúo meramente fuera de los guiones que me dieron. Así, necesitamos pasar de un interés por el "descubrimiento" y la "expresión" a un interés por la práctica del "construir". Y este interés dirigirá nuestra explicación de cómo normar el sexo. Las prácticas que necesitan quedar normativamente circunscriptas, según esta opinión, serán esas que obstaculizan o coartan esas tecnologías del yo sexual de cada uno.

Este capítulo está dividido en tres secciones. En la primera abordo los argumentos anti-normativa; en la segunda considero la normativa del sexo en relación con los tipos de encuentros que desafían nuestra confianza en el consentimiento; por ejemplo, las relaciones entre adultos y niños; y en la tercera ampliaré el argumento a favor de un abordaje de las normas que se sigue de la idea de la violación sexual. En el siguiente capítulo volveré al concepto de autoconstrucción (de construcción del yo) como norma alternativa.

Los argumentos contra las normas

> Al igual que los comunistas y los homosexuales en la década de 1950, los amantes de muchachitos jóvenes están tan estigmatizados que es difícil encontrar defensores de sus libertades civiles, y mucho menos para su orientación erótica. [...] Dentro de veinte años, más o menos, será muchos más fácil mostrar que esos hombres han sido víctimas de una salvaje e inmerecida caza de brujas (Rubin, 1984:272–3).

En un influyente ensayo, "Thinking Sex: Notes for a Radical Theory of the Politics of Sexuality", Gayle Rubin desarrolla y extiende las reflexiones de Foucault acerca de la forma en la cual el dominio de la vida erótica ha sido socialmente construida y disciplinada para desarrollar políticas liberadoras de las prácticas sexuales. La interpretación hecha por Rubin de Foucault no se encuentra exenta de refutaciones, como comentaré; sin embargo, su uso de Foucault para desarrollar "un marco descriptivo y conceptual para pensar acerca del sexo y de sus políticas" (1984:275) sugiere el tipo de política sexual práctica que al menos una lectura influyente de Foucault puede engendrar. Si bien el ensayo de Rubin generó polémica al principio (originalmente se lo presentó en la tristemente célebre conferencia "sexual" de la Universidad Barnard, en 1982, en cuya puerta fue objeto de un piquete de activistas feministas antipornografía), hoy en día es un requisito estándar en las clases de estudios sobre la mujer y se lo considera como texto fundacional para los nuevos estudios sobre sexualidad que procuraron librar a la sexología de sus supuestos heteronormativos y sexistas.

Rubin utiliza las ideas de Foucault acerca de la constitución discursiva de nuestras normas sexuales para presentar lo que ella llama "un pensamiento radicalizado acerca del sexo" (1984:274). Ella muestra de qué forma la cruzada contra la diversidad sexual está vinculada con la idea cristiana de que el placer sexual es moralmente malo, a menos que se lo torne justificable por su aporte a algún bien social que sea por entero independiente del placer, como reproducirse o vincularse emocionalmente. Rubin entonces construye una categoría a la que ella llama "minorías eróticas", que buscan el placer fuera de esas convenciones. Ella sostiene que "los sistemas de juicio sexual" y la persecución a que se enfrentan tales minorías eróticas son análogos al racismo y al antisemitismo (1984:282). Ella dice que permitir normativamente un rango excesivamente acotado de actividad sexual "racionaliza el bienestar de los sexualmente privilegiados y la adversidad de la chusma sexual" (1984:280).

"Thinking Sex" fue escrito durante un período en el cual se había producido una verdadera caza de brujas contra los "desviados" sexuales; sobre todo, los homosexuales hombres y las lesbianas. Las casas de baños sauna que anunciaban prácticas de sadomasoquismo eran objeto de allanamientos policiales, e incluso dentro de las comunidades feminista y lesbiana, quienes apoyaban el sadomasoquismo y el trabajo sexual se enfrentaban a la persecución y a la humillación. No cabe duda de que cientos de miles de personas perdieron la vida en los primeros años de la epidemia de SIDA debido a un descuido gubernamental alentado por un clima de odio dirigido contra la diversidad sexual.

Sin embargo, en el espacio de tres décadas, las cosas han cambiado notablemente. En realidad, muchas sociedades han avanzado hacia la "ética sexual pluralista" requerida por Rubin. Las tiendas de artículos sexuales se encuentran incluso en localidades pequeñas, y las guías *Time Out* para el tiempo libre se ocupan de los espectáculos locales de sexo. La formal revista *n + 1*, importante defensora de los movimientos Occupy (contrarios al poder empresario omnímodo y la evasión fiscal por parte de los ricos), recientemente publicó un contemporizador artículo sobre el sadomasoquismo en público; allí, se hacen videos de violaciones con el agregado de perversión con actores pagos que se golpean y se azotan entre los sorprendidos miembros del público. La prostitución está comenzando a ser despenalizada, y el sexo grupal en público ha llegado a los clubes de lesbianas. Si bien sigue habiendo opiniones dispares acerca de tales prácticas, y aunque los políticos siguen siendo desvinculados de sus cargos por no hacer otra cosa que enviar mensajes de texto con contenido sexual, el público progresista sin duda ha abandonado el sexo común y corriente, sin ningún aditamento especial. El ensayo de Rubin se lee hoy como un grito de guerra respecto de una cuestión que, en la actualidad, está totalmente aceptada y es por completo natural.

Rubin le echa la culpa al legado de conservadurismo puritano por el miedo a las prácticas sexuales no convencionales; además, sostiene –y con razón– que las feministas partisanas de las guerras sexuales que critican el sadomasoquismo y otras formas de sexo necesitan reflexionar en el bagaje ideológico que pueden inadvertidamente estar portando consigo. Con todo, la tolerancia hacia la diversidad sexual, pluralista y exenta de juicios, defendida por Rubin en este ensayo porta su propio bagaje ideológico, sostengo yo, cuando invoca un cierto naturalismo acerca del placer sexual, incluso cuando toma prestado el concepto de "variación benigna" de la biología evolucionista para caracterizar la diversidad sexual. Sin duda, dice ella, nos excitamos sexualmente con diferentes tipos de cosas, pero la variación es parte de la índole de los sistemas en proceso de evolución (Rubin, 1984:283). No hay necesidad de establecer una escala normativa comparativa. Por supuesto, para la biología evolucionista, la variación no solo es neutral, sino también necesaria ya que confiere una actitud normativa positiva hacia la diversidad. La implicación del abordaje rubiniano es que el análisis evaluativo y las jerarquías morales no son más apropiados para las prácticas sexuales que para la diversidad de plantas, y que la libertad se verá potenciada por la protección de la diversidad sexual y la proliferación de esta. Lo que ella deja de lado en su análisis es precisamente las relaciones de poder dentro de las cuales se construyen los placeres y los deseos.

Rubin (1984:288) afirma que su argumentación no se aplica a "la coacción sexual, ni a la agresión sexual, ni a la violación", aunque sí se aplica a "los delitos cuyos perpetradores se circunscriben a un grupo de personas, como el estupro", así como a lo que ella llama "relaciones sexuales consensuales entre adultos y niños". Así, las benignas variaciones de Rubin tienen por objeto excluir actos de coacción y de violencia no consensual. Con todo, el fácil libertarismo que aceptaría todo dentro de los límites del consentimiento constituye una solución de compromiso que le permite a ella no dar tratamiento a la inevitable complejidad del consentimiento; sobre todo –podríamos suponer– en el caso de los niños. El pluralismo que no juzga –el mismo apoyado por Rubin en este ensayo–, si bien fue entendible en su momento histórico, emplea el consentimiento para evitar comprometerse con lo normativo. Y el naturalismo implícito del abordaje rubiniano ciertamente entra en conflicto con Foucault: si bien Rubin interpreta la cruzada de la derecha política simplemente como contraria al sexo, Foucault seguramente diría, como mínimo, que existe una relación más complicada entre la expresión sexual y los discursos derechistas que una relación caracterizada por una negación total. Foucault lo expresa de esta forma: "El placer y el poder no se cancelan uno con otro ni se contradicen uno al otro; se buscan, se superponen y se refuerzan el uno al otro" (1980:48). Así, este abordaje, más que el de Rubin, sugiere que no podemos ponerle un punto final a la crítica teórica en la puerta del consentimiento.

La creciente literatura escrita por las sobrevivientes de abuso sexual y de agresiones físicas narra numerosos casos en los cuales el consentimiento se produjo mediante condiciones estructurales de dependencia económica, o fue provocado por la confusión emocional, o fue dado en un intento de ayudar o proteger a otros miembros de la familia (por ejemplo, McNaron y Morgan, 1982; Armstrong, 1985; Rose, 2003; Garfield, 2005; Lloyd, 2011; St. Aubyn, 2012; Moran, 2013). Las hijas y los hijos denunciaron "haber consentido" a las exigencias de su padre como forma de mantenerlo lejos de que agrediera a sus hermanos más pequeños, o porque se dieron cuenta de que su madre dependía económicamente del perpetrador y de que aquella carecía de alternativas. O cuentan que, cuando niños, sentían una admiración tal por su sacerdote, su entrenador o su maestro que era difícil imaginarlos haciendo algo malo. Resistirse puede ser increíblemente difícil; tengo una querida amiga que tuvo que fingir una apendicitis cuando era preadolescente para ser internada en un hospital y alejarse por unos días de las repetidas violaciones de su padre. Ella, en efecto, fue operada.

A diferencia de Foucault, el abordaje rubiniano borra el papel desempeñado por el poder en la construcción del consentimiento, así como de la proliferación de las prácticas sexuales. El naturalismo de cualquier tipo tiende a deshabilitar el análisis político y la evaluación normativa. Si bien algunos pueden utilizar el naturalismo para atacar las prácticas que consideran que son "contra-natura", consideran que ese naturalismo está fundado en una afirmación empírica sobre la naturaleza humana y sobre el florecimiento de las especies, más que en un argumento normativo. Rubin no esquiva todas las cuestiones normativas; pero al igual que otros libertarios, se apoya en el consentimiento como línea demarcatoria suficiente y como solución. Lo que hace esta actitud es minimizar –y hasta podríamos decir, eliminar– las cuestiones de poder. En consecuencia, en la versión rubiniana de la política radicalizada de la sexualidad, el poder solo aparece como un "no": los efectos positivos y constitutivos del poder desaparecen del panorama.

Yo estaría de acuerdo en que la mayor parte de las variaciones sexuales es benigna y que no deberían ser categorizadas en una jerarquía de valor. Me parece que la propuesta rubiniana de una "moral democrática" es muy prometedora: "Una moral democrática debería juzgar los actos sexuales por la forma en que los participantes del acto se tratan unos a otros, por el nivel de consideración mutua, por la presencia o ausencia de coacción, y por la cantidad y calidad de los placeres que suministran" (1984:283). Con todo, hay al menos tres principales problemas con su formulación de una política sexual radicalizada; y cada uno de estos problemas influye de manera crucial en la cuestión de la violación sexual.

En la categoría de variaciones sexuales benignas que se enfrentan a la persecución injusta, Rubin hace la siguiente lista: "fetichismo, sadismo, masoquismo, transexualidad, travestismo, exhibicionismo, voyeurismo y pedofilia", así como lo que ella llama "homosexualidad promiscua" y "sexo comercial" (1984:281-3). Estas variaciones sexuales están agrupadas como si pudieran ser analizadas en una única explicación de la opresión sexual, pese al hecho de que –como señaló Susan Stryker (2008), y como posteriormente reconoció Rubin (2011:215)– la transexualidad ni siquiera es una práctica erótica. Pero también es llamativo que Rubin comparara la persecución de travestis, de transexuales, de fetichistas y otros con la persecución de los pedófilos, todos los cuales sufren un "prejuicio" que ella equipara a "el racismo, el etnocentrismo y el chauvinismo religioso" (1984:280). El exhibicionismo y el voyeurismo pueden ser prácticas que involucren un daño intencional a otros –con frecuencia, menores de edad–, según cómo tenga lugar la práctica; por su parte, la pedofilia es problemática en general. Dicho en palabras sencillas, la categorización rubiniana de las minorías eróticas es demasiado amplia como para poder extraer conclusiones normativas significativas. La distinción moralmente pertinente se encuentra omitida en su categorización, dado que algunas de esas prácticas implican relaciones con otros, mientras que algunas otra no. Y Rubin jamás aborda la cuestión foucaultiana de que, tal vez, haya en esa categorización demasiados "ismos": las prácticas que se han convertido en identidades o disposiciones estables (es decir, innatas). Ella presenta estas como variantes para celebrar o tolerar, sin una hermenéutica de la sospecha ni del análisis político acerca de las condiciones de su formación.

En segundo lugar, como ya he sostenido, es un error que Rubin crea que la cuestión de las violaciones sexuales puede ser prolija y fácilmente separada de la política de la sexualidad invocando el criterio del consentimiento. La forma en la cual cualquier sociedad defina las categorías de "coacción sexual, agresión sexual y violación" se verá afectada por la forma en la cual entendemos y analizamos otras prácticas sexuales (y viceversa). Si las relaciones heterosexuales socialmente permitidas involucran manipulación de una u otra forma, así como obligaciones transaccionales exclusivas de las mujeres, entonces, el ámbito de la coacción inaceptable –es decir, del sexo ilegítimo– se verá circunscripto. En otras palabras: las relaciones sexuales consideradas inocuas por la generalidad de la sociedad bien pueden estar erosionando la vida de las mujeres, su subjetividad, su capacidad de accionar y su autoestima.

A veces, se define el consentimiento nada más que como la ausencia de un "no"; a veces, como un acto que requiere de una afirmación explícita, y a veces, solo como una conducta o incluso por las propias prendas que se visten o la ubicación en que una se encuentra (por ejemplo, la habitación de un hotel). De allí que la forma en la cual el consentimiento se torna operativo revela –y refuerza– las ideas normativas sobre género y sexualidad. Incluso en su forma más claramente feminista, el consentimiento implica –como ha sugerido Carole Pateman (1980, 1988)– que el sexo es algo solicitado por los hombres, y a lo que las mujeres tienen que responder de la manera adecuada. De allí que necesitamos un abordaje analítico respecto de qué se encuentra comprendido en la libertad sexual, más que una simple tolerancia a todo dentro del dominio del consentimiento.

Kiran Kaur Grewal (2016b) sostiene con lucidez que, a fin de frustrar la violencia sexual con efectividad, es preciso considerar no sólo un conjunto de actos específicos y problemáticos, sino la ideología general de género de una sociedad dada. La coacción puede encontrarse incrustada en los acuerdos normativos de la reproducción social, de la formación de la familia y del compañerismo sexual. Las ideologías de género pueden operar a un meta-nivel que influye en una multitud de prácticas y comunidades diversas; entonces, para entender por completo fenómenos como la persecución de homosexuales, la violación de niños, la epidemia de violaciones y otros necesitamos entender los detalles complejos de sus interrelaciones con los discursos dominantes. Por ejemplo, existe una relación intrínseca entre la *persecución* de la "sodomía" y las violaciones ampliamente toleradas de niños pequeños y jóvenes dentro de sus familias. Ambos están vinculados a ciertas ideas del derecho paterno heterosexual en el cual los padres, como *son* padres, gozan de un dominio indiscutido respecto de las mujeres y de los niños. El cristianismo valida el autoritarismo de los jefes de familia (de sexo masculino), lo cual incluye el derecho a trazarles la vida a todos sus subordinados sobre la base de que cada uno de esos jefes es el *padre* de una unidad familiar heterosexual y patrilineal y, por ende, proveedor y progenitor de la especie (véase, por ejemplo, Rousseau, 2007). Esta es una forma de paternalismo heterosexual central a la formación de subjetividades sexuales con efectos constitutivos en las prácticas del consentimiento.

Finalmente, el uso hecho por Rubin del término "sexo transgeneracional" es demasiado amplio. Reúne en un solo grupo cuestiones tan dispares como la desaprobación social de las relaciones entre mujeres mayores y hombres jóvenes, y relaciones entre adultos y niños. Si bien el término "sexo transgeneracional" se está tornando más ampliamente utilizado en los discursos de libertarismo sexual, los análisis específicos por lo general se centran en el sexo entre adultos y niños, o entre adultos y jóvenes. Jeffrey Weeks tiene realizado un importante estudio sobre las prácticas sexuales; en él determinó que la edad promedio de membrecía de la Agencia de Intercambio de Información sobre Pedofilia en Inglaterra era de treinta y siete años; también determinó que estos pedófilos se describían como "principalmente interesados" en personas de sexo masculino de entre los catorce y los diecinueve años; y en cuanto al interés de los pedófilos en las niñas, aquellos estaban interesados en la franja de ocho a diez años (Weeks 1985:228). La Sociedad René Guyon defiende el sexo sin contacto con niñas de hasta doce años y, luego, la "iniciación" a los trece años (Bass y Thornton, 1983:30-1). Las víctimas del incesto pueden ser bebés o niños muy pequeños. Este tipo de interacciones plantean cuestiones bastante diferentes: el deseo de un hombre de treinta y siete años por un adolescente de diecinueve puede tener algunos elementos en común con el deseo de los adultos maduros por niños preadolescentes, pero es claro que también hay diferencias que requieren un análisis aparte.

En "Thinking Sex", Rubin expresa una afinidad exenta de cargos de conciencia por los hombres adultos involucrados en sexo transgeneracional con menores (1984:273). Ella siente afinidad con la vulnerabilidad de aquellos a la exposición: "Tener que mantener tal absoluto secreto es una carga considerable" (1984:292). Ella no cita referencias a víctimas de abuso sexual infantil, ni menciona sus propios relatos de estos sucesos en la vida de estos niños, ni el impacto que ha tenido en la sexualidad adulta de ellos.

En realidad, Rubin afirma que los niños son "ferozmente" protegidos de la sexualidad adulta. En un ensayo reciente que abreva en "Thinking Sex", Rubin afirma que vivimos en un clima de pánico acerca de los niños, y dice que ese clima de pánico se ha convertido en "un rasgo permanente y colosal de nuestro paisaje social y político" (2011:218). A ella le preocupa que se esté inhibiendo el desarrollo infantil y que, al mismo tiempo, se esté tornando "cada vez más peligroso dar tratamiento a muchas preguntas complejas sobre los niños y el sexo que necesitan ser debatidas a fondo y monitoreadas cuidadosamente" (2011:219).

La idea de que la atención que ha recibido el abuso sexual infantil en las últimas décadas es prueba de un pánico socialmente inducido e infundado –afín al miedo de que hubiera comunistas o de que haya terroristas merodeando por cada esquina– se ha convertido en una opinión difundida dentro y fuera del ámbito académico. La simpatía por los perpetradores perseguidos que no pueden trabajar con niños ni vivir cerca de ellos, que deben registrar su domicilio de por vida, se ha convertido en la causa de moda para los intelectuales librepensantes que conocen del tema. Russell Banks, Miranda July y Todd Fields han escrito novelas, relatos y guiones con este tema, lo cual le da una agradable credibilidad a la idea de que estamos siendo testigos de una caza de brujas y no a una respuesta racional. Los escritores y los artistas ponen a prueba su versatilidad al mostrar a los perpetradores como personas multidimensionales y como merecedores de compasión, y obtienen fama de creativos de vanguardia al mostrar a un padre protector como una histérica paranoica. Yo sugeriría, si pudiera encontrarme con algunos de esos referentes culturales en una fiesta, que también sería todo un desafío hacer que las víctimas del abuso sexual infantil y la agresión física hacia los niños fueran personajes complejos y plenamente dimensionales. Veo poco de esos personajes en el material de ficción. Noomi Rapace, la protagonista de las películas *La chica del dragón tatuado*, no les hace a las víctimas ningún favor cuando interpreta a una víctima "extremadamente dañada"; sus fantasías de venganza alimentan los estereotipos de las víctimas que entran en estados repentinos de enfado y violencia. Las víctimas de la agresión infantil son, me atrevería a sugerir, las histéricas del siglo XXI: incapaces de emitir un juicio racional, síntomas caminantes no de problemas sociales, sino de su propia psicosis interior.

La realidad es que la depredación sexual de los niños es habitual, y el pánico tiene su fundamento. Cada ocho minutos, algún organismo de protección infantil de Estados Unidos comprueba alguna denuncia de abuso sexual infantil o encuentra pruebas de ello (RAINN.org). Y estos son los niños que se encuentran dentro de la órbita de dicha protección. No suscribo la tesis del pánico moral. En realidad, me gustaría ver más pánico.

En un libro sobre la política del abuso sexual infantil, la socióloga Nancy Whittier explica el "marco teórico del pánico moral" como la visión de que el abuso sexual infantil es, en realidad, tan infrecuente que la atención pública que recibe requiere alguna otra explicación de tipo psicológico (2009:17). Ella sugiere que cambiemos lugares y que veamos que "el silencio público acerca del abuso sexual infantil o alrededor de la creencia de que su impacto es mínimo es algo construido socialmente" (2009:18). Y ella sostiene que darle la categoría de "pánico" a una preocupación genuina sobre este problema hace que se reduzca la influencia de los movimientos sociales contra la violación en las políticas sociales.

Si bien algunos han afirmado que la atención a estos problemas ha tornado peligroso dar tratamiento a las complejas cuestiones que giran en torno de la sexualidad infantil y del abuso sexual (véase Angelides, 2004), en realidad se ha verificado un florecimiento del buen trabajo realizado por ciertos sociólogos como Whittier, así como por parte de los psicólogos, de los filósofos morales y de otros teóricos (véase, por ejemplo, Armstrong, 1985, 1994; Polese, 1985; Best, 1990; Bell, 1993; Conte, 1994; Herman, 1997; Doane y Hodges, 2001; Kimmel, 2007; Pipe et al., 2007; Evans y Lyon, 2012; Geimer y Silver, 2013). Se producen fuertes debates entre los intelectuales y los investigadores respecto de cómo definir términos como "agresión física" o "abuso", y sobre la complejidad de la sexualidad de los niños dadas las formas en las cuales la madurez se ve afectada no solo por la edad, sino también por las diferencias culturales. Hay debates sobre si son aconsejables las leyes basadas en el emplazamiento social de los perpetradores (en las cuales se eliminan las cuestiones del consentimiento), y respecto de qué tipos de programas escolares, técnicas terapéuticas, respuestas institucionales y otros cambios reducirían la tasa de incidencia. Los niños rara vez están caracterizados, como sí lo estaban en el pasado, como "seductores"; pero no siempre se hace caso omiso de su accionar. Lo que ha instigado esta gran cantidad de investigaciones y de debates es una nueva era en la cual, a veces, a los niños se les cree, y en la cual los adultos pueden alguna vez hablar abiertamente acerca de sus experiencias infantiles. Pero, como dice Whittier, el clima de recepción también se ha visto afectado por el marco del pánico.

Sin embargo, Rubin argumenta válidamente lo siguiente: "Los intereses legítimos respecto del bienestar sexual de los jóvenes han sido vehículos para las movilizaciones políticas y para la formulación de políticas, con consecuencias que excedieron en mucho sus objetivos explícitos" (2011:218). Ella analiza las formas en las cuales el proyecto de aparentemente proteger a los niños ha sido utilizado para privar a los jóvenes de educación sexual y de opciones reproductivas, para tornar ilegal la adopción por parte de homosexuales, para justificar las leyes y las políticas existentes contra profesores o líderes exploradores homosexuales y, en general, para intensificar el sexismo y el heterosexismo. Estamos ahora juzgando niños y jóvenes por enviarse mensajes de texto con contenido sexual o por incurrir en otras conductas de tipo sexual entre sí. Además, el proyecto de proteger a los niños siempre ha desempeñado un papel significativo en la expansión de la "industria carcelaria": la violación seguida de muerte de una jovencita de California fue utilizada para motivar el apoyo público a la ley californiana "de las tres reincidencias", que ha puesto en prisión a decenas de miles de personas por delitos mínimos y no violentos.

Nada de esto nos muestra que el problema de la agresión sexual sea un espejismo; lo que sucede es que las soluciones que se nos ofrecen tienen intereses creados. Claramente, la violación y la agresión sexual de niños son utilizadas como poderosas excusas para motorizar objetivos políticos que tienen poco o nada que ver con la prevención de la violación. Este fenómeno está lejos de ser nuevo (Freedman, 2013). La violación ha sido utilizada para justificar la guerra, el linchamiento, la esclavitud, la conquista colonial, las intervenciones unilaterales, los ataques con drones, la mayor vigilancia; en pocas palabras, todo, salvo una campaña efectiva cultural, política y jurídica para darles herramientas a los grupos de potenciales víctimas.

Mientras tanto, los verdaderos y permanentes perpetradores que se encuentran en el seno de las familias, en las instituciones religiosas, en las escuelas y en las fuerzas armadas están bien protegidos; sus identidades se mantienen en secreto mientras los cambian de puestos de trabajo; sus nombres son cuidadosamente excluidos de los documentales antiviolación, como *The Hunting Ground*. Mientras tanto, las estadísticas no muestran signos de bajar. Al mismo tiempo, el turismo sexual que se vale de los niños se ha expandido, y la pornografía infantil en Internet sigue creciendo. Oí hablar de una entrevista realizada hace poco en el canal NPR a una mujer que, en Inglaterra, trabaja para ayudar a identificar la pornografía infantil; es decir, para ayudar a distinguirla de la pornografía adulta. El entrevistador le preguntó a qué edad comienzan a aparecer los niños en este material, y la respuesta de la entrevistada fue "cuando todavía están vinculados a sus madres mediante el cordón umbilical".

El "marco teórico del pánico moral" no basa su crítica en el hecho de que exista una verdadera epidemia que está siendo utilizada para lograr otros objetivos, sino que afirma que no hay tal epidemia; sostiene que los niños están siendo "ferozmente protegidos" como si hubiera un sistema de justicia que alegremente aceptara sus acusaciones. Contribuyendo con esta idea, Rubin (2011:219) sostiene que es mucho más probable que un joven muera en un accidente automovilístico o en una piscina a que sea secuestrado por extraños; pese a ello, la gente le tiene menos miedo a los autos que a los delincuentes sexuales. Pero las reglamentaciones sobre piscinas y sobre asientos de autos se han tornado más restrictivas a lo largo de los años, lo cual reduce las muertes de los niños[1]. La preocupación por la seguridad de los niños en estos ámbitos ha dado como resultado cambios en las políticas que se han enfocado concretamente en el problema.

Los secuestros perpetrados por extraños son menos habituales que las agresiones y los abusos que tienen lugar a manos de alguien conocido del niño. Entonces, el poco interés despertado por los secuestros a manos de extraños puede requerir el análisis sugerido por Whittier sobre la construcción social de las respuestas públicas y el relativo silencio, salvo por los casos que no desafían las ideologías convencionales de género. Con todo, este tipo de crítica sería compatible con el mantenimiento de la vigilancia sobre los ataques de extraños, en lugar de minimizar el tema.

En suma, podríamos estar comprensiblemente enojados de que los casos más publicitados de abuso sexual infantil hayan sido funcionales a

---

[1] Véase el sitio de Internet del Centro de Control y Prevención de Enfermedades (Center for Disease Control and Prevention - CDC), donde se encontrarán estadísticas actualizadas (www.cdc.gov/violenceprevention/childabuseandneglect/index.html).

ciertos objetivos ideológicos problemáticos que poco tienen que ver con la protección de los niños. ¿Cuáles son esos objetivos? La persecución de los homosexuales, o la crítica a las "mujeres trabajadoras" que se valen de los centros diurnos de cuidado infantil. Sin embargo, si bien se han introducido reformas jurídicas y sociales, el registro real de casos que se han investigado, por un lado, y, por el otro, el porcentaje de estos en relación con el ámbito estimado del problema, indica un compromiso social que está muy lejos de ser fuerte para hacer que el problema disminuya.

La actual popularidad de la idea de tener una opinión "positiva hacia el sexo" consiste en afirmar que el sexo es una parte valiosa de la vida humana, que no necesita ser justificada por algún otro propósito no sexual, tal como la reproducción. Pero, claro está, el sexo no siempre es una experiencia positiva que enriquece y afirma la propia vida. Los obstáculos que se le interponen a una vida sexual positiva hacia el sexo incluyen, aquí, algo más que ideas negativas, religiosas o de otro tipo, acerca de la sexualidad humana. Crear la posibilidad efectiva de una actitud positiva hacia el sexo no surgirá disminuyendo la atención que les brindamos a las violaciones sexuales, ni protegiendo la esfera del placer a partir del análisis político y de la evaluación moral. En realidad, tomando una actitud *prima facie* "a favor" del placer sexual puede ser tanto un problema en las culturas modernas como lo han sido ciertas ortodoxias religiosas. Podría abarcar parte de lo que describe Eric Preslan (1981:75) como un "síndrome 'quiero/tengo'" moderno (si lo quiero, automáticamente tengo derecho a eso) que parece ser endémico tanto a la ideología masculinista como al capitalismo consumista.

La aceptación de la "teoría del marco del pánico moral" por parte de Rubin se basa en su creencia de que, en las culturas occidentales modernas, "los actos sexuales están cargados de un exceso de significación" (1984:279). Este punto de vista ha sido perfeccionado por Foucault en su argumento de que los discursos cambian la forma "en que a los individuos se los impulsa a asignarle un significado y un valor a su conducta" (1985:4). Volveré a esta explicación en la sección siguiente.

Foucault acerca de la normalización

Con frecuencia, los abordajes libertarios han tenido que ver con la asertividad sexual y se han concentrado sobre todo en nuestra habilidad de desarrollar una capacidad para el placer, así como el derecho a procurárnoslo bajo casi cualquier condición, salvo esas que puedan, sin lugar a ninguna duda, resultar dañinas. Lo que la obra de Foucault complica es precisamente las ideas convencionales acerca de cómo podemos lograr asertividad sexual, como veremos en lo que sigue. En particular, para Foucault, la asertividad no se produce en un espacio libre, fuera del poder o del discurso. En mi opinión, este es un abordaje mucho más realista.

El concepto de subjetividad sexual que desarrollaré tiene por objeto ser más expansivo que la cuestión de si podemos operar sin restricciones en nuestras elecciones sexuales; y, en este sentido, mi concepto de la subjetividad sexual es, sostengo, más foucaultiano que el libertario abordaje de Rubin. Si, según el punto de vista libertario, tener asertividad es estar libre de restricciones, según la visión foucaultiana la asertividad involucra "la siempre presente potencialidad de los sujetos de alterar, perturbar e invertir las relaciones de poder según las cuales están moldeados" (Cremonesi et al., 2016:2). Esta potencialidad implica tener una conciencia acerca de mis prácticas sexuales y ser capaz de participar en la formación consciente de mi voluntad sexual o de mi yo sexual. Foucault (1988:16) explica que su interés no "se centra simplemente en los actos permitidos o prohibidos, sino en los sentimientos representados, los pensamientos, los deseos que podríamos experimentar". Luego, describe las "tecnologías del yo", o matrices de razón práctica, dirigidas hacia la formación de nuestro yo psicológico o subjetividad "que permite a los individuos efectuar por sus propios medios o con la ayuda de otros una cierta cantidad de operaciones en su propio cuerpo y en su alma, en su conducta y en su forma de ser, de suerte tal de transformarse a fin de lograr un cierto estado de felicidad, pureza, sabiduría, perfección e inmortalidad" (1988:18). Nótese cuán variables y pluralistas pueden ser tales proyectos de "preocupación por el yo", desde el cultivo de modos religiosos de vida pía al ascetismo, el sadomasoquismo y otros. Las tecnologías del yo no son técnicas de normalización, sino de autoconstrucción expansiva.

A Foucault, al igual que a Nietzsche, le interesa mostrarnos los denominadores comunes que existen entre las prácticas afines al cuerpo y su fundamento común en el cultivo consciente de la orientación corporal que une las esferas del pensamiento y del sentimiento. El interés principal de Foucault no se encontraba en cuál es nuestro objetivo o fin específico en tales prácticas, sino que se encontraba en el proceso consciente de compromiso corporal *con* el propio yo psicológico. Él desarrolló esta idea mediante su investigación de las prácticas de la antigua Grecia de "interés por el yo" –en las cuales las problemáticas morales no se concentraban tanto en los objetos de nuestro deseo, sino en nuestro modo general de llevar adelante nuestra vida sexual–; el objetivo no era un acto o sentimiento individual, sino un modo de comportarse, en un plano más general. Foucault describe esta situación como una *estética* del yo sexual, y emplea aquí el término "estética" (en lugar de algo como "moral") para señalar una *construcción* activa y de final abierto, en lugar de la tarea de simplemente subordinar nuestros deseos a la convención. Y esta *construcción* requiere un expansivo repertorio imaginario y conceptual para pensar más allá de las convenciones arbitrarias de nuestro entorno presente. De allí que si apuntamos nada más que a poner en acto el placer o a superar restricciones, estamos apuntando a los objetivos inadecuados, dado que ninguna de ambas conductas desafía la forma en la cual se ha edificado nuestra subjetividad sexual, ni cómo nuestras capacidades para el placer o para la expresión sexual pueden verse cosificadas e instrumentalizadas dentro de las sociedades o de las comunidades en las cuales somos, en general, silenciados. Sin prestar atención a estas posibilidades, nos arriesgamos a permanecer dentro de un sistema de poder/conocimiento disciplinantes, incluso cuando parezca que realizamos actos transgresores. Entonces, el argumento de Foucault era que necesitamos cambiar el interés acerca del poder y la asertividad a una especie de meta-nivel, no al punto de una elección real, sino en lo que respecta a las prácticas y los discursos por los cuales las elecciones se materializan como elecciones inteligibles y deseables.

Pese a este interesante abordaje, el legado de Foucault puede verse dominado por el apoyo teórico que su obra suministró al *zeitgeist* libertario de nuestra era, que sigue concentrándose en eliminar las restricciones a nuestros actos. En esta sección quiero explorar las vinculaciones así como las tensiones que existen entre sus fructíferas ideas sobre las tecnologías del yo y sus opiniones sobre la violación. Acerca de la cuestión del sexo, la influencia foucaultiana zanja la brecha que existe entre el mundo académico y el mundo no académico: influyente entre las activistas feministas, los activistas pro-homosexualidad y los activistas pro-sexo (o positivistas sexuales) fuera del ámbito académico, en concordancia con la adopción por parte del público librepensante de un abordaje tipo *laissez-faire* (dejar hacer) respecto del pluralismo sexual y de un escepticismo hacia los juicios morales, y también influyente en los análisis académicos históricos y filosóficos, como los de Rubin, en los que se dice que la ley no debería ni vigilar ni intervenir en el dominio del sexo.

La obra foucaultiana de la década de 1970 fue como arrojar un cóctel Molotov justo en el corazón de la idea de la liberación sexual, lo cual deconstruyó la lógica que subyacía a los debates tradicionales teóricos y morales sobre las prácticas sexuales y las identidades sexuales. Según su punto de vista, el sexo es una construcción histórica, modelada dentro de los dominios del poder; por lo tanto, el proyecto de "liberar nuestras urgencias naturales" puede ser enteramente concordante con los discursos dominantes. Con todo, su abordaje, escéptico y desnaturalizante, ha permitido, en definitiva, una actitud libertaria acerca de las prácticas sexuales más allá de lo que pudo haber imaginado el manual *Joy of Sex*, de la era de la liberación sexual. Hacer que el sexo y el deseo sean contingentes, más que naturales abrió una puerta amplia. Foucault se pronunció contra el abordaje científico hacia el sexo, así como contra el abordaje freudiano hacia el sexo, y también contra el empirismo facilista de la encuesta sexual de las revistas mensuales. Foucault (1980) advirtió, además, que estábamos hablando demasiado sobre sexo: habíamos sido llevados a pensar erróneamente que el sexo constituye nuestra verdad más íntima. Sacar el sexo de las sombras y llevarlo a los dominios del discurso nos hizo más –y no menos– vulnerables a las maquinaciones de la dominación social y cultural. Deberíamos dejar de preguntar "qué" y "por qué". Deberíamos dejar de construir teorías. Y deberíamos dejar de procurar el establecimiento de normas universales.

La clave para entender el abordaje foucaultiano hacia el sexo y la violación fue su persuasiva deconstrucción de la experiencia, como ha sostenido Ann Cahill (2001). Foucault sostuvo que toda esta conversación culta y angustiada sobre la sexualidad producía "cambios en la forma en que a los individuos se los llevaba a asignar significado y valor a su conducta, a sus deberes, a sus placeres, a sus sentimientos y sensaciones y a sus sueños" (Foucault, 1985:3-4). Es posible orquestar los deseos, estructurarlos e influir en ellos, de suerte tal que lleguemos a pensar que somos un tipo de persona con un cierto tipo de deseo fijo. Es más difícil argumentar que experimentar o no que el placer puede estar sujeto a nuestra imaginación; al respecto, Foucault sugiere, incluso con referencia al placer, que lograr entender, evaluar e interpretar nuestros placeres como lícitos o ilícitos puede afectar la forma en que nos conducimos de ese momento en más, y podemos llegar a entender que lo que encontramos en esos placeres no solo es agradable, sino intensamente excitante (Sawicki, 1991; McWorther, 1999).

Así, el patrón de nuestros deseos, nuestra excitación sexual y nuestras prácticas cambian por los esfuerzos realizados tendientes a estudiarlos. Estos esfuerzos producen nuevas "pruebas", nueva "evidencia" que será tomada por la mayor parte de los teóricos como signos de un estado natural, o como el rango natural de variación. Pero si la experiencia se construye socialmente de la manera en que Foucault lo piensa, entonces toda esta enorme obra empírica sobre la sexualidad no hará más que mostrar los epifenómenos de las construcciones discursivas. No nos mostrará qué somos innatamente, sino qué han producido nuestras sociedades. Y si por error consideramos que los datos son indicaciones de disposiciones innatas, esto, también, afectará nuestros deseos y prácticas, lo cual, entonces, se incluye dentro de nuevos conjuntos de datos.

Es preciso repensar la idea de la liberación. Concentrarse en la libertad negativa, como lo hace Rubin, deja fuera de la vista la construcción históricamente contingente de la vida sexual; de esta forma, disminuye –en lugar de aumentar– nuestra capacidad de "alterar e incomodar" las relaciones de poder que nos moldean. Una complicación más para el proyecto liberador es que la indagación empírica –motivada desde la religión o desde la ciencia– se conecta con las corrientes de poder; y esta conexión se fortalece cuando es alimentada por los tributarios expansivos del placer. Las confesiones en la iglesia y sus equivalentes modernos –los entornos terapéuticos– crean una dinámica en la cual los penitentes, o los pacientes, detallan sus deseos y prácticas ante figuras de autoridad que tienen experiencia de algún tipo. Estas son trampas que hacen que el que se confiesa se sienta vulnerable, siempre; por su parte la figura de autoridad se siente –al menos, parte del tiempo– excitada; estos han sido lugares particularmente efectivos para la promulgación de ideas cuestionables sobre el sexo. Deleuze lo expresaría de más o menos de esta forma: lo único que hace el que se confiesa es suministrar una fuente de energía para hacer que la maquinaria siga funcionando. Foucault nos advertía que abandonáramos la idea de que estudiar la actividad sexual "científicamente" detendrá la mano del prejuicio, disociará el sexo del poder, y liberará nuestros verdaderos deseos sexuales, dado que tales estudios solo llevan a que la sexualidad quede atrapada en una red de poder/conocimiento. La búsqueda de la verdad sexual tiende a hacernos creer que nuestras proclividades se curarán con mucha más terapia y con mucha más sexología.

Si entender la construcción social de la experiencia sexual no brinda conclusiones decisivas sobre la naturaleza subyacente de la sexualidad humana fuera de su carácter voluble, ¿qué sucede con la política o con la moral? Dado que criticó la manera en la cual incluso los abordajes liberatorios se apegan al poder/conocimiento, no sorprende que Foucault se haya opuesto a todo esfuerzo por normar las prácticas sexuales; y tampoco sorprende que su obra haya ejercido una influencia libertaria. Su visión de que "incluso la moral, en su sentido amplio, abarca códigos de conducta y formas de subjetivación" (Foucault, 1980:29) sugiere una inevitabilidad de la dominación. Con todo, con su última obra hizo lo que muchos han llamado un "giro ético". En los volúmenes finales de su inconclusa *Historia de la sexualidad*, Foucault, en efecto, se vuelca a una transvaluación de los abordajes éticos hacia las prácticas sexuales; para ello, emplea el contrastante ejemplo de los mundos de la antigua Grecia y Roma (y partes de la antigua Asia, en menor medida) para sugerir una forma de concentrarse en el "cómo", más que en el "qué". Los licenciosos ciudadanos griegos de sexo masculino tenían libertad de relacionarse sexualmente con todo tipo de compañeros, pero tenían normas sobre *cómo* debían hacerlo. La elección del objeto no determinaba el propio rango moral; lo que era importante era el propio carácter sexual. Los seguidores de Foucault han extraído de esta afirmación –con buenos motivos– la idea de cultivar una ética del yo sexual. En palabras de hoy, esto se equipara a una especie de atención consciente a los propios placeres, y no simplemente a *seguir* una doctrina. Por desgracia, se aborda esta atención consciente como una cuestión individual, dado que Foucault quiere redefinir la ética no como una relación entre el yo y el otro (o los otros), sino como una relación del yo consigo mismo. Su resistencia a las normas, entonces, o cualquier mandato sobre el yo que se origine desde fuera, sigue siendo congruente.

El caso Jouy

Para quienes estén interesados en la cuestión de la violación sexual, los argumentos de Foucault plantean un desafío de peso: darle una nueva mirada –una mirada más escéptica– a las maneras en las cuales se han organizado las cuestiones sexuales, lo cual incluye la violencia sexual. Siguiendo esta lógica, podríamos preguntarnos junto con Rubin si a parte de lo que se etiqueta como "violencia sexual" o "abuso sexual" se le ha dado un "exceso de significación".

Querría destacar aquí que la frase "exceso de significación" –una frase que no viene de Foucault, sino de Rubin (1984:279)– es problemática desde una perspectiva foucaultiana. La idea del exceso implica que hay una *norma* de significación que ha sido *excedida*. En general, Foucault tiene cuidado de evitar dicho lenguaje, y es congruente cuando desnaturaliza normas de todo tipo. Con todo, hay razones para creer que habría estado de acuerdo con la afirmación rubiniana acerca de la excesiva significación. En un tristemente célebre análisis que aparece en su libro más influyente, *Historia de la sexualidad: Volumen 1* (1980), también comentado en sus conferencias de 1974-1975 sobre lo "anormal" (1999), Foucault relata un incidente ocurrido en un pequeño poblado de la Francia del siglo XIX. En ese incidente, un campesino de cuarenta años, llamado Charles Jouy, tenía actividad sexual con una niña de edad desconocida, Sophie Adam: ella lo masturbaba a cambio de unos centavos. Este era un suceso habitual, afirma Foucault; además, cree que Sophie Adam no sufrió ningún daño dado que ella no tenía miedo de jactarse de ello delante de un adulto, aunque ella no dijo "nada a sus padres sencillamente para evitar que le dieran un par de chirlos" (1999: 294-5). Sin embargo, un segundo encuentro entre ambos alertó a los padres de Sophie y les provocó preocupación: una marca que había en su ropa indicaba que entre Sophie y Charles Jouy había sucedido algo más significativo. Los padres se alarmaron, acudieron a las autoridades, y Jouy fue posteriormente llevado ante peritos jurídicos y médicos para ser analizado. Para Foucault, la significación principal de este suceso fue la siguiente:

> La nimiedad de todo el incidente; el hecho de que este fuera un suceso cotidiano en la vida de la sexualidad aldeana; estos inocentes placeres bucólicos lograron convertirse, a partir de un cierto momento, en el objeto no solo de una intolerancia colectiva, sino de una acción judicial,

> una intervención médica, un detallado examen clínico, y toda una elaboración teórica. [...] Entonces, así fue cómo nuestra sociedad [...] reunió alrededor de esos gestos atemporales, de esos placeres apenas furtivos entre adultos de mente simple y niños alertas, toda una maquinaria para discursar, analizar e investigar (Foucault, 1980:31-2).

Como era predecible, este ha sido un pasaje difícil para las lectoras feministas (y para los admiradores) de Foucault. Su lúcida obra sobre los nuevos mecanismos de dominación desarrollados en la modernidad parecen dolorosamente en el extremo opuesto a la posición que él parece tomar en este pasaje sobre las relaciones sexuales entre adultos y niños, en el cual considera que tales relaciones son "inocentes", "bucólicas" (*"ces infi mes delectations buissonnières"*)[2], y "nimias" (*"caractère miniscule"*), y en el que presenta a los niños involucrados como sencillamente "alertas" (*"les enfants éveillés"*) o, en otro pasaje "precoces" (*"précoces"*) (1976:44). Pero la posición que Foucault adopta aquí no debería sorprendernos, dado su escepticismo hacia hacer que el sexo fuera "un asunto del derecho". Foucault considera que nuestra sexualidad está discursivamente construida; entonces, es posible que crea que nuestra cultura le ha atribuido una significación excesiva al sexo con niños, a sucesos que, en otro tiempo, eran poco importantes. Pero sigue en pie la pregunta: ¿acaso no hay forma de evaluar epistémica, moral o políticamente la forma en la cual en los diferentes períodos de tiempo interpretan dichos sucesos y se les atribuye significación?

El pasaje, por sí mismo, podría ser leído de otra manera: cuando Foucault califica dichos sucesos como "nimios" y "triviales", posiblemente solo esté narrando, sin convalidarlo, el punto de vista de una era previa, la opinión de que estos acontecimientos no son importantes. Pese a ello, es una especulación de su parte. En las conferencias de 1974 y 1975, Foucault realiza un análisis más extenso de este caso; dice que los aldeanos se encontraron "con algo que pocos años antes habría sido considerado, sin dudas, perfectamente habitual y anodino" (1999:296). Él basa esta especulación en la ausencia de registros de respuestas institucionales a lo sucedido provenientes de períodos anteriores, y también la basa en el testimonio de Jouy, de que toda la aldea sabía acerca de lo que él hacía con la niña. Pero ni la ausencia de una respuesta institucional ni la to-

---

[2] Esta frase en francés podría traducirse con mayor exactitud como "esas pequeñas y prohibidas delicias".

lerancia por parte de la mayoría de los aldeanos nos brinda la garantía de que tales acontecimientos fueron considerados triviales *para todas las partes involucradas*, ni que los sucesos no provocaron un impacto en el posterior desarrollo del yo sexual de los jóvenes. Hasta hace muy poco, las violaciones de hombre a hombre en las cárceles no estaban incluidas en las estadísticas ni fueron motivo de una reforma en las políticas; solo era material para comedias. Esto no nos dice nada sobre la forma en que se experimentaron dichos sucesos.

En la siguiente sección, examinaremos el caso Jouy con más detalle; pero es importante entender que el interés de Foucault con la cuestión estaba relacionado con su crítica al vínculo que existe entre las instituciones psiquiátricas, las instituciones psicológicas y el derecho. La psiquiatría y la psicología, actuando en su calidad de ciencias, han desempeñado un papel fundamental en la negociación de las relaciones de poder entre el Estado, el derecho y los particulares, ya que aumentó la consolidación de las estructuras de dominación mediante el establecimiento de categorías patológicas de identidad. Esta situación tiene que ver con una cantidad de categorías de identidad, no solamente las categorías sexuales. Uno de los principales ejemplos de Foucault es que los procedimientos jurídicos del mismo período comenzaron a tomar como objeto de evaluación no solo el delito, sino al *delincuente* (Foucault, 1977). En la actualidad, los consultores psiquiátricos y psicológicos brindan la base de conocimiento para que los tribunales establezcan las motivaciones y, entonces, categoricen y juzguen el grado de inmoralidad del delito: si fue en primer grado, en segundo grado o en tercero. Estas distinciones se basan en las intenciones y en el estado psicológico del acusado, no en las acciones que tuvieron lugar. La psicología también se emplea para predecir quién tiene una identidad delictiva larvada antes de que el acto delictivo haya tenido lugar.

Así se creó una de las formas de "subjetivación" explorada por Foucault en *Historia de la sexualidad*; en esta forma de subjetivación, se lleva a los individuos a experimentarse como sujetos de un cierto tipo. En *Vigilar y castigar*, Foucault sugiere que la alta tasa de reincidencia en las prisiones no es un *fracaso* del sistema judicial, sino un *producto* del sistema judicial, que considera que los delincuentes tienen identidades delictivas arraigadas en sí, y que esos delitos son producto de sus identidades. En las prisiones modernas se reacciona a esas identidades con prácticas institucionales de modificación que hacen recordar a los gulags por la forma en que combinan el poder estatal y el psiquiátrico; con todo, Foucault sugiere, las prácticas disciplinantes de las instituciones penales no logran limitar nuestras tendencias, sino que producen nuevas disposiciones y habilidades. En este sentido, las prisiones son escuelas para la producción de nuevas identidades. La fascinación actual con la psicología evolucionista y las neurociencias ha ahondado en esas explicaciones naturalizadas que hablan de las predisposiciones hacia el delito. Me hace desear que Foucault estuviera todavía vivo.

Foucault sugirió que el surgimiento de la categoría del pedófilo desempeñó un papel crítico en el desarrollo de la coalición entre los discursos psicológicos y el derecho, una coalición que legitima la idea de que la sexualidad es "ese asunto del cual se ocupa el derecho" (Foucault, 1989:264). El derecho ha legitimado sus intrusivas intervenciones en las vidas sexuales y reproductivas de los ciudadanos, principalmente a través de una variedad de discursos sobre el bio-poder; es decir, la necesidad de manejar y regular la vida, de modo tal de proteger y maximizar su potencial. El bio-poder le da al derecho una coartada sólida, una forma de presentar sus operaciones como una forma de "hacer la vista gorda de manera racional", pero teniendo en cuenta nuestro mejor interés.

Al promulgar una pretendida distinción científica entre la sexualidad normal, y la peligrosa cacofonía de prácticas, deseos e identidades definidas como "fuera de la normalidad", el caso de Jouy representa un punto de inflexión. No sorprende, entonces, que se dé por sentada una relación de similitud entre los diversos y variados elementos que se encuentran fuera de la norma, desde la homosexualidad a la pedofilia, al fetichismo y al resto de las prácticas incluidas por Rubin en su lista. Pero Foucault subraya que esos considerados "normales" se encuentran bajo una evaluación tan exhaustiva como los considerados "anormales": el papel del derecho en la vigilancia y en la regulación de las fronteras de lo normal se ha concretado cuando se arrogó la potestad, tanto en la teoría como en la práctica, de categorizar, de evaluar, de vigilar y de intervenir en las vidas de todos. Las categorías de "sexo normal" y de "identidad sexual normal" experimentan revisiones regulares y, así, se encuentran sujetas a una dosis igual de análisis, de medición y de estudio como cualquier otra categoría.

Además, a Foucault le interesa que el derecho presuponga juicios, pero no respecto de prácticas o de actos específicos, sino respecto de personas, de la misma forma en que ha dejado de concentrarse en los actos delictivos para pasar a concentrarse en los delincuentes. Y en el dominio de la sexualidad lo hace construyendo categorías esenciales de disposiciones sexuales basadas principalmente en la elección del objeto sexual. Foucault emplea el caso Jouy para sugerir que la designación de "pedófilo" se convirtió en una categoría paradigmática de "individuo peligroso", que oficia como ejemplo para mostrar la índole sexual peligrosa e intratable de ciertas categorías de personas que se construyen sobre la base de la orientación de sus deseos. La pedofilia es el principal ejemplo utilizado para ganar el favor de la opinión pública respecto de esta idea.

En la siguiente sección me dedicaré a ciertas afirmaciones específicas realizadas por Foucault acerca de las políticas: afirmó que las relaciones que se dan entre adultos y quienes tienen menos de quince años deberían ser despenalizadas, y la violación debería tratarse en el derecho nada más que como una simple agresión física, más que como un delito sexual. Ambas posiciones están vinculadas con este análisis del caso Jouy y, como veremos, aquí se impone un análisis interseccional. Charles Jouy fue caracterizado por los aldeanos de Mareville, incluso antes de que se involucraran las autoridades, como "un simplote"; es decir, como una persona cuyas facultades mentales se encontraban disminuidas. De allí que Shelley Tremain (2013) haya sostenido que en este caso se planteaban cuestiones de discapacidad, de género y de clase. Además, el abordaje normativo que tomamos hacia los niños y hacia los jóvenes puede arrojar alguna luz también sobre las relaciones entre adultos: este sector de la sexualidad humana no es tan claro como algunos desearían creer. El consentimiento tiene un rango problemático respecto de los niños, pero también respecto de otros grupos de adultos cuya asertividad sexual puede estar en tela de juicio.

Los niños y el derecho

La cuestión no es simplemente entender qué pensaba Foucault sobre la violación, sino también preguntar cómo pudieron emerger estas posiciones a partir de su obra general sobre el sexo. Las fuentes textuales claves son *Historia de la sexualidad*, las clases que dio en el Collège de France desde 1974 hasta 1975 –que fueron publicadas bajo el título *Abnormal*–, y una transcripción tomada de un panel de debate emitido por France-Culture en 1978, que incluyó a Foucault, a Guy Hocquenghem y a Jean Danet; estos dos últimos, al igual que Foucault, eran escritores y activistas de izquierda contra la homofobia. Comenzaré con esta última antes de volver al caso de Charles Jouy.

La transcripción del debate en panel de 1978 fue publicada con el título en francés "La Loi de la Pudeur", y en inglés se publicó con tres títulos: "Loving Boys, Loving Children" ("Amar a los niños, amar a los jóvenes"), "Sexual Morality and the Law" ("Moral sexual y derecho"), y "The Danger of Child Sexuality" ("El peligro de la sexualidad infantil"). Al comienzo, Foucault explica que el panel se había formado por la reacción que, por entonces, se había presentado contra el pluralismo sexual. Para contrarrestar esta reacción, se lanzó en Francia una campaña para peticionar la derogación de diversas leyes por las cuales se criminalizaban actos entre adultos y niños (o jóvenes) "menores de quince años". Los tres panelistas apoyaban la campaña, y sus puntos de vista eran, en general, instructivos; así que no me circunscribiré a las afirmaciones de Foucault.

Foucault es tan escéptico de lo que afirma el establishment psiquiátrico –conocer la índole de la sexualidad infantil– como lo es de su afirmación de conocer la índole de la sexualidad adulta. Así, desestima la idea de que la sexualidad infantil "es un territorio con su propia geografía, a la cual el adulto no debe entrar", y también rechaza la idea de que "el niño debe ser protegido de sus propios deseos, incluso cuando sus deseos se orienten hacia un adulto" (Foucault, 1989: 267-8). El hecho de que estén normados los actos sexuales de los niños es, sin duda, una extensión de la normativa de los actos sexuales por parte de los adultos; y, según el punto de vista de Foucault, las afirmaciones del derecho y de la ciencia son especialmente falsas.

Foucault, Danet y Hocquenghem estaban interesados en el paternalismo utilizado por el discurso empleado por el derecho, por la psiquiatría y por las instituciones de ambos campos para intervenir en la sexualidad de los niños. El paternalismo justifica el rechazo a la idea de que los niños pueden consentir la relación sexual con personas mayores y no sufrir daños. Los panelistas reconocen que los niños no siempre pueden expresar sus sentimientos ni sus deseos; ciertamente no en una forma que pueda ser considerada como consentimiento *jurídico*. Pero incluso cuando *parece* que los niños consintieran a las relaciones sexuales con adultos, los deseos de aquellos son cancelados por las autoridades, que interpretan que su consentimiento es una expresión inauténtica y poco confiable de su voluntad o de sus intereses (Foucault, 1989:272). Esta presunta interferencia se justifica a través de un paternalismo que afirma estar basado en la ciencia, no en "esas viejas nociones sobre los niños, de que son puros y de que no saben qué es la sexualidad", sino en la idea de que "la sexualidad de los niños es una sexualidad específica, con sus propias formas, su propio período de maduración, sus propias características, sus propios estímulos y sus propios períodos de latencia".

En definitiva, estas instituciones están, ellas mismas, implicadas en redes de poder/conocimiento, con puestos de trabajo y fuentes de experiencia en riesgo. Cuando hablan en nombre de los niños, imponen discursos hegemónicos sobre el discurso sojuzgado del niño. Y la protección de los niños se ha tornado un arma poderosa para utilizar en el desarrollo del actual régimen. En contraste con esta forma de paternalismo discursivo y de control, los panelistas estuvieron a favor de escuchar lo que los chicos dicen sin prejuzgar sus deseos y sin negarse a aceptarlo como una auténtica representación de sus deseos (Foucault, 1989:273). Este cuadro invoca la imagen de un encuentro cara a cara al más puro estilo Levinas, en contraposición a uno que esté sobredeterminado por discursos emitidos por autoridades en la materia e instituciones que se autoprotegen.

Foucault sugería que el activismo antiviolación que comenzaba a emerger en ese momento (a fines de la década de 1970) reforzaría el poder del Estado sobre la sexualidad y conduciría a la visión de que el sexo es una especie de peligro omnipresente; "la sexualidad se convertirá en una amenaza en todas las relaciones sociales", decía. El resultado sería una mayor vigilancia e intervención del Estado, en las cuales se constituyeran categorías de "individuos peligrosos"; es decir, probables perpetradores, como los homosexuales; y en la cual también se constituyera una categoría de "población vulnerable", o una clase de probables víctimas, como los niños (Foucault, 1989:267). Hocquenghem advierte lo siguiente: "La constitución de este tipo de delincuente [el "pedófilo"], la constitución de este individuo que es lo bastante perverso como para hacer algo que, hasta ese momento, siempre se había hecho y en lo que, hasta ese punto, nadie había husmeado, es un paso en extremo grave desde el punto de vista político" (Foucault, 1989:268). El resultado será, en palabras de Foucault, "un nuevo régimen para la supervisión de la sexualidad" (1989:270). Con el fin de evitar este resultado, ellos proponen que se reclasifique la violación como una forma de agresión física, sin relación alguna con el sexo.

Un tema recurrente en este debate es la necesidad de dejar de magnificar la significación de la relación sexual entre un adulto y un niño. Hocquenghem desprecia a los activistas políticos que agitan contra la pornografía infantil, en lugar de darle tratamiento a la violencia racista, con lo cual Hocquenghem hace caso omiso de la posibilidad de que exista una intersección entre ambas preocupaciones. Danet argumenta en un sentido similar sobre la jerarquía de los delitos en el siguiente comentario: "Cualquier abogado estaría feliz de defender a un acusado de asesinar a diez viejecitas. No lo molestaría en absoluto. Pero defender a alguien que haya tocado los genitales de un niño durante un segundo es un verdadero problema" (Foucault, 1989:269). La forma en que Foucault emplea términos como "nimio", "trivial" y "cotidiano" en referencia al caso Jouy demuestra un deseo similar de restarle importancia a estos actos. Su rango de delitos ha sido "maquinado"; en realidad, como afirma Hocquenghem, es "simplemente la relación erótica o sensual entre un niño y un adulto" (Foucault, 1989:268).

Cuando Foucault dice que debemos "escuchar a los niños" y que "se debe confiar en lo que diga el niño respecto de si se vio sometido o no a violencia" (1989:273), oímos una resonancia con el concepto de "conocimientos sojuzgados"; es decir, conocimientos periféricos y de bajo rango a los que el pensamiento general dominante no les confiere validez. Parece que estuviera sugiriendo que el autoconocimiento de los niños es un conocimiento sojuzgado. Hocquenghem lo expresa de una forma más ambigua:

> Cuando decimos que, en esos casos, los niños "prestaron su consentimiento", lo único que pretendemos decir es esto: en cualquier caso, no hubo violencia, ni una manipulación organizada a fin de lograr una relación afectiva o erótica. [...] La afirmación pública de consentimiento a dicho acto es extremadamente difícil, como bien lo sabemos. Todos —jueces, médicos, la parte actora en el juicio— saben que el niño prestó su consentimiento, pero nadie dice nada porque, aparte de otras consideraciones, no hay forma en que se lo pueda introducir. No es el efecto de una prohibición jurídica: es realmente imposible expresar una relación muy completa entre un niño y

un adulto, una relación que es progresiva, larga, que atraviesa toda clase de etapas, que no son todas exclusivamente sexuales, a lo largo de todo tipo de contactos afectivos. Expresar todos estos factores en cuanto al consentimiento jurídico es un absurdo. En cualquier caso, si escuchamos lo que el chico dice, y si este dice "no me importó", eso no tiene el valor jurídico de un consentimiento (Foucault, 1989:273-4).

Este pasaje es interesante por una serie de motivos. La idea de una relación "muy completa" entre un niño y un adulto parece querer decir "una relación que involucra relaciones sexuales". Por un lado, Hocquenghem señala que el consentimiento debería indicar la ausencia no solo de violencia, sino, también, de "manipulación organizada", frase con la cual quiere decir algo así como "manipulación intencional". Pero, por otro lado, cuando describe lo que él considera un consentimiento "auténtico" mediante la frase "no me importó", eso causa bastante escozor. Por lo general, utilizamos ese tipo de frases cuando alguien nos está haciendo algo *a nosotros*. No suena como la expresión de la asertividad sexual ni de subjetividad sexual de parte del niño, ni como la descripción de un deseo recíproco: si hubo una situación en la cual a *ninguno* de los participantes sencillamente "no les importa", apenas se puede imaginar que haya ocurrido gran cosa. Las palabras de la frase volcada por Hocquenghem suenan mucho más como a que el niño tolera una situación iniciada por el adulto.

Para entender más este razonamiento, es preciso retornar al caso de estudio de Foucault, el de Charles Jouy.

En *Historia de la sexualidad: Volumen 1*, Foucault desarrolla sus argumentos contra la hipótesis represiva: la idea de que la época victoriana le dio paso a una era de represión sexual. Contra esta afirmación, sostiene que, desde el siglo XIV, la sexualidad ha sido manejada más de lo que ha sido reprimida, y también dice que algunas actividades han proliferado. En definitiva, fueron los victorianos los que, pese a los numerosos tabúes que aparecen cuando se mencionan ciertos términos pertinentes en la "sociedad educada", introdujeron una impresionante dosis de atención a las prácticas sexuales, con lo cual hicieron que el peligro de la masturbación, por ejemplo, fuera central en la política escolar y se convirtiera en el objeto de una indagación "científica" sin precedentes. La práctica de la confesión en la Iglesia Católica ha extraído relatos orales no solo de las actividades, sino también de los deseos, de los pensamientos y de los sueños. Pero en la era victoriana fue la práctica de la confesión lo que pasó a ser patrimonio de las ciencias. Se desarrolló una variedad de lo que Foucault llama "discursos expertos" con el foco puesto en el sexo. Los nuevos sexólogos crearon nuevas categorías, análisis causales y abordajes terapéuticos para dar tratamiento a los casos que se desviaban de la variedad normativa de la práctica sexual. En la nueva era del "bio-poder" –es decir, del manejo de la vida y de las poblaciones–, tanto las instituciones estatales como las no estatales supervisaban el desarrollo del yo sexual y promovían la autodisciplina (una versión de la *askesis*) con la mira puesta en el bien público. La masturbación de los niños fue objeto de un particular escrutinio y de monitoreo por parte de padres y de la escuela. Surgió una cantidad de discursos que ofrecían análisis y "soluciones"; por ejemplo, atarles las manos a los niños a la hora de irse a dormir.

Foucault utiliza el caso Jouy, de 1867, como marcador de este cambio de paradigma. Jouy –de quien dice que fue clasificado como un "simplote"– fue entregado a las autoridades luego de haber

> obtenido unas caricias de parte de una niñita, de la misma forma en que él mismo lo había hecho antes y lo habían visto hacer antes las sabandijas aldeanas que lo rodeaban; porque, en el límite del bosque, o en la acequia que corría junto al camino que llevaba a Saint-Nicholas, jugaban al conocido juego llamado "leche agrumada" [...] [y] este simplote de pueblo [...] les daba unos centavos a las niñas a cambio de favores que las más grandes le habían negado (Foucault, 1980:31-2).

Pero esta vez, relata Foucault, este incidente conocido y común en la vida de la aldea se convirtió en el objeto de una intervención judicial y médica. Este labriego fue sometido a un interrogatorio detallado e invasivo acerca de "sus pensamientos, sus inclinaciones, sus hábitos, sus sensaciones y sus opiniones" (1980:31). Estudiaron su anatomía, su "estructura ósea facial", y le midieron el "cráneo" para buscar signos de "degeneración" (1980:31). Al final, lo encerraron en una institución.

Como ya dije, el objetivo de Foucault al analizar este caso fue el de marcar ese momento en la historia de la sexualidad en el cual el sexo pasa a estar bajo la jurisdicción de los discursos expertos de las ciencias humanas y, a través de ellas, dentro del ámbito del derecho. Pero este objetivo está vinculado a un fin más general de su obra, que es perturbar la alineación que existe entre sexo y verdad. La imagen de unos expertos médicos y jurídicos del siglo XIX midiendo y analizando la estructura ósea de Jouy como signo biológico de sus disposiciones sexuales ciertamente ayuda a hacer surgir nuestras facultades para el escepticismo. Pero ser escéptico de la idea de que hay una verdad sobre el sexo que es factible de ser descubierta por las mediciones del propio "cráneo" no significa apoyar la idea de que hemos investido el sexo con una excesiva dosis de significatividad. Foucault no solo es crítico de la forma en que estudiaron a Jouy, sino también del hecho mismo de que se lo haya estudiado. Fue Freud, claro está, quien hizo que el sexo fuera la verdad profunda del yo, la clave de la estructura de la psiquis, y la motivación subyacente de gran parte de la conducta humana no sexual. Para Foucault, el freudianismo fue simplemente el producto de un discurso emergente sobre la sexualidad; por su parte, el caso Jouy justifica esta afirmación. La reacción de los expertos médicos y jurídicos ante el caso Jouy ilustra cuánto se ha exagerado –mucho– la cuestión de las relaciones sexuales.

Dada la yuxtaposición que existe entre lo insignificante del suceso mismo, a los ojos de Foucault, y la portentosa reacción producida desde las autoridades –lo que él llama la superposición de "una teatralización cotidiana de pacotilla con el discurso solemne de cada uno de ellos", Foucault (1980:32)– sugiere que somos testigos, con este caso, del surgimiento de una nueva forma de poder/conocimiento. Y sugiere la ironía de que el nombre de este labriego era Jouy, una palabra que en francés se parece al verbo "jouir", que significa "gozar, deleitarse con algo" y "tener un orgasmo". Toda esta aclaración sugiere el hecho de que, para Foucault, antes de la intervención de las autoridades, el significado principal de este suceso había sido el placer.

En las clases de 1974 y 1975 dadas por Foucault en el Collège de France, este también trató el caso Jouy como el momento clave de la "genealogía del individuo anormal" (1999:291). Este caso representó "no solo un cambio de escala en el dominio de los objetos que le interesan a la psiquiatría, sino, en efecto, una forma completamente nueva de funcionamiento de esta" (1999:293). En este nuevo régimen de control se emplearon nuevas técnicas para la producción de verdad dirigidas al carácter o a la personalidad de un individuo. La psiquiatría y el derecho operaron juntos para identificar y analizar individuos anormales, y para implementar un tratamiento, la prevención y el castigo. Pero el análisis crítico de Foucault de este cambio pende del escepticismo que él pueda generar respecto de los detalles reales de los casos considerados por él. En el caso Jouy (el único que involucraba relaciones sexuales), su análisis pende de si puede generar escepticismo hacia la posibilidad de que Sophie Adam hubiera sido violada.

Lo que sabemos a partir del legajo histórico de la investigación, así como a partir de las entrevistas realizadas en ese momento es que hubo al menos dos encuentros entre Charles Jouy y Sophie Adam. Sabemos que Jouy tenía cuarenta años, y que era tratado por los aldeanos y por las autoridades como una persona con algún tipo de retraso cognitivo. Sabemos que sufrió aislamiento social, que era un trabajador agrícola, que era de estatura pequeña y que dormía en graneros. También sabemos que era hijo ilegítimo y que su madre murió cuando él era joven. Lo que sabemos de Sophie Adam es más limitado: ella era una niña cuya madre descubrió, al lavar la ropa, ciertas pruebas de que Sophie había sido violada; sabemos también que esa madre presentó estas pruebas ante las autoridades locales y que, a partir de esta presentación, se sucedieron los acontecimientos ya mencionados. No conocemos de qué pruebas se trató, pero podríamos especular que pudo haber sido sangre o semen en la ropa interior de Sophie o, tal vez, un desgarrón. No sabemos cómo se inició la actividad entre Jouy y Sophie, aunque hay algunas pruebas de que pudo haber estado motivada por la promesa de una compensación monetaria: esa parecía ser una práctica local habitual; por otra parte, sabemos que Sophie obtuvo "unos centavos" luego del segundo encuentro. En el informe también se dice que, en cierto punto del segundo encuentro, Sophie le pidió a una segunda niña que la reemplazara, y que la segunda niña se rehusó a hacerlo; esta conducta podría indicar que Sophie quería detenerse y que era una tarea desagradable. En el informe, se describe que, en el segundo encuentro, Jouy arrastró a Sophie hacia una zanja y la violó, luego de lo cual le dio veinte centavos. También sabemos que, como resultado de que los encuentros se hicieron públicos, Jouy fue examinado durante varias semanas, fue entrevistado *in extenso* y, luego, fue encerrado en una institución psiquiátrica; por su parte, a Sophie se la envió a un lugar donde quedó pupila hasta que fue mayor de edad.

Durante su examen, Jouy realizó varias declaraciones sobre los encuentros y sobre Sophie Adam. Dado que esta información proviene de solo uno de los protagonistas, y podemos imaginarnos que había mucho en juego, es preciso abordar ese texto con precaución. Jouy afirma que él sabía que Sophie Adam había masturbado a otros niños que tenían entre trece y catorce años. ¿Podemos justificablemente deducir de esta o de otras pruebas del caso que Jouy era un alma pacífica, y que estuvo motivado a tener sexo con Sophie principalmente debido al deseo de inclusión social, como sugiere un lector (Tremain, 2013)? ¿Podemos deducir que Sophie se aprovechó de Jouy, y no a la inversa? Seguramente no. El hecho de sacar como conclusión precipitada la naturaleza inocente de Jouy es congruente con las narrativas tan bien conocidas de los discapacitados cognitivos que pasan de un extremo a otro entre la inocencia y la violencia. Los juicios de valor realizados respecto de Jouy por los aldeanos o por las autoridades deben tomarse como datos que requieren un análisis interpretativo más que como prueba de los hechos. Esta diferenciación también debería aplicarse al juicio de que Sophie Adam fue la instigadora de los encuentros y de que era sexualmente precoz. Esos juicios son también congruentes –como bien sabemos– con la forma en que las niñas y las mujeres son vistas en las sociedades cristianas como personas sexualmente depravadas por instinto. Así, deberíamos tener precaución antes de aceptar el juicio y las interpretaciones evaluativas realizadas respecto de Jouy o de Sophie Adam, dado que ambos tienen identidades sociales del tipo que, por lo general, despertaban (en ese momento y ahora) interpretaciones problemáticas sobre la base de ideologías narrativas dominantes sobre capacidad y sobre sexismo.

Obvio es que este caso, tomado del pasado histórico, es difícil de resolver con alguna certeza. Todavía hoy, los casos en los que hay involucrados niños son difíciles de evaluar incluso cuando, a diferencia de este caso, ambas partes pueden ser entrevistadas. Resulta interesante, pese a estas razones para actuar con precaución, que Foucault, de todas formas, ofrezca una interpretación forzada. A fin de afirmar que la reacción oficial dada en el caso Jouy fue problemática, él debe validar de alguna manera la aceptación previa de dichos acontecimientos tildándolos de "habituales y anodinos" (Foucault, 1999:296). Y lo hace, en primer lugar, planteando la posibilidad de la acción de Sophie Adam. Foucault sugiere que, tal vez, en lugar de que Jouy haya arrastrado a Sophie Adam hacia la zanja en el segundo encuentro, *ella* lo arrastró a *él*, aprovechándose de la susceptibilidad de Jouy a la sugestión y en espera de obtener algún dinero. Foucault también sugiere que el encuentro de ambos fue representativo de una "sexualidad periférica, flotante" que "une a niños y a adultos marginales" (1999:296). Como en este caso cualquier evaluación moral es pertinente, Foucault sugiere que Jouy era un hombre moralmente virtuoso debido a que, luego del incidente de la zanja, "tuvo la bondad de darle veinte centavos a la niñita, quien, de inmediato, corrió a la feria a comprarse almendras tostadas" (1999:292).

Dado el contexto general de la obra de Foucault, es fácil suponer que su objetivo en estos análisis del caso Jouy o de casos similares (también analiza los casos de Pierre Rivière y de Henriette Cornier, entre otros) es promover el escepticismo; es decir, perturbar cualquier seguridad que fácilmente podamos sentir de que podríamos "conocer" el significado verdadero de estos sucesos, o de que podríamos "conocer" la calidad de las experiencias sentidas respecto de los participantes. Con todo, este tratamiento de la narrativa –al menos, en el caso Jouy– ofrece, en cambio, una narrativa alternativa que pone en evidencia poca reflexión crítica sobre las presunciones de nuestra propia cultura (en términos foucaultianos, su "lo histórico *a priori*") acerca de tales personas y de tales prácticas sexuales. La narrativa de Foucault alienta la opinión de que los encuentros entre adultos y niños involucran a adultos que se encuentran en la periferia del entramado social, lo cual implica que los adultos que acometen estos actos están motivados por necesidades sexuales y que son incapaces de lograr el placer sexual con sus pares. Y al caracterizar a los niños que participan de estos actos como "particularmente alerta" y "precoces", Foucault (1980:40) sugiere que ellos adoptan un papel activo y voluntario, que no sufrieron coacción, y que incluso pueden ser seductores. Debe resultar obvio que Foucault carecía de suficiente evidencia como para justificar su afirmación acerca de la participación de Sophie en el suceso o lo que ella sintió al respecto. Si se produjo una práctica común que involucró a adultos y a niños en sexo transaccional, podemos suponer que esas no fueron actividades que involucraran deseos recíprocos ni placenteros para ambas partes. Si Sophie Adam estaba alerta –podemos suponer razonablemente– fue a la posibilidad de lograr recursos materiales, y no a la posibilidad de lograr sus deseos sexuales.

Por decirlo con diplomacia, es debatible si la participación en el sexo transaccional por parte de jóvenes es una cuestión nimia, trivial o poco importante. Por un lado, Foucault procura des-esencializar la experiencia sexual y darle una historia; y busca hacerlo a través de una estrategia retórica: la de subvertir las suposiciones estándar al invocar un conjunto alternativo de intuiciones imaginarias. Pero respecto del caso, el conjunto alternativo de suposiciones invocadas por él es convencionalmente patriarcal.

Me permito reiterar esto: para el caso Jouy se requiere un análisis que involucre la incapacidad, el género y la clase. Foucault se refiere a Jouy como un "simplote", siguiendo la forma en la cual se lo veía a este, en general, en ese tiempo. Jouy afirma que Sophie Adam masturbaba a niños de trece y catorce años; pero él mismo tiene cuarenta, así que se presenta aquí una analogía implícita sugerida entre su estado social o cognitivo y la adolescencia temprana. La sugerencia de Foucault de que pudo haber sido Sophie la que arrastró a Jouy a la zanja, en lugar de la situación inversa, se torna más plausible por la idea de que Jouy no era como otros hombres cuarentones, sino que era una persona socialmente vulnerable y, posiblemente, con una desventaja cognitiva-madurativa. Se utiliza la discapacidad de Jouy para explicar su motivación, dada su incapacidad de tener relaciones sexuales con adultos, y también se lo utiliza para retratarlo como la persona victimizada por todos quienes lo rodeaban –incluida Sophie–, y no como el perpetrador de este caso. Tremain (2013) sugiere que Jouy se vio motivado a pedirle este favor sexual a Sophie como forma de encajar en la sociedad, dado que había visto que otros hombres hacían cosas similares. Al imitar la conducta de estos, pudo haber apuntado a hacer decrecer su marginalidad social. Y en último lugar, como consecuencia de los hechos, Jouy pudo haber tenido la desventaja adicional de que, como persona cognitivamente discapacitada, era muy probable que fuera impredeciblemente violenta y sexualmente agresiva. Esta asociación no está justificada en las pruebas que tenemos hoy. La verdad es que los discapacitados cognitivos tienen una tendencia mayor a ser víctimas de la violencia sexual[3].

Pero, claro está, en cualquier incidente dado, puede haber múltiples víctimas. Charles Jouy bien pudo haber sido victimizado de varios modos que son enteramente congruentes con la propia victimización de Sophie Adam y el daño infligido a ella. También puede haber múltiples perpetradores. Se puede ser víctima y perpetrador al mismo tiempo, y la culpabilidad puede darse incluso en los casos de haber ejercido una acción reducida. En todos los incidentes, no es necesario que el objetivo del análisis político sea establecer la existencia de una única víctima y de un único perpetrador, sino entender la compleja genealogía de los sucesos. Jouy pudo haber intentado dejar atrás su propia victimización victimizando a Sophie. Otra complicación es la desconexión que, a veces, existe

---

[3] Véase www.thearc.org.

entre intención y efecto. Tal vez Jouy no tuvo la intención de humillar ni de dañar a Sophie; sin embargo, puede producirse humillación incluso si el perpetrador no tuvo la intención de producirla: la experiencia vivida de haber sido arrastrado, empujado y obligado, de haber sido tratado como un mueble, no es agradable, lo haga quien lo haga y sean las que sean sus intenciones conscientes.

Nótese que la narración foucaultiana del caso Jouy sugiere un panorama en el cual el placer se encuentra emplazado en un lado, en los "gestos atemporales", inocentes e inocuos, mientras que, del otro lado, se encuentran emplazados el discurso, el poder y la dominación en la forma de "toda una maquinaria" (1980:31). Tal panorama plantea el placer como antítesis del poder, incluso como exento de sus constituciones y maquinaciones discursivas. Pero en otros escritos, Foucault tiene graves dificultades para revelar precisamente la forma en la que el poder ejerce su dominación no simplemente ni primordialmente mediante la represión de los placeres o a través de la negación, sino merced a maniobras productivas que incluyen la producción del placer mismo (Cahill, 2001). Esto es lo que impulsa a Judith Butler (1987:218) a decir, en el comentario que hizo sobre este libro, que, para Foucault, "si la ley represiva constituye el deseo que tiene por objeto controlar, entonces no tiene sentido apelar a ese deseo constituido como opuesto emancipatorio de la represión". Con todo, Foucault parece estar haciendo justamente eso en este pasaje.

Tal vez, esta incongruencia pueda disminuir si distinguimos el placer y el deseo. Puede constituirse el deseo; pero el placer mismo no se constituye discursivamente, aunque es una fuerza que puede tomarse, utilizarse, incitarse, fomentarse y manipularse. Si esta es la opinión de Foucault, entonces él puede argumentar un cierto naturalismo sobre el placer, al mismo tiempo que ofrece un análisis crítico del papel desempeñado por el placer en la producción y en la proliferación del poder/conocimiento. A diferencia de Butler, Foucault dice muy poco sobre el deseo –constituido o no– en su *Historia de la sexualidad*, y se detiene mucho más en la cuestión del placer. El deseo, para él, implica interioridad y territorialización, con frecuencia organizado alrededor de la elección del objeto, por ejemplo, mientras que el placer se presta más fácilmente a la idea de un fenómeno espontáneo. El objetivo de Foucault no es el de ahondar más allá del placer en cuando a la constitución discursiva de éste ni respecto de su estructura psíquica; la finalidad de este filósofo es explorar la relación productiva que existe *entre* placer, discurso y poder, y la forma en la cual pueden verse cooptados los placeres por los discursos institucionales y ser alineados con el poder/conocimiento. Así, le interesa la forma en la cual los diversos placeres sexuales son categorizados y correlacionados con tipos específicos de personalidad y con identidades sexuales que, entonces, pueden ser manejadas y disciplinadas. También le interesa la forma en que los discursos institucionales y los regímenes disciplinarios proliferan, se diseminan y se consolidan mediante sus complicadas relaciones con el placer; en esos discursos y en esos regímenes, los placeres pueden operar como apoyos o motivaciones para que proliferen aun más, incluso en medio de un discurso de censura (1980:48). "El placer se expandió hacia el poder que lo acosó; el poder ancló el placer que aquel dejó al descubierto" (1908:45). Foucault no les atribuye una estrategia consciente a los discursos, ni un intento de protección ni de ampliación de su territorio, por ejemplo; y, sin embargo, señala que las corrientes del discurso circulante se amplían y se fortalecen cuando pueden fusionarse con las corrientes de placer (él llama a este proceso un "refuerzo mutuo" [1980:45]).

La codificación de algunos individuos como "pedófilos" es un ejemplo de los efectos fortalecedores que los discursos sobre el sexo tuvieron sobre el poder. Como el pedófilo puede ser caracterizado como una amenaza omnipresente, un "individuo peligroso" detectable solo mediante el análisis experto de ciertos "signos" decodificados por autoridades reconocidas, el foco discursivo sobre los placeres del pedófilo amplía el ámbito de los discursos institucionales y el alcance del poder normalizador.

Si bien aún no queda claro si Foucault considera que el placer está constituido discursivamente por completo –por así decirlo–, lo que es claro es que él ve discursos que no solo toman para sí placeres preexistentes, sino que también crean acuerdos estructurales necesarios para que se formen nuevos placeres. Incluir el sexo en el discurso bajo el disfraz de una absolución religiosa o de una normalización terapéutica crea nuevas oportunidades para los placeres de contar o de escuchar. El público en general puede, ahora, disfrutar regularmente de leer acerca de la sexualidad, bien sea en estudios "objetivos", en narrativas autobiográficas o en las noticias de los medios sensacionalistas. Los acuerdos discursivos suministran ocasiones o estímulos para que aparezca el placer, y también la multiplicación de los placeres. Pero en todos estos análisis, el placer mismo sigue siendo para Foucault, en un sentido importante, un subproducto natural. Él no se enzarza en el análisis político ni en la evaluación moral de ninguna forma de placer, ni siquiera los que involucran la violencia o el sexo entre adultos y niños. Él sostiene que "la sociedad moderna es perversa", pero con esta frase solo quiere decir que los regímenes discursivos modernos producen activamente sexualidades no normativas y las hacen proliferar (1980:47).

Considero que la reticencia de Foucault a considerar la construcción cultural del placer mismo es una omisión delatora[4]. ¿Cómo puede él no darle tratamiento al placer en su teorización general de la historicidad de la experiencia sexual? Sin dudas, para Foucault, los placeres son vulnerables a los cambios sociales en el sentido de que los diferentes discursos y las diferentes sociedades contemplan diferentes acuerdos entre cuerpos; es decir, lo que él llama "una economía diferente de cuerpos y de placeres" (1980:159). Pero una variabilidad en la *distribución* de los cuerpos y de los placeres no equivale a la constitución de estos mediante el discurso. Al posicionar el placer fuera del dominio de lo discursivamente constituido (donde él incluye mucho más; por ejemplo, la sexualidad y las identidades sexuales), Foucault está implícitamente naturalizando el placer. Esto es lo que hace posible que él declare a los cuatro vientos, al final de *Historia de la sexualidad: Volumen 1*, que "el elemento concentrador para el contraataque contra el despliegue de la sexualidad no debe ser el deseo sexual, sino los cuerpos y los placeres" (1980:157).

Butler batalla con este problema de Foucault, y también batalla en relación con la explicación dada por este sobre el discurso y el deseo. Inicialmente ella considera que él sostiene que no existe deseo fuera del discurso, tema este de la obra misma de Butler. Pero también encuentra un momento de contradicción en su relato cuando él plantea, según la lectura hecha por Butler, una forma más fundamental de deseo que existe por debajo del discurso, antes de la historia, y que nos hace rememorar la energía básica y afirmante de la vida que encontramos en la mitología hegeliana del amo y el esclavo, y en la variación positiva nietzscheana sobre la voluntad de poder según Schopenhauer. Este "deseo productivo

---

[4] Este punto es, quizás, mi principal desacuerdo con la inteligente y lúcida crítica formulada por Kelly H. Ball (2013) respecto de mi evaluación de estos pasajes de Foucault. Ella apoya el hecho de que Foucault se eche atrás respecto de sus inquietudes respecto de la verdad y la causalida con relación a "los placeres peligrosos". Esta actitud excluiría la evaluación de la construcción social de dichos placeres.

parece no tanto un deseo históricamente *determinado*, sino, antes bien, un deseo históricamente *ocasionado* que, en sus orígenes, es un invariante ontológico de la vida humana" (Butler, 1987:228). Aquí, el concepto de "deseo productivo" es una forma de sugerir su falta de interioridad; con todo, hay un naturalismo implícito en la idea de que es ontológicamente invariante. El rol desempeñado por el poder no es el de constituir el deseo, sino el de hacer uso de los deseos mediante sus vinculaciones con el poder/conocimiento. Así, la propuesta estratégica de Foucault para la resistencia debe leerse como un llamamiento a desvincular, en el cual "los cuerpos y los placeres" podrían emplazarse como el inocente otro en relación al poder.

Pero ¿puede el placer operar como el inocente otro en relación al poder? No si los placeres pueden ser impulsados discursivamente o si se los puede ocasionar históricamente; en ese caso, no son los inocentes de la historia ni de los movimientos y acontecimientos de los regímenes discursivos. El placer que tiene lugar, a veces, en la narración y en la escucha existe, sin dudas, en proporción inversa al tabú contra el discurso abierto sobre el sexo. ¿Qué podemos decir sobre el placer sexual en los actos de violación, sojuzgamiento y hasta asesinato? Yo sugeriría que no tenemos fundamentos para dar por sentado que el placer existe, en general, en la contracara del poder/conocimiento, ni para afirmar que su mera existencia para las personas marginadas es, en cada caso, una causa de celebración. El elemento aglutinante de Foucault para contraatacar los despliegues discursivos del sexo con cuerpos y con placeres es, entonces, en efecto, una contradicción; y es una contradicción que explica la importancia que él le da a las tendencias libertarias que considera que todos los placeres son bienes que merecen protección, salvo bajo las condiciones más categóricamente abominables.

El abordaje histórico foucaultiano a la sexualidad debería haberlo impulsado, primero, a preguntar de qué manera el placer mismo puede ser constituido por los discursos dominantes; segundo, a considerar las formas en las cuales ciertas prácticas se tornan placenteras, como el placer de violar, el placer de dañar y el placer de participar de relaciones sexuales desiguales y no recíprocas. Foucault querría rechazar sin más trámite dichos proyectos de indagación, dado que, en su opinión, estos pueden convertirse en mecanismos tendientes a incrementar la capacidad de los discursos dominantes de participar en la estructuración de prácticas mínimas de la vida cotidiana, que es la característica principal de la dominación contemporánea, según su visión. Pero un relato desnaturalizado del placer, un relato que entiende cómo pueden constituirse los placeres mediante los discursos dominantes, obviamente invita a la indagación en la genealogía de nuestro propio catálogo de placeres.

La desnaturalización del placer también requiere una evaluación normativa de las diversas manifestaciones de los placeres. No hay razón para abordar todos los placeres como puntos a ser defendidos, vueltos a imponer o a proteger. Ninguna foucaultiana feminista puede darse el lujo de repetir la deshabilitante ambivalencia de Foucault sobre las dimensiones sociales del placer o de las prácticas sexuales. Si su teoría de la dominación nos persuade –tal como sucede mediante mecanismos disciplinarios y a través de la penetración de los discursos expertos en la vida cotidiana–, debemos arriesgarnos a presentar nuestros juicios sobre cuánto y dónde tiene lugar esa dominación. Este es, necesariamente, un emprendimiento normativo. Es un error pensar que plantear esos juicios siempre y en todos los casos aumentará la represión en general: la represión de las relaciones sexuales entre adulto y niño puede provocar una baja en las limitaciones por las cuales se vigilan las energías sexuales del niño, se las maneja y se las desvía hacia propósitos que no le son propios; y también puede provocar una baja en la represión de la sexualidad adulta para quienes sobreviven a la niñez libres de violación.

No existe una contradicción necesaria entre una opinión que toma en serio las vinculaciones entre el discurso, el poder y la sexualidad, por un lado, y, por el otro, una política de la sexualidad que normativa y críticamente evalúa varios placeres sexuales. Debería saltar a la vista que el sexo, el deseo y el placer son susceptibles de una evaluación moral y política, y que la necesitan; el hecho de que tal evaluación sea tan tenazmente resistida mediante una amplia variedad de movidas argumentativas –desde lugares como el conservadurismo, el libertarismo, el empirismo y el postestructuralismo– debería apuntar, como indicio, a los parámetros *a priori* que ejercen una fuerza implícita sobre las construcciones discursivas. El rechazo foucaultiano a la evaluación normativa puede parece teóricamente sólida dado su análisis de los perturbadores efectos de las alineaciones del discurso y el poder. Con todo, sus argumentos no justifican la idea de que el placer es, en general, resistente a la dominación cuando se lo separa del discurso, ni justifican la idea de que tal separación incluso sea posible.

Un abordaje alternativo a la normativa

Entonces, la pregunta es ¿cómo dictar normas que rijan las prácticas de nuestra vida sexual –incluidos nuestros placeres– de una forma tal que se atienda al "ida y vuelta dialéctico" del discurso y a las muchas formas en las cuales este puede estar alineado con el poder?

Empecemos considerando una vez más las formas en las cuales el caso Jouy demuestra los vínculos existentes entre discursos, poder y experiencia. Jouy fue un ejemplo del concepto emergente del "individuo peligroso", sugiere Foucault, o de este tipo de persona que probablemente cometa un delito sexual. Estos conceptos se vierten como una afirmación empírica, una afirmación de conocimiento, sobre la índole del mundo social y del los "tipos" de seres humanos que lo pueblan. Bien podríamos sostener –como lo hacen Foucault y Tremain–, que Jouy no era más peligroso que los otros hombres de la aldea que obtenían relaciones sexuales transaccional y/o físicamente coactivas por parte de jovencitas. Estas categorías no se excluyen mutuamente, como Foucault parece dar por sentado: una persona dada puede ser obligada a participar de una relación sexual transaccional. Pero la cuestión fundamental, aquí, es que la única razón por la cual los otros hombres que participan en tales actos no son clasificados como "individuos peligrosos" es, probablemente, porque tal categorización le abriría la puerta a una reforma cultural más abarcativa. Si logramos circunscribir la tendencia a la violación a los marginados sociales ya conocidos y considerados anormales, entonces, las convenciones heterosexuales y los privilegios masculinos pueden quedar, en general, intactos.

Una respuesta es la de deconstruir la categoría de "individuo peligroso" y rechazar toda afirmación de tener conocimiento en este ámbito; otra respuesta podría ser la de redefinir y ampliar dichas categorías para definir mejor quiénes representan un peligro. Los sexistas convencidos, esos a los que no les importan los efectos de sus actividades sexuales hacia las jóvenes y las mujeres –con la mínima excepción, tal vez, de su madre, hermana e hijas– sería una de esas categorías.

Sophie Adam pudo haber vivido en una sociedad que consideró que su explotación sexual había sido un acontecimiento nimio y trivial; y además, en el cual ella habría sido presuntamente culpada por esos encuentros sexuales. En tal sociedad, ella tal vez decidió que, al menos, habría obtenido algo en su provecho de esa situación; por ejemplo, unos centavos.

Bajo esta óptica, sugiero que pasemos a considerar la cuestión de la asertividad sexual –o sea, la acción sexual– y de las subjetividades sexuales, y de cómo se desarrollan en el marco de circunstancias tan acotadas. Esta tarea requiere un análisis no solo de si Sophie Adam o Charles Jouy tuvieron opciones, sino que también requiere examinar cómo ambos imaginaron sus vidas sexuales antes o después de los acontecimientos que los unieron.

4

La subjetividad sexual

No podemos dar por sentado que exista un aspecto del ser
de esa persona que no haya sido alcanzado
por la experiencia de la violación.
No hay ningún rincón impoluto y virgen en el cual refugiarse.
(Cahill 2001:133)

Estos traumas fueron fundamentales para el yo sexual
en desarrollo de los entrevistados.
(Plante 2007:38)

[...] el cuerpo físico y el cuerpo moral están fusionados.
[...] Lo que posibilita el esfuerzo de degradación
en los casos de violación y tortura
es que se ha perdido el emplazamiento humano,
condicionado desde dentro.
Una forma breve de expresarlo en esta tesis
es que las primeras personas son segundas personas.
(Bernstein 2015:172)

Las violaciones sexuales nos transforman. Tanto la víctima como el perpetrador se transforman, y lo mismo ocurre con sus familias, sus amigos y los círculos sociales en los que se mueven. La mera idea de que tales sucesos sean posibilidades reales en la propia vida –por remotas que parezcan– produce un impacto incluso en quienes no han tenido experiencia directa de ellos. Pero en este capítulo mi interés se centra principalmente en las consecuencias sufridas por las víctimas de las violaciones sexuales; también se centra en la forma en que dicha violación afecta nuestra vida sexual, nuestra capacidad para el placer, nuestra capacidad de movernos en el mundo y de confiar en los otros, nuestra capacidad de confiar en nuestro juicio y en nuestras reacciones y, por lo tanto, en nuestra relación con nosotros mismos.

Cahill, Plante y Bernstein nos impulsan a ver lo siguiente: no es una exageración afirmar que dichos sucesos influyen en nuestra subjetividad, dado que aquellos cambian la forma en que habitamos nuestro cuerpo, nuestro vecindario, nuestra familia, nuestras vinculaciones sociales y nuestra vida. Quienes emplean la violación y la tortura sexual para "acondicionar" o para "madurar" a los niños y a los adultos para que realicen trabajo sexual saben demasiado bien que la violación puede reducir la autoestima y puede hacer que se debilite la resistencia; de esta forma, se alienta una forma de alienación corporal que resulta útil para el abordaje transaccional del sexo. Esto no equivale a decir que los violadores siempre logren sus objetivos de alterar a sus víctimas; pero los actos mismos de violación surten efectos en nuestra subjetividad sexual, más allá de las intenciones del violador. Bernstein diagnostica con lucidez que la violación es una forma de tortura; este razonamiento lo lleva a afirmar que, en realidad, "la idea misma de inviolabilidad del rango de ser humano, si bien concebida como un esfuerzo para elevarnos y para protegernos, es, en última instancia, producto de una forma de dominación y señorío sobre el ser viviente y corporizado que cobija el inviolable centro" (2015:172). Entonces, la idea misma de que la propia subjetividad persiste inmutable luego de la violación le echa la culpa, una vez más, a la víctima por sus heridas psíquicas.

Rebecca Plante, socióloga que se especializa en género y en sexualidades, define la subjetividad sexual como "la idea que tiene de sí misma una persona dada en tanto ser sexual" (2007:32). Esta subjetividad implica algo más que nuestros patrones de excitación y nuestra conducta o elecciones sexuales; también incluye una constelación compleja de creencias, percepciones y emociones que forman nuestros guiones sexuales intrapsíquicos y afectan nuestra capacidad misma de asertividad sexual y acción sexual. Como nuestra subjetividad sexual interactúa con los demás y con nuestros entornos sociales, siempre se encuentra en proceso y cambia en relación con nuestras experiencias. Por este motivo, nuestra subjetividad sexual es constitutivamente o intrínsecamente vulnerable.

Los numerosos teóricos que, como Plante, han desarrollado conceptos del yo sexual y de la subjetividad sexual se han visto motivados por su interés en los efectos cosificantes de los datos Kinsey, tomados de los famosos experimentos en sexología que datan de mediados del siglo XX. La escala Kinsey se interpreta, con frecuencia, como si pudiera representar la identidad sexual de un individuo dado como un punto fijo en una escala de cero a seis (véase, por ejemplo, Daniluk, 1998; Epstein, 1991; Simon, 1996). Esta fue una forma novedosa de captar el continuo de sexualidades, desde la homosexual a la heterosexual, pero puede prestar apoyo para objetivar términos que privan a nuestra sexualidad de sus dimensiones subjetiva, interactiva y asertiva.

En este capítulo desarrollo el concepto de subjetividad sexual, tomado de esta literatura psicológica así como de filósofas como Ann Cahill, a fin de caracterizar más adecuadamente el daño producido por la violación sexual. Sostengo que lo que se viola es nuestra subjetividad sexual; y con este término quiero decir "nuestra capacidad para tener el comando sexual de nuestras vidas". Así, como concepto, "subjetividad sexual" brinda una alternativa a ese foco único que se hace ante un caso de violación: nuestro consentimiento, nuestro deseo, nuestra capacidad para el placer o nuestra voluntad (como ya analizaré). Pero la subjetividad sexual también tiene la capacidad de incluir estos aspectos de nuestra vida sexual. En esencia, sostendré, nuestro interés principal respecto de las violaciones sexuales debería ser sus efectos inhibidores y transformativos sobre la subjetividad sexual o nuestra capacidad de construcción del yo. Podemos pensar esta situación en un nivel individual o en un nivel colectivo. En el plano colectivo, la epidemia de violaciones sexuales en la vida de grupos específicos, identificados por su edad, su género, su sexualidad o su etnia, restringe gravemente las posibilidades de que tengan una formación sexual dirigida al yo. Bien podríamos sostener que la subjetividad sexual de todas las personas está limitada por el capitalismo y sus mercancías; sin embargo, ciertos grupos específicos se enfrentan a condiciones desiguales en sus vidas sexuales debido a su vulnerabilidad sistémica a la violación.

A fin de desarrollar aún más el concepto de subjetividad sexual, tomaré también en esta ocasión elementos de Foucault; en particular, su concepción del arte de cuidar el yo (*epimeleia heautou*) como "nuestro trabajo sobre nosotros mismos en calidad de seres libres" (2005:xxvii). Aquí, según argumentaré, podemos encontrar recursos para lograr una explicación políticamente útil y con final abierto de una subjetividad sexual que resista las tendencias cosificantes y los abordajes normalizantes. Tal explicación puede, entonces, ayudarnos a expresar los efectos precisos de la violación sexual –o de lo que haya sido violado– sin dar por sentada una teleología del desarrollo y sin dar por sentado que existe una única norma para lograr una subjetividad sexual "correcta" o "bien formada". La cuestión es, entonces, no juzgar cómo se desarrolla nuestra *sexualidad* –por ejemplo, a lo largo de un proceso normalizador–, sino juzgar cómo se desarrolla nuestra *subjetividad* sexual en tanto práctica de la construcción de uno mismo.

La idea del "cuidado del yo" es una relación de interés por la cual se eleva la conciencia de nosotros mismos y que presupone una acción asertiva y autoestima, pero que no tiene una teleología dada. Foucault desarrolla este concepto mediante las problemáticas de los textos de la antigua Grecia y Roma, que se ocupan principalmente de "la relación del sujeto con su actividad sexual" (1986:36). La cuestión del interés no es, como en nuestro tiempo, la pregunta de qué actos sexuales en particular podemos participar, ni con qué tipos de personas nos relacionamos. Antes bien, el interés se concentra en "el actor, su forma de ser, su situación particular, su relación con los demás, y la posición que este actor ocupa con respecto a ellos" (Foucault, 1986:35). La subjetividad sexual, en este sentido, es centralmente un concepto acerca de la relación con el propio yo; pero, dada la relacionalidad esencial del yo, esto significa que también tiene que ver con la medida en la cual la propia actividad sexual afecta las relaciones que tenemos con los demás; y, a la inversa, en qué medida la propia actividad sexual se ve afectada por las relaciones que tenemos con los demás. Por ejemplo: para los antiguos, si uno es receptivo del acto sexual, las relaciones de rango social que mantenemos con otros se ven afectadas: o bien se afirman, o bien se socavan. Incluso el sexo con uno mismo implica una cierta postura relacional con los demás, e involucra patrones de excitación, imágenes y prácticas que están socialmente disponibles. La subjetividad sexual, entonces, es necesariamente una forma de intersubjetividad. Esta es una característica de la explicación foucaultiana que no ha sido bien desarrollada.

Otra característica central de las sugestivas explicaciones foucaultianas es la idea de que nuestras vidas eróticas no están vinculadas a un modo singular del deseo, sino que están sujetas a alteraciones radicales. Los textos antiguos en los que él abreva presentan teleologías del desarrollo en las cuales los sujetos apuntan a una virtud dada del carácter y a hacer que esa virtud se manifieste en sus actividades sexuales. Tales objetivos podrían entenderse como un tipo de seguimiento de reglas o de asimilación a las normas propiamente dichas y convencionales para los ciudadanos de sexo masculino. Con todo, el interés de Foucault no reside tanto en sus objetivos específicos, sino, antes bien, 1) en la relación de atención hacia el yo involucrada en esas prácticas, y 2) en demostrar la divergencia imaginativa de sus objetivos frente a los nuestros, o de esas convenciones consideradas hoy en día como normativas. Juntos, esos elementos (la atención hacia el propio yo y la variabilidad de los imaginarios sexuales) producen un panorama en el cual los seres humanos de todos los tipos históricos y culturales imaginan diversos objetivos y urden un yo atento o reflexivo que participa de prácticas de pensamiento y de acción a fin de llegar a un cierto tipo de subjetividad sexual.

Como argumenté a lo largo de todo este volumen, el problema de la violación sexual no puede ser tratado aparte de la problemática de la sexualidad misma. La ubicuidad de las violaciones sexuales está relacionada, obvio es, con lo que se considera que es una relación sexual rutinaria y cotidiana, los "hechos" del placer y del deseo. De allí que lo que es preciso incluir en el marco de nuestro análisis es qué se considera como relación sexual normal o habitual; y también es preciso incluir qué se considera como relación sexual normativa o moralmente inocente. ¿Cuál es la idea del sexo, en cualquier tiempo y lugar dados, que rige nuestra autorregulación, que forma nuestras autoevaluaciones y que establece puntos focales de interés? Y ¿cómo hacen intersección las ideas sobre las identidades normativas de género con las ideas sobre el sexo normativo?

En décadas recientes, la obra de Catherine MacKinnon y Andrea Dworkin se ha asociado con gran frecuencia con la idea de que la violación y el sexo se superponen, y que las sociedades en donde domina el hombre han urdido ciertas convenciones del sexo heterosexual con las que se pone en acto la dominación (véase, por ejemplo, Dworkin, 1989; MacKinnon, 1989). La crítica formulada por Dworkin y por MacKinnon no tardó en convertirse en el blanco de burlas y desdén tanto dentro como fuera de los círculos académicos y de los grupos feministas. Me atrevo a sugerir que esta situación se explica en parte por el hecho de que sus puntos de vista eran un catalizador para el miedo acerca de la verdadera índole de nuestras vidas sexuales cotidianas. Estar de acuerdo con el análisis de ambas autoras –siquiera en parte– podría hacer que una sea vista como una de esas tristemente célebres feministas desagradables y amargadas que los críticos del feminismo (y algunas feministas) consideran como proscriptoras de los placeres sexuales. La retirada de algunas teóricas "pro-sexo" (por ejemplo, Rubin, como se comentó en el capítulo anterior) hacia un libertarismo fácil apoyado en nociones excesivamente simplistas del consentimiento brinda una coartada para negarse a emprender la difícil labor de explorar críticamente y evaluar normativamente nuestras prácticas sexuales diarias. Esta negativa es sintomática de una relación deficiente (por lo acotada) con el propio yo.

Lo que es sobre todo útil para contrarrestar un libertarismo fácil y basado en el consentimiento, al estilo Rubin, y para abrir un debate más productivo es la obra empírica –nueva y mejor– sobre experiencias sexuales, y la obra filosófica –igualmente nueva y mejor– que presiona sobre lo que queremos decir con "consentimiento" (Burgess-Jackson, 1999a; Cahill, 2001; Gavey, 2005; Kimmel, 2007; Langton, 2009). Por ejemplo, cuando los científicos sociales encuentran que las mujeres denuncian haber prestado su consentimiento o haber cedido a la presión como modo –en su mente– de *evitar ser violadas*, lo que se pone de resalto son las realidades fluidas y superpuestas de nuestras categorías de sexo heterosexual coactivo y no coactivo. Si una mantiene una relación sexual solo para evitar que la violen, el acontecimiento que se presenta a continuación es una violación de la asertividad, de la voluntad. Las conclusiones empíricas también ponen en claro las ideologías sobre diferencias de género y sobre diferencias sexuales causan un impacto en qué cosas hacemos en el plano sexual, y quién las hace.

Resulta interesante saber que, para los antiguos estudiados por Foucault, la ubicación de los cuerpos uno con respecto al otro (es decir, tendidos boca arriba o boca abajo; y, además, la forma en que se produce la penetración) debía estar calibrada con cuidado respecto de las identidades sociales y el rango social de los participantes. En el siglo II de la Era Común, Artemidorus –según explica Foucault– "ve el acto sexual, en primerísimo lugar, como un juego de superioridad y de inferioridad: la penetración sitúa a ambos compañeros en una relación de dominación y de sumisión. Implica victoria para uno de ellos y derrota para el otro. [...] [Entonces], se trata de un rango que uno afirma" (1986:30). El imperativo es mantener el propio rango solo realizando esos actos y posiciones sexuales que están de acuerdo con la propia categoría. La actividad sexual debería ajustarse a las relaciones que se dan entre los participantes en la vida pública y social. Los significados de las variadas acciones sexuales se coordinan con los sistemas de significado social que involucran el género, pero que también involucran graduaciones del rango social; por su parte, actuar de la manera "equivocada" podría trastocar las convenciones normativas, alterar la relación previa establecida y reconocida entre las partes, e incluso alterar la propia identidad social. Es claro que la idea de que las prácticas normativas que se desarrollan en la cama reciben su significado mediante las jerarquías sociales (o están correlacionadas con estas) no es original ni de Dworkin ni de MacKinnon.

No obstante, los críticos de Dworkin y de MacKinnon han hecho saber ciertas preocupaciones que considero legítimas: que según algunas interpretaciones, las teorías de ambas subestimaron la capacidad femenina de actuar y pintaron a la mujer de las sociedades contemporáneas como personas que sienten un mínimo placer y deseos deformes. Mi interés, en este punto, no es el de revivir y reevaluar estos debates ni revivir y reevaluar la forma en que una caracterizó a la otra; lo que quiero es explorar el hecho de que es preciso que las violaciones sexuales sean entendidas en relación con nuestra vida sexual en general; y también quiero explorar la forma en que entendemos y tornamos operativos los conceptos de "deseo", "placer", "voluntad" y, claro está, "consentimiento". Con Dworkin y MacKinnon, sostengo que las sociedades masculino-dominantes con cantidades epidémicas de formas basadas en el género de violencia sexual invitan al análisis crítico de sus normas respecto del sexo (o de lo que se considera un sexo moralmente inocente, que no amerita culpabilidad) y de la identidad de género; pero, al igual que los críticos de ambas autoras, considero que las personas de todo el espectro de género tienen, en la mayoría de los casos, *alguna* capacidad de acción en "nuestro trabajo sobre nosotros mismos". De allí que quiero seguir el consejo de Nicola Gavey de resistir el utilizar conceptos de "falsa conciencia" para explicar las formas en las cuales las mujeres, a veces, evitan utilizar el término "violación" para sucesos que parecerían encuadrarse en ese título; por ejemplo, entregarse al sexo como forma de evitar ser violadas (2005:181). Podríamos vernos tentados –y es entendible que así sea– a describir dicho suceso nada más que como "violación"; pero Gavey nos impulsa a conservar un sentido de subjetividad femenina, un punto de vista en primera persona. Incluso dentro de las relaciones abusivas, a veces, las mujeres nos dedicamos afanosamente a interpretar nuestras experiencias para intentar darles un sentido, para encontrar formas de protegernos y para intentar ampliar el abanico de nuestras posibilidades. Estas interpretaciones de sucesos perturbadores son, en sí mismas, formas de actuar que pueden exhibir un cuidado de una misma y no sencillamente una negación. Así, no es un error teorizar las violaciones sexuales en relación con la subjetividad sexual, ni es una forma de culpar a la víctima. Antes bien, la cuestión es que si queremos entender mejor la epidemia de violaciones sexuales, necesitamos entender mejor las formaciones *in situ* de las subjetividades sexuales.

Los efectos formativos de las violaciones

A fin de considerar la relación que existe entre subjetividad sexual y violación sexual, comenzaré con un relato tomado del escritor francés Honoré de Balzac. Con frecuencia se dice que la famosa serie de novelas de Balzac, *La comedia humana*, presagia los posteriores realismos sociales de Émile Zola y otros escritores; en ellos se revela el lado oscuro y cruel de las educadas y refinadas clases sociales. Las novelas de este género presentan, en un despliegue de imaginación, la vida interior de los protagonistas, que viven bajo condiciones de injusticia; vale aclarar que en esas novelas que logran un amplio público contemporáneo sin dudas se indica algo acerca de las formas típicas de subjetividad, de relaciones y de reacciones respecto de un tiempo y un lugar. De particular interés, en este punto, es que el incisivo y crítico estudio emprendido por Balzac de las relaciones burguesas en la Francia de la post-Restauración subraya las políticas sexuales transaccionales que eran comunes entre el submundo parisino de la prostitución femenina de la primera mitad del siglo XIX.

Balzac traza vívidos retratos de relaciones intergeneracionales en los cuales los hombres mayores y adinerados contrataban "novias" durante años; lo hacían proveyéndoles un lugar donde vivir y, a veces, un pequeño comercio. Estos acuerdos estaban normalizados en la sociedad burguesa y eran bien conocidos tanto para hombres como para mujeres, aunque rara vez se hablaba de ellos en público. Balzac pinta a las jóvenes y a las mujeres de clase trabajadora como personas con pocas perspectivas que, sin demora, aceptaban tal patronazgo; suministraban relaciones sexuales regulares y compañía a cambio de un ingreso regular que, a veces, incluía provisiones para su familia. En realidad, los padres desempeñaban, con frecuencia, un papel importante al momento de celebrar estos acuerdos, ya que presentaban a sus hijas bajo la mejor luz posible ante los potenciales "clientes", negociaban los términos y ayudaban a convencer a sus hijas de que se sometieran. Incluso ciertos maridos facilitaban, a veces, relaciones entre sus esposas y hombres ricos; organizaban así su vida conyugal de forma tal que sus esposas estaban fácil y discretamente accesibles. A cambio, esos maridos se beneficiaban económicamente, o con un ascenso en sus carreras, o con ambos.

En Estados Unidos, las perspectivas de Alexander Hamilton de acceder a la presidencia se estropearon por uno de estos acuerdos descriptos, cuando este tomó estado público en 1797: él le estaba pagando al esposo de su amante por el derecho de acceso a esta (Chernow, 2004). No sabemos bien si esta fue algún tipo de trampa del tipo "paga para jugar" descripta por Balzac, ni si fue un plan bien orquestado por una pareja astuta que quería chantajear a una figura pública vulnerable; la respuesta depende de cuán ingenuo consideremos que fue Hamilton. En cualquier caso, París no fue la única ciudad donde tales transacciones tenían lugar con regularidad; tampoco son infrecuentes estas transacciones hoy en día en muchas partes del planeta, incluido el Norte de este.

En la París del siglo XIX, al igual que en Nueva York, la hipocresía era una característica habitual de esta práctica; la misma frecuencia se verificaba en cuanto a los acuerdos tácitos sobre discreción pública, lo cual indica algún grado de desaprobación social. Podríamos ciertamente sostener que la hipocresía era necesaria al efecto de mantener la primacía del matrimonio patriarcal, el rango social y la dignidad de las esposas legítimas, y el poder exclusivo de la Iglesia para permitir las uniones sexuales legítimas, previo decidir cuáles eran estas. Pero puede haber más que razones instrumentales o funcionales que expliquen la hipocresía, y que tienen que ver con mantener ciertas formas de subjetividad sexual y social, además de un adecuado emplazamiento moral también para los hombres, como veremos en la narración de Balzac.

Las jóvenes y las mujeres que se han enzarzado en relaciones sexuales que exceden el permiso eclesiástico o el reconocimiento del Estado se encontraban muy desprotegidas del abuso. Y el hecho de que tales relaciones transaccionales tuvieran estado público y gozaran de un cierto rango institucionalizado como prácticas comunes entre miembros de la burguesía sugiere que instituciones como el matrimonio civil y la Iglesia Católica no estaban allí presentes para proteger a los vulnerables, sino para demarcar quién era merecedor de protección y quién no lo era. Pese al conocimiento generalizado sobre tales transacciones, en las novelas de Balzac se indica que los participantes también eran vulnerables al chantaje y a la intriga si se retiraba de la escena el decoro de la discreción.

Como eje pivotante de la novela *La prima Bette* se encuentra uno de los personajes más recordables de Balzac: el señor barón Hulot d'Ervy, un comisario general de la República, quien más tarde se convirtió en la cabeza de uno de los más importantes departamentos del Ministerio de Guerra (Balzac, 1965). El distinguido título del barón, su ingreso regular y sus considerables poder e influencia dentro del gobierno eran muy útiles dentro de este tipo de transacciones. Si bien se lo presenta a Hulot como un hombre felizmente casado con una mujer hermosa y que lo adora, y pese a estar orgulloso de sus dos hijos, en algún punto de la mitad de la vida se convierte en un mujeriego serial, motivo por el cual busca actrices y cantantes adolescentes de la clase trabajadora, y hasta toma algunas de las minorías étnicas. Cuando llega a los sesenta años, estas actividades se ven obstaculizadas por la mengua en sus recursos; en consecuencia, tiene que correr riesgos financieros y profesionales cada vez mayores para hacerse de los fondos necesarios. Además, Hulot tiene que buscar chicas más vulnerables, cuya obtención requiera menos recursos. Balzac presenta al barón como un estúpido que cree, sin base lógica alguna, que las chicas que él elige están genuinamente enamoradas de él, pese al hecho de que él es bastante mayor que ellas –a veces, por varias décadas–, y los "favores" de estas se dan solo a cambio de un precio. Pero Balzac también sugiere que el barón hace caso omiso de estas condiciones *a propósito, voluntariamente*. Conforme aumentan sus problemas, sus colegas, sus amigos y su familia lo censuran por ser un tonto en la forma de manejar sus asuntos –permite que sus amantes lo lleven a la ruina–; con todo, Hulot hace lo imposible por apegarse a su autoimagen de hombre atractivo a quien las jóvenes mujeres desean espontáneamente.

Es claro –y hasta factible, tal como Balzac pinta toda la situación– que las mujeres jóvenes que realizan estas transacciones no son criaturas desprotegidas que carecen de toda asertividad. Ellas dan su consentimiento expreso, y algunas de las menos jóvenes parecen sentir placer cuando despliegan las estrategias de manipulación posibilitadas por estos acuerdos contra diversos miembros de la clase alta. Vemos en la novela que algunas de esas mujeres mienten para ganar más dinero, para esconder otros amantes extra-relación, o para minimizar la cantidad de relaciones sexuales que deben concretar. Con todo, pese al hecho de que las mujeres y las jóvenes no están desprotegidas, sugiero que consideremos la índole de las relaciones producidas por esta convención de las sociedades patriarcales burguesas, relaciones estas que se parecen mucho, que son de muchos tipos y que se producen en numerosos países, y en las cuales incluso hoy ciertas personas jóvenes –tanto homosexuales como heterosexuales– tienen "papacitos".

En una escena que se presenta hacia el fin de *La prima Bette*, una joven que acaba de cumplir los quince años es interrogada por una trabajadora social religiosa sobre la relación de ella con su "benefactor", un señor octogenario llamado Vyder, que es el alias que Hulot ha adoptado en las postrimerías de su vida:

> ¡Mi madre y mi padre no habían comido en toda una semana! Mi madre quería hacer algo muy malo conmigo porque mi padre la golpeaba y la insultaba. Y entonces, el señor Vyder pagó todas las deudas de mi padre y de mi madre, y les dio dinero. [...] ¡Oh, cuánto dinero! Y me llevó con él, y mi pobre papá lloró. [...] ¡Pero debíamos separarnos! (Balzac, 1965:433).

La trabajadora social le pregunta, entonces, a la niña sobre la índole de la relación entre Vyder/Hulot y ella, a lo que ella responde:

> "¿Que si me agrada?" [...], dijo ella. "Debo pensar que sí, señora. ¡Él me cuenta lindos relatos todas las noches! Y me compró vestidos muy finos. [...] Y durante los últimos dos meses no he sabido lo que es tener hambre. ¡Ya no como solamente papas! ¡Y me trae dulces y almendras tostadas! ¡Oh, qué deliciosas son las almendras con chocolate! [...] ¡Hago cualquier cosa por una bolsa de dulces! [...] Lo único es que él no quiere que yo salga, salvo para venir aquí. [...] Es un tesoro de hombre, de verdad, así que él hace lo que quiere de mí. [...] Me dijo que yo era su pequeña esposa; ¡pero es muy agotador ser la esposa de un hombre! ¡Vaya, si no fuera por las almendras con chocolate! (Balzac 1965: 433–4).

La índole de esta relación es clara. La mala situación económica de este barón le impedía lograr relaciones amorosas, salvo con este tipo de chicas, que eran demasiado pobres e ingenuas para manipularlo y obtener mejores términos. Comenta Balzac que cuanto más viejo y pobre se vuelve el barón, y cuanto más arrugado y enrojecido se torna su rostro, más se inclina por concubinas más jóvenes, más vulnerables y, en consecuencia, más fáciles de manipular y controlar. Este hombre tiene tendencias pedófilas, en efecto, en una combinación de recursos monetarios limitados y su permanente atracción hacia la carne joven: oímos que así describe cual rapsodia a una jovencita que le llevaron: "tiene el rostro que Rafael encontró para sus vírgenes, con ojos inocentes entristecidos por el excesivo trabajo [...] y una boca como una granada a punto de estallar, [...] y toda esta belleza, envuelta en algodón de setenta y cinco céntimos por metro" (Balzac, 1965:346-7). Quien le procuraba estas chicas le dice al barón: "Le garantizo que es perfectamente nueva; ¡es una chica decente! Y no tiene ni pan para comer" (Balzac 1965: 347). Es decir, en el punto justo para atraparla.

Incluso si hay algún tipo de acción de cada lado de estas transacciones, la joven de este relato tiene pocas oportunidades de negociar efectivamente al comienzo del acuerdo y casi no tiene capacidad para resistirse a formar parte de él, en absoluto. Al igual que las entrevistadas de las que habla Gavey, ella "presta su consentimiento" bajo condiciones de presión extrema. Pero más que esto, quiero que nos imaginemos las condiciones del desarrollo de su subjetividad sexual, cómo se sentiría consigo misma si tuviera una vida sexual fuera de las relaciones transaccionales, o cómo se sentiría teniendo placer sexual en sus propios términos, con compañeros que ella misma eligiera, y una relación con su cuerpo y con su rostro que no involucrara sus posibilidades de ser vendida. También podríamos considerar cómo se forma una figura como la de Hulot, bajo ciertas condiciones, como pedófilo o pederasta, zanjando las décadas de diferencia entre él y sus compañeras sexuales hasta que comience a desear carne que apenas está llegando a la adolescencia. Resulta interesante que Balzac no nos presente una obsesión incrustada en esa psiquis ni una orientación congénita respecto de las quinceañeras, sino que nos pinta un deseo que se transforma de una forma tal que el lector puede identificar en él el desarrollo de un hábito y las condiciones circunstanciales de una estrechez financiera creciente.

Nuestra vida sexual puede cambiar, y nuestra subjetividad sexual puede discernirse y evaluarse según la forma en la cual manejemos las cambiantes condiciones y los nuevos sucesos, y reaccionemos a ellos. Los jóvenes pueden tener menos práctica en la repetición de hábitos que se han fijado a lo largo de muchos años; y pese a ello, los sucesos que tienen lugar en los años formativos pueden tener resultados más duraderos si, por ejemplo, lo que sucede alienta a que tengamos una relación con la propia sexualidad que es alienante, empresarial o que, sobre todo, está gobernada por el temor y la ansiedad.

En la colección de entrevistas de Tricia Rose sobre la sexualidad de las mujeres negras, una mujer llamada Luciana relata un suceso que tuvo lugar cuando era pequeña y que surtió un doble efecto: reveló la subjetividad sexual que tenía en ese momento y, con posterioridad, afectó la transformación de esta. Luciana vio a un hombre al que conocía, se quedó un rato charlando con él y, luego, lo siguió cuando este afirmó que necesitaba ir a su casa para recoger algo. Como ella lo conocía, dijo: "Ni siquiera me pasó por la cabeza que él pudiera dañarme" (Rose, 2003:68). En lugar de ir a la casa de él, el hombre la llevó a un hotel. Al ver esto, Luciana inicialmente se negó a seguirlo hacia la habitación, pero él le dijo, en un tono que ella consideró que podía ser amoroso, que ella no debió haberse sentado en el auto (Rose, 2003:68).

> Y como una marioneta, entré con él. [...] Y me dolió; me enoja más que ninguna otra cosa; ni siquiera me enoja tanto que me haya violado; lo que me enoja es que yo haya estado tan aturdida que permití que me pusiera en esa posición. [...] Claro está, ahora no subo al auto de nadie, y tengo muy pocas citas. Lo que sucedió me sigue rondando la cabeza. Ahora soy una especie de "bicho raro" entre mis amigos (Rose, 2003:68–9).

Luciana se culpa; deberíamos tomar esta actitud como una opresión internalizada; sin embargo, también expresa la entendible creencia de que ella no había cultivado una forma suficientemente protectora de subjetividad y de asertividad. Mirando en el presente lo que pasó, ella piensa que debió haber tenido más precaución y que debió haber sido más asertiva. La vergüenza de Luciana está dirigida a sus propias acciones y decisiones, o a su relación consigo misma; por su parte, su vida posterior se ha transformado por esta determinación de mantener un ojo atento y cauto a sus propias reacciones y elecciones en cada interacción. Denunciar la violación o incluso contársela a alguien no generaría nada positivo, cree ella; por eso, intenta cambiar su interior. Entonces, podemos atribuir la transformación de las interacciones sociales de Luciana y el cambio en su personalidad al acto de su agresor, pero también a su mayor estado de vigilancia y de juzgamiento de las situaciones hacia sus propias elecciones y hacia su disposición mental. La dirección interna de su vigilancia refleja su fatalismo acerca de cualquier otra forma de protección. Es preciso contextualizar esta particular reacción (que es muy habitual) a una violación, sostengo, según las normas o convenciones específicas de la subjetividad sexual femenina respecto de las cuales ella se juzgó como insuficiente, y se consideró *ella misma* como la culpable de lo que experimentó. En este contexto, podemos sentir que tenemos solo dos alternativas: el temor y la contención perpetuos, o las violaciones repetidas. Pero lo que sobredetermina la sensación que tiene Luciana de contar solo con opciones tan limitadas es la suposición enteramente razonable de que nadie va a intervenir, y de que ninguna institución social le brindará protección ni justicia. Así, no es solo la violación lo que cambia su relación consigo misma, sino el contexto social, que protege a los violadores.

Estos relatos de la subjetividad sexual en formación pueden ser provechosamente diseccionados si abrevamos nuevamente en la idea foucaultiana de las "tecnologías del yo" (1988a). Esta idea, basada –con cierta laxitud– en las antiguas ideas sobre "las artes de la vida", es interesante precisamente debido a su crítica predictiva del manejo neoprogresista del yo y a las prácticas que apuntan a una normalización coactiva. Foucault consideró que la idea neo-progresista del yo iba a evolucionar a partir de las ideas modernas de la autocorrección o de la autoperfección que objetivan al yo como si este fuera otro tipo de objeto natural que puede ser medido, explicado y evaluado por criterios externos. El mantra actual de la auto-concreción es una variación de este tema. En contraste, Foucault estaba interesado en "cómo el yo se constituye *a sí mismo* como sujeto" (Martín et al., 1988:4). En otras palabras, estaba interesado en el proceso asertivo de constituir la problemática de la producción del yo, de cómo se entiende el yo, de cómo uno se relaciona con el propio yo, y de cómo se formulan los objetivos. Bajo esta luz, Foucault afirma que los griegos y los primeros cristianos sentían una autoconsideración interesada que no es tanto *techne*, sino *autopoiesis*, un trabajar sobre los propios hábitos y sobre la propia personalidad sin apuntar al logro de un resultado utilitario específico. Aquí, no se considera que el yo sea un medio para el enriquecimiento ni para el funcionamiento competitivo o exitoso; simplemente se lo considera como la *finalidad* general en sí misma acerca de la cual deberíamos interesarnos.

Al mostrar alternativas a nuestras propias tecnologías del yo, es probable que Foucault haya intentado desalojar las convenciones actuales y revivificar nuestra imaginación de lo posible; y para hacerlo concibió como camino el cambiar nuestro foco de atención hacia nuestros propios poderes de autoconstrucción, de construcción del yo. Por eso sugiere: "El resultado del argumento del *Alcibíades* sobre la pregunta "¿qué es uno mismo y qué significado deberíamos darnos a nosotros mismos cuando decimos que uno debe cuidar el yo"? es el alma como sujeto, y para nada el alma como sustancia" (Foucault, 2005:57). En tanto sustancia, el alma quedaría restringida al descubrimiento y a la autoaceptación; pero como sujeto, el alma está abierta a una relación de autodiseño y de autoconstrucción.

Si bien los griegos disponen normas específicas que guían su cuidado del yo –por ejemplo, *enkrateia* y *askesis*–, Foucault jamás las presenta como universales. La cuestión que debemos subrayar es la actividad creativa autodirigida de los griegos, una dimensión que Foucault pone de resalto mediante un contraste entre la *sciencia sexualis* de nuestros días y el *ars erotica* de tiempos pasados y de otras culturas (y ciertamente de algunas contraculturas dentro de Occidente). La *sciencia sexualis* apunta a una representación objetiva de las verdades ahistóricas o fijas acerca de la naturaleza profunda de la sexualidad humana, mientras que el *ars erotica* ofrece solo un manual de "cómo hacer", con posibilidades prácticas para tener experiencias sexuales y para a ser utilizado como a uno le agrade. Entonces, como dije, abrevando en la obra tardía de Foucault, podemos diseñar una concepción de final muy abierto acerca de la subjetividad sexual con lineamientos, y sin libretos ni guiones predefinidos.

Las violaciones sexuales producen numerosos daños; pero sostendré en lo que resta de este capítulo que el más profundo de esos daños es el efecto que se produce sobre nuestra subjetividad sexual; es decir, sobre la construcción plena de interés de una relación con nosotros mismos en tanto sujetos sexuales. Por lo tanto, los conceptos de "violación sexual" y de "subjetividad sexual" están necesaria e íntimamente relacionados.

Consentimiento, deseo, placer y voluntad

Para aclarar aún más la relación que existe entre la violación sexual y la subjetividad sexual, es preciso que hagamos una disección de cuatro cuestiones: el consentimiento, el deseo, el placer y la voluntad. Bien podríamos plantear cada uno de ellos como elementos pertinentes para delimitar la categoría de "violación" o para establecer un criterio por el cual podemos determinar cuándo ha tenido lugar una violación; sin embargo, sostengo, ninguno puede concretar ninguno de ambos objetivos aquí planteados por sí solo.

Me permito reiterar: los argumentos que expondré aquí no se concentran en establecer criterios *jurídicos* suficientes, adecuados ni efectivos, con el objeto de definir o demarcar el delito ni de atribuir responsabilidad. *Antes* de que puedan lograrse esas tareas, sostengo, debemos lograr claridad acerca de la índole del daño mismo.

Sugerí en la introducción que ese gran título, "violación sexual", es útil para reunir un amplio conjunto de sucesos que exceden los que involucran cualquier forma explícita de violencia. Por lo general, se entiende que la violencia implica una fuerza física que da como resultado un daño físico; pero esta no es una característica de cada uno de los ejemplos que quiero abarcar. No parece probable que, si estiramos el significado de la palabra "violencia" a fin de que incluya una manipulación no física o limitaciones estructurales sobre el consentimiento, tal estrategia vaya a funcionar con efectividad. Las reformas jurídicas ya se han ajustado a este criterio produciendo una variedad de definiciones de categorías en las que se incluyen casos donde no hay violencia física; por ejemplo, el abuso sexual o el acoso sexual. Entonces, vemos que, dentro del panorama jurídico, no hay un solo término. Pero mi propósito, aquí, es el de conceptualizar la índole del problema con los términos más amplios y más explicativos. Este objetivo, claro está, plantea una pregunta: ¿cómo deberíamos definir la "violación"? Más particularmente, ¿cómo podemos definir la violación sin dar por sentado un abordaje naturalista del sexo y de las relaciones sexuales, o un abordaje que los retire de sus contextos históricos y culturales? Al igual que el útil concepto crítico marxista de "mano de obra alienada", que implica la posibilidad de una situación no alienada de la mano de obra, puede parecer que el concepto de violación da por sentado algún estado benigno, positivo o natural del cual uno ha sido alienado. En contra de esta situación, sugiero que evitemos los abordajes que retiran el sexo de la historia y lo convierten en una constante cuyos contornos morales están sujetos a normas universales; estas normas universales suscitan luego implicaciones preocupantes que provocan que algunos se vuelvan en contra de la normatividad en su conjunto. Lo que se violó no es nuestro yo sexual natural, sino nuestra capacidad de construcción respecto de nuestro yo sexual.

Esta situación plantea la cuestión de cómo entender la capacidad "constructora", "hacedora", respecto de la sexualidad: si no es meramente un proceso de llegar a descubrir nuestro yo sexual natural, o de enfrentarnos a los hechos sobre la naturaleza fija de la sexualidad humana, ¿hasta dónde puede ir nuestro propio proceso de construcción?

Pensar que nuestras experiencias sexuales, nuestros placeres, deseos e identidades se encuentran dentro de la historia y no fuera de ella no equivale a dar por sentado que no hay parámetros normativos que delimiten el daño, la explotación, la coacción, el abuso y la violencia; tampoco implica que podamos tornar benigna cualquier acción en virtud de las condiciones históricas o culturales adecuadas. Las realidades materiales de la corporización humana desaconsejan pensar que las experiencias corporales están abiertas a reinterpretaciones infinitas. Con todo, los hechos de la materialidad no sustentan un desarrollismo teleológico que plantee que el proceso de desarrollo de la subjetividad sexual evolucione de maneras universales, o que sea un proceso en el cual el objetivo último y normativo esté acotadamente fijado. Cahill lo explica con claridad:

> El análisis del sujeto corporizado [...] indica que, si bien la sexualidad es una faceta intrínseca e integral de la persona, la índole de las sexualidades específicas está indeleblemente marcada por el discurso político y social que la rodea. No existe un nivel verdaderamente auténtico de la sexualidad que pueda exhumarse mediante la mera sinceridad y apertura, aunque estas sean sinceras. Los sujetos que emprenden ese proyecto de apertura se quedan tan empantanados en el discurso como siempre lo estuvieron; si bien los actos locales y parciales de resistencia a ese discurso son posibles, el intento de salir de la totalidad del discurso es casi imposible (2001:186).

Siguiendo a Cahill (2001, 2014), tomaré la sexualidad como algo que se construye socialmente dentro de las especificidades variables de los discursos, pero también como un proceso que involucra características fenomenológicas de la corporización humana. A fin de distinguir las condiciones normativas de la subjetividad sexual, es preciso que estemos atentos a la índole corpórea de la vida humana. Todo entendimiento de la autonomía corporal estará fundado en esta realidad material.

Mediante este abordaje se frustran los abordajes teóricos que hacen caso omiso de nuestras diferencias humanas corpóreas. Cahill sostiene, por ejemplo, que la violación está corporizada respecto de cuerpos específicamente sexuados; por lo tanto, no deberíamos intentar imaginar la abstracción de un "delito de violación universalmente experimentado e impuesto" (2001:191). Su argumento no versa simplemente sobre las características objetivas y empíricas de los cuerpos –como los penes y las vaginas–, si bien prestarle atención a la materialidad de la corporeidad ciertamente nos impulsa a incluirlas y a incluir también las consideraciones acerca de qué cuerpos pueden quedar embarazados y cuáles pueden quedar seriamente dañados nada más que por la relación sexual (por ejemplo, en el caso de los niños pequeños). Pero Cahill insiste en que la corporización material también es discursiva y está situada; y, por lo tanto, está cargada de significados incrustados dentro de un material variable y de sistemas discursivos. La corporeidad, como sostuvo Beauvoir, siempre se experimenta y se vive en situaciones específicas. No hay tensión aquí entre la necesidad de reconocer las vulnerabilidades intrínsecas de ciertos cuerpos en ciertas condiciones, incluso cuando insistimos que dichas situaciones siempre involucran diversos efectos discursivos. Los significados que pueden imponérseles a los cuerpos tienen que funcionar dentro de parámetros materiales. Según mi punto de vista, es crítico permanecer atentos a las interacciones que se producen entre ambos elementos –los cuerpos materiales y los contextos discursivos– si queremos entender cualquier acontecimiento dado.

También ayuda, en este punto, agregar una dimensión hermenéutica, como he sostenido previamente en el caso de la comprensión de las identidades sociales (Alcoff, 2006). Los sistemas disponibles de significado son el producto de comunidades lingüísticas diferenciadas, organizadas a través de una escala social y de segregaciones de tipos variados. Hoy en día, los horizontes individuales de significado son, con frecuencia, pluritemáticos, con acceso a múltiples marcos y a abordajes interpretativos conflictivos más que a una tradición homogénea y unificada. Con todo, los horizontes del significado que forman y que afectan nuestra capacidad de evaluar el significado de los nuevos sucesos a veces se ven afectados por lo que Miranda Fricker (2007) describe como una "injusticia hermenéutica", en la cual diversos grupos quedan excluidos del proceso de establecer nuevos conceptos, nuevas definiciones y nuevos términos. Fricker sostiene que la injusticia hermenéutica sistemática tiene lugar cuando las desigualdades sociales evitan la participación de grupos completos en la producción de significados, lo cual da como resultado nuestro mal entendimiento de algunas áreas significativas de experiencia.

Lo que hoy llamamos "acoso sexual" o "violación marital" pudo, en algunas comunidades discursivas, ser una cuestión ininteligible como delito o incluso como forma intencional de daño; la reciente introducción de estos términos debió encarar la difícil tarea de superar el silenciamiento de las víctimas. El esfuerzo por mantener la hegemonía sobre la interpretación narrativa general da como resultado una injusticia hermenéutica que empobrece cada dominio público del discurso.

Creo que lo que estamos experimentando en el plano mundial con respecto a los delitos sexuales es una revolución cultural que involucra innovaciones lingüísticas y reformas que han sido desarrolladas en comunidades de resistencia social de un tipo u otro, conforme los sobrevivientes, los activistas, los defensores, los intelectuales y los teóricos exploran y, a veces, debaten vigorosamente nuevas formas de denominar y caracterizar estas experiencias. Esta revolución cultural se ve motivada por la toma de conciencia de que la persistente epidemia de violación sexual produce y contribuye a una injusticia hermenéutica que afecta los procesos colectivos por los cuales se desarrollan las ideas y los significados relativos a las violaciones, circulan y son juzgados.

Cuando se impide que las víctimas aporten a la generación de nuevos términos, conceptos y entendimientos, esta circunstancia afecta las formaciones de la subjetividad sexual de ellas; también afecta su capacidad de autoconstrucción y su capacidad de aportar a la producción de conceptos y significados. Como sostuve en el capítulo 2, las voces de las víctimas son centrales para expandir nuestro repertorio conceptual porque *solamente* ellas tienen material de primera mano y la experiencia corporizada necesaria para entender, por ejemplo, que la violación puede suceder dentro del matrimonio y que ciertos avances sexuales pueden configurar acoso. El enorme esfuerzo por silenciar y por desacreditar a las víctimas es un intento de levantar muros contra el aporte de estas en los horizontes hermenéuticos colectivos y en los desarrollos conceptuales y lingüísticos.

Imaginar las posibilidades de subjetividad sexual requeriría un espacio cultural democratizado para participar en la formación de conceptos y de instituciones por las cuales los diversos grupos formen diversos objetivos, normas y limitaciones. Es improbable que esta situación genere un acuerdo mundial. Nuestro foco de concentración debería ser frustrar los mecanismos por los cuales las víctimas y los grupos de bajo rango son excluidos de participar en la formación de significados.

Debemos expandir la idea de injusticia hermenéutica de modo tal que incluya nuestro paisaje visual (o perceptivamente accesible por cualquier otro sentido), dado que esta expansión influirá profundamente en nuestro repertorio ideacional y en la construcción de deseos y placeres, como comentaré en párrafos sucesivos. Si la excitación sexual se ve influida por las condiciones sociales, entonces, las fuerzas del mercado y otros elementos no democráticos que crean nuestras culturas materiales cotidianas constituyen un factor de peso en una forma de injusticia hermenéutica que hace impacto en lo que Foucault llama "la hermenéutica del yo".

Permítaseme ahora concentrarme en los cuatro elementos de las relaciones sexuales que, por lo general, ingresan en nuestros juicios evaluativos: el consentimiento, el placer, el deseo y la voluntad. Cada uno de estos, o una combinación, podría, tal vez, brindarnos un criterio por el cual demarcar las buenas formas de las malas formas de los encuentros sexuales. Si bien considero que ninguno es plenamente satisfactorio para demarcar los límites que existen entre sucesos benignos y violaciones, constituyen importantes componentes de nuestra subjetividad que merecen una exploración.

El consentimiento

El consentimiento es el concepto central empleado por la mayor parte de los sistemas jurídicos de nuestros días como forma de demarcar el límite entre la relación sexual legítima y la ilegítima; y en este dominio jurídico, el consentimiento tiene una definición técnica. Sin embargo, no es nada más que un término jurídico, sino también un concepto central utilizado en el lenguaje común para identificar la violación, la agresión física y el abuso. Necesitamos considerar la utilidad que tiene en el mundo real utilizar el consentimiento como criterio definitivo, y los efectos que produce esta utilización, si bien ambos –la utilidad y los efectos– pueden variar en diferentes lugares y en diferentes contextos. Pero también estoy interesada en las ideas sobre sexo y sobre relaciones sexuales contenidas en los significados operativos del término tal como se lo usa en los tribunales y en el discurso diario. ¿Qué revela el uso contemporáneo del concepto de consentimiento sobre nuestra forma de entender el sexo y la violación sexual?

Estelle Freedman (2013) narra en su historia de la violación en Estados Unidos que el consentimiento no siempre desempeñó un papel central.

Antes bien, en el siglo XIX y a principios del siglo XX, el concepto de "seducción" tenía primacía al momento de establecer el derecho a una reparación jurídica; y, en efecto, este concepto dejaba a un lado la cuestión del consentimiento. La seducción –que se aplicaba, por lo general, solo a las mujeres blancas– significaba esencialmente incumplir una promesa. Las leyes sobre seducción tenían por objeto dar tratamiento al problema de la manipulación en casos como el del hombre que le promete matrimonio a una mujer para procurarse sexo con ella, pero que, luego, se retracta. El consentimiento de la mujer, en tales casos, se basaba en un "entendimiento" resultante de promesas explícitas o implícitas de que el matrimonio legítimo vendría después de la relación sexual. La seducción también podría utilizarse en los casos en que un hombre hubiera contaminado con drogas la bebida de una mujer o que la haya hecho partícipe de una coacción más física; entonces, en la práctica, las leyes de seducción se empleaban en casos que mostraban toda una gama de actos que iban desde el engaño a la fuerza.

Bien podemos imaginar que esas ideas victorianas, como la de la seducción y la del incumplimiento de una promesa, son muy inferiores a las de nuestra iluminada era; también podemos imaginar que se basan nada más que en actitudes cristianas antisexuales; pero la realidad es más compleja. Las leyes de seducción ayudaron a resarcir las dificultades económicas de las mujeres que habían quedado embarazadas por hombres que las abandonaron. Durante este período, las mujeres embarazadas podían ser legalmente despedidas de su trabajo y ser objeto de discriminación en el proceso de contratación, motivo por el cual el abandono era, por lo general, catastrófico. También es interesante el hecho de que el interés en la seducción y en el incumplimiento de una promesa definiera el problema en función de palabras proferidas por hombres y en función de acciones realizadas por estos, en lugar de hacerlo en cuanto a la castidad o a la virginidad femeninas; de esta forma, en efecto, recaía en el hombre la carga de la justificación de por qué el matrimonio no había tenido lugar luego de las relaciones sexuales. En efecto, toda relación sexual entre compañeros que no están casados entre sí situaba al hombre bajo la amenaza de una posible acusación de seducción, lo cual hizo entendible la agitación de parte de algunos hombres de que esas leyes se derogaran (Freedman, 2013:45). Las leyes contra la seducción eran importantes limitaciones al poder masculino.

Sin embargo, como sostiene Freedman, las leyes contra la seducción también "potenciaron la autoridad patriarcal y conservaron la centralidad del matrimonio como vocación de la mujer" (2013:38). Los hombres que habían sido condenados en virtud de tales leyes podían evitar ir a prisión o pagar una multa (con frecuencia, abonada a los padres) casándose con la víctima. Esos matrimonios por coacción no tenían ningún buen fundamento: algunos hombres se casaban para evitar el castigo y, luego, igual abandonaban a la esposa embarazada. De allí que las leyes contra la seducción no siempre protegían a las mujeres; por eso, las feministas pudieron obtener un gran apoyo para que se las reemplazara. El esfuerzo desplegado por las feministas para cambiar el foco de la cuestión al consentimiento fue una reforma progresista que reconocería el interés de la mujer en la autonomía sexual y no simplemente en transacciones justas y de contenido económico para el uso de su cuerpo.

A veces, la seducción tenía lugar en situaciones que involucraban el mismo tipo de estrategias para evitar la violación, documentadas por Gavey: la mujer cedía a la presión simplemente para evitar una violación violenta, una golpiza o para evitar perder la fuente de ingreso de dinero con la que se mantenía (Freedman, 2013:42-3). En estos casos, establecer el consentimiento no ayudaba a resarcir las normas de género acerca de la coacción heterosexual ni a discernir el deseo sexual de la mujer ni la voluntad de esta.

Como han sostenido Carole Pateman y otras autoras, el consentimiento es un concepto importado de un modelo progresista contractual de relaciones sexuales con un bagaje problemático cuando se lo aplica a la cuestión del sexo (Pateman, 1980; Baker, 1999; Cahill, 2001). Todo contrato implica una transacción o una promesa: por ejemplo, la promesa de prestar un servicio o de entregar mercaderías. Los contratos también tienen una dimensión temporal, que abarca un período de tiempo que excede el momento real de comunicación. Consentir la relación sexual puede, entonces, entenderse como un compromiso de realizar un acto o entregar un bien –en este caso, prestar un servicio–, bien sea ahora, bien sea en algún momento del futuro. Sin embargo, en relación con el sexo, puedo comprometerme a realizar el acto sexual, pero no puedo comprometerme a mantener un deseo o un humor. Los compromisos no pueden prometer un deseo. Los abordajes contractuales de las relaciones sexuales pueden, entonces, involucrar el consentimiento de una alienación, la alienación del propio cuerpo, de los propios sentimientos y de las propias preferencias. Además, como señala Cahill (2001), esta situación puede conferirle a la persona que recibe el consentimiento la peligrosa idea de que a ella "se le debe" una relación sexual, y de que ha sufrido un menoscabo si tal relación no se "concreta". Tales ideas tienen una larga historia que resuena con las prácticas transaccionales descriptas por Balzac.

La ex trabajadora sexual Rachel Moran (2013) también sostiene que en el consentimiento se hace caso omiso de las opciones limitadas dentro de las cuales se toman, con excesiva frecuencia, ciertas decisiones. Para Moran y para muchas de las mujeres con las cuales trabajó a lo largo de varios años, la elección de realizar un trabajo sexual fue una decisión forzada entre el estar sin techo, no poder mantener a sus hijos, el perpetuo abuso por parte de un familiar o del compañero, o "voluntariamente" realizar trabajo sexual. Jeffrey Gauthier lo expresa de esta forma: "Cuando un sistema opresivo efectivamente define las decisiones tomadas por la clase oprimida", rara vez esas decisiones dan como resultado una liberación (1999:85). Por lo general, bajo las condiciones impuestas por el capitalismo, las mujeres son análogas a los obreros, sostiene Gauthier: es decir, por lo general se las obliga a negociar dentro de condiciones desfavorables.

Moran cita un estudio sobre prostitutas de Dublín, en el cual

> veintinueve de treinta mujeres prostitutas afirmaron que "aceptarían un empleo alternativo con igual paga". Los autores de este estudio señalan que la única entrevistada que no estuvo de acuerdo con esa afirmación parecía estar bajo la influencia de alguna sustancia al momento de la entrevista. Eso me suena correcto, dado todo lo que he visto en materia de prostitución. La rebeldía y la negación, en tanto estrategias de supervivencia, eran muy practicadas por esas mujeres que estaban tan lastimadas por la prostitución que debían bloquear su realidad con el uso de la bebida alcohólica y otras sustancias que alteran la mente; ciertamente, me recuerdo en esa situación cuando era más joven (Moran, 2013:175).

Prefieran o no las trabajadoras sexuales otra forma de empleo, la cuestión pertinente, en este punto, es que el concentrarse en el consentimiento oculta lo que debería ser el verdadero problema a considerar[1]: tenga lugar

---

[1] Si se desea leer sobre parte de debate feminista sobre el trabajo sexual a este respecto,

el consentimiento en el contexto de las opciones económicas limitadas o de la presión emocional, es separable del deseo, y puede ser manipulado en virtud de condiciones muy habituales de presión. Al mantener concentrada la atención *solamente* en el consentimiento, sin duda dificultamos más el poder discernir las violaciones sexuales.

Tal como lo analizan Pateman y Cahill, el sexo heterosexual normativo incluso fuera de las relaciones explícitas transaccionales da por sentado que el hombre pregunta y la mujer contesta; y contesta brindando su consentimiento o negándolo. "En la relación que existe entre los sexos, siempre es la mujer la que le niega el consentimiento al hombre. El hombre, "naturalmente" superior, activo y sexualmente activo tiene una iniciativa, u ofrece un contrato, al cual la mujer "naturalmente" subordinada y pasiva "consiente"" (Pateman, 1980:164; citada en Cahill, 2001:174). Si se da por sentado, con ánimo aprobatorio, que los hombres son la parte activa, el comportamiento normativo femenino involucra receptividad. De allí que sigue existiendo una letanía de términos despectivos y de teorías patologizantes acerca de las mujeres que se resisten, o que se niegan, o que "provocan"; y estos elementos presionan a las mujeres que quieren ser vistas como receptivas a las necesidades de otros; es decir, mujeres cariñosas (Gavey, 2005). Con frecuencia relato en mis clases de filosofía feminista un incidente ocurrido en un club nocturno, cuando salí con un par de amigas hace unos años. Un hombre nos pidió, una por una, bailar; y cada una de nosotras declinó educadamente su ofrecimiento, con una sonrisa, explicándole que estábamos allí para pasar el rato entre amigas. Horas más tarde, cuando nos fuimos, encontramos al mismo hombre en el estacionamiento; nos observaba y gritó con todo el volumen de su voz: "¡PerraVaginaLesbiana!", como si fuera una misma palabra. La intensidad de la reacción nos tomó totalmente por sorpresa; nos pareció por completo inapropiado. Muchas de mis alumnas tienen en su haber anécdotas semejantes. Un cortés rechazo es, a veces, lo único que se necesita para perder el propio rango de sujeto femenino normativo.

En esos contextos, incluso un consentimiento afirmativo puede convertirse en el equivalente de una respuesta del tipo "ah, está bien": un acto de resignación realizado para evitarse un problema, y exento de todo deseo o voluntad sexual. El concepto de consentimiento, entonces,

---

véanse Delacoste y Alexander (1987); Shrage (1994); Kempadoo (1998); Showden y Majic (2014).

brinda una barra muy baja para la asertividad sexual. Respecto de este tipo de razones, Pateman sostiene: "Una relación sexual igualitaria no puede apoyarse en esa base; no puede estar basada en el consentimiento" (1980:164). Cahill explica lúcidamente que esto se debe a que "el consentimiento no está exento de género" (2001:175). El apoyarnos en todo momento y circunstancia en el consentimiento *de la mujer* como criterio confiable del sexo sin culpabilidad es, en realidad, un síntoma de nuestras problemáticas normas de género: hacer foco exclusivamente en que la mujer haya o no consentido no desafía las convenciones por las cuales el hombre pregunta y la mujer responde; y, de esta forma, se ayuda a perpetuar el carácter normativo de este escenario.

En el siguiente capítulo sostendré que el consentimiento también es problemático porque sus implicaciones contractuales no se ajustan fenomenológicamente al dominio de la sexualidad por motivos que acabo de adelantar. En tanto contrato o promesa, el consentimiento tiene vigencia durante un plazo específico; pero un consentimiento verbal no puede asegurar que mi estado de excitación sexual o de deseo continuará en pie durante el período contratado. Los sentimientos sexuales no están sujetos a este grado de predictibilidad, de control y de constancia. Por esto, algunas universidades han seguido lo que ha recibido el nombre de "modelo de la Universidad Antioch" (situada en Yellow Springs, Ohio, Estados Unidos), que cuenta con un requisito permanente y afirmativo (o expreso) de consentimiento para cada micro-paso del encuentro, un requisito que no tardó en ser ridiculizado por los comediantes (Culp-Ressler 2014).

El origen etimológico de la palabra "consentimiento", sin embargo, es "sentir con" o "sentir juntos". Si bien pedir repetidamente el consentimiento en el medio de la relación sexual nos pinta una situación de comedia, con este requisito se intenta asegurar que la relación sexual involucra algo parecido a este compromiso interactivo e *intersubjetivo* en el cual cada compañero permanece en contacto con los estados emocionales y las experiencias del otro (u otros). En realidad, este tipo de conexión intersubjetiva no es tan difícil de lograr, sobre todo en los encuentros íntimos en los cuales los cinco sentidos se reavivan. Saber algo acerca del estado en que se encuentra el propio compañero no necesita, en verdad, de confirmaciones verbales, si bien es preciso aprender cómo se hace una conexión perceptiva con la situación emocional de los otros, y si bien existen brechas típicas de cada género respecto de quién desarrolla esta habilidad. Sin embargo, el juicio emitido por cualquier persona respecto del estado emocional de su compañero puede ser falible y, por lo tanto, puede estar equivocado en ausencia de comunicación verbal. La idea de que el "consentimiento" apunte a un "sentir con" brinda una connotación totalmente diferente que el vínculo que tiene el consentimiento con los contratos, y lo acerca al concepto de "mutualidad" que, según Martha Chamallas (1988), jurista, sería un mejor abordaje al sexo normativo que el consentimiento contractual.

Lois Pineau sostiene que el modelo de la Universidad Antioch de consentimiento afirmativo tiene una utilidad legítima, pero restringida, dado que su verdadera intención, sugiere Pineau, es la de regular el mundo real y, a veces, no ideal de las relaciones sexuales pasajeras (es decir, casuales) en el ámbito universitario; en estas relaciones, las partes involucradas no se conocen bien. Pineau sugiere que los amantes que se encuentren en relaciones más sustanciales, más estables, podrían quedar exentos del requisito del paso a paso. Pero también desarrolla un modelo de práctica sexual comunicativa que sería "más continua, más tentativa, más reversible que la cuestión [del consentimiento] por única vez visualizado en el modelo de seducción forzada de la sexualidad" (Pineau, 1996:68).

Pese a décadas de tales debates y exploraciones en las complejidades y deficiencias del consentimiento, este ha seguido siendo el implemento conocido y situado "a mano" en el terreno de la legislación contra la violación y en el ámbito de las definiciones estándar. La pregunta es por qué. Una razón es que las sociedades occidentales tienen repertorios conceptuales limitados al tratar con la injusticia estructural y grupal; y, por lo tanto, aquellas enfatizan solo los daños que involucran los derechos individuales y las obligaciones contractuales entre partes especificables. Parecería que cada exigencia política –sea en el ámbito sanitario, sea a favor de un salario justo– debiera ser formulada en este tipo de términos –como un derecho, y como un derecho de los individuos–, más que como una compensación a la injusticia estructural o a la puesta en peligro de valores comunitarios tales como la reciprocidad y la cooperación. La ventaja pragmática de hacer uso de abordajes conceptuales conocidos es clara; pero también necesitamos ir más allá del presente y considerar el logro de cierto progreso conceptual en la forma de entender la mecánica de la injusticia y la opresión.

Ciertamente, el consentimiento tiene utilidad como herramienta conceptual conocida para las sociedades progresistas occidentales, cosa que algunas opiniones pueden tomar como una anulación de su insuficiencia fenomenológica. Sin embargo, es importante reconocer las formas en las cuales el consentimiento puede obrar en contra de las víctimas al situar la carga de la prueba en sus hombros, por así decirlo, y al reforzar implícitamente normas retrógradas de género. Mientras que, como vimos, la seducción situaba la carga de la prueba en el hombre, el consentimiento logra poner la carga de la prueba en las mujeres, que son, por lo general, la parte hermenéuticamente más débil, que están sujetas al escepticismo respecto de su veracidad, respecto de su capacidad para la objetividad y respecto de su racionalidad. Además, el consentimiento puede crear la ilusión de una obligación por parte de la persona que lo presta, y la fantasía de que quien lo recibe tiene un permiso ilimitado para hacer.

Más importante aún, el basarse exclusivamente en el consentimiento desvía nuestra atención de las condiciones estructurales secundarias que pueden sobredeterminar su aparición; por lo tanto, está lejos de ser una panacea. Pensar más allá del consentimiento requerirá ir en contra de la presunta hegemonía del dominio jurídico como esfera exclusiva o privilegiada para impartir justicia. Las leyes que existen en este ámbito, tal como están estructuradas hoy en día, operan en el sentido de establecer la culpabilidad individual; por este motivo, el consentimiento es útil, pero impone límites serios a la forma en que interpretamos la índole última del problema o de las soluciones. Necesitamos ir más allá de los elementos con los que pueden trabajar los tribunales tal como están ahora configurados, o ir más allá de lo que los discursos dominantes pueden tornar razonable, a fin de entender y de remediar la epidemia de violencia sexual de nuestras sociedades.

Ciertamente, la cuestión de nuestra confianza en el consentimiento es más que una herencia de la ideología progresista. Hay una pizca de verdad en la atención que se le presta al consentimiento, como narra la historia de Freedman, al apartarnos de la cuestión de las transacciones –en las cuales los padres o las familias pueden identificarse como la parte que ha sufrido el menoscabo– y al acercarnos a la cuestión de los victimizados, que es, en la mayoría de los casos, un asunto que versa sobre una mujer en particular. ¿Cómo estaba *ella* dispuesta hacia el encuentro? ¿Hubo voluntad, un "buscar una situación", una intención?

Los deseos y los placeres

Las connotaciones formales y contractuales del consentimiento lo convierten en una alternativa extraña como característica central de las relaciones íntimas que involucran necesidades y anhelos físicos que, por momentos, pueden tomarnos por sorpresa y superarnos. El consentimiento implica una volición racional, un accionar, que opera antes de las pasiones y aparte de ellas. Así, el consentimiento manipula los hechos para mostrar la relación sexual como transaccional, incluso cuando, a través de la experiencia vivida del acto, puede sentirse más como una caída, un "tirón" magnético. Una, a veces, se siente en una situación sexual sin haberla planeado ni haberla calculado. La violación y el sexo, entonces, en ocasiones comparten una característica fenomenológica: los pensamientos meta-nivel sobre el "¿qué está pasando acá?" parecen emerger en el medio, a mitad de camino, algún tiempo después de que eso que está pasando –sea lo que sea– hace ya un buen rato que está sucediendo.

Me doy cuenta, totalmente, lo peligroso que es equiparar el sexo deseado del no deseado. Y, sin embargo, los rasgos que ambos tienen en común son precisamente el motivo por el cual los que están fuera del incidente se preguntan si la denuncia de violación por parte de la víctima se condice con lo realmente sucedido, o si al suceso se le asigna una serie de palabras y términos negativos y acusatorios recién después de ocurrido. Policías, fiscales, amigos, imbéciles preguntan: "¿Lo querías?", "¿Gozaste?". O, tal vez, jamás digan esas palabras, pero de todas formas se lo preguntan.

Una de las películas más vistas de la década de 1960, *Butch Cassidy and the Sundance Kid*, tenía una escena memorable en la que se pone en claro por qué se formulan esas preguntas. Esta fue una de las miles de escenas similares de la historia del cine en las cuales se utiliza la vulnerabilidad de la mujer frente a una figura peligrosa para provocar excitación sexual. Al comienzo de la escena, vemos una linda y joven maestra de escuela que camina hacia su pequeña casa, a la caída del sol. Entra por la puerta, se pone cómoda ya que está en un entorno conocido, se prepara para cambiarse de ropa, y en ese momento la sorprende un hombre armado. Él le ordena que siga con lo que estaba haciendo; es decir, quitándose la ropa. Lentamente, ella sigue, con una mirada de desconfianza, mientras la cámara se detiene sobre el cuerpo de ella hasta que él se acerca y ella lo abraza, diciendo: "Pensé que nunca llegarías". Esto no fue otra cosa, en palabras de hoy, que un juego de roles. Incluso si la escena no hubiera estado preparada por esos actores de antemano, la mujer le sigue el juego durante unos minutos. Las acciones que observamos se plantean inicialmente como el preludio de una violación; luego, nos damos cuenta de que es el juego de dos amantes. Pero los actos mismos son idénticos. Entonces, la forma en la cual finalmente decidimos cómo entender los acontecimientos que estamos observando dependen de dos preguntas: ¿cuál era el deseo de ella, qué quiso decir ella, en qué estado interior se encontraba?, y, a ella ¿le resultaba placentero?

Respecto de algunas teorías del deseo, lo que queremos saber al evaluar un acto dado puede ser discernido no por las acciones mismas, sino por la experiencia subjetiva de los participantes[2]. Incluso en un juego de roles acordado de antemano puede producirse una violación. Necesitamos saber cuál es el estado interior, anímico, de los participantes y, en particular, en una escena como la que acabo de describir, el estado interior emocional de la parte a la que se le solicita que haga algo o que siga directivas, lugar por lo general ocupado por las víctimas. El hecho de que una parte actúe como agresor y la otra como la parte sumisa no será suficiente para juzgar la índole del suceso: necesitamos conocer el estado del deseo.

Si nos damos cuenta de que el deseo, o el placer, están presentes en una situación donde no hay un consentimiento explícito, ¿es esta situación suficiente para establecer un encuentro benigno? Seguramente no, dado que puedo tener el deseo, pero por un millón de razones puedo no querer o no tener la intención de obedecer a él con la prosecución de la actividad sexual. El deseo bien puede sentirse desconectado de mi voluntad o de mi intención, estando, en ese caso, en conflicto con mi yo más reflexivo. Uno puede encontrarse atraída psicológicamente a una persona despreciable; por otra parte, la mayoría de nosotros elige una forma de vida sexual, si podemos, que involucra un mayor discernimiento que la mera evaluación del termómetro del deseo interno.

Si estamos de acuerdo, entonces, en que el deseo es insuficiente, ¿querríamos decir, de todas formas, que es necesario? Aquí encontramos otro ámbito en el cual las normas de género pueden entrar en el análisis de la violación sexual, dado que al deseo *de la mujer* rara vez se le ha dado legitimidad o importancia en las tradiciones cristianas de Occidente, así como en algunas otras. Todavía con demasiada frecuencia, de las muje-

---

[2] Véase la *Enciclopedia Stanford de Filosofía* [*Stanford Encyclopedia of Philosophy*], "Desire" ["Deseo"] (https://plato.stanford.edu/entries/desire/).

res de contextos heterosexuales se espera que presten un servicio y que operen de un modo afectuoso y gobernado por otro. Requerir el deseo, entonces, actúa como una especie de correctivo a estas concepciones específicamente basadas en el género de las relaciones sexuales.

Sin embargo, algunos querrán afirmar la motivación para tener relaciones sexuales como forma de querer o de amar. Éste es un aspecto bien establecido del repertorio de la heterosexualidad femenina normal y opresiva, como mencioné antes; pero eso solo no brinda una razón para cesar y para desistir de la práctica de la labor del cuidado sexual; o sea, lo que Ann Ferguson (1989) llama "la labor afectiva sexual". Podríamos mitigar el sexismo exigiendo que dicha práctica se extienda a los demás. Y bien podría tener sentido sostener que las mujeres no necesitamos seguir un "modelo masculino" de conducta sexual centrada en el sujeto (es decir, egoísta). Con todo, considero que soy, como sobreviviente, incapaz de considerar como "benigno" ese tipo de sexo intencional sin deseo que algunos querrían poner en dicha categoría. Esta puede ser una característica de mi propia y excesiva subjetividad sexual defensiva, tal vez solo una reacción a la opresión de género y al trauma, y no una consideración generalizable.

Son pertinentes a esta cuestión algunas interesantes investigaciones recientes que sugieren que las reacciones sexuales femeninas con frecuencia comienzan en medio del acto, en efecto. Las mujeres que no manifiestan deseo al comienzo de la actividad lo desarrollan, a veces, mientras la relación está produciéndose, y esta característica marca una diferencia respecto de los datos que tenemos sobre los hombres (Basson, 2000; Spurgas, 2013, 2016). Si bien un hombre y una mujer pueden comenzar la actividad sexual con diferentes niveles de deseo manifiesto o de excitación, las investigaciones sugieren que el deseo de la mujer puede emerger más tarde. Si nos interesa el deseo, entonces, también necesitamos considerar la cuestión de *cuándo* necesita estar presente. Si estos datos son correctos, parecería que no sería necesario requerir el deseo manifiesto al *comienzo* de la actividad sexual. Con todo, dado que el deseo puede, también, *no* surgir luego de que las actividades hayan comenzado, esta situación nos urge a desarrollar normas que permitan la cesación sin criticar, ni patologizar, ni llenar de culpa a la persona que dice: "Esta noche no tengo ganas de hacer esto. Quiero detenerme".

Estos datos pueden también plantear peligros, por supuesto, dado que aquéllos pueden dar sustento a la vieja imagen de una mujer que pelea por zafarse de un acercamiento físico y luego, pocos minutos después, cae rendida de deseo en los brazos de ese mismo hombre del que quería librarse. Tales imágenes alientan una y otra vez nuestra coacción física. Suelo pensar que deberíamos avanzar cautelosamente incluso con los recientes datos sexológicos generados con mejores metodologías, dadas las complejas dificultades de este campo y debido a la índole relacional de los sentimientos y de las reacciones sexuales (véase, sobre todo, Lloyd, 2006). Y deberíamos, obviamente, bajarle el tono a lo que afirmamos a partir de los datos recopilados dentro de un grupo poblacional cultural-mente selecto, y evitar precipitarnos a realizar afirmaciones naturalistas y de-historizadas. Con todo, apoyo también las nuevas investigaciones de los abordajes de final abierto respecto de las posibilidades que brindan las diferencias de género. Dado que es muy reciente el intento de extir-parle a la sexología el sexismo que la puebla, lo que hoy parece ser un buen dato debería simplemente ser considerado como un estímulo para ejercitarnos en una mayor reflexión y un más profundo análisis. Incluso las obras actuales parten con excesiva frecuencia de datos acerca de las diferencias existentes y llegan a afirmaciones que postulan diferencias innatas e imposibles de cambiar, dado que la investigación en esta área sigue estando distorsionada por un embrollo de engañosos supuestos androcéntricos y heterosexistas (véase Jordan-Young, 2011). Con todo, las conclusiones sobre las diferencias actuales respecto de un grupo espe-cífico cultural o de género no son solo utilizables para quienes intentan establecer diferencias naturales de género, sino que también son útiles para establecer normas correctivas de interacción que tomen en cuenta los peligros de las convenciones existentes sobre género.

Hasta ahora, he sostenido que el deseo representa algo que está, más bien, alineado con lo que queremos saber sobre un encuentro sexual, más allá de que haya habido consentimiento o no. El deseo implica algo más que resignación, y brinda los medios para interrogar las acciones del juego de roles. Pero también he sostenido que el deseo es insuficiente porque no es singularmente determinante de qué elegimos hacer, ni de nuestra voluntad. Si vemos la actividad sexual como una forma de labor de cuidado, podemos considerar que el deseo no es suficiente y que tam-poco es necesario. Esta afirmación no implica, claro está, que el deseo no sea importante. Si somos mujeres u homosexuales, tener una actitud positiva, adaptable e indulgente hacia nuestros deseos sexuales ha sido un elemento básico y necesario de los esfuerzos tendientes a lograr la reforma, una medida de salud política de nuestra subjetividad sexual.

Con todo, también tenemos la espinosa cuestión de la construcción social y cultural del deseo, sobre todo bajo las deficientes condiciones en que se vive en la mayor parte de las sociedades contemporáneas (véase Bartky, 1990; Cahill, 2001; Kimmel, 2007). Sandra Lee Bartky afirma lo siguiente: "El deseo sexual puede atrapar y mantener cautiva la mente con la fuerza de una obsesión, incluso mientras seguimos siendo ignorantes de su origen y de su significado" (1990:60). Los guiones y los patrones de excitación varían, en concordancia con las narrativas de que disponemos, de las imágenes y de las influencias culturales que tenemos a mano, y producen lo que algunos teóricos llaman nuestra "huella sexual". Los objetos que nos parecen deseables –como los cuerpos y las partes corporales– se ven afectados por la arbitrariedad de nuestra localización geográfica. Las prácticas sexuales no son puramente naturales: Internet está llena de videos acerca de convenciones marcadamente diferentes en todo el mundo respecto de la forma de besar a otro ser humano. Y hoy en día, claro está, los estímulos que recibimos no son simplemente la agradable casualidad encontrarnos en nuestro entorno local y sus ideologías, sino la calculada orquestación de los mercados que intentan manipular a los consumidores haciendo uso de la más moderna investigación psicológica. El dominio masculino y el dominio heterosexual no son las únicas influencias que hoy en día operan en el sentido de hacer que los patrones de deseo se conviertan en bienes susceptibles de compra y venta.

La idea de que el reino de los deseos y de los placeres deba tornarse individualmente autónomo es altamente improbable; pero, de todas formas, la índole heterónoma de los deseos culturalmente construidos no es el problema en sí mismo ni por sí mismo. Antes bien, el problema tiene que ver con la manera en la cual tiene lugar esta construcción social y cultural; por ejemplo, cuando la cultura intelectual y visual produce un paisaje ideacional colmado de dominio masculino, racismo y heterosexismo, y cuando su producción actual y permanente es altamente antidemocrática (Oliver, 2016). En virtud de esas condiciones, el imaginario sexual puede estar formado sin gran accionar (o ninguno) de parte de los grupos marginados. La elección del objeto y las asociaciones que se producen entre los valores sociales y las formas sociales de la personalidad sexual están sobredeterminadas por las culturas visuales creadas primordialmente a partir de las consideraciones del mercado. Como sostiene Bartky, el resultado puede ser la fetichización de la elección de ciertos objetos de forma tal que repitan, como un eco, la actual arquitectura de la dominación social: por ejemplo, la sumatoria del deseo femenino esencial con el masoquismo o con la erotización de la vulnerabilidad.

Estos problemas sugieren otro grupo de preguntas: ¿qué puede afirmarse respecto de un deseo manifiesto; o, para el caso, un placer? ¿Qué aprendemos –si es que algo aprendemos– del hecho de que tenga lugar en un contexto en particular? Dados los estratificados y opresivos contextos sociales en los cuales pueden formarse los deseos y los placeres –aunque sea sólo en parte–, ¿por qué imaginaríamos que el hecho de defenderlos y de luchar por ellos es lo único que necesitamos saber sobre la rectificación de las injusticias?

En este caso, Foucault tuvo la lucidez de advertirles lo siguiente a los libertarios sexuales: "No debemos pensar que diciéndole que sí al sexo uno le dice "no" al poder" (1978:157). Su historia de la sexualidad se entiende más adecuadamente como una historia de la construcción de la categoría de la sexualidad, donde la sexualidad es un objeto de estudio científico que nos torna mucho más vulnerables a la colonización a través de los regímenes de poder/conocimiento. La era victoriana le abrió la puerta a un período de intenso estudio y de información sobre sexualidad, y el impresionante desarrollo de esta obsesión a lo largo del siglo XX creó más oportunidades de ejercer una influencia heterónoma a partir de dudosas fuentes disfrazadas con el aura de la objetividad y de la experiencia; y también, más cerca de nuestros días, de la preocupación compasiva. En este sentido, explica Foucault: "No debemos relacionar la historia de la sexualidad con la acción sexual; antes bien, debemos mostrar que el "sexo" está históricamente subordinado a la sexualidad" (1978:157). En particular, el espectro de la sexualidad normativa ha llegado a dominar el sexo; e incluso cuando nos imaginamos yendo en contra de las normas actuales, estas pueden todavía estar rigiendo el significado "transgresor" que les damos a nuestras acciones. Si nuestra actividad sexual y, posiblemente, sus correspondientes experiencias subjetivas deberían entenderse en relación con lo que Foucault llama "el régimen de la sexiverdad", necesitamos una relato diferente de la liberación o del progreso y no la mera expresión irrestricta ni hacer lo opuesto de lo que fijan las normas existentes.

La obra de Foucault sugiere un abordaje diferente cuando ofrece una narrativa histórica acerca de las ideas y de las prácticas europeas emergentes que involucran el sexo y la exigencia moderna de llevar el sexo al discurso a fin de tornarlo un objeto de estudio científico. De esta forma, Foucault ayuda a contener nuestro moderno exceso de confianza, que con tanta frecuencia se derrama sobre nuestro chauvinismo cultural acerca de las sociedades que se encuentran más allá de Occidente. Foucault introduce el historicismo, la contingencia y el poder en la formación de las ideas acerca del sexo. Alienta el escepticismo hacia el intento de desarrollar una teoría de la verdadera índole de la sexualidad humana, no solo porque carecemos de suficientes pruebas a la fecha para tal proyecto, sino también porque el proyecto mismo está deficientemente concebido en su intento de despojar al sexo del plano histórico contingente y cargado de poder.

Foucault sostuvo que el proyecto de producir una ciencia del sexo manifiesta lo que él denomina en *The Order of Things* (1970) como un abordaje contradictorio y, en definitiva, incoherente al estudio del "Hombre", en el cual el "Hombre" se convierte en un doblete empírico-trascendental, una figura imposible que contiene propiedades trascendentes como esenciales. El "Hombre" emerge en el Iluminismo europeo como una figura sustantiva que afecta la producción de conocimiento y, entonces, requiere su propio estudio a fin de obtener la validez de su conocimiento. Pero el "Hombre" se ve, entonces, formulado como sujeto puro, capaz de trascender las condiciones en las cuales tiene lugar el conocimiento, y, a la vez, como objeto medible (lo conocido o conocible). Este inestable híbrido produce las problemáticas filosóficas de los siglos XIX y XX respecto de que podemos ser, al mismo tiempo, libres y vernos afectados por determinaciones estructurales. En realidad, por supuesto, estas problemáticas son variaciones sobre un tema mucho más antiguo de la apologética cristiana: la paradoja de un libre albedrío en un universo creado por Dios en todo momento temporal.

Sin embargo, la obra foucaultiana sobre la historia del sexo manifiesta su propio doblete empírico-trascendental, me atrevo a sugerir. Sus escritos se prestan a ideas sobre una plasticidad casi infinita de los placeres sexuales y, con todo, él también subraya el rol determinado y preponderante del poder/conocimiento. Por otro lado, presenta el sexo como algo "subordinado a la sexualidad", como lo expresa el pasaje anterior o, en otras palabras, como el mero efecto de ciertos regímenes discursivos que construyen nuestro yo sexual. Por otro lado, en volúmenes posteriores, Foucault (1980, 1985, 1986) nos brinda una genealogía de variadas problematizaciones morales relacionadas con la práctica sexual y el deseo sexual, variaciones estas que él emplea para estimular nuestra imaginación acerca de posibilidades alternativas.

Así, Foucault sugiere no solo el poder determinante de los discursos referidos a nuestras vidas sexuales, sino también la capacidad de trascender los regímenes discursivos actuales a través de una reconfiguración de nuestro yo sexual y de la re-imaginación de este. El elemento crítico, en este punto, será llevar nuestra imaginación más allá de la resistencia o de un simple contradecir los guiones dominantes. Tampoco debemos imaginar un espacio libre y espontáneo de individualidad irrestricta. Los ejemplos alternativos foucaultianos muestran problematizaciones morales alternativas de la yoidad sexual, y no la de-sublimación del deseo innato ni el logro de una sexualidad "liberada". Su análisis, me atrevo a sugerir, refuta la idea de la existencia de guiones que fijan un grupo cerrado de posibilidades determinadas; en cambio, él nos brinda el concepto de "formaciones discursivas", en el cual los guiones complejos y contradictorios –como el victoriano– depararon nuevos placeres y formas sutiles de subversión. En definitiva, la relación de construcción que tenemos con nuestro yo sexual produce nuevas formas sexuales y no es simplemente un medio de expresión de deseos ya existentes.

Dentro de esta línea, quiero seguir el énfasis puesto por Foucault en el contexto histórico y político dentro del cual operan las subjetividades sexuales; es decir, las problematizaciones morales que han dominado nuestra era. Por ejemplo, muchos son los que siguen considerando que sus identidades sexuales están determinadas por los *objetos* de su deseo, lo cual produce una proliferación de categorías delicadamente sintonizadas y que están más allá de la categoría homosexual, la heterosexual, o la bisexual, y que abarca a los fetichistas de pies, a los amantes de los animales, a los pederastas; además la innumerable cantidad de sitios de citas nos permite elegir compañeros que siguen estos criterios y muchos otros. Algunas categorías ponen el acento en los roles sexuales –dominantes o sometidos, perversos, voyeurs, exhibicionistas–, más que en los objetos preferidos de deseo; si bien estos, también, se presentan, con frecuencia, como tendencias naturales y estables. Foucault adapta el método genealógico nietzscheano a fin de sugerir que si podemos narrar genealogías históricas verídicas de nuestras ideas actuales y de nuestras formaciones identitarias –sobre todo, las que se presentan como naturales–, podríamos tornarlas históricamente específicas y, por lo tanto, sujetas a la crítica y al reemplazo creativo (es decir, a la transvaluación).

Foucault, al igual que Deleuze, desea desmitificar el deseo y convertirlo en un fenómeno de superficie más que en un estado que emana desde la estructura profunda del inconsciente, una condición humana innata, o algún tipo de yo subterráneo. Este deseo se encuentra en consonancia con la idea de que los deseos y los placeres son especies de la experiencia y, por lo tanto, están sujetos al análisis esbozado en el capítulo 2; en él, recordemos, las experiencias surgen en el nexo de los dominios del conocimiento, en los tipos de normatividad, y en las formas de relación con el propio yo. Decir que la experiencia está históricamente constituida no implica necesariamente que podamos hacer caso omiso de las condiciones biológicas ni de la realidad fenomenológica de la corporización material; tampoco que lleguemos a afirmar que la manipulación de los genitales puede tener el mismo significado que una palmada en el hombro, ni que puede hacérsele sentir al otro la misma sensación con la penetración anal y con la vaginal. Evitar una estructura profunda considerada universal en toda la diversidad humana y a través de la historia humana no requiere precipitarse a una infinidad improbable de elasticidad en la capacidad humana de respuesta o en la inventiva física.

Entonces, necesitamos un modelo de causación que sea razonablemente holístico y multidimensional, que incorpore elementos materiales y sociales, así como las ambigüedades de la interpretación individual, todo inserto en relaciones mediadas de uno a otro. Dado tal abordaje, podemos decir que las configuraciones actuales de los deseos y de los placeres no deberían tomarse como indicador de hechos profundos e inmutables de una naturaleza humana estática. Los deseos pueden experimentarse como objetos encontrados, pero están constituidos dentro de ciertas condiciones complejas. Incluso si esas condiciones están regidas por algunos parámetros materiales, considero que esta idea me brinda esperanza. Sugiero que el deseo de violar –los patrones de excitación asociados con las variadas formas de la violación– pueden ser específicos más que universales.

Ciertamente, desde una perspectiva foucaultiana o psicoanalítica (sobre este punto, en extraño acuerdo), una manifestación particular del deseo puede ser más heterónoma que autónoma, la manifestación ni de algo innato ni de algo que hemos ayudado a formar. Esto equivale a decir que *la forma en que* deseamos, *qué* deseamos y *cuánto* deseamos se encuentran sujetos a las condiciones sociales, que deberían motivar nuestro interés en nuestra subjetividad sexual. ¿Cuáles han sido las condiciones dentro de las cuales nuestra subjetividad sexual se ha desarrollado hasta ahora, y quién ha intervenido para modelarlas? Lo que queremos saber es si podemos influir en los procesos por los cuales se generan en nosotros los patrones de excitación. La sugerencia foucaultiana de un arte de la autoconstrucción incorpora las aspiraciones que tenemos acerca de la asertividad de nuestros deseos y de la producción de nuestros placeres.

Resulta escalofriante encontrar pedófilos que argumentan que ellos prestan una especie de servicio a sus víctimas al mostrarles las posibilidades de experimentar corporalmente el placer. La enseñanza está muy bien; pero la instrucción coactiva en este dominio de la propia vida enseña mucho más que la mecánica de la actividad corporal: enseña a someterse y a desconectarse del placer proveniente de la participación subjetiva con el estado emocional de otro. También enseña, por lo general, a los niños y a los jóvenes que la sexualidad es algo que pueden intercambiar por artículos de primera necesidad, sean de índole material o de otra. Hay muchas otras formas mejores en las que los jóvenes pueden aprender acerca de la capacidad que tiene su cuerpo para el placer.

Las víctimas de las violaciones sexuales pueden, a veces, verse forzadas a experimentar un tipo de placer por la mecánica de su cuerpo. Los relatos escritos en libros autobiográficos acerca de este fenómeno suelen transmitir la experiencia de haber vivido una tortura, como si el cuerpo mismo capitulara ante su victimario. La presencia de algún tipo de placer no justifica en lo absoluto la violación, ni mitiga el daño que produce; en realidad, el placer puede exacerbar el daño, alterar las condiciones de la respuesta sexual e inhibir la actividad sexual futura.

La voluntad

A fin de sintetizar el análisis que he realizado hasta ahora, diré que he sugerido que el consentimiento es particularmente insuficiente como medio para proteger la libertad *de la mujer*. Hacer foco exclusivamente en el consentimiento concuerda con la no reciprocidad normativa heterosexual en la capacidad de procurar deseos y placeres. Si lo único que tiene que hacer el perpetrador es generar el consentimiento mencionado, esta acción puede, en efecto, hacer que las mujeres sean más vulnerables –y no menos– a las manipulaciones estructurales y contextuales. Considerar los deseos y los placeres, en lugar de tener en cuenta nada más que el consentimiento, puede, entonces, brindar una forma de llegar a más de lo que realmente queremos saber acerca de todo encuentro sexual –sobre todo respecto de la experiencia subjetiva de la parte buscada antes y durante el encuentro– y, en particular, llegar a los aspectos del estado interno de esa persona, que involucra su subjetividad sexual y su experiencia subjetiva en ese momento. Con todo, los deseos y los placeres pueden, ellos mismos, ser manipulados, como bien saben muchos perpetradores. Y, además, los deseos y los placeres pueden expresar un aspecto de mi subjetividad en cualquier momento dado, pero no la totalidad de ella, y no ser lo que yo, si pudiera, elegiría hacer en función de ella. El germen de la verdad detrás del giro hacia el consentimiento, y lo que motivó el dejar de concentrarse en la seducción en períodos anteriores de la historia es el interés en lo que la persona *quiere* hacer con su voluntad. Queremos saber qué medidas tomaría la mujer si las formas estructuralmente opresivas de coacción en su vida (al momento de esa relación o con respecto a ella) fueran débiles o imposibles de hacer funcionar.

Si queremos ver qué significa "voluntad" en este contexto, resulta útil prestar atención al debate que tiene lugar sobre el acoso sexual y, en particular, respecto a la solicitud de relaciones sexuales por parte de alguien que desea imponérnoslas. Entre estos casos, la situación clásica es esa en la cual la estudiante, la empleada u otra persona en situación subalterna tiene delante de sí una alternativa que une la actividad sexual con algún otro bien deseable, como una beca o un horario ventajoso de trabajo. Si el bien deseable no es de primerísima necesidad –es decir, no es agua, ni alimento, ni cuidado médico de urgencia, por ejemplo–, entonces, parecería que la persona tiene cierto margen de libre albedrío. En la literatura, este tipo de casos se denominan "ofertas", si bien esta terminología, me atrevo a sugerir, estira los límites de lo que generalmente pensamos que son las "ofertas" cuando estas incluyen un intento de procurar servicios sexuales. Pero la cuestión de cómo evaluar estas "ofertas" recae en la voluntad o, para decirlo con mayor precisión, el libre albedrío, dado que lo que queremos es saber es si, cuando una persona elige un beneficio condicionado a otra cosa, esa persona está eligiendo libremente. ¿Se trató de coacción, o simplemente de una "oferta"?

El debate entre filósofos morales y juristas es precisamente sobre esta cuestión: cómo distinguir las "ofertas" aceptables de la coacción, que es inaceptable (Bayles, 1972; Tuana, 1988; Superson, 1993; Primoratz, 1999). ¿Podríamos entender que una oferta dada mejora la libertad de una persona cuando ponemos a disposición de esa persona algo que, de lo contrario, no estaría disponible? ¿O deberíamos entender que la oferta la está coaccionando a hacer algo que ella preferiría no hacer? En lo que es, tal vez, el mejor de los panoramas, Michael Bayles presenta una hipótesis en la cual a "una mediocre estudiante graduada que no sería merecedora de un cargo de profesora asistente" se le da la oportunidad de obtener dicho cargo si tiene relaciones sexuales con el titular de la cátedra (1972:142). Entonces, aquí, a la persona no se le niega algo que sí obtendría por otros medios, sino que se le da una oportunidad de obtener algo que ella quiere, pero a un cierto precio. Este es, precisamente, el motivo por el cual se describen tales casos utilizando el lenguaje de las "ofertas" más que el lenguaje de las "amenazas", dado que la situación del receptor no será peor –dicen algunos– de lo que es si ella se rehúsa. Bayles sostiene: "El hecho de que una alternativa tenga una consecuencia indeseable no la convierte en algo que esté en contra de nuestra voluntad. Uno puede preferir tener limpios los dientes sin tener que lavárselos; de todas formas, uno no actúa contra su voluntad cuando se los cepilla" (1972:149). La analogía es, claro está, forzada: cepillarse los dientes es una forma natural de limpiarlos, y cada vez que uno se lava los dientes, estos van a estar más limpios. Tener relaciones sexuales con una figura de poder puede ser una forma normal de lograr los bienes necesarios; pero si es así, esta particular estructura causal ha sido socialmente maquinada, promulgada por ciertas ideologías, y jurídicamente protegida. A diferencia de esta situación, las fuentes causales de los dientes limpios no están generadas por los sistemas de injusticia.

Consideremos el caso, pero sin la analogía problemática: la lógica de mercado que opera aquí es que "todo tiene un precio". Entonces, si la mujer quiere el cargo de profesora asistente, es posible que ella esté muy *dispuesta* a pagar el precio. ¿Cómo, entonces, es esta situación más coactiva que otras transacciones que se realizan en el mercado? Para responder a esta pregunta, los filósofos han abrevado en la siguiente cuestión: si la parte que ofrece ha participado en la construcción de las condiciones de vulnerabilidad de la parte que recibe la oferta, o si se está aprovechando de condiciones estructurales injustas que generan efectos coactivos (MacKinnon, 1987; Tuana, 1988; Superson, 1993; Primoratz, 1999). Nancy Tuana sostiene que no podemos evaluar tales ofertas de bienes-a-cambio-de-un-precio fuera de su contexto, sea respecto de las circunstancias inmediatas, sea en formas más indirectas y, sobre todo, estructurales. La persona que hace la oferta pudo haber generado la vulnerabilidad, o estar aprovechándose (y, por lo tanto, estar reforzando) ciertas estructuras macro-sociales que crean condiciones no recíprocas e ilegítimas de empoderamiento. Además, el rechazar la oferta puede, en efecto, traer consigo un precio similar a rechazar una amenaza, aunque dicha amenaza no se haya formulado. Si nos rehusamos a comprar un producto que viene con un obsequio "gratis", es improbable que parta del vendedor alguna represalia; pero una figura de poder, como un gerente departamental, puede ensuciar nuestra buena fama o participar de algún otro tipo de venganza mediante su capital cultural en nuestra disciplina, así como en su poder de toma de decisiones respecto de aspectos importantes de nuestras vidas. Incluso en el ejemplo descripto por Bayles, donde se pinta claramente que nuestra estudiante no merece en absoluto el cargo de profesora asistente, la decisión de ella de rechazar la oferta del titular de cátedra puede posiblemente empeorar su situación si la cátedra decide poner en marcha una venganza. Entonces, como coinciden Anita Superson, Nancy Tuana y Catharine MacKinnon, en las sociedades sexistas, tales "ofertas" bien pueden ser indistinguibles de las amenazas.

En algunos casos, la parte subordinada puede aceptar una "oferta" sin preocuparse de la venganza posterior. Con todo, yo sugeriría que necesitamos ir más allá de la superficie de la situación de tales casos y preguntarnos: ¿cuáles son las condiciones contextuales forzadas que pueden engendrar una elección voluntaria de cambiar relaciones sexuales por un cargo como profesora asistente, en las cuales una pueda genuinamente, al mismo nivel, sentirse feliz de someterse a esa elección? ¿Cuáles serían los criterios por los cuales podríamos llamar "un ejemplo de libre albedrío" a tal alternativa? Aquí, de nuevo, como sucedía con el consentimiento, con el deseo y con el placer, encontramos una insuficiencia cuando nos enfocamos solamente en la voluntad. Una estudiante puede voluntariamente aceptar la oferta a fin de lograr el cargo de profesora asistente; pero esta aceptación puede, de todas formas, involucrar una injusticia si ella vive en una sociedad en la cual tales ofertas son cosa normal. En tales casos, si la posterior venganza se verifica, ella no tendrá un resarcimiento efectivo.

Aquí, la lección consiste en que nuestro interés no debería ser la voluntad en un sentido acotado, como en una intención momentánea dada, sino la formación de la voluntad en un sentido más amplio. La formación de nuestra voluntad, no menos que nuestras "huellas sexuales", necesita un análisis genealógico en el cual rastreemos sus orígenes en los sistemas de poder y en el poder/conocimiento. Lo que realmente queremos saber al evaluar los sucesos sexuales es mucho más que lo que pueden transmitir los enunciados y los actos inmediatos, los deseos y los placeres, e incluyo el consentimiento explícito. Enfocarnos en la formación de la voluntad puede ser crucial al momento de entender la violación sexual. Si yo la consentí o no, si sentí deseo o si experimenté placer, de todas formas puedo sentirme traumatizada por haber sido llevada a una situación por la cual sentí que se menoscababa mi voluntad. Muchas víctimas, claro está, expresan vergüenza y autodesprecio, y actúan de ciertas formas que dañan sus cuerpos y sus vidas. Todo esto indica una autoestima disminuida, como si hubieran perdido el sentido de su voluntad y su capacidad de autoprotección. Las "ofertas" efectuadas bajo condiciones de injusticia pueden, por lo tanto, surtir su efecto más dañino en nuestra autoestima cuando menoscaban nuestra voluntad o la reformulan de modos tales que deterioran la relación con nuestro yo.

Si el ideal de absoluta autonomía individual se encuentra más allá del alcance de alguien, ¿cómo podríamos pensar acerca de una evaluación comparativa de las condiciones de heteronomía en las cuales estamos encerrados? Foucault sugiere lo siguiente: "La cuestión importante, aquí, me parece, no es si es posible o siquiera si es deseable la cultura sin restricciones, sino si el sistema de restricciones en el cual funciona una sociedad les deja a los individuos la libertad de transformar el sistema" (1989:327). Y no solo a los individuos, me atrevería a agregar, sino también a los grupos y a los colectivos.

Las tecnologías del yo sexual

Cuando Foucault presenta la idea de las tecnologías del yo hay un énfasis en la práctica de final abierto, pero dirigida hacia uno mismo, consciente y reflexiva procurada en relación con una problemática moral que puede definirse de varias maneras. Por otra parte, la exposición foucaultiana de estas problemáticas variables en el contexto de las comunidades específicas invoca la posibilidad de un diseño colectivo de la subjetividad sexual, con un ojo puesto en superar o reformular reacciones experienciales específicas como la vergüenza, el desagrado, el miedo o la delectación. En esta última sección deseo volver una vez más a la última obra de Foucault como forma de invocar una tecnología de nuestra subjetividad sexual.

Como he expuesto en este capítulo, Foucault pasó la última década de su vida investigando lo que él llegó a pensar como abordaje estético de la formación del yo. El registro estético tenía por objeto señalar una "construcción" de final abierto y no necesariamente un repudio a las cuestiones morales, dado que los proyectos que él describe involucran juicios normativos de muchos tipos. En las tradiciones estudiadas por él, estos juicios tenían que ver, con frecuencia, con el desarrollo de un yo virtuoso, incluido el yo sexual. Foucault tenía un especial interés en las virtudes referidas a cuestiones como el exceso y la falta de autocontrol; además, sostenía que tanto uno como el otro había imperado en las sociedades paganas y teístas, así como en las sociedades hetero-patriarcales y no hetero-patriarcales. Las diferencias recaían en las proscripciones o en las reglas referidas al género del objeto del deseo, pero lo que era similar era la índole de la práctica del deseo. Entonces, concentrándonos en la forma en la cual los antiguos mismos formularon sus problemáticas morales, y no en la forma en que hoy podríamos formularlas, podemos discernir unidades ocultas y entender mejor la índole de las diferencias.

Foucault definió la palabra "problematización" como la formulación contingente de los problemas. Estos pueden estar representados, en ocasiones, como una búsqueda de las disposiciones sexuales naturales o los universales morales inmutables; pero la afirmación foucaultiana es la siguiente: si nuestras problematizaciones sexuales han sufrido cambios radicalmente fundamentales y se entienden mejor como fenómenos históricos. El dictado de participar solo en el sexo reproductivo, por ejemplo, no es en absoluto omnipresente; tampoco lo es la desaprobación del placer en general ni del placer femenino en particular; y tampoco lo es la actitud fóbica hacia el sexo entre quienes tienen genitales similares. Así, una dilatada visión histórica y trans-cultural revela modos variables de las artes de la existencia, que reaviva nuestra imaginación de diversas formas que pueden ayudarnos a cambiar la forma en que nos entregamos hoy en día a nuestra vida sexual.

En las culturas estudiadas por Foucault, las preocupaciones morales se concentraban más en el "cómo" del sexo y no tanto en el "qué" de este (1986:30). Por ejemplo, *akedah* o *askesis*, con frecuencia entendidos como una especie de autosacrificio (en relación con cómo entendemos hoy el ascetismo), eran originalmente las palabras elegidas para designar una práctica en la cual era intenso el foco en el yo orientado hacia el cultivo de uno mismo más que en la negación de uno mismo. El "énfasis sobre la austeridad sexual en la reflexión moral no implica que el código que define los actos prohibidos se torne más estricto, sino que adopta la forma de una intensificación de la relación con uno mismo; y gracias a ella, uno se constituye a uno mismo como el objeto de los propios actos" (Foucault, 1986:41). Para los estoicos, no se lograba una buena vida mediante la obediencia al deber ni a los códigos morales, sino a través de las prácticas que tenían por objeto cultivar las virtudes entendidas como formas de vivir y como formas de interactuar con los demás.

Además, en lugar del mandato contemporáneo de expresar el propio yo –que da por sentado que ya hay un yo en existencia que no necesita otra cosa que ser liberado–, para los estoicos, la gran cuestión es construir el propio yo. En las clases dictadas en 1981 y 1982, Foucault exploró esta idea, a la que denominó "hermenéutica del yo", como significado real del mal expresado ideal socrático, habitualmente considerado como la simple orden de "conócete a ti mismo". Esto implica que ya hay un yo dentro de nosotros, y que éste nos invita, como han supuesto los filósofos europeos modernos, a imaginar simplemente "una actitud intelectual" o un discernimiento desapegado (Foucault, 2005:31). En realidad, afirma Foucault, dicha máxima incorporaba actividades epistémicas y prácticas (1980:13; 2005:xx). La antigua máxima *epimeleia heautou* –o sea, "cuida el yo"– muy difundida en la cultura espartana, "es lo que podríamos llamar una "práctica ascética", tomando el ascetismo en un sentido muy general; en otras palabras, no en el sentido de una moral de la renunciación, sino como ejercicio del yo sobre el yo, por el cual uno intenta desarrollarse y transformarse, además de lograr un cierto modo de ser" (1989:433).

Foucault mismo, sin embargo, adopta la dimensión epistémica de esta máxima en su esfuerzo por sacar a la luz la ontología histórica de nosotros mismos –o la forma en que llegamos a ser como somos– para que podamos llegar "a saber si sería posible pensar de manera diferente, y en qué medida podríamos hacerlo" (2005:xxviii). Sin duda, en este punto su intención es la de redirigir fijaciones éticas contemporáneas. En medio de un momento contracultural e inclinado hacia el libertarismo –las décadas de 1970 y de 1980, cuyo punto de atención estuvo en la expresión–, Foucault introdujo ideas sobre las formas en las cuales podríamos participar en la construcción del yo más que simplemente liberar nuestras disposiciones naturales. La idea del cuidado del yo involucra un cultivo práctico: una construcción, más que un simple obedecer, o seguir, o descubrir. Es una construcción reflexiva, pero también es exploratoria; no está simplemente dirigida a conocer el yo que uno ya es, sino también tiene por objeto considerar cómo se generó este yo y cómo puede trabajárselo –e incluso construirlo de nuevo, desde cero– de formas que podamos poner en práctica.

Bajo esta óptica, quiero realizar cuatro afirmaciones. La primera: una forma central de entender la violación sexual es considerar los efectos que esta produce en nuestra capacidad de convertirse en acciones efectivas involucradas en la construcción de nuestro yo sexual. La acción efectiva requiere una esfera para la exploración y la experimentación, y también se necesita un espacio hermenéutico para generar las propias interpretaciones de las propias experiencias y deseos. Las prácticas actuales del yo para los grupos vulnerables implican principalmente, con demasiada frecuencia, exhortaciones a aprender modos de autodefensa, a ejercitar rutinas diarias de precaución, y cultivar la resiliencia frente a las experiencias traumáticas. Esto era válido para las mujeres, me atrevo a agregar, mucho antes de que hubiera comenzado cualquier revolución social feminista. Pero la orientación general de esta práctica habla de un fatalismo o de una disminución en la exploración, como si la autoestima pudiera solo ser manifiesta –sobre todo para las mujeres y las jóvenes– en formas de autoprotección. Lo que necesitamos es, más bien, una idea ampliada de la propia relación con el propio yo sexual más allá del objetivo de la protección y el esquivar todo daño: esos empequeñecidos objetivos parecen razonables solo a la luz de la epidemia de violaciones que se produce en contextos de indiferencia social.

La segunda afirmación: deseo sostener que el movimiento de sobrevivientes y nuestros aliados en la tarea de desnaturalizar el abuso, la agresión física y la violación, y en la tarea de formular nuevos lenguajes con los cuales describir y entender nuestras experiencias es una reelaboración de las problematizaciones morales referidas a diversos tipos de normas que involucran el género, las relaciones morales y la sexualidad. Es decir, no hay un conjunto uniforme de ideas y de prácticas que emerjan de los movimientos antiviolación, sino que existe un compromiso concertado con las normas existentes, las problemáticas y las prácticas actuales; por ejemplo, la práctica de permanecer en silencio frente a la violación. En particular, lo que ocurre es un intento de formular problematizaciones morales que evitan la auto-culpa de parte de las víctimas y, en cambio, sitúan la culpa en otro lado (tal vez en el perpetrador, pero también en las culturas institucionales y en las normas sociales generales de la interacción sexual).

La tercera afirmación: mi aporte como sobreviviente a esta reelaboración del lenguaje es pronunciarme enfáticamente en contra de tomar el concepto de consentimiento como criterio suficiente y autónomo de la violación. Algunos podrán sostener que, dados los problemas suscitados por este concepto (que ya he analizado), podemos expandirlo hasta lograr algo así como el "consentimiento auténtico". Según mi óptica, incrustar todo lo que necesitamos dentro del concepto de "consentimiento" lo lleva demasiado lejos del significado cotidiano del término, dado que el concepto de "consentimiento auténtico" debería incluir más que el hecho de que una mujer diga "sí" o se niegue diciendo "no". He sostenido que el mejor abordaje es tomar la noción de "subjetividad sexual", que es más expansiva, y considerar que incluye el consentimiento, más el deseo, más el placer, más la voluntad y, lo que es más importante, la construcción cuidadosa y activa de nuestro yo.

La cuarta afirmación: deseo sostener que deberíamos adoptar este concepto de "subjetividad sexual" en relación con un arte de la existencia para preguntar, respecto de las víctimas y de los demás: ¿qué prácticas del yo podríamos imaginar como correctivos útiles en este momento? ¿Y qué formas de cultivo del yo son posibles más allá de la autoprotección? Postular esta cuestión ayuda a volver a poner en su lugar un sentido más pleno de la asertividad y la acción en relación con nuestra vida sexual. Y yo sugeriría que también sería de ayuda para el público en general ver que lo que sucede en las culturas jóvenes, en el activismo universitario y en las comunidades de resistencia social de todo tipo no es una vigilancia policial de la sexualidad, sino que es parte del intento de cultivar las condiciones por las cuales puedan inventarse nuevas formas.

Conclusión

En este capítulo he sostenido que el problema de la violación sexual es su efecto sobre las condiciones en las cuales desarrollamos una relación de amoroso cuidado con nuestro yo sexual y, además, una relación de construcción. Cuidar el propio yo sexual no debe confundirse con un abordaje *tántrico* del placer sexual, ni debe identificárselo con el *ars erotica* presentado por Foucault como contraste de la *scientia sexualis* del período moderno. No hay ningún objetivo único prescripto; ni la intensificación del placer, ni la diversificación de la experiencia. Sugiero que nos demos el permiso de conceptualizar la subjetividad sexual como no teleológica, sin un punto final especificado.

Podemos, entonces, identificar el daño producido por la violación sexual como un inhibidor de la posibilidad misma de la construcción sexual del yo. Lo que se viola no es un conjunto sustantivo de deseos normativos o normales, sino la actividad práctica de cuidar el yo. El trauma atrofia las posibilidades.

Este abordaje, por consiguiente, llevará a un pluralismo de problemáticas morales; pero permítaseme subrayar la distinción que existe entre este pluralismo, por un lado, y, por el otro, un libertarismo fácil y sin límites basado en el consentimiento; es decir, la nefanda idea de que la expresión de mi deseo o la búsqueda del placer es suficiente para justificar mis acciones (véase Seidman, 1992). El cuidado del yo está inevitablemente involucrado en las relaciones con los demás, como he sostenido; incluso quienes se masturban ante imágenes deben considerar las condiciones en las que se producen dichas imágenes, los efectos de su uso continuo en el bienestar de las modelos y el efecto de su uso en el propio yo sexual, el efecto de su uso en la relación que cada uno de nosotros tenemos con nuestro propio yo, y el efecto de su uso en la relación que cada uno de nosotros tiene con los demás. De todas formas, si bien no podemos dejar de lado las consideraciones morales, sin duda seguiremos viendo formaciones plurales de la construcción sexual del yo.

Es preciso que el objetivo de las comunidades de resistencia exceda el objetivo de la supervivencia y pase a ser el pensar acerca del rediseño de la capacidad de un arte de la existencia. La interpretación política y el abordaje no fatalista de la epidemia de violaciones es crítica para que tal cosa ocurra. Por ejemplo, en el relato que realiza Nancy Whittier sobre el movimiento de resistencia contra el abuso sexual infantil se enfatiza la forma en la cual el esfuerzo por cambiar la forma en que las personas entienden estos sucesos en sus vidas modifica la forma en que ellas se sienten consigo mismas. La vergüenza se transforma en enojo; el fatalismo y la resignación pueden cambiarse por empoderamiento y por una sensación de posibilidad; y la culpa dirigida a uno mismo disminuye conforme cada uno cultiva la compasión por sí mismo. Estos cambios no se logran mediante la modificación de la conducta, sino mejorando el proceso autoridigido de los sobrevivientes. En los grupos de apoyo tanto como en la terapia individual, las ideas acerca del sexo normativo y la culpabilidad cambian inevitablemente y alteran los sentimientos que las personas tienen acerca de su vida. En mi propia experiencia, lo que transformó mi relación conmigo misma fue oír qué les había pasado a las otras víctimas. Encontré una enorme compasión y también una gran dosis de enojo que antes no había podido aplicar a mi propio caso. Muchos sobrevivientes han comentado que experimentaron transformaciones similares a las mías como resultado de los grupos de apoyo.

Whittier emplea el concepto de "opresión internalizada" para describir esos cambios. Foucault preferiría, sin duda, un concepto neutral de dichas alteraciones en la construcción discursiva de la subjetividad. Pero necesitamos algo en el medio, dada la atención prestada por Foucault al papel desempeñado por el poder en relación con el conocimiento recibido. Cuando pasamos de la "vergüenza" al "enojo" se produce un cambio que opera no solamente en términos descriptivos, sino también en relación con el poder.

El concepto de subjetividad sexual no es por sí mismo un apuntalamiento garantizado contra la formación de violadores sexuales; pero si permanecemos atentos al poder, podemos (y debemos) evitar el silenciamiento moral característico de ese abordaje neutral y exento de juicios que se hace de las problematizaciones sexuales y de las subjetividades sexuales. Evitar el reclamo de una norma singular no equivale a decir que no hay formas legítimas de emitir juicios morales acerca de las prácticas de las que participamos, sino que no existe una forma normativa ni ideal de vida sexual que se aplique a todos los seres humanos de todas las sociedades. Sea donde sea que emerjamos como seres sexuales –en Nueva York, en El Cairo o en Chiapas–, nuestras posibilidades y problemáticas estarán condicionadas, en cada caso, por el rico contexto de culturas en el que vivimos.

De todas formas –para seguir por un momento la exploración foucaultiana de los antiguos griegos y romanos–, la idea que deseo enfatizar aquí es una especie de *práctica*, como en la práctica que nos lleva a perfeccionar una habilidad o, mejor aún, una virtud, organizada necesariamente por algún tipo de objetivo, de forma muy parecida a la forma en que uno podría trabajar para tener buena salud o un cuerpo fuerte. A diferencia de esos objetivos, sin embargo, en cuestiones sexuales, nuestro objetivo necesariamente involucrará relaciones intersubjetivas.

Hay una enorme cantidad de experiencias personales escritas por las sobrevivientes que sugieren que la violación se interpone en el camino de poder participar de prácticas reflexivas y de final abierto en torno de la propia sexualidad, por decirlo con diplomacia. Puede interrumpir nuestras actividades, nuestro deseo y nuestro placer, agarrotar la voluntad llenándonos de paranoia y de consideraciones sobre nuestra seguridad, nublarnos la mente con imágenes traumáticas que enmudece cualquier otro pensamiento. Suceda lo que suceda en nuestra vida, la propia vida sexual cambió para siempre. Pero si tal cosa sucede cuando somos jóvenes, o muy jóvenes, la posibilidad de formar una subjetividad sexual participativa se ve gravemente menoscabada. Una se encuentra, a menudo, imbuida en una actitud defensiva, atrapada en movimientos que contrarresten o eviten una violación o, a la inversa, para establecer la propia libertad sexual corriendo riesgos de los que una salga airosa. El problema, en este punto, no se entiende correctamente como heteronomía; es decir, como el hecho de que mis relaciones con los demás hayan tenido una influencia transformadora. Antes bien, el problema es un patrón persistente de relaciones con otros, patrón este que involucra la violación, el abuso sexual, la coacción sexual, la manipulación estructural y la violencia.

Al concentrarnos en la subjetividad sexual en las sociedades que se encuentran divididas por la epidemia de violaciones sexuales, le abrimos la puerta a nuevas preguntas: ¿cómo podemos crear las condiciones en las cuales cada miembro de los grupos específicos –por ejemplo, el de las mujeres– puedan comenzar de nuevo, desde cero, su vida sexual? En lo que resta de este volumen, responderé a esta pregunta con dos afirmaciones. La primera: debemos darle tratamiento a la cuestión de la voz y a todas las formas en las que se silencian las voces de las víctimas en particular, se las desvía y se las desestima. Para las víctimas, la cuestión no es simplemente tener la capacidad de expresar nuestras experiencias y lo que "somos" –como si este "ser" fuera algo fijo–, sino que es también participar en la construcción de quiénes somos y de qué deseamos ser; y para esto necesitamos una voz individual y colectiva. La segunda afirmación: debemos reconocer las diferencias imposibles de eliminar de los significados de lo que decimos, y de los términos y los conceptos que utilizamos. La voz es siempre contextual, más significativamente entendida solo en la plenitud de un contexto que compara sus alusiones implícitas, así como sus referencias explícitas. Intentar lograr un metalenguaje universal con términos y definiciones plenamente expresados para darle sentido a las violaciones va a acallar las voces, o va a malinterpretar el significado que se les quiera dar, si no se ajustan a los conceptos permitidos. Incluso los conceptos de final abierto que ofrezco aquí –"violación sexual", "subjetividad sexual"– tendrán un rango limitado y serán tomados, más bien, como una heurística tosca. En el siguiente capítulo, expondré este segundo argumento. En los capítulos siguientes, retomaré la cuestión de hablar por mí misma.

5

La descolonización de los términos

Los conceptos y los términos disponibles en cualquier contexto dado son determinantes de la forma en que nombramos e identificamos un problema, de cómo evaluamos la culpabilidad, de cómo establecemos derechos y responsabilidades, de cómo recopilamos datos estadísticos y, como ya he sostenido, incluso de cómo experimentamos algunos aspectos de un suceso dado. Con todo, nuestros repertorios conceptuales están sujetos a la arbitrariedad del accidente histórico, y también dependen de las fuerzas ideológicas útiles para las estructuras existentes de dominación.

En este capítulo consideraré la cacofonía mundial de conceptos, términos y significados, y prestaré especial atención a la forma en que esta cacofonía afecta a lo que dicen las sobrevivientes, y la forma en que eso se oye.

Una buena parte de los recientes esfuerzos para lograr una reforma social ha involucrado la impugnación de las definiciones existentes y el desarrollo de conceptos más adecuados (Estrich, 1987; Warshaw, 1988; Francis, 1996). Como resultado de este desarrollo, nos encontramos con muchos términos nuevos, así como significados nuevos de viejos términos. Hoy contamos con conceptos como "violación por parte de un conocido", "violación marital", "esclavitud sexual" y "tráfico sexual"; menos de cincuenta años atrás, ninguno de esos términos existía. Con todo, a medida que procuramos mejorar y expandir el lenguaje utilizado para describir el problema de la violación sexual, se hace patente lo escurridizos que son los significados.

Como exploraré en este capítulo, las definiciones ya dispuestas no pueden quitarse de encima el flujo de connotaciones problemáticas que surgen espontáneamente de la conformación de nuestras ubicaciones culturales. Los nuevos términos pueden ser útiles para aclarar el daño, pero también se les puede dar un nuevo y creativo propósito para excusar a los perpetradores. Dada la realidad de nuestro mundo no ideal, nuestros términos descriptivos pueden, a veces, evocar el racismo y el etnocentrismo de suerte tal que exacerbe el silenciamiento de las víctimas y desvíe hacia el lugar equivocado todo esfuerzo tendiente a lograr reformas (Grewal, 2016b). Con demasiada frecuencia, se oye solo una pequeña parte de lo que las sobrevivientes intentan decir, mientras que las cosas que ellas no tuvieron en absoluto la intención de decir se esparcen con megáfono.

El esfuerzo realizado en pro de la reforma, dirigido hacia los conceptos y los términos relativos a las violaciones sexuales, requiere –y finalmente está recibiendo– un vigoroso análisis interseccional, descolonizado y sensible al contexto (véase, por ejemplo, *INCITE!* 2006). El concepto de estupro ¿es heterosexista o discriminatorio contra la vejez? ¿Debería el término "delito de honor" ser utilizado, dada su utilidad para los objetivos imperialistas? Si el concepto de "consentimiento" determina cuándo ha tenido lugar una violación, ¿cuáles son las implicaciones para los matrimonios arreglados?

Muchos de los debates filosóficos respecto de conceptos pertinentes a la violencia sexual se han concentrado en la necesidad de dar claridad a ciertas definiciones a efectos jurídicos (Bogart, 1995). Pero las feministas también han analizado ciertos conceptos a la luz de un dominio más amplio del discurso, formulando preguntas como: ¿qué efectos tiene el término "delito de honor" sobre las formas imperialistas del progresismo occidental? ¿Qué normas de feminidad se transmiten sutilmente con el uso del término "víctima"? Cualquier esfuerzo que se realice tendiente a la reforma lingüística debe, primero, tornarse claro en cuanto a la índole de su significado en contextos políticamente complejos y del mundo real. En definitiva, más allá de nuestro esfuerzo por reformar los términos jurídicos, también apuntamos a influir en la opinión del público en general y en las probables reacciones del público a la violación sexual.

Es inevitable que las palabras logren el verdadero significado entendido por todos dentro de contextos que animan connotaciones y referencias específicas. Si este postulado es verdadero respecto del mundo de los objetos (piénsese en las connotaciones de palabras como "hoyo" y "gas", por ejemplo), es incluso más obviamente cierto en el ámbito de la experiencia humana, en la cual la elección de las palabras puede suscitar diferentes sensaciones, recuerdos colectivos y reacciones afectivas. La palabra "pervertido" puede estar incluida en un contexto de uso que es moralmente normativizante, heteronormativo, afectuoso o simplemente chistoso. No podemos dar por sentado que cualquier concepto dado tenga solo un significado verdadero o preciso que funciona de la misma manera para todos los oyentes cuando se lo pronuncia (Gadamer, 2004).

De allí que los efectos complejos y hasta contradictorios de la terminología dificulten el establecimiento de definiciones universales por las cuales podamos reunir información internacional sobre la índole y el alcance del problema de la violación sexual. Dado que los significados operativos de los términos siempre involucran condiciones locales contextuales y una historia de uso específico, sugiero que abandonemos el proyecto para establecer un "meta-lenguaje" minimalista; es decir, un diccionario mundial. Esta instauración no resolverá el problema de generar connotaciones no previstas ni algún que otro efecto problemático.

Los lenguajes del mundo real constituyen un dominio dinámico de acción individual y colectiva. Los terminólogos creativos importan palabras de un campo de especialidad a otro; por ejemplo, cuando se utiliza la palabra "violación" en las frases grabadas de un video juego, en el sentido de "movimiento agresivo del juego". Las activistas han sostenido que bajarle el tono de este mismo modo al concepto de violación para referirse con él en forma genérica a cualquier tipo de conquista puede tener un impacto colateral cuando el término se utiliza en otros ámbitos, ya que le sustrae la connotación seria (Salter y Blodgett, 2012: 405-6). No podemos legislar el uso, salvo en dominios muy restringidos; y tampoco podemos acotar el dinamismo de las transformaciones del significado. Con todo, lo que sí podemos hacer es revelar los efectos que los cambios de significado producen en los esfuerzos por lograr justicia social.

Creo que tenemos que reconocer que los conceptos tienen efectos formativos no solo en la forma en que identificamos los delitos y la culpabilidad, pero también en nuestras experiencias y prácticas probables, como sostuvo Foucault (Hacking, 1991; Davidson, 2001). Este es el motivo por el cual la extensividad del uso a nuevos dominios –como el de los videojuegos– produce una consecuencia que requiere investigación. El lenguaje mismo es una práctica, una forma en la cual actuamos respecto de los demás, con los demás y con nosotros mismos. Los conceptos nunca describen y nada más, o se refieren a algo y nada más: también constituyen, engendran e incitan. Los nuevos conceptos les dan ideas a las personas. Este tipo de consideraciones solo dificulta mucho más el debate respecto de los conceptos dado que debemos argumentar a favor de su suficiencia descriptiva y su utilidad jurídica y, además, debemos sostener sus implicaciones normativas para la formación de la subjetividad y del poder.

En este capítulo consideraré tres de los conceptos más importantes y más controvertidos que se utilizan hoy ampliamente respecto de la violación sexual: se trata de los conceptos de consentimiento, víctima y honor[1]. Hay feministas que han sostenido que deberíamos simplemente abandonar esos conceptos (por ejemplo, Chamallas, 1988; Wolf, 1994; Chakravarti, 2005). Como comenté en el capítulo 4, los filósofos, los científicos sociales y las activistas han debatido *in extenso* cómo definir el concepto de "consentimiento"; por otra parte, se produjeron debates similares respecto de los efectos políticos del término "víctima" y de la frase "delito de honor" (por ejemplo, Smart, 1989; Murray, 1998; Ackerly y Okin, 1999; Kapur, 2002; Razack, 2004; Onal, 2008; Ticktin, 2008; Appiah, 2010; y Meyers, 2016).

El objetivo de este capítulo será el de considerar los desafíos que se le presentan a la justicia mundial de género. ¿Quién plantea esos desafíos? El contexto social y lingüístico, irremediablemente heterogéneo, descentralizado e infestado de racismo y de historias imperialistas que influyen en los significados y en los efectos políticos de nuestros conceptos y de nuestros términos. Con frecuencia, la solidaridad feminista se ve, a menudo, menoscabada respecto de las palabras que elegimos; sin embargo, el proceso de mediar en conflictos no se aborda de una mejor manera mediante un voto mayoritario, y ni siquiera con la aquiescencia a aceptar los términos preferidos por las menos favorecidas. Antes bien, necesitamos un abordaje que pueda analizar las diversas implicaciones normativas, políticas, jurídicas y sociales de un cierto término.

---

[1] Al evaluar las palabras, es obvio que la elección del lenguaje a utilizar es pertinente; por su parte, las traducciones de términos pueden no ser exactas, si bien las palabras inglesas "victim" y "consent" son similares en español y en francés (*víctima* y *victime*, respectivamente, o *consentir*), dos idiomas ampliamente utilizados en el Sur del planeta Tierra. Con todo, una palabra similar puede no tener tras de sí la misma historia de connotaciones culturales, de supuestos filosóficos ni resonancia política en las diferentes sociedades. Sin embargo, lo que busco principalmente son los *conceptos* utilizados para identificar y para describir cuánto y en virtud de cuáles condiciones ha tenido lugar una violación sexual.

Los conceptos de violencia sexual operan más que nunca en una sociedad cívica mundial. Si bien en cada jurisdicción judicial se desarrollan definiciones técnicamente específicas que se restringen a un dominio geográficamente definido, de todas formas la interpretación de los significados por parte de los jurados y de los jueces, así como de la parte actora en los procesos judiciales se ve influida por muchos tipos de connotaciones, incluso si estas están latentes y no están expresadas. Es una imprudencia dar por sentado que una referencia restringida a un contexto geográfico específico puede hacer que se llegue a un acuerdo en medio de la indeterminación, el pluralismo y la fluidez de los significados, dada la forma en que se aplicará cualquier contacto dado a una población polivocal y multilingüe con horizontes hermenéuticos pluritópicos. Casi todos los contextos urbanos de nuestros días operan dentro de un contexto discursivo multicultural en el cual las personas tienen acceso a múltiples formaciones discursivas y regímenes de verdad en competencia.

Los complicados flujos de significado, tales como los que he descripto, no pasan por alto la necesidad de que se desplieguen esfuerzos permanentes para lograr una reforma lingüística. Podemos y debemos propiciar la existencia de términos y de conceptos que sean más descriptivamente suficientes y adecuados para reflejar las experiencias tomadas del punto de vista de las sobrevivientes; pero una forma en la cual podemos decidirnos entre significados en pugna es a través de una fenomenología materialista que aborde los conceptos en relación con la experiencia corporizada. En definitiva, la falibilidad de nuestra forma actual de comprender no se extiende a la posibilidad de que la luna esté hecha de queso azul, si bien tal situación debería mantenernos en estado de reflexión y de sumisión acerca de nuestras creencias mejor confirmadas, y debería motivarnos a cultivar una apertura a la posibilidad de aprender de los otros (Dalmiya, 2016).

Como sostienen Jacqui Alexander y Chandra Talpade Mohanty (1997), tener en cuenta el contexto mundial puede ayudarnos a evaluar las controversias que vayan produciéndose. Consideremos las preocupaciones expresadas en alguna literatura feminista del Norte mundial acerca del uso de la palabra "víctima". ¿Podría esta controversia ser el resultado de la obsesión que existe en el Norte mundial con una caracterización excesivamente individualizada de la acción asertiva? ¿Ha creado esta un contexto social en el cual ser víctima implica carecer de dignidad? En otras palabras, ¿acaso la calidad de persona ha estado tan vinculada a la acción efectiva que las feministas que quieren defender la calidad de persona de las mujeres sienten el impedimento de llamar "víctimas" a las mujeres? ¿Es la intensidad del afecto lo que ronda este término particularmente originado en Occidente o en Estados Unidos? Un abordaje descolonizado puede ayudar a hacer que los conceptos occidentales, y nuestras dificultades conceptuales con ellos, nos resulten "extraños"; y, de esta forma, tal vez arrojen alguna luz sobre nuestros debates y mejoren las posibilidades de diálogo.

Es necesario emprender un análisis comparativo y mundial para evitar universalizar inconscientemente nuestros marcos locales; pero al mismo tiempo que necesitamos estar a la defensiva de trazar analogías falsas e inadecuadas entre diversos significados y experiencias, también necesitamos estar precavidas para no pasar por alto los denominadores comunes. Rachel Lloyd, activista y sobreviviente, trabaja con jóvenes víctimas del tráfico sexual provenientes de diversos ámbitos; sin embargo, considera: "Nuestras experiencias son cada vez más parecidas que diferentes" (2011:27). Como sostienen Margo Wilson y Martin Daly (1998) en su estudio de los patrones de diferencias, los hombres golpean a sus esposas en muchas sociedades, mientras que sucede lo inverso con mucha menos frecuencia; además, los hombres son los principales perpetradores de violencia sexual en todo el mundo. Así, si bien necesitamos estar atentos a la violencia iniciada por mujeres, el vínculo que existe entre masculinidad y violencia sigue siendo un fenómeno mundial entre diversas regiones, religiones y culturas. De allí que Lynn Welchman y Sara Hossain sostengan que "es importante identificar puntos en común, así como diferencias en la estructura de la violencia" (2005:3). Ellas cuestionan las "asociaciones estereotípicas de "honor" con "Oriente", y de "pasión" con "Occidente"" (2005:13), y extraen como conclusión que negar los puntos en común puede hacerle el juego al imperialismo cultural al aislar a las sociedades de elite y evitar que éstas sean objeto de un interrogatorio cultural. Los estereotipos culturales siguen con su labor de distribuir diferencialmente racionalidad, emocionalidad, intensidad sexual y el fervor de compromisos religiosos en todo el mundo; y es en la violación donde los efectos de este accionar son más obvios que en ninguna otra área. Se echa la culpa de la violencia sexual, en distintas medidas, a un exceso de pasión de ciertos grupos étnicos; en otros, a un exceso de religión; y en otros más, a un exceso de cultura; mientras tanto, en algunas sociedades no se le echa la culpa en absoluto a ningún elemento cultural ni religioso, y se considera que el problema tiene sus raíces en la aleatoriedad de la patología o "desviación" individual. En rigor de verdad, sin embargo, como ha sostenido efectivamente Uma Narayan (1996), la llamada "muerte por cultura" que, según se dice, experimentan las mujeres en países como India, es una posibilidad universal. Casi todas las culturas plantean riesgos para las mujeres y para los niños porque tienen discursos que legitiman, excusan u ocultan las violaciones sexuales.

Aunque permanezcamos abiertos a los rasgos en común, no podemos volver a la idea de un "patriarcado" indiferenciado que ha existido en todas partes, con las mismas características, a lo largo de la historia. También necesitamos estar al tanto de que los rasgos comunes en el resultado (por ejemplo, las altas tasas de sometimiento a violencia de las mujeres y los niños) pueden tener diferentes causas coadyuvantes. En algunos casos, la colonización exacerbó y en otros casos creó el dominio masculino y los sistemas de género de dos términos; por eso, no podemos considerar que las similitudes mundiales que hoy en día siguen existiendo demuestren la existencia de una historia antigua compartida o una causa común de la violencia de género (Mikaere, 1994; Oyewumi, 1997; Jolly, 1998; Nzegwu, 2006; Lawrence, 2010).

El colonialismo introdujo e impuso nuevas ideologías de género. En algunas partes del mundo, antes del colonialismo, no se definía a las mujeres como "hombres deficientes" y, además, gozaban de una cierta dosis de respeto y de autonomía. El género no siempre fue determinante de las opciones laborales de un individuo dado, ni se aplicaban binarios exclusivistas de género. En algunos casos, los colonizadores alteraron la organización de la actividad económica de suerte tal que hicieron que las mujeres se volvieran, por primera vez, económicamente dependientes y, en consecuencia, devaluadas y vulnerables. Nzegwu muestra los profundos efectos sobre la identidad de género y sobre las relaciones familiares cuando los hombres de la zona colonizada debieron abandonar las redes de parentesco fundadas en la tierra para dirigirse a las ciudades y obtener un trabajo asalariado; se llevaron consigo a sus esposas; y éstas, entonces, perdieron su capacidad de dedicarse al trabajo agrícola (Nzegwu, 2006)[2]. La generalizada similitud de la violencia relacionada con el sexo

---

[2] Esta situación es similar a lo que ocurrió en Gran Bretaña con los "cercamientos" y el cambio forzado que se produjo desde la agricultura al trabajo fabril (véase Eisenstein, 2009).

infligida a las mujeres y a los niños de nuestros días puede tener diversas causas históricas en diversos lugares, aunque los resultados parezcan similares. Y como ha sostenido Kiran Kaur Grewal (2016b), el problema de la violencia de género necesita ser analizado dentro del contexto de la organización política y laboral de género en cada ubicación en especial, y no en forma separada, como si fuera un síntoma de causas universales, descontextualizadas y psíquicas.

Estas consideraciones requieren precaución antes de que nos precipitemos a extraer generalidades acerca de la índole de los sistemas de género; pero tales consideraciones no establecen que no existen esas generalidades. El colonialismo ha tenido un alcance mundial, y sus efectos transformadores y sus legítimas afirmaciones pueden estar desempeñando un papel más importante en la formación de una misoginia transcultural del que conocen las feministas de Occidente. En algunos casos podríamos suponer que las diferencias culturales operan como causas iniciales y no como causas finales. En otras palabras, las ideologías y las prácticas locales de género pueden diferir en las coartadas que suministran para la violación –"crimen pasional" u "crimen para lavar el honor familiar"–, pero no difieren en sus motivaciones fundacionales; es decir, el intento de controlar la sexualidad femenina y exonerar la dominación masculina. La complejidad de los ecos transnacionales puede significar que lo que funciona como solución en un contexto brinda en otros contextos nuevas coartadas para la violación sexual.

En lo que sigue, veremos que tanto el concepto de "consentimiento" como el de "honor" –si bien se los utiliza de diferente manera en el Norte mundial y en el Sur mundial– ofrecen una utilidad significativa en la tarea de seguir dominando a las mujeres.

El consentimiento

El término "consentimiento", ya analizado en el capítulo 4, resuena en las tradiciones políticas progresistas del contrato, en el cual la situación imaginada es la siguiente: los agentes, en libertad de acción, participan de relaciones caracterizadas por la volición; además, tales relaciones traen aparejadas obligaciones y responsabilidades. Este panorama nos invita a preguntarnos si el dilatado tiempo en el cual nos hemos basado en el concepto de "consentimiento", además de la dificultad que tenemos con el concepto de "víctima", está vinculado con la genealogía de dicho concepto en relación con estas tradiciones progresistas geográficamente específicas. ¿Acaso estos conceptos albergan concepciones metafísicas individualistas de egoísmo y acción? De ser así, ¿cómo se verían las formulaciones de la violencia sexual sin conceptos individualistas del yo?

Numerosas feministas han sido muy precavidas con el énfasis sobre el consentimiento porque este eclipsa las limitaciones estructurales de la elección, porque da por sentado que existe una igualdad previa entre los participantes, y porque implícitamente posiciona a la mujer en el lugar de receptora de las iniciaciones sexuales (por ejemplo, Pateman, 1980; Chamallas, 1988; Baker, 1999; Gauthier, 1999). Los críticos han advertido que no podemos dar por sentado que, incluso hoy, las mujeres hayan logrado el rango de partes plenamente libres e iguales en las interacciones sociales. Antes bien, como efectivamente ha sostenido Jeffrey Gauthier (1999), la situación de la mujer es, con frecuencia, más análoga a la de los trabajadores vulnerables de las economías de mercado, para quienes el discurso del "libre albedrío" es una mentira. Hacer caso omiso de estas realidades contextuales puede cambiar el efecto de una reforma y transformarla en una desventaja. "Tratar a una persona cuya autonomía carece de reconocimiento social y jurídico con el "respeto" que merece recibir un agente auténticamente autónomo ayudará a asegurar que su verdadera autonomía siga siendo una quimera" (Gauthier, 1999:75).

Con este último argumento se demuestra que el debate respecto del consentimiento refleja el debate sobre los abordajes ideales contra los no ideales en materia de teoría política (véase, por ejemplo, Pateman y Mills, 2007). Esta es una disputa de meta-nivel o metodológica respecto de si la teoría política puede expresar normas ideales, como "justicia", antes o aparte de las consideraciones de las situaciones reales no ideales. Los proponentes de la teoría de lo ideal sostienen que las normas ideales tienen que ser establecidas antes de que se produzca cualquier evaluación de una institución específica o política porque dichas normas posibilitan evaluar qué es dañino u opresivo. El concepto de "opresión" implícitamente da por sentado un concepto contrastante. Los proponentes de la teoría no ideal se pronuncian a favor de un procedimiento más pragmático, en el cual las normas se defiendan sobre la base de sus probables efectos en el mundo real, dadas ciertas condiciones del mundo real. El argumento de Gauthier muestra que las normas ideales que se construyen para las condiciones ideales pueden, en efecto, producir consecuencias negativas cuando se las aplica en condiciones no ideales. Es preciso que establezcamos normas correctivas que puedan dar tratamiento a las realidades actuales, en lugar de establecer normas idealizadas merced a las cuales se haga caso omiso de las condiciones en las cuales aquéllas serán aplicadas.

El abordaje foucaultiano de los conceptos tiene, obviamente, mucho más en común con el abordaje no ideal; y esta inclinación puede ayudarnos a explicar por qué algunos de estos tempranos críticos no entendió el impulso normativo de los escritos de Foucault. A Foucault le interesa elaborar las condiciones discursivas circundantes que les dan a los conceptos y a los términos que se utilizan actualmente sus significados reales y operativos. Su argumento de que la violación debe ser despenalizada, por ejemplo, se inserta en un relato de cómo la sexualidad pasó a estar bajo el dominio de la evaluación jurídica y normativa, un relato que involucra la promulgación de ciertas relaciones de poder/conocimiento y poco interés por cualquier tipo de ideal de justicia. Desde este punto de vista, Foucault creía que el efecto real de tratar la violación como un delito sexual aparte dentro del derecho penal era el de suministrar una coartada para la administración jurídica de la actividad sexual de todo tipo, dado que tal coartada brinda una poderosa justificación para permitir que el derecho –con la ayuda de los discursos expertos, como los de la psiquiatría– intervenga con fuerza en la identificación de la conducta sexual normativamente aceptable.

Si bien estoy en desacuerdo con la sustancia de la posición foucaultiana, concuerdo con el meta-abordaje adoptado por Foucault para evaluar términos y conceptos. Puede haberse incurrido en una especie de "tiro por la culata" cuando se emplean conceptos que tienen por objeto dar tratamiento a la opresión, pero operan simultáneamente para apoyar objetivos conservadores. El dominio del debate alrededor de la violación y la violencia sexual es uno de los panoramas claves cuando la situación ya descripta puede tener lugar, dada la forma en la cual puede utilizarse el reconocimiento de la gravedad del problema para justificar limitaciones en la libre actividad de las mujeres, así como justificar una normalización de las actividades sexuales correctas o legítimas, privilegiar las formas occidentales de iniciar el matrimonio, y hasta motivar la intervención militar unilateral (Razack, 2004). El concepto de "consentimiento" merece una particular mirada dada su centralidad en las filosofías occidentales.

Las condiciones de trabajo para muchas personas que trabajan en la industria del sexo representan un limbo ambiguo respecto de la violencia sexual y de las cuestiones del consentimiento (Shrage, 1994). Si los han obligado a adoptar esta profesión, cada encuentro contractual ¿es una especie de violación? ¿Qué sucede si el método de coacción no es tanto físico ni psicológico, pero sí es coactivo en el plano económico, lo cual involucra opciones extremadamente limitadas para ganarse la vida? Así lo revelan las narraciones de Rachel Lloyd (2011) y Julian Sher (2011) sobre los horrores padecidos por chicas de trece años a las que se las "entrena" para la profesión. En el mundo real de hoy –que nada tiene de ideal–, ¿cómo nos ayuda el concepto de "consentimiento" para guiarnos en las controversias alrededor del trabajo sexual, o cómo nos ayuda para proteger de la violación a las trabajadoras sexuales?

En un encuentro que tuvo como protagonistas a feministas japonesas sobre trabajadoras sexuales del mundo, surgió como tema de debate los efectos del mundo real sobre los conceptos de "consentimiento" y de "víctima". Junko Kuninobu expresó precaución respecto del concepto de "consentimiento" precisamente por la forma en la que este puede eclipsar las limitaciones estructurales presentadas por el mundo real respecto de la elección (Hermandad grupal, 1998). Un encuentro con una trabajadora sexual puede tener todas las señales explícitas de ser consensual y, pese a ello, ese encuentro pudo haberse hecho posible por condiciones extremas de privación, de abuso psicológico y de capacidad desigual de encontrar un trabajo asalariado. Dada la creciente epidemia de trabajo sexual mundial bajo circunstancias mucho menos que ideales, Kuninobu sugiere, me parece, que el concepto de consentimiento podría, en realidad, estar enmascarando ciertas transacciones con el barniz de lo legítimo y lo legal, y no estaría arrojando luz sobre las experiencias reales de las trabajadoras.

Brenda M. Baker (1999) ha ofrecido una amplificación del concepto de "consentimiento" que intenta dar tratamiento a estas cuestiones. Al considerar cuidadosamente el caso de los niños que parecen prestar su consentimiento, Baker desarrolla una escala de graduaciones de consentimiento y de condiciones circundantes adversas que pueden sobredeterminar los resultados. Su propuesta consiste en asegurar que se entienda el consentimiento de modo realizativo, siguiendo a Nathan Brett (1998), más que en tanto disposición o actitud psicológica que puede ser entendida como implícita. De esta manera, con el consentimiento se evita estar sujeto a interpretaciones convenientes por parte de las partes interesadas. Pero también es importante lo siguiente: Baker diferencia el consentimiento de la participación voluntaria. Esta última es una acción cooperativa que podría impulsarse en un niño sin que ese niño sepa a dónde lo lleva esa actividad, o cuáles son sus implicaciones plenas. "La participación voluntaria en la actividad sexual", afirma Baker, "no asegura el consentimiento porque no implica el razonamiento necesario para prestar el consentimiento" (1999:56). Si uno no puede saber los resultados probables de participar en un intercambio de juguetones tocamientos genitales, no puede decirse que uno haya prestado su consentimiento al acto sexual.

Sin embargo, expandir el concepto de "consentimiento" de esta manera cuando se aplica a adultos puede llevar a una disminución problemáticamente paternalista de la acción. Instalar demasiadas limitaciones en lo que puede contar como "consentimiento real" invita a los terceros intérpretes a ser los jueces finales de la índole de la acción. Necesitamos prestar atención a la acción de las personas involucradas en tanto conocedores, sobre todo respecto de las sobrevivientes. Laura María Augustín (2007) y Pardis Mahdavi (2011) sostienen que es una forma de violencia epistémica requerirles a las trabajadoras sexuales y no, por ejemplo, a otras personas que se desempeñan en puestos de trabajo de servicio que declaren si consienten o no a su modo de empleo.

En contraste, Masumi Yoneda sostiene que concentrarse en el consentimiento brinda una forma de respetar a las mujeres como conocedoras dándoles un privilegio epistémico al punto de vista en primera persona sobre la experiencia de estas (Hermandad grupal, 1998:92). Respecto de la violación y del rango moral de la prostitución, Yoneda sugiere que comencemos por conferir una credibilidad inicial a las afirmaciones de las partes involucradas. Le conferimos dignidad y credibilidad epistémica a la mujer cuyo consentimiento tomamos seriamente como forma decisiva de dirimir la cuestión de si ella ha sido dañada o no.

Con todo, ¿qué dosis de realismo puede tener tal método para determinar el daño, dados los efectos constitutivos de las condiciones estructurales y discursivas circundantes, y las necesarias estrategias psicológicas de sobrevivir a cualquier situación laboral difícil? A la luz de esto, y en respuesta al argumento de Yoneda, Kuninobu se pregunta si tiene sentido que solo "las partes involucradas" tengan el derecho a hablar (Hermandad grupal, 1998:92). Podemos respetar a las trabajadoras sexuales como conocedoras sin conferirle un privilegio epistémico absoluto al punto de vista de ellas, en primera persona.

Es improbable que estos debates feministas lleguen a un consenso; pero me permitiría pedir que con urgencia desarrolláramos modelos dialógicos de deliberación que incluyan a quienes se encuentran ahora en la industria sexual, o que se encontraban hace un tiempo. Si bien esta propuesta no nos ayudará a crear un consenso –las trabajadoras sexuales están en desacuerdo sobre estas cuestiones con tanto vigor como cualquier grupo de feministas–, dotará al análisis de información, de reflexiones y de juicios que solo un punto de vista en primera persona puede brindar.

Para sintetizar el debate sobre el consentimiento, la posición de Kuninobu es que el consentimiento es descriptivamente insuficiente, mientras que Yoneda sostiene que tiene buenos efectos políticos al respetar a las sobrevivientes como conocedoras. Baker (1999) cree que el significado del consentimiento puede ser aumentado filosóficamente a través de una teoría con más matices y más desarrollada de la acción asertiva, mientras que Pateman (1988, 2002) cree que dicho concepto está indeleblemente marcado por su genealogía en la teoría ideal individualista progresista.

Un problema con el punto de vista de Pateman es que parece vedar la posibilidad de que los conceptos experimenten una metamorfosis de maneras impredecibles, como si la historia de tales conceptos determinara plenamente su futuro. Tampoco corresponde cargar demasiado las tintas por el lado de la indeterminación, como si la materialidad de los actos sexuales fuera infinitamente plástica. La realidad material de los encuentros sexuales puede brindar los fundamentos para lograr un acercamiento al concepto de "consentimiento"; en otras palabras, para ver cómo el concepto de "consentimiento" funciona dentro de una descripción densa y fenomenológica de la actividad sexual y de la violencia sexual.

Hay una brecha bastante amplia entre los conceptos contractuales del consentimiento y las características fenomenológicas de los encuentros sexuales. Dado que el concepto de consentimiento se deriva, en gran medida del discurso de los contratos, consideremos de qué manera los contratos se usan más difundidamente en nuestros días; por ejemplo, cuando firmamos un contrato de locación o cuando leemos la letra chica de los formularios de autorizaciones a los médicos, los acuerdos de confidencialidad y los informes de crédito; son experiencias bastante alienantes y descorporizadas. El consentimiento no es un concepto generalmente utilizado en entornos íntimos ni familiares.

Sin embargo, Pateman tiene razón en que una gran parte de la teoría política ha dado por sentado que las relaciones contractuales son paradigmáticas en las relaciones sociales privadas y también en las públicas, y abarcan áreas como los negocios, el matrimonio y la custodia de los niños; además, la teoría política también ha dado por sentado que el modelo contractualista brinda los medios para juzgar si las relaciones pueden ser consideradas justas. Pero gran parte de nuestras vidas no está manejada por contratos explícitos: el área de las obligaciones extracontractuales se desarrolló como forma de determinar qué es justo en los muchos tipos de casos donde los contratos no existen o son implícitos. Tomar los modelos contractuales como el paradigma de las relaciones sociales a fin de dirimir situaciones en las zonas no contractuales de la vida social es más que un tanto extraño, tal como lo señala Pateman (1988:59), como si la vida social fuera "nada más que un contrato en toda su extensión". El problema no es que los modelos contractuales se concentren en los términos explícitos del acuerdo y, entonces, suelan ocultar las condiciones estructurales circundantes que operan silenciosamente detrás de los acuerdos. El problema es también que "la ficción política de la propiedad en la persona" ha unido el concepto de "persona" con el de "propiedad" cuando dio por sentado que "no hay límites sobre la propiedad en la persona que puede ser contratada" (Pateman y Mills, 2007:18). La idea, aquí, como lo sostuvo originalmente el filósofo inglés John Locke en el siglo XVII, es que puedo negociar respecto de mi propia persona física en un acuerdo contractual. La "mano de obra gratuita" se distinguía de la mano de obra esclava precisamente a través de una capacidad de negociar y de prestar el consentimiento a contratos que versan sobre los usos que puede dársele a la propia mano de obra física.

Pero como lo señala Pateman, "la propiedad en la persona no puede ser contratada en ausencia del dueño" (Pateman y Mills, 2007:17). La persona no es, en los hechos materiales, distinguible del cuerpo. Esto comienza a revelar las dificultades fenomenológicas que surgen con el concepto del "consentimiento".

Cuando las cuestiones de la violencia sexual se asimilan a un modelo contractualista, las exigencias de las mujeres de que haya un resarcimiento en algunos casos se distorsiona para que encaje en un modelo jurídico que requiere prueba de consentimiento explícito, intención de producir un daño, y acuerdos previos que fijan los términos para realizar actividades posteriores. Lo que claramente motiva este movimiento de utilizar el lenguaje de los contratos y el consentimiento es la necesidad que tienen las activistas feministas jurídicas y políticas de hacer uso de los marcos existentes y de poder remitirse a la historia de los precedentes jurídicos. Por su parte, teóricas como Baker han hecho un uso hábil del concepto de "contrato", adecuadamente completado, para mostrar cómo construir un estándar jurídico general y útil de responsabilidad. El concepto de consentimiento también es útil más allá del panorama jurídico para movilizar intuiciones actuales culturalmente mediadas sobre la moral sexual a los efectos de persuadir al público en general. Y esos dominios son sumamente dependientes: una forma de argumento que, con toda probabilidad, persuadirá al público en general tendrá, entonces, amplias chances de persuadir a los jurados y a los jueces.

Las feministas han sostenido que "tener el control de esta parte de nosotras mismas [es decir, cómo, cuánto y con quién expresamos nuestra sexualidad] se encuentra en la base de todas nuestras creencias sobre los derechos personales, la autonomía individual y la integridad corporal" (Funk, 1993:10). Ellas han dicho que las mujeres tienen el "derecho de elegir", que debemos tener el "control sobre nuestro cuerpo", que debemos ser capaces de hacer lo que deseemos en la medida en que sea entre adultos "que prestan su consentimiento". Estas palabras se remontan, ciertamente, a la noción lockeana de que podemos negociar respecto de nuestro yo físico.

Esta retórica es problemática porque implica un modelo de relaciones humanas ideales en las cuales los individuos realizan elecciones volitivas respecto de todos los aspectos de sus interacciones y de sus relaciones. Los especialistas en ética del cuidado feminista han notado que el modelo contractualista de relaciones humanas se aplica solamente a un rango acotado (Kittay, 1999; véase también Pateman, 1988). Ni a las relaciones que involucran lazos familiares ni a ningún lazo de afecto y de amistad le hace bien ni le resulta útil este concepto del contrato, dado que estos dan por sentadas relaciones que se eligen libremente y que son por completo volitivas. Las relaciones familiares no son, por lo general, volitivas; y tampoco la energía dedicada a los niños se prodiga con la expectativa de recibir una compensación justa, sino nada más que por el gozo del acto mismo o a partir de un sentimiento de deber.

Cuando los modelos contractuales se aplican a las relaciones humanas que involucran la sexualidad, la disonancia es igualmente pronunciada. La metafísica implicada por el modelo contractual da por sentado que puedo ofrecer mi cuerpo y mi sexualidad en el marco de un contrato, pero este acto divide el cuerpo y la persona de una forma que tiene poco sentido para la experiencia humana. Si mi cuerpo está teniendo una relación sexual, entonces, estoy teniendo una relación sexual. Podríamos pensar que el concepto de consentimiento cuadraría mejor aquí que el concepto de contrato, pero es igualmente inadecuado. El acto de elegir, implicado en el concepto jurídico de "consentimiento", implica una decisión tomada antes de encarar un acto en el cual yo contrato con el otro a fin de hacer uso de mi cuerpo y del suyo de cierta manera específica. Pero la índole de la sexualidad humana desmiente esta descripción.

Una descripción fenomenológicamente idónea de la sexualidad bajo sus mejores condiciones revelaría un deseo que no se presenta completo antes del acto, sino que es un deseo evocado, hecho manifiesto en el acto mismo. En otras palabras, mi sexualidad emerge en la interacción inter-subjetiva, y debe entenderse que mi intencionalidad está corporizada y, al mismo tiempo, tiene una modalidad temporal. Sé perfectamente lo que quiero y con certeza solo en el momento mismo en que lo hago. Además, las acciones y las sensaciones del cuerpo, el cuerpo mismo, tienen la misma extensión que el yo y, por lo tanto, son constitutivos de este, en lugar de ser algo experimentado desde una determinada distancia por parte del yo. Este es precisamente el motivo por el cual la violación es tan dañina, como ha sostenido Ann Cahill (2001): no es algo aparte de mi yo que me ha sido robado u utilizado contra mi voluntad (como lo daría por sentado el modelo contractualista), sino que una parte de mí ha sido transformada, y esa transformación tiene efectos perdurables. Cahill dice: "La intersubjetividad de la corporización nos permite entender que el yo corporizado se ve significativamente afectado, incluso construido, en relación con los demás y con las acciones de los otros" (2001:9).

Es preciso, entonces, entender la violación como un suceso que altera la subjetividad o la yoidad[3]. No es que se hayan llevado "mi cuerpo"; me llevaron *a mí*.

---

[3] La obra de Susan Brison (2002) es útil en este punto para entender el efecto de la violación en el sentido que una le da a tener un yo psicológico continuo, lo cual es necesario para la acción asertiva.

Un abordaje contractualista caracteriza falsamente la metafísica del yo cuando da por sentado que existe una separación entre el ser sujeto (la condición de ser sujeto), por un lado, y, por el otro, la experiencia corporizada; allí, el "yo (gramatical)", el que consiente, opera sobre el cuerpo e incluso contra este. Dicho abordaje da por sentado que yo intercambio libremente eso sobre lo que tengo una especie de control instrumental. El abordaje contractualista también comete un error en la temporalidad cuando da por sentado que tengo un yo psicológico limitado y formado que toma decisiones que abarcan momentos temporales posteriores, como si yo pudiera decisivamente comprometer mis experiencias futuras. En realidad, no puedo controlar en un momento temporal dado las respuestas afectivas ni los deseos que puedan emerger en otro momento.

Así, si bien el lenguaje de los contratos y del consentimiento funciona bien cuando hacemos uso de las concepciones existentes del yo psicológico y cuando movilizamos estrategias jurídicas familiares, no concuerda bien con nuestra experiencia vivida del sexo ni con la experiencia de la violencia sexual. Quiero sugerir que esta desanalogía entre corporeidad y relaciones contractuales es una razón por la cual el movimiento contra la violación ha sido incapaz de darle un tratamiento efectivo a muchas facetas importantes del problema de la violencia sexual; por ejemplo, a la dificultad de obtener procesos jurídicos exitosos en el caso de violación de prostitutas. Se da por sentado que las prostitutas "dan en contrato" sus cuerpos. Es cierto: exigen un pago, pero su capacidad de acusar a quien las haya violado no es algo que se acepte comúnmente. El pensamiento contractual también hace que sea difícil llevar a juicio los casos de violación perpetrados por esposos, por novios o por cualquier relación en cuyo marco se presuma que hay términos fijos decididos por adelantado y que determinan el alcance de la interacción íntima.

Los modelos contractuales también crean dificultades respecto de las violaciones que tienen lugar luego de que ha comenzado el encuentro sexual consensual; es decir, cuando la mujer desea detenerse en cierto punto. Los abordajes contractualistas brindan apoyo a ésos que acusan a la víctima cuando tal mujer afirma, con posterioridad, haber sido violada; en esos casos, las mujeres son castigadas por ser mujeres que quieren evitar su responsabilidad por haber dado inicialmente su consentimiento. Los modelos contractualistas también pueden hacer difícil poder aceptar la reinterpretación de un suceso previo por parte de una persona, donde esa persona entiende el acontecimiento bajo una nueva luz. Pero ¿no es esta, con frecuencia, la verdadera índole de la experiencia; es decir, una narrativa que se despliega y que está sujeta a interpretación a la luz de una nueva experiencia y un nuevo conocimiento, así como simplemente el tiempo y el espacio para pensar? Tuve una relación respecto de la cual, en su momento, en el pasado, pensé que era igualitaria y recíproca; ahora, la reinterpreto como una relación basada en roles rígidos de género y en una falta de respeto. Veo a mi ex compañero bajo una nueva luz. Haya yo dado un consentimiento explícito y afirmativo o no a un acto o suceso dados no es siempre una cuestión decisiva en el hecho de que yo reevalúe que en esa relación me manipularon, me explotaron y hasta me trataron con violencia. Los significados plenos de los sucesos y de las experiencias de nuestras vidas no están prefijados ni predeterminados por un consentimiento previo.

Es claro que el lenguaje del consentimiento está motivado por la necesidad de determinar culpabilidad en un contexto jurídico. Y yo estaría de acuerdo en que una reinterpretación de un suceso o una relación dados no puede necesariamente ser utilizada para establecer la culpabilidad del propio compañero, sobre todo si cada uno, a su turno, expresa un deseo pleno de voluntad. Pero antes de que nos precipitemos a indagar sobre el interés de cómo establecer una culpabilidad razonable, deberíamos procurar el desarrollo de un entendimiento más pleno de la experiencia sexual y de la violencia sexual. Las explicaciones acerca de la responsabilidad deberían surgir *a partir de* una descripción más plenamente adecuada y suficiente, en lugar de circunscribir nuestra capacidad misma de desarrollar esa descripción. El sentido de desarrollar esa descripción será no solo mejorar, finalmente, las estrategias jurídicas, sino, también, crear un discurso realista en torno de la violencia sexual en la cual las sobrevivientes serán capaces de reconocer las experiencias que cada una de ellas tuvo. Una vez que podamos ser más capaces de nombrar las propias experiencias, más probable es que quebremos el estigma del silencio.

En rigor de verdad, las experiencias de violación sexual con, a menudo, complejas y, algunas veces, ambiguas. Cuando la experiencia debe describirse y analizarse como si tuviera un significado fijo y estable, las víctimas se sienten motivadas a soslayar las complejidades. Por ejemplo, pueden verse motivadas a ocultar el hecho de que hayan dicho "no" en el medio del acto o, peor aún, tal vez, simplemente, guardan silencio acerca del trauma. Tales omisiones inhiben la posibilidad no solo de la apertura de una causa judicial, sino que también les coartan a las sobrevivientes la capacidad de procurarse respaldo o consejo.

Uno de los casos más difíciles y perturbadores respecto del modelo contractual involucra el abuso sexual de niños. En algunos casos, los niños o los adolescentes jóvenes están dispuestos a participar, en apariencia, de forma activa en actividades sexuales con adultos. Incluso, tal vez, inicien o parezcan iniciar dicha actividad. Numerosos países en los que se le ha dado tratamiento a este problema se han apartado del modelo contractualista en este tipo de casos y han recurrido a las categorías jurídico-legislativas en el momento en que debieron determinar cuándo había tenido lugar una violación; argumentaron, en estas oportunidades, que las relaciones sexuales entre adultos y niños constituyen casos de violación en razón del estatus de los participantes (es decir, del tipo de personas que son los participantes - mayores de edad y menores de edad), más que debido a la presencia o a la ausencia de consentimiento. Sin embargo, como vimos en el capítulo 3, dado que en las leyes basadas en el estatus mencionado antes se hace caso omiso del consentimiento, estas han sido atacadas por un nuevo movimiento de libertarios sexuales que sostienen que los adultos condenados en tales casos han sido mal juzgados porque los niños, a veces, consienten la relación sexual, y el consentimiento es suficiente para evaluar el daño. Los delitos basados en el estatus de los participantes del acto (es decir, en los cuales el perpetrador puede ser solamente un tipo de persona: un mayor de edad) también han sido criticadas por quienes sostienen que necesitamos adoptar un relativismo cultural cuando llega el momento de dar tratamiento, por ejemplo, a la homofobia en la cultura adolescente y a otras diferencias culturales relativas, en primer lugar, a la edad del consentimiento (sexual) y, en segundo lugar, a las muy variables trayectorias de desarrollo de los adolescentes en las diversas comunidades y sociedades.

Si bien, ciertamente, puede producirse un uso estratégicamente concebido de los delitos basados en el estatus para regular la homosexualidad o para aplicar prohibiciones generales contra el sexo entre adolescentes, el concepto de "delito basado en el estatus" (o sea, en el tipo de persona que sea el perpetrador: un mayor de edad) suministra un control provechoso respecto de la hegemonía de los abordajes basados en el consentimiento, y es, a veces, simplemente una descripción idónea de la índole del acto delictivo. Si el consentimiento es problemático en algunos casos de adultos debido a la posibilidad que ofrece dicho consentimiento de ocultar la manipulación, más aun sucede así cono los niños. Entonces, desde mi punto de vista, el problema no se centra en el concepto *per se* de "delito basado en el estatus del perpetrador", aunque podamos, de todas formas, encontrar motivos de crítica de algunas formas de su aplicación (esta cuestión se analizará en mayor detalle en la siguiente sección, sobre el honor).

La controversia sobre el concepto del estatus revela, creo, la índole local del paradigma contractualista. Si la principal forma en la cual una sociedad juzga las relaciones humanas es en función de los contratos, de la autonomía, del consentimiento y otros conceptos de corte jurídico, entonces, se pondrá a la defensiva cuando proceda a abolir este abordaje y se refugie en el paternalismo que, evidente es, forma el espíritu de las leyes sobre el estupro. Dichas leyes serán vulnerables a la impugnación, por lo tanto, y no serán muy seguras.

Con frecuencia, los niños involucrados en relaciones con adultos "contratan" otra cosa distinta de una relación sexual; lo que "contratan" es atención, afecto, compromiso emocional y apoyo financiero; pero están en una situación tan desesperada que el sexo es la única forma en que pueden lograr que se les satisfagan estas necesidades. Patrick Califia, libertario sexual, defiende las relaciones sexuales entre adultos y niños o jóvenes con el argumento de que "no tiene nada de malo que un adulto más privilegiado le ofrezca a un joven cosas como dinero, intimidad, libertad de movimiento, nuevas ideas y placer sexual" (1981:138). La conjunción "y" de esta lista sugiere que los cuatro primeros bienes están vinculados al último, con lo cual convierte lo que parecería ser una relación benéfica en una forma de manipulación oportunista. De lo contrario, ¿por qué no es solamente el placer sexual lo que se ofrece, sin los extras? Pero este es, precisamente, el panorama habitual de la pedofilia; allí hay seducción, manipulación y una especie de intercambio, en lugar de violencia explícita. El resultado es que el jovencito aprende a ofrecer sexo a cambio de atención, compañía, dinero, entre otros bienes, y este mecanismo afecta su subjetividad sexual, como sostuve en el capítulo 5. El consentimiento no tiene nada que ver y no tiene nada que hacer cuando juzgamos el daño producido en dichos casos.

De la literatura terapéutica surge otra consideración más: numerosas víctimas –incluidas las mujeres adultas y los niños– se ven motivadas a proteger a sus atacantes. Es posible que sientan compasión por el perpetrador, tal vez debido a la capacidad femenina de socialización, o por compartir una relación familiar u otra relación previa de otra índole; pero esto también puede incluir una dependencia económica o emocional con el perpetrador. Dadas estas motivaciones para proteger a su perpetrador, afirmar que hubo consentimiento es el mejor método que, en algunas sociedades, tienen estas mujeres para protegerlo. Los criterios basados en el estatus para medir la violencia sexual eliminan esta opción, que puede disuadir a los hombres que creen que podrían obtener, de una u otra forma, un consentimiento verbal.

La pregunta es la siguiente: el concepto de "consentimiento" ¿puede ser suficiente y adecuadamente reexaminado y expandido, de forma tal que las desigualdades estructurales circundantes puedan convertirse en pertinentes? Al final de este capítulo analizaré cómo podemos responder esta pregunta; pero, primero, será útil contrastar los abordajes contractuales con abordajes menos individualistas que son marcadamente diferentes, al menos en algunos aspectos respecto del modelo contractualista.

El honor

Uma Chakravarti ha sostenido (2005:38) que el concepto de honor se ha inclinado a exacerbar la problemática tendencia de algunos críticos feministas occidentales a operar con un binario cosificado Oriente/Occidente por el cual se percibe que las culturas asiáticas son irracionales y premodernas. Junto con sus efectos problemáticos en el escenario mundial del discurso, el concepto de "delito de honor" ha sido invocado para excusar un delito y mitigar una sentencia. El extenso estudio realizado por Chakravarti acerca de los delitos de honor en el norte de la India la lleva a sostener que dicho concepto "es esencialmente un medio para mantener las estructuras materiales del poder "social" y de la dominación social" (2005:309).

Con todo, el hecho de que este concepto tenga tal utilidad discursiva respecto de esos delitos es, en sí mismo, una diferencia cultural interesante, contrastada con la utilidad de los conceptos de "insanía temporal" o "crimen pasional" que, como ya es habitual, se emplean para mitigar el castigo, sobre todo en América del Norte y del Sur. Entonces, el contraste que deseo marcar aquí es discursivo: es decir, un contraste en la forma en que se procede a la caracterización de la violencia contra la mujer luego de que tal acto se ha producido. Esto no establece por sí mismo un contraste motivacional causal ni profundo que pudiera *explicar* la violencia contra las mujeres –en este caso, las mujeres de una familia–, sobre todo dado que tal violencia está tan difundida. El deseo de destruir a las mujeres que no se someten motiva tanto los delitos de honor como los crímenes pasionales.

No obstante, existe un importante contraste discursivo entre los modelos individualizados y contractualistas de consentimiento, por un lado, y los modelos comunitarios y basados en el estatus. Estos últimos, a diferencia de los primeros, invocan ideas acerca de las obligaciones intersubjetivas, las diferencias básicas entre categorías de personas y las formas en las cuales los actos sexuales y las relaciones sexuales afectan a la persona social y los derechos políticos, y aun más: los constituyen. Con los conceptos basados en el estatus se da por sentado, por ejemplo, que los niños y los adultos no son intercambiables, y que no hay una reciprocidad equivalente de obligaciones que se presente en esta diferencia. Los adultos tienen ciertas obligaciones para con los niños que no pueden tornarse nulas en presencia del consentimiento. Si bien es con frecuencia el honor de la víctima y el de su familia lo que supuestamente se ha alterado en un acto de violencia, también hay una visión generalizada de que victimizar a los niños o a otros grupos vulnerables es una forma altamente deshonrosa de conducirse; existe la idea de que esos delitos tienen un componente que excede aquellos de que están formados, por ejemplo, un robo con intrusión a morada o el robo a un banco, porque traen aparejados un estigma moral para la persona que participa en ellos. Expresarlo de esta manera indica la existencia de un cambio: salimos de los juicios morales basados en el consentimiento para entrar en el terreno de los juicios morales basados en la virtud. El quid de la cuestión para todos los miembros de la comunidad no es meramente obtener el consentimiento, sino, también, cultivar las virtudes específicas que guiarán los juicios y las acciones de cada uno de sus miembros.

El concepto de honor invoca otro elemento interesante que está ausente de los modelos contractualistas: que una violación afecta más que solamente a la víctima inmediata. Esto significa que los delitos sexuales contra los individuos siempre son, también, delitos contra los demás con los cuales tales individuos tienen relación; por ejemplo, su familia, sus hijos y sus comunidades. Este razonamiento concuerda con una realidad universal, me atrevo a sugerir: los otros *siempre* se ven afectados, y en la mayoría de los casos los efectos son perjudiciales.

Laura Gray-Rosendale fue violada en la universidad por un hombre que la había estado acechando y que, con posterioridad, irrumpió en el departamento que ella compartía con dos compañeras. El trauma que sobrevino truncó algunas de sus amistades. Sal, una de las compañeras que tenía en ese momento, bloqueó la puerta de su propio dormitorio y se refugió detrás de esta mientras escuchaba los gritos y el estruendo producido por los brutales hechos que estaban teniendo lugar en la habitación contigua. Muchos años más tarde, Laura decidió entrevistar a las personas que estaban cerca cuando tuvo lugar la violación, como manera de ayudar a sus propios recuerdos del traumático suceso. Pero lo que ella descubrió, para su sorpresa, fue "una multitud de efectos omnipresentes y permanentes que esos sucesos habían tenido en la vida de muchas personas" (Gray-Rosendale, 2013:247).

> Mientras yo escuchaba a Sal describir cómo este suceso la había cambiado a ella, me quedé petrificada. Era llamativo el parecido que había en las reacciones de Sal y las mías propias en dicho suceso. Sal mostraba los síntomas clásicos del trastorno de estrés post-traumático, pero había una sola y gran diferencia entre las experiencias de Sal y las mías: yo había sido reconocida como *la* víctima del delito y, por lo tanto, recibí ayuda médica y jurídica. Sal, por su parte, no había sido, en absoluto, reconocida ni médica ni jurídicamente como víctima del delito. Esto significaba que, a lo largo de los años, muchas menos personas se habían preocupado de buscar en Sal síntomas de trastorno de estrés post-traumático, ni la habían ayudado con esta patología. En consecuencia, Sal parecía estar todavía lidiando con varios de ellos (2013:234).

Kalpana Kannabiran es otra intelectual que ha analizado los discursos que rodean los "delitos de honor", y sostuvo que son esos efectos comunitarios los que motivan las violaciones de "las mujeres de los grupos minoritarios –religiosos así como de casta–, lo cual significa la violación a la comunidad a la cual pertenece la mujer" (1996:33). Kannabiran se refiere, entonces, a las violaciones que cruzan las líneas étnicas, de casta o de religión, y sugiere que estas tienen como objetivo grupos completos y no individuos. Sospecho que tales motivaciones también operan en algunos casos en los que las violaciones cruzan las líneas raciales y étnicas en las sociedades occidentales. Ciertamente, la dilatada historia de la violencia sexual permitida por los blancos contra las mujeres afro-estadounidenses con frecuencia tuvo objetivos comunitarios y no individuales, como se expuso en el capítulo 1. Podríamos criticar tales actos sobre la base de que reducen a las víctimas –mujeres, en la mayoría de los casos– a ser el "chivo expiatorio" de un conflicto comunitario o, en otras palabras, que han privado a la mujer de su individualidad para considerarla como una representante de una comunidad. Pero, al hacerlo, nos arriesgamos a perder de vista que la violación siempre produce efectos comunitarios. En todo análisis en contra de la violación necesitamos tener en cuenta esos efectos comunitarios, en lugar de focalizarnos exclusivamente en devolverle los derechos individuales a la víctima. No es una falta de respeto a las víctimas ni implica minimizar sus derechos individuales el tomar en cuenta el hecho de que sus vidas están entrelazadas con relaciones significativas que también se verán afectadas por su violación.

De todas maneras, debemos legítimamente estar preocupados si el concepto de "delito de honor" le resta énfasis a los efectos detrimentales de la víctima individual misma en lugar de enfatizar sus efectos en su familia o en los demás. Pero no es un error sostener que se producirán efectos en la familia, así como en otros. El uso de dicho concepto en contextos particulares puede equivocadamente describir cuáles son esos efectos, pero existe un estigma y una vergüenza indudables que se presentan conjuntamente con una humillación públicamente divulgada; sobre todo, con una de índole sexual. La experiencia de la vergüenza y del estigma no es solo el efecto de la ideología: hay algo fenoménicamente entendible en el hecho de sentir culpa por haber sido tratada con menos respeto y dignidad que una bacinilla.

Muchos defensores han querido decir que la violación avergüenza al violador y no a la víctima. Esta afirmación es claramente verdad en un nivel; pero si le prestamos atención a la descripción fenomenológica desarrollada por Cahill (2001) más el argumento sobre subjetividad sexual del capítulo anterior, tenemos que conceder que la subjetividad puede verse alterada por experiencias no volitivas[4]. La violación se emplea para entrenar a las chicas en la prostitución o para convertir esposas rebeldes en sumisas. Así, la violación podría, con gran efectividad, ser utilizada para alterar la subjetividad de las personas, de su yo social y sexual, sus

---

[4] Véase, por ejemplo, Hester et al. (1996), un estudio en el que se observan los efectos de la violencia sobre las mujeres de diferentes identidades.

interrelaciones con los demás, y el papel que son capaces de desempeñar en una familia y en una comunidad. La violación de las mujeres usadas como "chivos expiatorios" en una lucha comunitaria, entonces, tiene la metafísica del derecho situacional, dados los efectos reverberantes del delito en la subjetividad de la víctima, así como en muchas de sus relaciones. Esta situación expande la gravedad del delito, en lugar de mitigarla.

La investigación realizada por Chakravarti (2005) revela otro elemento interesante en la forma en que, en la práctica, se utilizan los conceptos de honor y de consentimiento. Si bien su investigación respecto del norte de la India se concentra en la violencia dirigida contra las mujeres que se resisten a acceder a los matrimonios arreglados, el análisis es pertinente en este punto. Se dice que las hijas que se niegan a ser parte de un matrimonio arreglado traen deshonor a su familia y a su comunidad; sobre todo, aunque no exclusivamente, cuando eligen compañeros de diferentes castas o religiones. Y a fin de acusar a sus hijas, algunos padres y tribunales hacen uso del concepto de "consentimiento" ¿Tenía la hija la edad suficiente para elegir según su propia voluntad? El hombre que ella había elegido contra los deseos de sus padres ¿la coaccionó en manera alguna? Los tribunales anulan los matrimonios en los cuales la autenticidad del consentimiento de la hija puede tornarse cuestionable, pero el procedimiento para determinar la autenticidad del consentimiento sí vale en los casos de abuso: hay padres que alteraron el certificado de nacimiento para cambiarle la edad a la hija; o que hicieron falsas declaraciones sobre un secuestro; o que atribuyeron una especie de locura de origen hormonal a su hija, entre otros casos (Chakravarti, 2005:321). Las hijas a las que se las hizo volver con sus familias mediante una sentencia judicial fundada en que su consentimiento no fue auténtico son, a veces, asesinadas; pasa algo parecido con sus compañeros: se los somete a una golpiza o también se los asesina. Los (presuntos) esfuerzos de la ley por proteger a las mujeres jóvenes hacen uso del concepto de consentimiento; pero este resulta ser un concepto muy poco confiable para proteger a las mujeres de la violencia y, en efecto, puede facilitar tal violencia.

Es claro que el problema aquí surge de cómo se interpreta el consentimiento y de cómo se lo aplica: se lo interpreta de manera sumamente acotada cuando es de aplicación en los casos en que las hijas eligen un compañero indeseable; tal consentimiento debe cumplir con criterios muy altos. Chakravarti señala que sucede lo opuesto en los casos de juicios por violación, donde los criterios para evaluar el consentimiento son mucho más laxos:

> Con frecuencia, los jueces no solo aceptan que las mujeres les prestaron su consentimiento a sus compañeros en casos de violación, sino que, además, así lo consideran; de esta forma, desestiman las acusaciones. [...] Sin embargo, cuando una mujer "huye de su hogar para casarse", el argumento del consentimiento no es aceptado. Parece que esa elección –o deseo– expresado por una mujer padece una extraña ilicitud intrínseca cuando se contrapone con el mandato parental y con las normas de la casta o de la comunidad; y, por lo tanto, es preciso abortarlo. Así, en las situaciones que podrían, en efecto, ser relaciones sexuales lícitas dentro del matrimonio, se considera que las mujeres no son capaces de ser compañeras que puedan prestar su consentimiento; o bien deben ser, simplemente, incapaces de prestar su consentimiento debido a que son menores y que son intrínsecamente incapaces de discernir en razón de su edad. Pareciera ser que las mujeres no tienen capacidad de juicio racional ni de discernimiento en ningún caso (2005: 321).

En este párrafo vemos que la capacidad de prestar consentimiento se basa en la propia racionalidad y en la madurez emocional, rasgos que, en la mayoría de las culturas, no tienen una fuerte conexión con el hecho de ser mujer. Esta relación revela la debilidad del concepto de "consentimiento" al momento de proteger a la mujer de la violencia; y también revela que el consentimiento, en efecto, puede ser útil para *dañar* a la mujer.

¿Es cierto, entonces, que este discurso sobre el "honor" y el "consentimiento" arrojan luz sobre la utilidad de tales conceptos para reducir la violencia contra las mujeres? Una cosa sugerida por esta pregunta es que lo que puede diferir entre culturas o sociedades son las construcciones discursivas acerca del delito de la violencia sexual, su motivación o, al menos, la motivación-en-virtud-de-una-descripción, y algunas de las especificidades de su daño y de sus efectos. Los diferentes conceptos son útiles en las diferentes sociedades para darle sentido a la violencia y para justificar los delitos, mitigar sentencias y culpar a las víctimas. Pero estas diferencias en el nivel discursivo coexisten con algunos universales claros, como la existencia de efectos extra-individuales y el efecto de la violencia sobre la subjetividad de la víctima.

A partir de estos casos, también podemos ver más claramente que, de la misma forma que se invoca el honor para mitigar el castigo en algunas sociedades, también sucede que el foco de atención puesto en el consentimiento tiene una motivación similar. Es decir, la terminología de los contratos encuentra su lugar en este tipo de casos porque promete una fuerte protección a los hombres contra las acusaciones injustas. Si un hombre puede mostrar que tiene un "contrato" para que se le preste un servicio, entonces puede alegar buena fe de su parte, incluso si el contrato es informal y si está sujeto a modos engañosos de interpretar la comunicación (por ejemplo, en tiempos pasados, "le pagué la cena; por lo tanto, ella tiene que sostener relaciones sexuales conmigo"). La mujer, a diferencia de esta situación, debe poder demostrar no solo que fue lesionada, sino también que ella no "firmó un contrato" ni siquiera con un gesto (ni con su ropa) que pudo haber sido mal interpretado. Así, la intención *de la mujer* está subordinada a *la de él*: si ella no tenía intenciones de mantener relaciones sexuales, pero no comunicó dicha decisión con la suficiente claridad para que los tribunales así lo reconocieran, ella no puede acusar a su compañero de violación. Si él malinterpretó "inintencionadamente" las señales enviadas por ella, él queda absuelto de culpa y cargo. Las intenciones de ella no prueban nada; la intención de él demuestra todo.

Se utilizan las tradiciones discursivas –involucren o no el "honor" o el "consentimiento"– para proteger a los perpetradores. Basarse en esas mismas tradiciones para construir políticas antiviolación bien puede ser insuficiente para reducir los delitos. Lo que es claro es que ninguna tradición discursiva –incluidas las tradiciones progresistas clásicas, basadas en el consentimiento– es invulnerable a ser utilizada para permitir la violencia sexual. La solución no puede ser simplemente reemplazar el discurso acerca del honor con un discurso basado en el consentimiento. Ambos conceptos tienen una capacidad parcial, pero limitada de revelar aspectos de la violencia sexual; pero se puede hacer uso de ambos para diversos propósitos. Las sociedades que se concentran menos en el consentimiento que otras no están necesariamente equivocadas por esa razón, si bien sus discursos pueden tener otros problemas distintos.

Kwame Anthony Appiah (2010) ha intentado argumentar a favor del honor como fuerza motivadora positiva que ha desempeñado un papel clave en los movimientos de justicia social; por ejemplo, en la lucha para ponerle punto final a las prácticas del duelo, del vendado de pies y de la esclavitud. Appiah fundamenta su argumento a partir de ejemplos históricos en los cuales los reformistas locales hacen un uso efectivo de ideas sobre la vergüenza y el honor nacionales para hacer un llamamiento al cambio social. El argumento de Appiah es un bienvenido cambio respecto de la tendencia moderna eurocéntrica de desestimar el honor por considerarlo una valor premoderno y que ya no se encuentra operativo en las sociedades debidamente laicas y racionales. Pero la crítica al honor no es reducible a la ideología colonialista: también ha sido criticada sobre la base de que las consideraciones referidas al honor pueden separarse por completo de las consideraciones referidas a la justicia. Las convenciones por las cuales logramos el reconocimiento –como la gloria en la batalla– bien pueden ser inmorales.

Nos ganamos el honor gracias a nuestras acciones; como contrapartida, actual de manera deshonrosa puede justificar la falta de respeto y el insulto. En este sentido, el honor es muy diferente de la noción de un derecho humano, como el derecho a la dignidad, que nos corresponde a todos los seres humanos, sean cuales sean sus acciones o su credo. A diferencia de esta situación, nos ganamos el honor siguiendo códigos de práctica honorable, desarrollados grupalmente, que se convierten en lo Appiah llama un "par de honor". Sin embargo, estos códigos pueden ser amorales o inmorales. Por ejemplo, hasta 1981, según explica Appiah, los sicilianos podían legalmente obligar a sus hijas a casarse con su violador como procedimiento para devolverle a la familia el honor perdido. Hacer que se supiera que la hija había tenido relaciones sexuales fuera del matrimonio –incluso bajo condiciones de violación–era causa de deshonra.

Appiah señala que hay otros códigos de honor que forman parte de las ideas acerca del orgullo nacional o grupal y que pueden motivar la reforma social. En las revoluciones morales que él toma como ejemplos positivos, sostiene que la situación no gira en torno de que el honor fue abandonado como motivo de acción, sino que el honor fue reformulado. El duelo, la esclavitud y el vendado de pies pasaron a ser vistos como prácticas deshonrosas, que perjudicaban el prestigio nacional. Appiah tiene la esperanza de que este tipo de movimiento pueda funcionar bien con las prácticas actuales de asesinar por honor y de organizar matrimonios forzados.

El análisis de Appiah muestra el aspecto anti-individualista que me parece interesante respecto del concepto de "honor". La moral no es tanto una cuestión de conciencia individual, sino que es una cuestión de un código de conducta socialmente aceptado. Pero según la teoría de Appiah, tales códigos sociales son dinámicos y están sujetos a cambios; no están fijos para siempre en un autoentendimiento cultural o nacional. Su teoría también ayuda a explicar por qué los actos de los individuos de nuestro grupo –como la nación, el grupo religioso, la etnicidad y hasta el género– a veces comparten una sensación de vergüenza grupal o de orgullo grupal. En Estados Unidos, por ejemplo, muchas personas sintieron vergüenza cuando se hicieron públicas las fotos de la prisión de Abu Ghraib (Irak). El honor es colectivo; compartimos el honor o el deshonor del propio grupo; y este sentimiento avala el argumento de Appiah de que el honor no es ni premoderno ni es no-occidental.

Cambiar los códigos y las convenciones de género, además de las relaciones sexuales, requerirá cambiar puntos de vista comunes acerca de ciertos grupos identitarios, y no simplemente acerca de los individuos. La propuesta de Appiah de conservar el concepto de honor, pero redefinirlo, no se contradice con el análisis presentado por Chakravarti acerca del papel desempeñado por el concepto de "honor" en los binarios cosificados Oriente/Occidente, pero ofrece una solución diferente de la eliminación.

La víctima

El uso del término "víctima" ha sido polémico dentro del feminismo desde al menos la década de 1970 (Dinsmore, 1991; Gavey, 2005:187). El hecho de asociar "mujeres" con "victimización" ha exacerbado ciertas ideologías existentes de género sobre las mujeres por considerarlas débiles mentales y vulnerables. Esta consideración, a la vez, ha llevado al supuesto de que las experiencias traumáticas tienen efectos más abarcativos sobre las mujeres que sobre los hombres[5]. Estos problemas se ven agravados por recientes conceptos diagnósticos como el del "trastorno de personalidad de la víctima", por el cual se culpa a la víctima y se subraya que la mujer tiene patologías psicológicas que invitan al abuso y a la agresión[6]. Sin embargo, el término también connota "una objetivación", como lo expresó Kathleen Barry (1979:45), que demuele la experiencia de la violación sexual como si la persona que la padece no fuera "una persona viviente, cambiante, en crecimiento e interactiva".

[5] La obra de Judith Herman (1997), entre otras, muestra la falsedad de esta afirmación.

[6] Algunas psicólogas feministas han respondido con una lista propia de conceptos diagnósticos, en la que se incluyen ítems como "trastorno masculino de la personalidad" (véase Caplan, 1995).

El rechazo expresado por la escritora feminista Naomi Wolf a lo que ella llama el "feminismo de víctima" parece creer en esta caracterización. Wolf define el feminismo de víctima como "la circunstancia en la cual una mujer busca obtener poder a través de una identidad de desprotección [...] que se apodera de nuestros reflejos de ajuar de novia y los transpone en un conjunto "en espejo" de convenciones "feministas""(1994: 135). Wolf hace referencia a Adrienne Rich, a Catherine MacKinnon y a Andrea Dworkin como ejemplos, aunque es difícil imaginar que la última Andrea Dworkin hubiera operado, en forma alguna, a partir de "reflejos de ajuar de novia". Según la teoría de Wolf, cualquier exigencia de resarcimiento respecto de daños relacionados con la pertenencia a un género puede tomarse como una forma de feminismo de víctima; y, ciertamente, lo mismo sucede con cualquier explicación que ofrezca descripciones detalladas de tales daños. Sin embargo, aunque disiento de la caracterización realizada por Wolf del feminismo de víctima, sus argumentos constituyen un buen diagnóstico del panorama discursivo actual.

Parte del interés de Wolf por el uso del concepto de "víctima" gira en torno de si este produce el efecto de eclipsar la auténtica presencia de la asertividad. Este es un interés legítimo. Si todas las trabajadoras sexuales son catalogadas como "víctimas", esta circunstancia eclipsa la capacidad de acción de las mujeres de elegir el trabajo sexual y descartar otras opciones, y puede abrirles la puerta a las políticas paternalistas que, en efecto, reducen la capacidad de acción de las mujeres inmigrantes y de las mujeres pobres (Kempadoo, 1998).

Diana Meyers ofrece un astuto análisis de los esfuerzos tendientes a lograr justicia social que dependen del testimonio de la víctima. Si bien ella considera que este es un trabajo esencial y efectivo, mira con cuidado las consideraciones éticas y políticas involucradas en la interpretación de los informes en primera persona como "relatos de la víctima". Hay dos paradigmas de víctimas que resuenan en el plano internacional, sostiene ella: el "paradigma de la víctima patética", en el cual se retrata a las víctimas como personas totalmente desamparadas e inocentes, y el "paradigma de la víctima heroica", en el cual las víctimas encarnan formas valientes de acción pública, pero al costo de tener que ser representadas como personas moralmente intachables en todo aspecto (Meyers, 2016:32-7). A la víctima heroica, a diferencia de la víctima patética, se le concede capacidad de acción y, pese a ello, en ambos casos, el apoyo y la compasión públicos están condicionados a una exigencia nada realista de tener una existencia moralmente intachable.

El término "víctima" evoca estereotipos perjudiciales de grupos específicos de mujeres. Alison Murray lo explica de esta manera: "Las campañas contra el tráfico producen, en realidad, un efecto perjudicial sobre las trabajadoras y una mayor discriminación porque perpetúan el estereotipo de que las trabajadoras asiáticas son pasivas y son portadoras de enfermedades. Se alienta a los clientes a que piensen que las trabajadoras asiáticas son víctimas indefensas que no pueden resistirse, de suerte tal que es más probable que aquellos violen los derechos de estas trabajadoras" (1998:58). El interés de Murray respecto del uso del concepto de "víctima" es que puede exacerbar la explotación porque aumentará el valor de mercado: las mujeres a las que se las considera probablemente pasivas frente a un tratamiento injusto tienen un valor de mercado más alto que las que no son consideradas como víctimas, dado que a las primeras se las puede explotar con menos escrúpulos. Esta creencia también puede generar un efecto erotizante mayor sobre el deseo. Lo que esto sugiere es que, como vimos con los conceptos de "honor" y de "consentimiento", las diferentes connotaciones del concepto de "víctima" en relación con las mujeres asiáticas podrían ser movilizadas con objetivos muy diferentes, no todos los cuales tienen que ver con protegerlas. Cuando evaluamos los efectos políticos de este término es preciso que tengamos en cuenta los contextos específicos de uso.

En la mesa redonda feminista que se realizó en torno de la venta de servicios sexuales en Japón (Hermandad grupal, 1998), Masumi Yoneda presentó el argumento de que el consentimiento es útil porque privilegia el punto de vista en primera persona. Yoneda advirtió acerca de darles a las mujeres autoridad epistémica respecto de la índole de su experiencia; consideraba al respecto que fuera, probablemente, una respuesta a la forma en la cual las mujeres son epistémicamente desautorizadas en casi todas las culturas. Así, su afirmación actúa como una heurística contextualmente informada que reacciona al desempoderamiento epistémico.

Puede haber más puntos en común entre culturas respecto de la reticencia de la mujer a identificarse como víctima. Por ejemplo, las reacciones habituales a la violación incluyen la negación; a menudo, esta reacción obra como medio de autoprotección. Liz Kelly y Jill Radford citan estudios en los que se resalta que "nombrar y denunciar" una violación eran vistos por algunas mujeres como "actos que empeoraban la situación [padecida por ellas]", y que no la mejoraban. También informan lo siguiente: "En un estudio realizado en Estados Unidos respecto de 6.159 estudiantes universitarias estadounidenses, cuando una definición analítica de la violación se basaba en una recopilación de códigos jurídicos, solo el 27 por ciento de las mujeres cuyas experiencias se ajustaban a la definición de la investigación nombraban su propia experiencia como "violación"" (Kelly y Radford, 1998:61). Ese estudio fue repetido a escala menor en Nueva Zelanda, con conclusiones similares (Gavey, 1991a, 1991b). Kelly y Radford sostienen que silenciar la situación "sigue siendo muy habitual" en las sociedades donde es comparativamente más fácil hablar sobre agresión sexual. "Elegir olvidar o minimizar ciertos sucesos puede trascender la cultura como respuesta al trauma de la victimización" (Kelly y Radford, 1998:68). En otras palabras, la minimización por parte de las sobrevivientes es algo que se encuentra en numerosas culturas. Esta constante sugiere que la resistencia al término "víctima" puede ser un difundido mecanismo psicológico de defensa y también una estrategia defensiva contra el probable tratamiento que van a recibir las víctimas.

Podríamos preguntarnos si a las sociedades individualistas les va peor en este punto. Es decir, ¿es más difícil admitir haber sido victimizada en culturas en las que se sobreestima la asertividad individual? Ciertamente en Estados Unidos, los individuos y los grupos que afirman haber sufrido de victimización son habitualmente acusados de oportunismo político, de autocompasión y de negativa a responsabilizarse de sus propios problemas (por ejemplo, Loury, 1995). Afirmar la victimización hace que uno se torne vulnerable a esas acusaciones. Los hombres pueden sentir un especial rechazo a identificarse como víctimas debido a las convenciones a las que está sometida la masculinidad. Esto indica que necesitamos tomar en consideración el género, la sexualidad y otras formaciones identitarias cuando evaluamos las prácticas discursivas y sus efectos.

Sin embargo, las culturas con proclividades menos individualistas pueden tener sus propias razones para eludir el concepto de "víctima", lo cual es, en definitiva, una atribución acerca del tratamiento dado a un individuo a manos de otro individuo, o de un grupo de otros individuos. En las sociedades donde existe "una sensación corporativa de identidad dentro de un ideal de extrema cohesividad" –como en las sociedades basadas en el parentesco– las afirmaciones de victimización amenazan con cortar los lazos afectivos y prácticos (Dobash y Dobash, 1998:12). En los casos en que la vida de una persona depende de su comunidad, la resistencia al término "víctima" puede ser elevada. Esta circunstancia, sin embargo, no indica que el término jamás sea idóneo para describir un suceso dado.

El término "víctima", ¿tiene también dificultades fenomenológicas, como vimos con el concepto de "consentimiento"? En efecto, puede sentírselo disonante respecto de la sensación propia de ser sobreviviente, aunque algunas personas informan –lo cual resulta interesante– que están incómodas cuando usan la designación "sobreviviente" porque sienten que no "reúnen los requisitos para serlo" (Kelly y Radford, 1998:61). Pero el término "víctima" sigue siendo usado en la literatura de las memorias: el término "sobreviviente" no reemplaza tanto al término "víctima", pero sí lo suplementa. Adicionalmente, algunas teóricas –como Liz Kelly, Sheila Burton y Linda Regan (1996)– se pronuncian con eficaz persuasión a favor de la complementariedad de ambos términos: una es una sobreviviente de la victimización.

Como el término "víctima" y el término "sobreviviente" se toman como una identidad estable y fija, esta circunstancia parece plantear problemas para enunciar una explicación fenomenológica. Sin duda alguna, ser una sobreviviente no es un aspecto igualmente intenso de la propia identidad en cada etapa de la propia vida. Por lo tanto, la resistencia al uso de cualquiera de los dos términos proviene de una preocupación: la de la desconexión entre dichos términos, que son fijos, y el sentido propio del yo psicológico, que es fluido y cambiante. Otras pueden sentirse incómodas con la palabra "víctima" si todavía se encuentran en el proceso de narrativizar su experiencia; otras, como Mary Gaitskill (1994), se sienten incómodas porque insisten en que la complejidad de su experiencia no se ve representada por esos términos. Tales razones constituirían lo que yo llamaría "fundamentos fenomenológicos" para rechazar la atribución de la palabra "víctima" o, al menos, complicarla.

Para sintetizar esta exposición acerca de la controversia sobre el concepto de "víctima", entonces, me atrevo a sugerir lo siguiente: en efecto, hay razones no contextuales (o no contingentes) para tenerle miedo a este término. ¿Cuáles son esas razones? La tendencia de este término a minimizar la acción asertiva o a implicar binarios morales rígidos, así como las connotaciones de una identidad estable invocada por la versión sustantiva de dicho concepto (lo que podría ser mitigado por una construcción más dinámica, como "victimización"). También hay razones para ser escéptico acerca de nuestro temor y prevención ante dicho término: sucede que dicho temor/prevención puede verse motivado por tendencias psicológicas comunes de autoprotección y negación, o porque está motivado por un contexto cultural que sobreestima la acción asertiva individual y torna la masculinidad imaginativamente impertérrita a la victimización. Así, deberíamos analizar y deconstruir nuestra prevención hacia el término "víctima" y, en algunos casos, deberíamos resistirla. Si la autoprotección requiere la negativa del daño, entonces necesitamos dar tratamiento al contexto en el cual la negativa es la mejor opción.

Para finalizar, hay razones contextuales específicas para sentirse legítimamente temerosa de dicho término en ciertos contextos discursivos donde las ideologías retrógradas de género o las caracterizaciones unidimensionales pueden verse fortalecidas por su uso. Sin embargo, una vez más, estas consideraciones contextuales no suministran un argumento sólido contra el carácter suficiente y adecuado, en todos los casos, del término mismo; por ende, una mejor reacción que un repudio generalizado a la palabra "víctima" consiste en darle un tratamiento directo a las connotaciones erróneas movilizadas por esta.

Conclusión

Es preciso que, en el marco del esfuerzo por brindar justicia a las víctimas de la violación sexual, se tome conciencia de los contextos transculturales y transnacionales dentro de los cuales operan nuestras medidas reparatorias jurídicas y las surgidas del activismo. Es preciso, también, que estemos abiertas a la posibilidad de que jamás seremos capaces de recopilar estadísticas mundiales porque las definiciones seguirán variando. Ciertos conceptos amplios y laxos como "violación sexual" podrían incorporar multiplicidad, pero también podrían suministrar algún panorama mundial acerca de este problema. Este pluralismo lingüístico no está dispuesto por un idealismo discursivo (ni por un escepticismo discursivo), sino que es congruente con un relato que sitúa los límites fenomenológicos sobre cómo interpretamos la índole de los daños corporizados bajo condiciones locales con diversas mediaciones.

Nuestro principal foco de atención debería estar en crear más contextos receptivos para que las sobrevivientes que se atreven a hablar tengan un espacio narrativo para desarrollar un sentido de qué les ocurrió. La presión que a veces se pone a quienes se desempeñan en la industria del sexo, por ejemplo, para condenar las condiciones constitutivas de su trabajo como formas de coacción o violación pueden impedir el desarrollo de términos más variables.

Con vistas a este objetivo, en este capítulo están contenidas varias lecciones. Primero, es preciso que los debates sobre los conceptos operen dentro de un abordaje de dos estratos. Necesitamos conceptos que estén más de acuerdo con descripciones más abarcativamente suficientes de la experiencia fenomenológica narrada desde el punto de vista de la víctima, dado que es este mismo punto de vista el que ha sido omitido desde hace mucho tiempo. Entonces, este primer estrato de nuestro abordaje debería ser apuntar a una suficiencia descriptiva, en la cual la propia experiencia de la víctima se encuentre en un lugar protagónico. Sin embargo, en otro nivel, también debemos tener muy en cuenta la variabilidad contextual de los conceptos y sus múltiples efectos estratégicos. Las condiciones locales pueden determinar cuáles serán los posibles efectos jurídicos o políticos del uso del término, y cuáles connotaciones probablemente movilizará. Me atrevería a sostener que ambos niveles –o estratos– de análisis deberían ser operativos en toda obra de revisión, sin que un lado eclipse por completo el otro.

La historia del concepto de "consentimiento" en su aplicación a la violencia sexual sin duda surge de una tradición progresista clásica de pensamiento contractualista; en este, uno puede brindar, en el marco de un contrato, la propia mano de obra, de la misma forma en que puede brindar, también en el marco de un contrato, el uso de sus propios bienes. Y las partes corporales sexuales femeninas –en particular, las vaginas y los úteros– fueron históricamente interpretadas como bienes que tienen un valor mayor o menor de mercado según sean virginales. Estos bienes no eran propiedad de las mujeres mismas, sino de sus padres o de los esposos del patriarcado familiar, que tenían derechos de permuta, uso y, en algunos casos, derechos de disponer de ellos de la manera en que ellos eligieran. Cuando una mujer era objeto de violación, sucedía lo mismo que si un intruso hubiera ilegítimamente entrado en posesión de un bien ajeno; por lo tanto, el delito se perpetraba contra su esposo o contra su padre, que podía legalmente tomar medidas violentas contra el intruso. La eyaculación marcaba una diferencia en la ley contra la violación porque, entonces, el bien del que el intruso se había apoderado no era solo la vagina, sino también, potencialmente, el útero. Este tipo de ideas sobre la violación no se había desarrollado a partir del punto de vista en primera persona de las víctimas.

Cuando las mujeres comenzaron a obtener derechos, lo hicieron según los criterios establecidos por el modelo contractualista aplicable a la propiedad privada que venía rigiendo en ese momento. Así, las mujeres obtuvimos el derecho de "ser titulares" de la propiedad de nuestros cuerpos, como si esta "propiedad" hubiera sido de titularidad de los padres o de los maridos. Esta propiedad, estos bienes, podían ser ofrecidos en el marco de un contrato, permutados y hasta vendidos, como antes había sucedido, sobre la base de un consentimiento prestado de manera libre que operaba como elemento que "cerraba" la operación contractual.

Alterar este abordaje discursivo con el objeto de poner la experiencia de las víctimas en el centro sugeriría, como mínimo, cambiar la definición jurídica de "violación": dejaríamos de lado la vieja definición, "penetración en la vagina con eyaculación", y adoptaríamos "penetración de cualquier orificio corporal (incluidos los de los hombres) con cualquier parte corporal humana u objeto físico, con o sin eyaculación". Más allá de esta, no tengo sugerencias para reformar los términos jurídicos, pero he sostenido que, a los efectos de *entender* las violaciones sexuales, el consentimiento es un instrumento imperfecto, tanto desde el punto de vista descriptivo como desde el punto de vista judicial. Y si consideramos su uso mundial, podemos ver más formas en las cuales el foco de atención sobre el consentimiento produce resultados variables, no todos los cuales son positivos.

Los debates sobre los términos "consentimiento", "honor" y "víctima" están ligados a las connotaciones locales, con la hegemonía de los abordajes metafísicos occidentales a la yoidad y a la acción asertiva, y también están vinculados al imperialismo cultural transnacional que divide a las naciones en dos: las que se encuentran "avanzadas" respecto de un estándar unilineal de desarrollo racional, y las que se encuentran "atrasadas" en relación con dicho estándar. Necesitamos desenterrar los supuestos que, a manera de "fondo", de "historia", influyen en esas críticas de los conceptos y de la terminología.

Podemos organizar esos problemas que tenemos con los términos en dos categorías aproximadas: la categoría no contextual y la categoría contextual. Las cuestiones contextuales tienen que ver con las connotaciones locales que pueden afectar a los resultados de la reforma lingüística; por ejemplo, cuando el término "víctima" entra en conflicto con las concepciones que tiene una sociedad determinada de qué es "el ser persona" y qué es la dignidad. Sin embargo, como sugiere Appiah (2010), a veces debemos presionar para introducir cambios en la forma en que se entienden los conceptos y en la forma en que se los torna operativos, se trate de términos como "honor" o como "ser persona", "revestir la calidad de persona". Los problemas contextuales, entonces, no son imposibles de superar. Con todo, se presentan, además, algunos problemas con los términos que pueden ser no contextuales en el sentido de que un término puede ocultar características fenoménicas de experiencias materiales o corporizadas. Esto es lo que sucede –lo he sostenido– con el uso de la palabra "consentimiento", al menos cuando se la emplea como determinante exclusivo de la violación. Los problemas no contextuales indican una limitación más fundamental de la capacidad de un concepto dado de caracterizar casos de violación sexual.

El concepto de "consentimiento" necesita que se lo suplemente porque, al evaluar la violación, necesitamos considerar la formación de una subjetividad sexual en un sentido más amplio. El problema de la cosificación con el término "víctima" podría verse mitigado con el uso de formas verbales, pero también debería ser entendido como un problema local, más que como un problema universal o intrínseco: a veces, el uso de dicho término es idóneo, es correcto. El concepto de "honor" plantea peligros reales y, sin embargo, sus elementos comunitarios suministran un contraste útil respecto de los abordajes individualistas; por su parte, es importante señalar su valor continuo dentro de las sociedades occidentales.

En Panamá, mi madre experimentó lo que podríamos llamar un "matrimonio a la fuerza", en el cual ella estaba sometida a violencia doméstica que adoptó patrones de interacción bien conocidos y relacionados con el género. Dichos patrones eran ampliamente tolerados en el ámbito social de mi madre, incluido el sacerdote. Para huir de la situación, ella incluso consideró un pacto de homicidio-suicidio: planeó ingresar al mar con sus dos pequeñas hijas a fin de que pudiéramos evitar lo que ella consideraba que era el sino inevitable de las mujeres. Por fortuna, ella logró escapar a Estados Unidos, si bien allí fui agredida sexualmente a los nueve años por parte de un vecino. Entonces, en el intento realizado por mi madre de salvarnos de una cultura "del Tercer Mundo", que victimizaba mujeres, ella nos cambió a una cultura que continuó con la victimización; y fue una cultura en la cual, una vez más, la violencia se toleraba abiertamente, se racionalizaba, se encubría y se disculpaba. Conforme viajé entre ambos países, experimenté en ambos una variedad de formas de acoso sexual, tentativas de agresión, coacción sexual y, para ser breve, el tipo de cosas que experimentamos las mujeres. Las estructuras causales contributivas tienen características tanto locales como transnacionales, así como elementos materiales en común.

Las formas efectivas de resistencia alcanzarán su máxima potencia cuando se beneficien con una contextualización más mundial, con el objetivo de hacernos menos localistas y con la idea de mostrar que algunas de nuestras dificultades son más un denominador común que una diferencia. Analizar nuestros debates en un contexto mundial podría brindarnos algunos recursos teóricos y conceptuales tomados de los juegos planteados por el lenguaje, que se juegan en otros sitios y que contienen algunas lecciones útiles con las que todos podemos beneficiarnos.

6

Hablando "como"

con Laura Gray-Rosendale

Este capítulo es un reexamen de una monografía publicada en 1993 en SIGNS, de la que soy coautora con Laura Gray-Rosendale. El título de dicha monografía es "Survivor Discourse: Transgression or Recuperation?".

Laura y yo fuimos activistas en nuestro campus universitario en el movimiento contra la violación, y hablábamos públicamente como sobrevivientes. Sentíamos que este tipo de activismo se contraponía con el clima de postmodernidad que dominaba las cátedras humanísticas en las cuales ambas trabajábamos; en esas cátedras, la subjetividad era algo a ser deconstruido, más que expresado. No obstante, ambas nos vimos atraídas hacia la apertura de la postmodernidad a la cuestión del poder y hacia la politización de la cuestión de la verdad.

Laura y yo decidimos escribir juntas una monografía que nos ayudara a pensar a fondo la relación que existe entre las teorías mencionadas y nuestra práctica como activistas; en realidad, lo que queríamos era reparar la disonancia que existía entre esas dos partes de nuestras vidas; pero no queríamos permitir que la teoría se basara en un juicio indiscutido –ya se hacía tal cosa con demasiada frecuencia– respecto de lo que sentíamos como sobrevivientes, respecto de lo que nosotras sabíamos que era verdad, y respecto de lo que hacíamos en el plano político. Queríamos una interrogación mutua en la cual la teoría misma fuera puesta a prueba en la política del mundo real; sin embargo, también queríamos ver qué preguntas productivas podía la teoría plantearle al movimiento.

Ambas apuntamos a poner en acto una inversión de roles, en el cual las sobrevivientes –en este caso, nosotras– estaríamos ubicadas en el lugar de las expertas que evalúan si la filosofía se adecua a nuestras experiencias y si se ajusta a las formas de resistencia desarrolladas por las activistas del movimiento.

Al reexaminar nuestra inicial monografía para que conformara este capítulo, he pasado todos los "nosotras" a un "yo", para lograr coherencia narrativa y porque incluí más reflexiones personales mías; pero todas las ideas principales y sustanciales que aparecen en este capítulo son el producto de mi colaboración con Laura.

Hablar en público en calidad de sobreviviente es una propuesta riesgosa. Una arriesga su credibilidad profesional, le agrega tensiones a su relación y se granjea la desaprobación social, por no mencionar las microagresiones sufridas por parte de idiotas que no conocen la índole de la violación. Una también se arriesga a infectarse con esa especie de "mancha" que la persigue de por vida. De la misma forma en que siempre recordaré al niño que vomitó sobre su pupitre en cuarto grado, nosotras recordamos quién nos cuenta que fue violada.

Sin embargo, hablar como sobreviviente no siempre es una elección consensuada, tomada en el marco de la concesión de una compasiva consideración. Cuando Lara Logan, periodista de la CBS, fue violada por un grupo en su trabajo, en 2011, este delito se hizo público apenas tuvo lugar. Elegir no hablar como sobreviviente habría requerido que Logan jamás volviera a hablar. Incluso si el círculo de los que saben es mucho más pequeño que el que rodea a una corresponsal mundial, ese círculo puede ser muy importante en la propia vida y en el propio trabajo. Y dentro de ese círculo, una siempre hablará como sobreviviente.

Hablar "como" casi siempre produce efectos negativos. La periodista Deborah Copaken Kogan escribió que la crítica que recibió de la gente *luego* del ataque que sufrió, y la forma en que esas personas la culparon "fueron la herida más profunda y le dejaron las cicatrices más duraderas" (2011: párr. 52). Como se señaló en el capítulo 1, esta circunstancia ha llegado a ser llamada "la segunda violación" (Madigan y Gamble, 1991; Ziegenmeyer, 1992; Hengehold, 1994). Para quienes trabajamos en profesiones que requieren que nosotras seamos creíbles y objetivas, hablar "como" puede poner en peligro todo aquello para cuya construcción hemos trabajando tanto.

Entonces, ¿por qué hacerlo? Esa es la pregunta de este capítulo.

La realidad de la televisión

En la década de 1980, la televisión estadounidense se había convertido en una aburrida repetición de adocenados formatos estándar. Incluso Andy Warhol, ávido consumidor de la cultura popular, comentó que no podía soportar mirar los programas televisivos más populares de acción porque eran esencialmente los mismos argumentos, las mismas tomas y los mismos cortes una y otra vez (citado en Dargis y Scott, 2011: párrafos 35 a 38). Los extravagantes efectos especiales que los espectadores veían en las películas no podían ser repetidos en los programas concebidos para la pantalla chica; por su parte, los estrictos controles de escenas obscenas frustraban todo esfuerzo por impresionar a los televidentes con escenas inesperadas de sexo o un lenguaje cargado de groserías. Los canales de cable que no se veían sometidos a esos controles no eran tan numerosos en esos días como lo son hoy, momento en que contamos con más de seiscientas opciones. Pero la televisión estaba a punto de recibir una inyección de realidad.

Los programas diurnos de entrevistas y testimonios –los conocidos "talk shows"– encontraron una nueva forma de cautivar a sus espectadores cuando Phil Donahue, Sally Jessie Raphael y Geraldo Rivera comenzaron a poner personas reales en sus programas. Estas personas reales no eran famosos que promocionaban su último trabajo mediante un amigable ida y vuelta de preguntas y respuestas por parte de agradables presentadores como Mike Douglas; en este caso, se trataba de personas comunes, reconocibles, que atravesaban dificultades cotidianas y con las cuales el público podía sentirse identificado; estos hábiles presentadores, ni lerdos ni perezosos, las interrogaban a fondo para obtener de ellas el mayor efecto. Antes de que Jerry Springer convirtiera toda esta tendencia en un verdadero circo, la televisión diurna comenzó a inventar una versión de la televisión-realidad con más impacto dramático y despertando más fascinación en el telespectador de la que podía producir una persecución policial. Y una gran cantidad de estas historias comenzó a involucrar violaciones, incesto y abuso sexual infantil. Estos relatos en primera persona, en los cuales la emoción del narrador se mostraba en primeros planos de cámara, resultaron ser un éxito en las mediciones televisivas. Ningún programa de ficción podía rivalizar con la intensidad producida por este nuevo formato.

El público comenzó a sentir compasión por las víctimas. En esos primeros días, a las víctimas no se las atraía para que se les refutaran sus relatos ni para minimizárselos; eso vendría más tarde. Al principio, en estos programas se utilizaba el poder de los relatos para extraer una reacción emotiva de parte del público como modo de generar interés y un vínculo sentido tanto con el programa cuanto con el presentador (que era muy agradable y compasivo). Minimizar a las víctimas o desacreditarlas habría bloqueado la conexión empática que lograban generar las narraciones de la gente común. Y tal vez por casualidad, al mismo tiempo que en estos "talk shows" de la televisión diurna se descubrían los beneficios pecuniarios de los relatos en primera persona sobre violencia sexual, despegaba el movimiento de las sobrevivientes.

En los principales medios de comunicación, la violencia sexual era, en primer lugar, un tema humorístico o un escándalo contado en términos bien explícitos de los que se hacía uso sin tapujos antes de que el movimiento femenino comenzara a escribir acerca de esta cuestión en la década de 1970. Como expuse en el capítulo 1, hubo un período en el que, en la prensa afro-estadounidense, el foco de atención se centró en la violencia sexual; ese período fue el de construcción del movimiento de los derechos civiles; sin embargo, esta tendencia se vio eclipsada cuando el movimiento mismo pro-derechos civiles tomó forma, cuerpo y entidad. En la sociedad dominada por los blancos, la agitación feminista comenzó a sacar a la luz la cuestión de la violencia sexual en la década de 1960, como parte del análisis de la opresión de la mujer. En la siguiente década, Susan Brownmiller (1975) escribió una influyente monografía histórica en la que se mostraba que el problema existía en todas partes. Era una cuestión acerca de la cual las madres les advertían a las hijas, casi siempre en términos eufemísticos, pero no era una cuestión de debate político ni social. El silencio y la vergüenza eran el motivo de tanto ocultamiento.

Los grupos concientizadores eran, ciertamente, un espacio en el cual la violación podía, potencialmente, aparecer como tema; sin embargo, en los dos primeros grupos a los que asistí, a principios de 1970, y, luego, a fines de esa década, no recuerdo que la cuestión se haya mencionado; por mi parte, era claro que yo, en ese momento, no estaba en condiciones de revelarle mi propia historia a extraños. Comencé a pensar en serio acerca de los efectos que la violación había producido en mi vida en el contexto de unas sesiones de consejería matrimonial, a través de un servicio gratuito al que mi marido y yo asistimos cuando encontramos tropiezos incomprensibles en nuestra vida sexual. Todo esto ocurrió alrededor del año 1980, cuando los psicoterapeutas estaban comenzando a considerar la importancia del abuso sexual infantil de una manera no freudiana: es decir, como algo real. Consulté a varios psicoterapeutas a lo largo de los años, y busqué ayuda para un cuadro depresivo mío que estaba afectando mucho a mis hijos; para eso, me valí de servicios universitarios y de terapeutas estudiantes de diversas instituciones. Comencé a notar que cuanto más nutrido era el currículum de los analistas, más evitaban mi cuestión; recuerdo que un terapeuta (de sexo masculino) me gritó que "quién iba a limpiar toda esta basura y toda esta inmundicia que las mujeres estábamos comenzando a desparramar por la sociedad, con todos esos relatos de abuso sexual infantil". Sin embargo, otro terapeuta me ayudó a encontrar el vínculo que existía entre mi experiencia infantil y mi depresión, y me alentó a unirme a mi primer grupo de apoyo. Este grupo, el primero de cuatro a lo largo de una década, no estaba coordinado por un terapeuta capacitado en la materia, sino por una activista feminista. Todas las asistentes, salvo ella, éramos sobrevivientes, y nosotras no hicimos más que contarnos nuestros relatos, los efectos posteriores que esos hechos habían surtido en la vida de cada una y las estrategias que habíamos diseñado para evitar nuevas situaciones. Tales grupos eran experimentos en materia de interacción entre sobrevivientes con vistas a entender qué había pasado y a sanarnos, pero sin el sello aprobatorio del establecimiento terapéutico oficial ni su discurso legitimado y normalizante. Como tal, cuento esos grupos como parte del movimiento organizado por las sobrevivientes.

Los grupos de sobrevivientes de los cuales participé entre mis veinticinco y mis treinta y cinco años fueron de variados tipos; uno se reunía en un pequeño pueblito y el resto, en pequeñas ciudades; algunos estaban llenos de mujeres pobres, pero otros estaban dominados por estudiantes; en algunos, la mayoría de las asistentes era blanca, pero en otros, la concurrencia era muy diversa. Si bien algunas reuniones eran difíciles, con mucho dramatismo y alguna que otra rispidez, esos grupos me salvaron la vida. Hablar con otras que eran iguales a mí, en oposición a hablar con un terapeuta, me posibilitó comenzar a creer que mis efectos posteriores de tan largo plazo eran comunes a todas, habituales e incluso normales y entendibles. Al escuchar a las demás llegué a darme cuenta de la inmensa variedad que existía de violaciones sexuales, y hasta me enteré de sus efectos omnipresentes y habituales. En lugar de culparme y castigarme, comencé a dedicarme a cuidarme a mí misma. Descubrí qué era lo que disparaba mis recuerdos desagradables y cómo manejarlos. Por ejemplo, en mi oficina corrí mi escritorio de forma tal que, si lo necesitaba, podía huir de allí y evitar el recuerdo de un hombre que se interponía entre mi persona y la puerta. Comencé a entender que mis ansiedades irracionales acerca de la gente que caminaba detrás de mí tenían cierto sentido. Me convertí en una sobreviviente.

Conforme las víctimas comenzaron a formar grupos y a experimentar con métodos de resistencia, lo que emergió fue una táctica unificada: alentarnos a contar lo que nos había pasado. Incluso si no era posible acusar al perpetrador, creíamos que era útil para nosotras, las sobrevivientes, quebrar el silencio. Tanto el trauma como el envalentonamiento de los perpetradores florecían en los entornos confiables de silencio. Así lo describe un libro sobre el incesto: "Creemos que no hay ningún tabú contra el incesto; solamente lo hay contra hablar acerca de él. [...] Si comenzamos a hablar del incesto, comenzamos a poner en peligro su presencia continua y no reconocida" (McNaron y Morgan, 1982:15).

La metáfora estratégica de dar voz al trauma fue virtualmente universal a lo largo de los comienzos del movimiento: las manifestaciones de sobrevivientes comenzaron a ser llamadas "denuncias públicas de violaciones"; el nombre de la red nacional más grande de sobrevivientes de abuso sexual infantil era VOICES; y la metáfora pasó a primer plano en títulos de libros como *No More Secrets* [*Basta de secretos*] (Adams y Fay, 1981); *Voices in the Night* [*Voces en la noche*] (McNaron y Morgan, 1982); *I Never Told Anyone* [*Jamás se lo conté a nadie*] (Bass y Thornton, 1983); y *Speaking Out, Fighting Back* [*Hablar a las claras, reaccionar a la agresión*] (Gallagher y Dodds, 1985) (véanse también Fay, 1979; Rush, 1980; Sanford, 1980; Butler, 1985; Polese, 1985; Johnson, 1986; Clark, 1987; Danica, 1988; Ottenweller, 1991). Incluso hoy en día, se alienta a las sobrevivientes a "ser una voz", a "hablar de la cuestión" y a usar *hashtags* como "#metoo", como forma de amplificar sus relatos[1]. Las redes sociales han facilitado no solo el compartir nuestras experiencias, sino también participar con públicos mucho más amplios en una especie de

---

[1] Véase también el sitio sueco Prataomdet ("Habla de esto"-http://prataomdet.se/), que permite a los usuarios subir comentarios acerca de sus experiencias de violación sexual y comentarlas.

pensamiento colectivo acerca de nuestro problema (véase, por ejemplo, Bromley, 2007; Pipe et al., 2007; Feuereisen, 2009).

Como sostuvimos Laura y yo, hablar de lo que nos pasó tiene múltiples efectos en las sobrevivientes, de tipo educativo, político y psicológico, entre otros. Las sobrevivientes que hablan de lo que les pasó *en tanto sobrevivientes* son escuchadas con atención y brindan una educación crítica para todos quienes las escuchan, se trate de un grupo de la iglesia, de la fraternidad, o un público televisivo. Hablar "como" demuestra que las sobrevivientes no somos inevitablemente un "caso de chaleco"; y esta es una lección que es preciso que otras sobrevivientes aprendan, así como el público en general (Francisco, 1999; Leo, 2011; Freedman, 2014).

Hablar de lo que nos pasó también tiene la potencialidad de reencuadrar la cuestión: nos permite extraerla de un trauma individual y privado y pasarla a una esfera social más amplia. Implica a una persona que escucha en una situación de interacción social que plantea exigencias políticas y morales. Y, por otra parte, hablar de lo que nos pasó puede darle poder a las víctimas, como una puesta en acto de una acción asertiva y constructiva, y una nueva formación de la subjetividad asertiva. Por lo tanto, hay buenas razones para creer que hablar de lo que nos pasó tenga un efecto político intrínseco.

El problema del silenciamiento entre las víctimas no es un problema autoprovocado, en mi experiencia, sino que es el resultado de tabúes sociales y de amenazas explícitas. Hablar de la violación se convirtió en la táctica universal de resistencia porque el silenciamiento era (y lo sigue siendo) la táctica universal de los perpetradores, impuesta a las víctimas de este delito a diferencia de cualquier otro. El silencio se logra a fuerza de amenazas de venganza; también se funda en la expectativa realista de que el propio relato despertará escepticismo incluso entre nuestros familiares más cercanos y nuestras amigas íntimas, y en el resultado obtenido al contar lo sucedido: nuevas humillaciones. En consecuencia, la mayor parte de las víctimas lleva la carga de sus recuerdos y de su trauma durante meses, años o décadas –como me sucedió a mí– como una especie de agonía. En este contexto, no debería sorprendernos que una experiencia positiva de hablar de la violación –en la cual se la tome a una en serio y se le crea– pueda ser increíblemente liberadora (véase, por ejemplo, Kelly, 1988:13). Recuerdo que sentí una verdadera conmoción cuando la gente a la que le había contado lo que me había pasado, incluso seres queridos, todavía querían estar a mi lado luego del relato, y aún querían mirarme a los ojos.

Sin embargo, los programas diurnos de entrevistas y testimonios que capitalizaron este nuevo ímpetu de "contar nuestras historias" tenían diferentes motivaciones. Las historias de las sobrevivientes eran sensacionalizadas y explotadas por los medios, tanto en reconstrucciones dramáticas ficcionalizadas como en foros "periodísticos". La presencia de sobrevivientes reales –a diferencia de los actores– suministraba como valor el producir una conmoción que quebrara los tabúes sociales; pero aportaba como disvalor el satisfacer el voyeurismo sádico de algunos televidentes. Por lo tanto, la descripción de las sobrevivientes y de la violencia sexual se erotizaba, con frecuencia, de forma tal que pudo haber excitado sexualmente a los televidentes, con la consiguiente alza de las mediciones televisivas[2]. Como se analizará en este capítulo, las sobrevivientes no siempre tuvieron el poder de hablar de su violación en estos formatos mediáticos. Se llevaban a esos programas peritos psicólogos para validar la factibilidad de los relatos de las sobrevivientes, pero algunos de dichos peritos presentaba perturbadoras teorías explicativas; por ejemplo, la teoría de que algunas personas tienen una "personalidad de víctima" y, como tales, buscan oportunidades para victimizarse. Se presentaba a las sobrevivientes como personas dañadas, débiles y dependientes de la ayuda profesional. Conforme se hizo más rutinario ver sobrevivientes que describían lo que les había ocurrido, decreció el impacto dramático y, por lo tanto, sus relatos se convirtieron más y más en un material apto para que los expertos o algún que otro escéptico pintara a estas mujeres como mentirosas que buscaban una ruta patológica hacia la fama. La cuestión comenzó a tomar otro cariz: parecía que hablar como sobreviviente facilitaba, sin así quererlo, nuestro desempoderamiento colectivo.

Discurso y poder

Los escritos de Foucault sobre los efectos del discurso revelan una caracterización similarmente paradójica de las posibilidades con que cuenta el discurso para producir efectos subversivos o transformadores.

---

[2] Hay un mercado entre los pornógrafos para las sobrevivientes; por ejemplo, en 1987, la revista *Penthouse* le pagó a Jessica Hahn, sobreviviente de una violación, una gran suma de dinero para posar; además, han tratado de tentar a otras sobrevivientes públicamente conocidas para que posaran para ellos.

Para Foucault (1972:216), el discurso no es un medio ni una herramienta a través de la cual tienen lugar las luchas de poder, sino que es el lugar y el objeto del conflicto mismo. Foucault plantea esta tesis de la siguiente forma: "Primera pregunta: ¿quién está hablando? [...] ¿Quién obtiene de ese discurso su propia cualidad especial, su prestigio, y de quién, a cambio, recibe él, si no la seguridad, al menos la presunción de que lo que dice es cierto?" (1972:50).

Las formaciones discursivas les presentan roles variados a los hablantes, desde el experto al ingenuo, y de esta forma asocian identidades variadas con una credibilidad y una autoridad variadas, como cuando se creía que "el loco" de la Europa medieval tenía lucidez, o como el conocimiento de las ancianas pasó a ser visto como "cuentos de viejas" (Dalmiya y Alcoff, 1993). La experiencia reconocida es una cuestión de variación cultural: en algunas comunidades, hay quienes acuden al líder religioso para obtener consejos de salud; en otras, van a ver a los miembros de la familia; y en otros, se consulta la página WebMD en Internet, que está construida en torno de una convención específica de altruismo útil que a algunas personas, en el Norte del planeta, les puede parecer tranquilizadora, pero a otras les parece algo raro y frío. En quién confiamos depende de las convenciones contingentes de la autoridad discursiva de nuestro contexto. Transformar las convenciones acerca de quién puede hablar desde un lugar de autoridad sobre ciertas cuestiones puede ser socialmente transformador (Hengehold, 1994). Así, Foucault sostiene: "El discurso no es una mera verbalización de conflictos y sistemas de dominación. [...] Es el objeto mismo de los conflictos del hombre [sic]" (1972:216).

Con todo, Foucault también afirmó que llevar al territorio del discurso las cosas que hasta ese momento se encontraban bajo el umbral del análisis podría producir lo opuesto de un efecto liberatorio. Su principal ejemplo fue la práctica de la confesión de la Iglesia Cristiana, luego copiada por la psicoterapia, que llevaba los placeres corporales a la esfera del juicio y la normalización (Foucault, 1980; Taylor, 2009a, 2009b). Foucault sentía preocupación de que los sujetos que eran obligados a hablar sobre sus experiencias y su vida interna con cada vez más detalle pudieran ser sometidos a una mirada disciplinante, con consecuencias políticas adversas. La confesión, sostiene él, "despliega dentro de nosotros una relación de poder, porque uno no se confiesa sin la presencia (virtual o real) de un compañero que no es simplemente un interlocutor, sino que es el intermediario requerido por la confesión, el que la prescribe, y el que la agradece; y es el que interviene para juzgar, castigar, consolar y reconciliar" (1980:61-2).

Como vemos, aquí tenemos una cierta paradoja: podría considerarse que la primera afirmación –la que dice que el discurso no es nada más que un medio, sino que es el objetivo real de conflicto dadas ciertas convenciones en torno de los roles de los hablantes– sugiere que los movimientos del cambio social *deberían* concentrarse en transformar el ámbito del discurso en tanto lugar central de poder. Según los propios argumentos de Foucault, hablar de una violación puede poner en acto transformaciones en la subjetividad y en las relaciones de poder, y resistir la normalización mediante la ruptura de las convenciones dominantes acerca de quién puede hablar y en qué calidad. Pero su segunda afirmación –la que dice que llevar las cosas al terreno del discurso puede crear nuevas oportunidades para la disciplina y para la normalización– nos advierte que la táctica de hablar de una violación puede también inscribir nuestro discurso dentro de estructuras hegemónicas que producen cuerpos dóciles y automonitoreados, así como formas de sujetos que, en primer lugar, voluntariamente se someten a los expertos –autoridades en la materia– que limitan nuestra acción creativa; y que en segundo lugar, legitiman a dichos expertos.

Foucault advirtió que los discursos acerca del sexo en particular vienen precedidos por una historia perturbadora. La habitual estructura terapéutica/evaluativa de hoy, en la cual hablar acerca de sexo está permitido y hasta es obligatorio –estructura esta que se manifiesta incluso en los "talk shows", con su pleitesía a la opinión de expertos neutrales–, evolucionó de esta forma a partir de una estructura religiosa/punitiva. El catecismo de la terapia es no juzgar al paciente; sin embargo, tanto la terapia como la confesión religiosa están organizadas de forma tal que el hablante confiesa sus experiencias más íntimas a un mediador experto que, entonces, reinterpreta el significado y la verdad de esas experiencias al hablante; y lo hace mediante el empleo de los códigos de normalidad del discurso dominante, con conceptos-marco como "trastorno de personalidad fronteriza", "masoquismo", o la visión cristiana de que el deseo es algo profano. De esta forma, el hablante se inscribe dentro de las estructuras dominantes de la subjetividad con un "ida y vuelta dialéctico" que puede reforzar o producir patrones de sentimientos y de conducta que, entonces, confirman el diagnóstico del experto (Hacking, 1998). La descripción foucaultiana, por ende, retrata la confesión como un mecanismo para producir una hegemonía más efectiva del discurso dominante, una subjetividad crecientemente subsumida y una disminución en la posibilidad de transgresión o de autonomía.

Laura y yo consideramos que esta caracterización de la índole contradictoria del discurso –es decir, la de tener un potencial transgresor y, a la vez, ser un instrumento que aumenta las probabilidades de cooptación– es, en realidad, útil para explorar los efectos políticos del hecho de hablar en calidad de sobreviviente –lo cual parece abrirle la puerta a ciertos análisis contradictorios– en programas televisivos de entrevistas y testimonios, en las propias memorias y en artículos de revistas, o en manifestaciones políticas. ¿Cuál *es* el efecto político de este discurso cuando está en boca de personas comunes o, como sucede cada vez más, en boca de los famosos? ¿Cuáles son sus efectos en la formación de la subjetividad sexual? Las activistas ¿deberíamos continuar alentando a que se hable sobre lo que nos sucedió? ¿O deberíamos ser más prudentes sobre los posibles efectos negativos de hablar?

La impresionante cantidad de discursos sobre las sobrevivientes que ha sido difundido durante las últimas décadas parece haber producido muy pocos efectos sobre la epidemia de violaciones sexuales. El silencio ya fue quebrado; pero la pregunta es: nuestro discurso ¿ha sido tan cooptado y domesticado que su impacto subversivo ha quedado gravemente disminuido?

Contextos pragmáticos del discurso

Si bien el análisis de Foucault nos ayuda a explicar las dificultades del discurso de resistencia, no debería permitírsele a su teoría un lugar de juicio colmado de autoridad respecto de las estrategias de resistencia de las sobrevivientes. Dicha situación no haría más que repetir la estructura de la confesión, que a él le parece preocupante. Foucault nos dirige la atención hacia los patrones de autorización que disciplinan a los hablantes; con todo, su obra, a veces, es utilizada como una especie de cita prestigiosa contra algunos tipos de voces, pese al repudio expresado por Foucault hacia ese rol. ¿Qué significaría validar la experiencia y el conocimiento de las sobrevivientes en tanto teóricas y estrategas?

La teoría general foucaultiana sobre el discurso puede ayudarnos a explorar el potencial transgresor del discurso de las sobrevivientes, mientras que su teoría sobre el modo confesional del discurso puede sugerir algunas de las formas en las cuales el discurso también puede lograr el disciplinamiento y la normativización. La cuestión central es cómo combatir la tendencia de la estructura confesional hacia el desempoderamiento del confesante; es decir, de la persona que habla acerca de su experiencia.

El punto focal de la lucha social y de los conflictos sociales gira, con frecuencia, en torno de a cuál discurso vamos a concederle rango de autoridad, con lo cual determinaremos quién tendrá público que lo escuche. En el pasado, los filósofos de la lengua se circunscribían, a menudo, a un análisis de la semántica y de la sintaxis –es decir, contenido y estructura–, y dejaban de lado el contexto pragmático o realidad vivida del discurso como suceso. Desde hace poco tiempo, sin embargo, numerosos son los filósofos que, siguiendo a Habermas, a Derrida, a Brandom y a Searle (que representan ambos lados de la brecha analítica/continental), se han concentrado en las características pragmáticas del discurso. El abordaje foucaultiano se ajusta bien a este punto, dado que Foucault estaba interesado en las convenciones del habla y en sus efectos constitutivos sobre las relaciones, las subjetividades y la experiencia (Foucault, 1972).

Muchos tipos de sucesos discursivos son cuestiones elaboradamente escenificadas; por ejemplo, las que tienen lugar en las aulas de clase, en los tribunales y en los consultorios de los terapeutas. Hay normas que determinan quién habla, quién desempeña el papel de público, qué tipo de enunciados pueden ser emitidos y de qué manera las emisiones verbales se juzgan y se interpretan. Solo algunas de esas normas son explícitas. Los sucesos discursivos menos formales están regidos de igual forma por convenciones implícitas organizadas, con frecuencia, en torno de la identidad social y el rango social de los participantes; por ejemplo, la edad de estos y su género, entre otros. Solo algunos pueden determinar los asuntos que habrán de debatirse, o pueden juzgar la verdad. A los participantes de rango menor se les puede conceder el derecho de hablar, pero solo como transmisores ingenuos de una experiencia en crudo.

Los diversos papeles que desempeñamos en los momentos en que el habla es "acordada", "organizada", surten efectos de retroalimentación sobre nuestra experiencia interna. El árbitro que evalúa lo que revelamos, un árbitro de mayor rango que nosotros, puede cambiar la forma en que entendemos nuestras experiencias, puede cambiar el hecho de que confiemos en nuestras percepciones o en nuestro juicio, y también puede cambiar la forma en que nosotros asignamos la responsabilidad y la conceptualizamos. Los oyentes atentos y respetuosos crean vías para el desarrollo de nuestras habilidades analíticas; los interlocutores escépticos producen el efecto opuesto (Steele, 2010). Esos efectos no son superficiales, sino que son constitutivos del yo en que cada uno se convierte; de esta manera se afecta la forma en que nos desarrollamos como agentes epistémicos de nuestra vida. Esto es parte de lo que significa decir que las estructuras de los actos de habla median nuestra subjetividad y nuestras experiencias (Fricker, 2007; Dotson, 2011a, 2014).

Foucault distingue: su concepto del discurso, por un lado, de, por otro lado, una simple recopilación de actos de habla. A través de las reglas de exclusión y de las divisiones clasificatorias que operan como suposiciones inconscientes circundantes, un discurso es lo que organiza una configuración particular de posibilidades para los actos de habla (Alcoff, 1996). Los discursos no pueden determinar qué es verdadero o falso –no pueden hacer que la luna sea verde, ni que el mar sea anaranjado–, pero ayudan a determinar el alcance de las afirmaciones inteligibles cuyo valor de verdad puede ser justipreciado. Preguntarle a Sócrates sobre su orientación sexual habría suscitado en él, sin duda alguna, una expresión de perplejidad. No se trata solamente de que este término estuviera ausente de su léxico, sino que también el concepto estaba fuera de su bagaje cultural. El argumento foucaultiano afirma que el proceso de formación de conceptos –qué tipos de conceptos se consideran inteligibles y plausibles– se ve, en sí mismo, afectado por un entorno implícito; es decir, un discurso.

En la conferencia de 1970, que ha sido traducida como "The Discourse on Language" ["El discurso sobre el lenguaje"], Foucault se explaya acerca de la forma en que los discursos estructuran lo que es posible decir mediante sistemas de exclusión. Cierto discurso está simplemente prohibido, mientras que otro discurso está clasificado por una cantidad de divisiones binarias comunes; por ejemplo, la división entre "loco" y "sano". En la temprana modernidad europea, el terreno de clasificación era multidimensional; mientras que hoy, sugiere Foucault, la división entre lo verdadero y lo falso ha encapsulado todas las demás caracterizaciones. Pueden coexistir discursos múltiples y conflictivos, pero por lo general estarán organizados en relación jerárquica, donde algunos serán considerados ingenuos o a-científicos, populares o basados en un culto, o corrompidos por intereses creados o por una parcialidad de perspectiva.

Esta coexistencia y jerarquización es útil cuando miramos la forma en la cual se toma el discurso de las sobrevivientes, en particular en el dominio público. En la actualidad tenemos muchas más fuentes textuales que pueden revelar respuestas comunes: más allá de las pruebas presentadas en los expedientes judiciales, de las entrevistas, de las noticias y de las memorias, hay una variedad de medios sociales en los cuales podemos ver dinámicas intracomunitarias, así como reacciones en ámbitos externos. En esta avalancha carente de toda selección, lo que se torna claro es que existe una continuidad entre el presente y el pasado.

Rara vez las mujeres y los niños han sido aceptados como intérpretes autorizados y jueces de lo que esté más allá de una esfera acotada (Campbell, 2003). En muchos lugares siguen siendo potentes y comúnmente aceptadas las narrativas por las cuales se interpreta que las mujeres y los niños tienden a mentir, que cuentan verdades tergiversadas y que con gran probabilidad maquinarán planes contra los más poderosos utilizando algún pretexto relacionado con la cuestión sexual (Harding, 2015). Dichas narrativas han operado por canales informales para desalentarnos y para que no hablemos, pero también ha habido sanciones más formales contra el hecho de hablar; algunas de ellas todavía seguían en vigor en el siglo XX. Ni las esposas, ni las novias, ni las prostitutas podían presentar acusaciones; tampoco podían hacerlo los enfermos mentales ni las personas con discapacidad cognitiva. Por su parte, las mujeres que no fueran blancas no tenían permitido testificar ante los tribunales. Hasta que se sancionaron las leyes de protección en contra de la violación, en las décadas de 1970 y de 1980 (en algunos países), las mujeres con antecedentes sexuales de cualquier tipo tenían terminantemente prohibido presentar acusaciones (Freedman, 2013). Ni siquiera hoy son consideradas creíbles las mujeres con antecedentes de conducta delictiva o relacionada con estupefacientes, o que hayan esperado "demasiado tiempo" para denunciar. La homofobia y las convenciones de la masculinidad heterosexual siguen intimidando a los sobrevivientes del sexo masculino y les impiden contar lo que les sucedió. Y es un error pensar que las pocas personas que logran rehuir estos mecanismos de desacreditación pueden confiar en la justicia epistémica y en la equidad de los tribunales: la gran mayoría jamás denuncia, y la gran mayoría de las denuncias jamás terminan en condenas (Valenti,

2014)[3]. Ya es rutina que los acusadores sean tildados de "mentirosos", "locos" y "maquinadores".

Aquí, el patrón general sugiere que hablar acerca de las violaciones sexuales se encuadra en la categoría del discurso excluido. A veces, la exclusión se funda en el hecho de que es demasiado perturbadora, de que nadie quiere oír acerca de una violación. Los acusadores que, no obstante, insisten en formular afirmaciones desagradables, al mismo tiempo suministran pruebas de su propia insanía. Truddi Chase, en *The Oprah Winfrey Show* (21 de mayo de 1990), narró que su padre la silenciaba diciéndole: "Nadie te creerá una sola palabra de lo que digas; entonces, mi mejor consejo es que no digas nada" (véase también Chase, 1987).

Las normas más informales que rigen nuestras interacciones diarias producen un efecto determinante en los contextos jurídicos más formales (Torrey, 1995; Harding, 2015; Krakauer, 2015). Tanto los jueces como los miembros del jurado deben interpretar los testimonios y los argumentos jurídicos, y sopesar las pruebas lo mejor que puedan sobre la base de lo que ellos crean que es plausible y de lo que consideren que es creíble (Sanday, 1981; Spohn y Tellis, 2012). Las narrativas comúnmente aceptadas acerca de las mujeres, los niños y la sexualidad afectarán inevitablemente este proceso interpretativo. Los fiscales públicos tienen que preocuparse acerca de sus tasas de condena, y esta condición dispone la adopción de un abordaje conservador que refuerza las normas de credibilidad, en lugar de desafiarlas (Beichner y Spohn, 2012). Ninguna estrategia jurídica que requiera transgredir las narrativas habituales tiene alguna probabilidad de salir airosa; por lo tanto, es sumamente improbable que esos casos se judicialicen. Con frecuencia, los abogados comenzarán el testimonio de un niño con un conjunto de preguntas que le formularán a él sobre la índole y la importancia de la verdad. Si bien esta estrategia tiene como objeto determinar la credibilidad del niño, puede plantar una duda *prima facie*.

Las violaciones perpetradas por extraños son los casos potencialmente más creíbles: no hay una relación previa que pueda ser empleada para insinuar algún consentimiento o algún motivo para una falsa acusación. Pero incluso las acusadoras de los casos de violación perpetrada por extraños pueden verse desacreditadas por una variedad de mecanismos: por haber estado en una zona peligrosa, por tener antecedentes sexuales o un pasado delictivo, o por formular acusaciones hacia personas de una

---

[3] Véase también http://www.RAINN.org.

jerarquía social más alta. Las mujeres de color que acusan a los hombres blancos tienen menos probabilidades de que les crean que en la situación inversa: mujeres blancas que acusan a hombres de color (West, 1999; Freedman, 2013). Las mujeres mayores y las que no tienen un atractivo convencional pueden verse enfrentadas por el escepticismo; pero, por su parte, las mujeres que son consideradas "demasiado sensuales" son consideradas responsables. Y el colmo: es posible que se considere que la violación a sobrevivientes lesbianas se considere como un acto terapéutico. Se observa aquí un patrón: si las acusaciones no se silencian antes de que sean emitidas, pronunciadas, se las categoriza dentro del ámbito de la locura, de la mentira o de lo increíble. Cuando se las acepta, más de una vez se las categoriza como hechos no tan graves como lo afirma la víctima (Kelly, 1988).

El concepto foucaultiano del discurso ayuda a explicar por qué los esfuerzos de las feministas por darle un nuevo nombre a la violencia sexual han despertado tanta resistencia. Cada discurso tiene lo que Foucault llama su propia "positividad", que fija las reglas para la formación de objetos y conceptos; las propuestas anómalas (por ejemplo, la del "marido-violador") se presentan como ininteligibles. Los discursos son holísticos, y están sostenidos por interconexiones y resonancias entre elementos. Las reglas destinadas a formar conceptos y objetos no existen antes del sistema de enunciados ni aparte de este, sino que emerge a partir de las configuraciones de los actos de habla y de sus interrelaciones (Foucault, 1972:79). El surgimiento de nuevos enunciados desafía la formación de reglas y la perturba. Podemos tomar la categoría de fricción epistémica formulada por José Medina, comentada en el capítulo 1, y ver que las afirmaciones anómalas generan una fricción epistémica al nivel de los discursos. Como la solidez de las positividades surge de las resonancias de una repetición interminable, cambiar las convenciones del habla y de la formación de conceptos requerirá una gran masa crítica de discurso anómalo.

Sir Matthew Hale, jurista inglés del siglo XVII, explicó lo siguiente: "El esposo no puede ser culpable de una violación cometida por él mismo respecto de su legítima esposa, porque por su consentimiento y contrato matrimonial mutuo la esposa se ha dado a su esposo para dicho acto; y de eso, ella no puede retractarse" (citado en Burgess-Jackson, 1999b:11). No solo el significado de "matrimonio" es puesto en tela de juicio cuando una hace acusaciones contra su propio esposo, sino que, además, los significados de palabras como "esposa", "mujer", "sexualidad", "heterosexualidad" y hasta "hombre" se ver perturbados. Se ven afectadas las reglas de formación que determinan la generación de enunciados y que les dicen a los hablantes cómo y en qué circunstancias pueden significativamente formar y emitir enunciados específicos sobre violencia sexual, lo cual pone en duda las reglas para formar enunciados sobre cómo distinguir "violación" de "relación sexual".

Dadas estas características del discurso, la índole de lo que dice la sobreviviente tiene una significativa potencialidad transgresora; de allí el intento de silenciarlo, de clasificarlo dentro del dominio de la locura o, posiblemente, recuperarlo. La *recuperación* funciona de modo diferente del *silenciamento* porque aquella permite el discurso, pero lo subsume dentro de marcos ya existentes, de suerte tal que ya no resulta perturbador. Las estrategias de recuperación podrían ser, entre otras, convertir el discurso de la sobreviviente en más pruebas de que las mujeres necesitan la protección patriarcal, o convertirlo en una coartada que justifique la violencia racista o una acción militar imperialista; ambos, objetivos que mantendrían las relaciones existentes de poder y las formas de la subjetividad. Los movimientos mundiales contrarios a la violación han ayudado a reducir la efectividad del silenciamiento, pero como resultado se verifica un aumento en el desarrollo de más estrategias para la recuperación.

Foucault sostiene que la recuperación puede producirse cuando la resistencia toma la forma de una simple negación; en este caso, aquella permanece dentro de la misma economía de significado y de significación (es decir, de sentido), y podría incluso reforzar el aparato existente de poder. Si negamos la represión victoriana hacia la conversación con temas sexuales mediante una atención incesante a todas las cosas sexuales, el efecto es meramente el de redoblar la significación que los victorianos le daban al sexo (Foucault, 1980: 23, 45, 48-9 y 71-2). El hablar (el revelar información) y el reprimir se refuerzan mutuamente, de suerte tal que constituyen una única economía del discurso en la cual la sexualidad tiene el control.

La divulgación del discurso de la sobreviviente puede parecer que, al principio, ejemplifica esta forma de recuperación. Si alguien debe superar grandes dificultades nada más que para contar la agresión sexual de que fue objeto, la significación política de esa denuncia y su potencialidad subversiva se presentan en proporción inversa a su represión. No obstante, Laura y yo sostuvimos que el discurso de las sobrevivientes acerca de sus experiencias de violencia sexual no tiene la misma estructura ni el mismo contenido que el discurso sobre las prácticas sexuales, sobre las identidades ni sobre los placeres. Mientras que el placer exhibicionista de narrar prácticas y placeres sexuales aumenta proporcionalmente con el grado en el cual dicha narración se enfrenta con el desagrado general, una economía diferente estructura las denuncias sobre violencia sexual. Puede que aumente el que una se sienta una heroína política (o un héroe político, en el caso de un hombre), pero esta situación no nos ahorra la humillación implícita en la narración, el peligro de la venganza y otros efectos adversos sobre las relaciones personales y profesionales.

El narrar una violación puede, como en la represión victoriana, incitar el placer sexual en quienes escuchan el relato, pero solo entre los pervertidos. Así, el discurso de las sobrevivientes parece estar menos situado en armónica complementariedad con el discurso reinante, y más en confrontación con este, a consecuencia de lo cual se producen acusaciones de engaño, histeria y locura. Elly Danica relata que, cuando ella intentó contarles a los miembros de su familia que su padre la había violado, "no es que no me creyeran. Sentí una conmoción desde las entrañas. ¿Cómo pude haberle hecho esto? ¿Cómo pude siquiera pensar esto de él? ¿Cómo pude ser tremenda bruja malvada?" (1988:37). Estas reacciones produjeron un efecto, como ella logró describir más tarde: "Estaba muda. Había perdido la capacidad de hablar. Él dijo que si yo le contaba a alguien, me haría encerrar por estar loca. O que me mataría. Perdí el valor de hablar de cualquier cosa" (1988:54). ¿Cuántas mujeres declaradas "locas" comenzaron su viaje de esta manera?

Por supuesto, los discursos no deberían ser conceptualizados como entes estáticos, inmutables o monolíticos, sino como entes flexibles y capaces de transformarse para alojar nuevos significados. El poder de los discursos no es insuperable: la hegemonía es algo que estos buscan, pero jamás logran por completo. La pregunta es: ¿cómo podemos saber qué efectos probables puede surtir un relato sobre violación antes del hecho? ¿Cómo podemos calibrar la probabilidad de cooptación?

Las confesiones

Puede que descubramos una pista cuando miremos más de cerca los efectos de una organización discursiva muy específica, esa que, con gran frecuencia, encuadra el discurso de la sobreviviente: la confesión. La práctica de la confesión logró un papel central en las prácticas civiles y religiosas de las sociedades occidentales desde el momento en que el Concilio de Letrán codificó el sacramento de la penitencia en 1215 (Foucault, 1980:58). Su foco de atención estaba en obtener la absolución. Si bien la confesión estuvo alguna vez relacionada solamente con la Iglesia Cristiana, Foucault sostuvo que podemos ver que la estructura de la confesión todavía opera más allá de este dominio, y todavía produce similares organizaciones discursivas.

La confesión constituyó un imperativo para hablar de esos actos que contravenían la ley, Dios o las normas de la sociedad. Al hablar de estos actos, los agentes (los hacedores) de las acciones aparentemente se transformarían y sus deseos se realinearían dentro de la esfera de la legitimidad y de la ley religiosa. De esta forma, la confesión se convertía en "una de las técnicas más valoradas de Occidente para producir la verdad" (Foucault, 1980:59).

La relación que existe entre el que se confiesa y el que recibe la confesión era de sometimiento y dominación. El que recibía la confesión era el intérprete experto, que descifraba el significado y la importancia de lo que estaba siendo confesado; y, además, decidía qué tipo de penitencia corregiría el pecado. Esta no era una conversación entre iguales, sino una estructura de subordinación discursiva.

En el contexto de esta estructura confesional, a las sobrevivientes se les da un empoderante "permiso para hablar", pero no por eso ese permiso se transforma en relación con las configuraciones existentes de poder. El intérprete experto o mediador –el sacerdote, el psiquiatra, el juez, el oficial de policía– es el que incita el discurso; más aún, lo exige. El imperativo llega en la forma de una orden proveniente de una figura dominante que baja hacia un subordinado, y es esta figura dominante más que la de la sobreviviente la que fija las condiciones en las cuales tiene lugar el discurso. El discurso sobre cuestiones no permitidas en otras partes se torna, de esta forma, "moralmente aceptable y técnicamente útil" (Foucault, 1980:21).

Al mismo tiempo que se incita a pronunciar ese discurso, tiene lugar un "examen policial de los enunciados", en el cual el experto pasa por un tamiz los datos "en bruto" del discurso de quien se confiesa y busca en tal discurso signos de pecado, de patología o de engaño. El objetivo explícito del proceso de la confesión es siempre la normalización del sujeto hablante y, en consecuencia, la eliminación de cualquier resistencia o potencialidad transgresora que pudiera existir. Con este fin, el que se confiesa debe aceptar el estar sometido a una autoridad indiscutida.

Foucault también sostuvo que la confesión delinea el mapa del espacio en el cual pueden unirse los discursos sobre verdad y sobre sexualidad, imbuidos en la creencia en una conexión intrínseca entre el cuerpo, el pecado y la verdad. La transformación operada por la confesión, la de convertir el "sexo en discurso", dio como resultado la "difusión [...] de sexualidades heterogéneas" y el establecimiento de los parámetros del funcionamiento sexual normal y moral (Foucault, 1980:61). Desde este temprano dogma cristiano, encontramos los primeros argumentos de que nuestros antecedentes sexuales representan la verdad última y suprema acerca de nuestro carácter moral y psicológico.

Foucault también estaba interesado en que la producción de un discurso de verdad acerca del sexo involucraba deseo y placer. Las confesiones eran placenteras de oír porque se parecían a "toda una revisión detallada del acto sexual en su despliegue mismo" (Foucault, 1980:19). El acto sexual mismo se repetía, en cierto sentido, en un espacio privado donde tenían lugar las confesiones. Esta economía del placer, por lo tanto, tenía un interés en construir la confesión como una ardua extracción; de esta manera, se la inviste de más significado y poder, y se intensifican sus placeres. Dada una situación en la cual se piensa que las propias experiencias sexuales manifiestan la verdad medular de la propia identidad como persona, y en la cual se requiere que dichas experiencias sexuales se revelen en un espacio privado a una figura a la que se le ha conferido el poder supremo de la interpretación, el poder del experto puede, en efecto, tornarse enorme. La capacidad analítica de la sobreviviente se vuelve nula, lo cual la hace más vulnerable a nuevos traumas si se desestima o se descree de la experiencia de aquélla.

Desde la década de 1980, los relatos en primera persona aparecidos en televisión o en las redes sociales sobre agresiones sexuales han llegado a millones de espectadores. El acto mismo de hablar de lo que ha pasado se ha convertido en una actuación y en un espectáculo. Dado que el poder opera no simple ni primordialmente a través de la exclusión y de la represión, sino a través de la producción misma y de la proliferación de los discursos, ¿cuál ha sido el efecto de esta proliferación?

Las confesiones televisivas

En el otoño de 1989 se denunciaron seis violaciones en los primeros dos meses del semestre de la Universidad de Syracuse. Una había tenido lugar en el jardín del rector de la universidad (Freitag, 1989). El encargado de las relaciones públicas de la universidad criticó públicamente a las estudiantes por beber alcohol, por caminar por el campus, a la noche, sin tomar ninguna precaución, y por su forma de vestirse (Goodman, 1989). Como podemos imaginar, las activistas estudiantiles reaccionaron con vigor: convocaron manifestaciones, marchas, denuncias públicas de violaciones, y con pintura en aerosol trazaron siluetas de cadáveres en los lugares donde se habían producido las violaciones. Antes de que terminara el año, varias estudiantes fueron expulsadas, pero el encargado de las relaciones públicas de la universidad fue reemplazado, y en el campus se instaló un centro de crisis antiviolación.

La crisis desatada en Syracuse recibió atención a nivel nacional por parte del periodismo; medios tan diversos como el diario *The New York Times* y la revista *Glamour* –y, en el medio, toda la gama– cubrieron la noticia. También la televisión diurna se involucró. Los productores de *The Home Show*, por la cadena ABC de televisión, se contactaron con una de las estudiantes de los grupos antiviolación y le preguntaron si había sobrevivientes que quisieran aparecer en el programa para hablar del problema de las violaciones en los campus universitarios. Los productores querían tener en su programa sobrevivientes recientes de violaciones que hubiesen tenido lugar en el campus mismo. Las activistas del campus debatieron esas solicitudes, y una sobreviviente –Tracy– se ofreció a ir junto con otro activista de sexo masculino. Tracy tenía la esperanza de poder llegar a otras personas que estuvieran lidiando con las consecuencias de una agresión y que pudieran estar sintiéndose tan inseguras como ella, en ese momento, acerca de qué medidas tomar (comunicación personal, primavera de 1990).

Apenas comenzó el segmento, la cámara le hizo un primer plano a Tracy mientras los conductores, Gary Collins y Dana Fleming, le solicitaban que contara al público "qué había pasado". Tracy describió brevemente la violación sufrida a manos de un conocido, mientras intentaba concentrarse en que la situación había sido absolutamente normal antes de la agresión. Sin embargo, Fleming repreguntó sobre el acto violento mismo, y le pidió a Tracy que explicara si ella había hecho "algo que, de alguna forma, pudiera haber provocado al agresor". Antes de la pregunta, Fleming le dijo: "Entiende que estamos de tu lado, pero creo que es una pregunta que te tenemos que hacer". Por supuesto, con esta frase formulaba supuestos sobre el público y lo situaba en el rol de juez escéptico.

Así, no fue Collins, sino su co-conductora la que situó a Tracy en el lugar de tener que defender sus propias acciones, las que la habían llevado a una agresión sexual. En ese momento, Tracy intentó cambiar el foco del debate hacia por qué se da por sentado con tanta liviandad que las mujeres son responsables de sus propias violaciones. Y Lindy, el otro estudiante que estaba en el programa, también intentó plantear el tema de la responsabilidad masculina respecto de la violación. Pero en ese punto, Collins lo interrumpió para preguntar qué podían hacer los padres cuando preparaban a sus hijas para la universidad para reducir el riesgo de violación. Una "experta en asesoramiento sobre prevención de la violación" comenzó, entonces, a exponer las formas en las cuales las mujeres de nuestra sociedad tienen dificultades para comunicar sus deseos sexuales, y a contar que el sexo suele ser más placentero para el hombre cuando la relación tiene lugar con una compañera que desea tenerla.

No estoy inventando todo esto. Laura y yo tomamos este episodio como emblemático para revelar la manipulación de que es objeto el público, y las "lecciones" que parecen desprenderse de aquel. En primer lugar, en el programa se puso en escena un momento emotivo en el que una sobreviviente habló de la violación de que había sido objeto; la idea era atrapar la atención del público. Luego, el centro del debate sobre la violación fue la conducta de las mujeres, y esto creó (o re-creó) el panorama ideal en el cual las mujeres más grandes son escépticas y juzgan a las mujeres más jóvenes, y donde los hombres más grandes actúan como protectores paternalistas. Tracy se convirtió en objeto de análisis y de evaluación para que los expertos y para que esos dos representantes de las masas –Collins y Fleming, los conductores–, designados por los medios, le hicieran una disección. La cámara tomaba el rostro de Tracy cuando los demás estaban hablando, como si estuvieran mostrándola como el "espécimen" al que estaban disectando. Ambos estudiantes intentaban concentrarse en el contexto institucional y cultural que excusa la violación y que les echa la culpa a las víctimas; pero los conductores del programa evitaron con éxito este enfoque al dirigir el debate hacia la forma en que las mujeres deberían cambiar su conducta, y cómo deberían educarlas sus padres para lograr este objetivo. Cuando se le preguntó a la "experta" algo acerca de los hombres, ella habló del incremento del placer sexual en ellos. Y la repetida invocación de la idea de que "nuestras hijas" abandonan un "entorno protegido" cuando se van de la casa para cursar la universidad reforzaba el mito de que las violaciones se producen con mayor frecuencia lejos del hogar.

Fueron numerosos los programas con conductores como Donahue, Geraldo y Sally Jessy Raphael durante esta etapa, con formatos similares. Consideremos las típicas palabras de apertura de Raphael en su programa del 21 de enero de 1991:

> Nuestras primeras invitadas de hoy dicen que jamás pensaron que fueran a sobrevivir el infierno en que se habían convertido sus vidas. Stephanie caminaba por un parque cercano a su casa cuando un hombre sacó un cuchillo. La arrastró cien metros y la violó brutalmente. Para empeorar las cosas, en ese momento Stephanie estaba embarazada de tres meses. Stephanie, cuéntanos brevemente qué pasó ese día.

Las emociones de las sobrevivientes se exhibían sin pudor alguno en una especie de vidriera, para el consumo del público. Los conductores hacían preguntas que pusieran el dedo en la llaga para hacer que las sobrevivientes lloraran delante de la cámara, un truco que puede lograrse descubriendo los temas más vulnerables en una entrevista previa al programa, y volver a tocarlos cuando el programa estuviera en el aire, como aprendimos de Kristin Eaton-Pollard, otra estudiante de la Universidad de Syracuse que estuvo invitada en numerosos *talk shows*, incluido *Geraldo* (comunicación personal, mayo de 1990). Luego de unos minutos de permitir que la invitada hable, el conductor suele decir "¡Vaya!" o algo parecido, y van a una pausa comercial. Luego, aparece el inevitable experto: casi invariablemente es una mujer o un hombre blancos, con apariencia de clase media o profesional, quienes, con aire compasivo pero desapasionado, le explican al público la índole de tales delitos violentos, los síntomas y las posibles terapias que pueden encararse con posterioridad. Las sobrevivientes son meras ejemplificaciones de las verdades reveladas por el experto; ellas narran sus experiencias sin tener la oportunidad de interpretarlas ellas mismas ni analizarlas.

Una vez que comenzó a disminuir este auge dramático inicial presentado por estos programas para las audiencias televisivas, se buscaron víctimas que padecieran múltiples desórdenes de personalidad u otras patologías que provocaran sensacionalismo; de esta manera, se ampliaba la distancia emocional entre el público y los sobrevivientes. Geraldo Rivera se caracterizaba por intensificar la dramaticidad de las situaciones de sus programas incluyendo participantes que contradecían los relatos de las sobrevivientes. Con frecuencia, en sus programas se hacía que fueran las sobrevivientes, más que los perpetradores, las que tuvieran que explicarse y defenderse. Por ejemplo, en su programa del 14 de noviembre de 1989 sobre "violaciones en los campus", una de las sobrevivientes fue contradicha por el viceadministrador de asuntos estudiantiles de su universidad; este presentó puntos de vista escépticos y contradictorios de una "autoridad"; es decir, alguien que se encuentra en un escalón más alto de la jerarquía discursiva dominante. De esta manera, socavaba la credibilidad del relato de la sobreviviente y el análisis de esta. La intervención del viceadministrador también desvió el debate de lo que era su médula original –los problemas de seguridad y los procedimientos de respaldo para las sobrevivientes de violaciones en los campus universitarios– a una discusión sobre si realmente había tenido lugar una violación.

En una cultura donde las sensaciones de los televidentes se veían cada vez más anestesiadas por las vívidas descripciones de actos violentos (reales y ficticios), y en la cual la sensibilidad masiva se atrofió por una sobrecarga de información, estos programas suministraban un momento en el cual podían observarse sentimientos reales, intensos y "en crudo". Este "valor emocional de conmoción" era su valor de uso como bien comercializado a través de los medios. En apariencia, el valor de conmoción necesitaba ser atemperado con una dosis de moderación: demasiado poco hacía que el programa fuera aburrido, pero una cantidad excesiva inducía a los televidentes a cambiar de canal. La mediación de un experto que exhibiera una actitud conciliadora oficiaba como mecanismo para desplazar la identificación con las víctimas y para reducir la potencia emocional implicada en la presencia de la sobreviviente.

Es claro que la potencialidad transgresora del discurso de las sobrevivientes se pierde cuando encuentra mediaciones de este tipo. Entonces,

¿por qué las sobrevivientes aceptan aparecer en estos programas? Porque ni siquiera el nivel más alto de valor de producción puede lograr un control absoluto sobre las reacciones del público. Y porque en un régimen discursivo en el cual a las sobrevivientes no se les permite hablar, oír estas narraciones puede despertar un cierto poder dentro de cada uno, sobre todo entre las sobrevivientes del público.

Los momentos más transgresores han tenido lugar en los *talk shows* televisivos cuando se ha superado la bifurcación entre la víctima y el público, por un lado, y, por el otro, entre quien registra la experiencia y quien la interpreta. Esta situación tuvo lugar, por ejemplo, en el programa *The Oprah Winfrey Show* emitido el 10 de noviembre de 1986, cuando Winfrey se refirió a su propia historia como sobreviviente de abuso sexual infantil; de esta forma, subvirtió su capacidad de presentarse como observadora objetiva y desapasionada de las víctimas que estaban en el estudio de televisión. Debido a su propia identificación con las sobrevivientes, rara vez Winfrey les permitió ponerse en la situación de tener que defender la verdad de sus relatos o de sus acciones. Y cuando el foco de atención es el abuso sexual infantil, Winfrey no siempre recurre a un experto, sino que se presenta ella misma como sobreviviente/experta, y sustenta esta posición en su propia experiencia.

Hubo un segmento en particular transgresor de un viejo programa de Oprah Winfrey que se destacó: todo el público –unas cien mujeres– estaba compuesto de sobrevivientes; el resultado fue un debate grupal "horizontal" de amplio alcance. Ese formato impidió todo esfuerzo por contener o cooptar la potencialidad perturbadora del discurso de las sobrevivientes o por segregar dicho discurso a un ámbito menos amenazante. Y lo que es más importante es que no se pudo mantener la brecha entre la víctima y el experto. Sin un esquema discursivo segregado, las víctimas de violencia sexual pudieron hablar como expertas en violencia sexual. Durante al menos un breve momento televisivo, las sobrevivientes fueron los sujetos de sus propias vidas.

Los peligros

La táctica de hablar de lo que nos ocurrió involucra, por lo general, revelar parte de nuestra persona, una narrativa autobiográfica y la expresión de sentimientos y emociones; todas estas son características de un modo confesional de discurso. Es un terreno plagado de peligros que Laura y yo sintetizamos en los siguientes cinco puntos:

1) Como lo demuestran los ejemplos televisivos, uno de los peligros de utilizar el modo confesional en la televisión masiva es que el discurso de las sobrevivientes se convierte en un bien mediático cuyo valor de uso se basa en su sensacionalismo y en la dramaticidad que despierta; ese bien, esa "cosa", luego circula dentro de las relaciones de competencia de los medios, sobre todo para potenciar el valor de mercado y para despabilar televidentes aburridos. Estos objetivos –probablemente no previstos por las sobrevivientes mismas– determinan cómo se organiza el discurso, cómo se lo produce y cómo se lo edita. El resultado puede surtir poco efecto o ninguno en el esfuerzo por reducir la violencia sexual.

Esta afirmación queda corroborada por un estudio realizado por el sociólogo Joel Best. En 1990, Best analizó las representaciones culturales del abuso infantil en Estados Unidos a lo largo de los treinta años anteriores, cuando el problema comenzó a obtener la atención de los medios. Best se dio cuenta de que los programas de noticias solían describir el problema, nada más, sin ofrecer explicaciones ni posibles soluciones; y, además, sus descripciones eran, por lo general, engañosas. Por ejemplo, era habitual que se dijera que el problema involucraba extraños y no miembros de la familia, y que se fundaba en una perversión individual sin contexto social. Best también mostró que los medios solían presentar un imaginario "consenso entre partes conocedoras e interesadas" y ofrecer sólo esas explicaciones y soluciones "congruentes con la autoridad institucionalizada existente". "Las afirmaciones radicalizadas rara vez suben a la superficie" (Best, 1990:110).

2) Un segundo peligro es que el modo confesional centra su atención en la víctima y en su estado psicológico, y no en el perpetrador. Si bien se quiebra una regla de exclusión cuando una sobreviviente nombra y describe su experiencia, el paso que esta da entre el ámbito de lo privado al ámbito de lo público o de lo social se bloquea si el discurso se construye como una transmisión de sentimientos y emociones "internos", "íntimos", que se analizan en forma separada de la relación que mantienen estos con las acciones del perpetrador, y aparte de las convenciones de interacción en las que se encuentra inmersa la sociedad y de las reglas de discurso. El análisis del yo "interno" de la sobreviviente y sus sentimientos reemplazan

todo esfuerzo tendiente a transformar la sociedad, en lugar de conducir a esta transformación.

Louise Armstrong (1985, 1990, 1994), una de las primeras escritoras que analizó el incesto entre padre e hija desde un punto de vista en primera persona, se quejaba del giro hacia la autoayuda y las "narraciones en primera persona", que habían hecho disminuir el movimiento en contra de la violación en la década de 1980. Luego de haber minimizado el problema durante décadas, el establishment de la psiquiatría comenzó a colonizar la violación y el abuso sexual infantil al considerarlo como una cuestión que legítimamente se encontraba bajo su exclusivo dominio. Armstrong sostenía que esta actitud hacía que se canalizara el discurso de las sobrevivientes hacia una salida no amenazante e individualista; de esta forma, se creaban adictas a la terapia en lugar de activistas[4]. Armstrong no desestimaba lo que las sobrevivientes pudieran ganar a través de una terapia efectiva, pero enfatizaba que la terapia era una solución insuficiente.

3) Dada su trayectoria histórica desde el ritual religioso a la psicoterapia, el modo confesional también puede invitar la presencia de un mediador desapasionado o parecer necesitarlo. Si hay alguien que desempeña el papel del que se confiesa, la precedencia histórica y la lógica de la estructura discursiva de la confesión dictan que es preciso que haya alguien que escuche y reciba la confesión; alguien que desempeñe el papel de quien absuelve, interpreta y juzga. Esta mecánica le quita a la sobreviviente su autoridad y su capacidad de acción. Tal efecto puede verse mitigado si el que recibe la confesión también es un sobreviviente; por ejemplo, dentro de un grupo de apoyo de sobrevivientes.

Aquí, la cuestión no es individualizar el proceso interpretativo, dado que los formatos dialógicos siempre son los mejores tanto para lograr una autocomprensión como para comprender el mundo; pero ha habido tal avalancha de formas en las cuales las sobrevivientes han sido consideradas epistémicamente deficientes que es importante contrarrestar esa situación con modos de análisis colectivo que las ayuden a desarrollar confianza en sus habilidades analíticas. De acuerdo con mi experiencia en grupos de apoyo, las sobrevivientes están constantemente analizando, preguntándose

---

[4] Véase también el acalorado debate respecto de esta afirmación en *Women's Review of Books*, abril de 1990.

por qué, y se muestran escépticas a las respuestas demasiado simplistas. Esta actitud se ve impulsada por la necesidad abrumadora de conocer la verdad, incluida la verdad acerca del problema en general. Queremos saber por qué nuestros perpetradores hicieron lo que hicieron, cómo es posible que hayan cometido semejantes actos y, en algunos casos, queremos saber cómo procesar los sucesos y los casos complejos y ambiguos de culpabilidad. Se nos ha mentido durante demasiado tiempo; queremos la verdad, y la mayoría de nosotras comparte la creencia de que este deseo requerirá nuestra participación.

4) El formato confesional mismo funciona de modo tal que desautoriza epistémicamente a las sobrevivientes; lo hace reproduciendo estructuras binarias conocidas, como la experiencia "en crudo" y la teoría; los sentimientos y el conocimiento; lo subjetivo y lo objetivo; y la mente y el cuerpo. Estos binarios se corporizan en la organización discursiva de la confesión, que divide los roles del habla con el uso de estos términos. La división es considerada necesaria para el desarrollo de un análisis o diagnóstico creíble y objetivo. La primera parte del binario –la experiencia, los sentimientos, el dolor emocional y físico– suministra los datos "en crudo", necesarios para producir una teoría y un conocimiento objetivos. Pero aquí no hay complementariedad de esferas: los sentimientos y la experiencia son obstáculos para la producción de la teoría, a menos que ambos se subordinen sin remedio a las evaluaciones "objetivas" de la segunda parte de la estructura binaria. La organización misma de la confesión supone una noción de teoría que necesariamente está dividida de la experiencia y la domina. Además, crea una situación en la cual la sobreviviente –debido a su experiencia y a sus sentimientos– es paradójicamente considerada la persona menos capaz de oficiar como autoridad o experta a la cual recurrir para obtener un análisis.

Con frecuencia, los puntos de vista de las sobrevivientes sobre la cuestión de la violencia sexual tendrán menos credibilidad general que los de cualquier otra persona. Valerie Heller explica esta cuestión en lo referido a abuso sexual infantil:

> El mito dice que los adultos que fueron sexualmente abusados ven abuso sexual por todas partes, [...] que son "demasiado susceptibles" debido a lo que les ocurrió. [...] El resultado es que [...] la realidad del sobreviviente es vista como una fantasía. La verdad no es que los sobrevivientes del

abuso sexual sean "demasiado susceptibles". Simplemente sucede que nosotros sabemos qué aspecto tiene el abuso, qué se siente, y qué efecto va a producir en el abusado (1990:159).

En *The Second Rape* (1991:51), Lee Madigan y Nancy Gamble comentan un caso en el que el relato de una sobreviviente de violación es desacreditado sobre la base de que ella fue abusada cuando era niña. Esta ha sido la experiencia de casi todas las sobrevivientes que conozco, así como la mía propia.

5) Quiero advertir acerca de un último peligro. Cuando se considera que romper el silencio es la ruta *necesaria* hacia la recuperación, se convierte en un imperativo o en una coacción que, con frecuencia, viene de algún tipo de figura de autoridad –sea esta médica o jurídica–, pero también puede sentirse coactiva cuando proviene de un defensor bienintencionado de la causa antiviolación. La negativa a ajustarse a este imperativo puede ser leída como una debilidad de la voluntad, una nueva escenificación de la victimización o falta de valentía. Diana Meyers sostiene lo siguiente en su detallado análisis del uso de las narraciones de las víctimas para dar un paso adelante en la justicia social: "Obligar a alguien a volver a contar lo sucedido implica una revictimización en muchos contextos. [...] Entonces, dejaré a criterio de las sobrevivientes la ética de contar sus relatos" (2016:184). El disgusto foucaultiano por la confesión se basaba, como sostiene Chloë Taylor, en la forma en que "se obliga a hablar [...] a personas marginadas y obligadas" (2009b:196). La relación entre discursos y poder es compleja según el punto de vista de Foucault, como se ha comentado en este capítulo. "Los discursos no son, de una vez y para siempre, lacayos del poder ni se levantan contra este, tanto como el silencio no es lacayo del poder ni se rebela contra él. [...] El silencio y el secreto son un refugio para el poder, fija sus prohibiciones, pero también afloja sus amarras y suministra áreas relativamente oscuras de tolerancia" (Foucault, 1980:100-1). Aquí, Foucault piensa en los silencios que rodean el sexo no heterosexual, en el cual pareciera que coexistieran la discreción y la reticencia a hablar con la tolerancia social, como sigue describiendo en el mismo pasaje. Entonces, las proscripciones de Foucault contra las confesiones tienen su motivo central en el espectro del ser marginado al que se lo obliga a revelar detalles íntimos de su vida.

Los desafíos a los que se enfrentan las sobrevivientes de violaciones sexuales son diferentes. La narración de las experiencias no es objeto de coacción de parte de los expertos médicos o jurídicos ni de parte de los defensores de la causa antiviolación a los fines de una normalización ni de un castigo. Con todo, la coacción ejercida para que la víctima hable presume una relación epistémica con las sobrevivientes que manifiesta injusticia epistémica, lo cual niega nuestra capacidad de juzgar nuestra propia situación y los posibles resultados. Es factible que la supervivencia misma haga que sea preciso negarse a hablar de lo sucedido, dadas las propias dificultades emocionales, financieras y físicas. La narración de lo sucedido pone en riesgo de venganza física a numerosas sobrevivientes; estas, además, pueden experimentar un trauma emocional debilitante, pueden encontrar dificultades en su empleo, pueden llegar a ver que las relaciones que las apoyan sufren repercusiones negativas o que esto mismo sucede con el bienestar de sus hijos. La narración de lo sucedido puede hacer que se despierten horribles recuerdos, que la víctima padezca de insomnio, de desórdenes alimenticios, de depresión, de dolencias físicas y de otros varios problemas que, con frecuencia, tiene que ocultarles a los compañeros de trabajo y soportar sola. La terapia es cara. La postura coactiva que postula que "una tiene que contar" es merecedora de una justa crítica por parte de Foucault cuando este se refiere a la exigencia de hablar y a lo que trae aparejado: el poder dominante y una estructura teórica imperialista (1980:61). Además, el silencio, señala Foucault, puede ser poderoso por sí mismo: una expresión de hostilidad y una forma de cuidado de una misma.

Esta síntesis de los peligros no tiene por objeto demostrar que hablar acerca de las propias experiencias en cualquier ámbito público será un acto inevitablemente sujeto a cooptación y que no surtirá ningún efecto positivo. La índole del paisaje discursivo involucra indeterminación e inestabilidad; por su parte, las reacciones del público son diversas y cambiantes. No obstante, los esquemas estructurales en los cuales hablamos producirán efectos sobre los resultados más allá de las intenciones de las partes. En la siguiente sección –la última–, me dedico a una pregunta más constructiva: ¿cómo podemos maximizar la potencialidad transgresora del discurso de las sobrevivientes de forma tal que la autonomía y el empoderamiento de la sobreviviente que habla –así como de cualquier otra sobreviviente– se vea potenciado en lugar de socavado?

El discurso subversivo

Sin duda, un factor inhabilitante primordial en la estructura de la confesión es el papel del mediador experto. A fin de alterar las relaciones de poder que existen entre los participantes discursivos, necesitamos reconfigurar –o, directamente, eliminar– este papel. Y esta acción requiere superar la bifurcación que existe entre la experiencia y el análisis corporizado en la estructura de la confesión. Necesitamos transformar los esquemas del habla de modo tal que creemos espacios donde las sobrevivientes se encuentren autorizadas para actuar como testigos y como expertas, como relatoras de experiencias y como teóricas de la experiencia. Dichas transformaciones alterarán la forma en que pensamos acerca de nuestro propio yo subjetivo, y también cambiarán la forma que interactuamos con los demás. Dentro de tal panorama, las sobrevivientes podrían, en palabras de la escritora y activista feminista bell hooks (1989:110), "utilizar la confesión y la memoria como herramientas de intervención" más que como instrumentos de recuperación.

En *Talking Back: Thinking Feminist, Thinking Black,* hooks ofrece una sugerencia sobre la producción de narrativas personales y propone también la forma en la que estas pueden generar transformaciones políticas, en lugar de la privatización y la individualización de nuestras experiencias. Este análisis encontró eco en el debate que, por ese entonces, llevaban a cabo las feministas sobre los efectos políticos de los grupos que procuraban inculcar una toma de conciencia. Los críticos de esta concientización sostenían que esta desplazaba la política utilizando el ámbito de lo personal y de lo individual, y que enfatizaba la transformación individual a expensas de la lucha social (véase, por ejemplo, Freeman, 1975; Eisenstein, 1983). Otra crítica de las narrativas personales tenía que ver con la tendencia a esencializar la identidad y a presentar experiencias a través de conceptos de autenticidad que desmienten la complejidad de estas. Según el punto de vista de hooks, el dominio de lo personal puede tornarse políticamente eficaz y transformativo, y no necesariamente va a opacar las condiciones de producción de experiencia si relacionamos el contexto dentro del cual entendemos nuestra experiencia. En este caso, "la narración de lo sucedido se convierte en un proceso de historización. No quita a las mujeres de la historia, sino que nos permite vernos como parte de la historia" (hooks, 1989:110). Considero que el argumento de hooks concuerda con los argumentos que expuse en el capítulo 2 (y que retomaré en el capítulo 7): que siempre hay varias formas en que podemos interpretar y narrativizar nuestras experiencias.

Laura Gray-Rosendale narra que cuando ella leyó por primera vez la declaración que había hecho ante la policía luego de que la atacaran, "tuvo que reírse". En la última línea se leía: "Esta declaración es toda la verdad". Pero ella dice que esa frase

> parecía burlarse del objetivo mismo que yo me había propuesto: intentar procesar mis propias experiencias. [...] Dados los problemas propios que tiene la memoria, sería necesario que yo dejara de pensar en mi objetivo como un relato absoluto y confiable de la experiencia, sino como algo aproximado y no totalmente derivado solo de mis experiencias personales y de mis recuerdos (Gray-Rosendale 2013: 217).

Las experiencias mismas de traumas son "necesariamente fragmentadas y dispersas. Dado que nuestros recuerdos por sí mismos no son confiables para generar nada que se parezca a un panorama completo de lo que ocurrió, no tenemos otra alternativa: tenemos que meter con nosotras a nuestros lectores en esas lagunas mentales" (2013:216).

En diferentes etapas de mi propia vida he entendido de diferentes maneras lo que sucedió conmigo cuando era niña. Comencé a llenar los espacios vacíos del esquema, por así decirlo, conforme logré un mayor conocimiento acerca de mis reacciones y de las reacciones de quienes me rodeaban. Los grupos de apoyo de las sobrevivientes en los que yo participé a lo largo de los años no fueron nada más que una vía para transmitir mis vivencias, sino también una oportunidad de analizar mi experiencia y pensar a fondo la forma de entender mi historia. Esos grupos me ayudaron a actuar como teórica de mi propia experiencia.

Toda ontología que no bifurque la experiencia y la teoría requiere que renunciemos a la idea de que al contar nuestras experiencias estamos solamente informando sucesos internos sin interpretación, o estamos solamente llegando a la concientización. Convertirse en teóricas de nuestra propia experiencia requiere que tomemos conciencia de que estamos participando de un proceso indeterminado y con final abierto de producir significados.

Necesitamos nuevas formas de analizar lo personal y lo político, así como nuevas formas de conceptualizar estos términos. La experiencia no es "pre-teórica", ni la teoría está separada o es separable de la experiencia; por su parte, ambas son siempre ya políticas en el sentido de que dependen de un repertorio conceptual que se produce en virtud de condiciones sociales en las cuales las relaciones de poder desempeñan un papel importante. Por lo tanto, ningún proyecto de cambio social necesita "ir más allá" de la narrativa personal o incluso de la confesión a fin de tornarse político, sino que necesita analizar los diversos efectos de la confesión en diferentes contextos y luchar por crear espacios discursivos en los cuales podamos maximizar sus efectos sociales transformadores.

Esta idea de que ninguna experiencia es "pre-teórica" no justifica el relativismo acerca de los efectos de la violencia sexual; más bien esta idea reconoce que hay múltiples formas de experimentar las violaciones sexuales: por ejemplo, como algo merecido o inmerecido; como algo humillante para la víctima o como humillante para el perpetrador, como característica inevitable de lo que le toca soportar a la mujer en la vida o como un mal socialmente permitido. También hay zonas grises y casos fronterizos respecto de algunos tipos de agresión sexual y abuso sexual que son objeto de interpretaciones más variables. Reconocer el "ida y vuelta dialéctico" entre discursos y experiencia nos permitirá entender la forma en la cual numerosas sobrevivientes debieron "llegar" a sentir nuestro enojo y hasta la profundidad de nuestro dolor recién después de que hubiésemos adoptado la posición política y teórica de que no merecimos ese tratamiento ni hicimos nada para provocarlo.

Entonces, hablar en calidad de sobrevivientes no implica que tengamos un entendimiento o una interpretación invencible e infalible de los hechos; sin embargo, hablar en calidad de sobrevivientes puede contribuir a nuestro empoderamiento, a nuestra recuperación y al cambio social. Se trata de una poderosa intervención en las convenciones de la autorización epistémica que tienen por objetivo silenciar a las víctimas y, en este sentido, siempre, hasta cierto punto, es transgresora. Pero dados los complejos problemas que se han descripto en este capítulo, ¿cómo deberíamos hacerlo?

Antes de hablar, es preciso que miremos las relaciones de poder y de dominación que pueden existir entre quienes incitan a hablar y a quienes se les pide que hablen, y que también miremos a quiénes está dirigida la narración de lo sucedido. En la medida de lo posible, debemos quitarles poder a quienes intenten "examinar policíacamente nuestras declaraciones", ponernos en una postura defensiva, o determinar el foco y el marco de nuestro discurso. Esto incluye posturas foucaultianas y otras posturas teóricas que podrían dictar juicios.

La intensidad emocional de los relatos de las violaciones se emplea, con frecuencia, para examinar policialmente el discurso de la sobreviviente. El despliegue emocional justifica la jerarquía entre expertos y sobrevivientes, y desacredita a las sobrevivientes en una variedad de formas. Algunos casos exigen que el discurso de la sobreviviente involucre un contenido emocional intenso y explícito antes de que sea creíble. Las víctimas han sido dejadas de lado por parte de la policía y del público televisivo por tener una conducta fría. Y ciertamente, en las situaciones que se dan en los medios de comunicación, se alienta a que haya algún contenido emocional debido a su valor de uso para despabilar al público anestesiado. En otros casos, sin embargo, el contenido emocional del discurso de la sobreviviente es considerado una manipulación, carente de autocontrol o simplemente inapropiado. Dentro de un contexto donde la figura de la histérica –popularmente entendida como una persona que se imagina cosas y que, por lo tanto, produce su propio trauma y es incapaz de autocontrolarse–, flota siempre en el ambiente, interrogando cada representación del enojo femenino, una estrategia discursiva que, en otro contexto, podría visualizarse como original y efectiva, pero que aquí está siempre sometida a sospecha. El miedo de ser vista como "una persona que reacciona exageradamente" ha reprimido el deseo de muchas sobrevivientes de hablar de lo que les ocurrió.

La actividad subversiva es perturbadora. Bien sea que se trate de tenderse sobre el piso, delante de los patrulleros policiales, bien sea que se trate de marchar hacia los bancos y hacer un escándalo de ruido, bien sea que se trate de pintar con pintura en aerosol siluetas de cadáveres en las veredas de las universidades, a veces necesitamos perturbar el apacible flujo del comercio capitalista y patriarcal. Necesitamos cuestionar eso que se da por sentado: que siempre es bueno para las sobrevivientes "controlar" nuestras emociones. ¿Quién se beneficia con ese control? Reconozco que las sobrevivientes se benefician cuando podemos continuar funcionando razonablemente bien en la sociedad, y cuando nos apegamos a nuestros empleos y a nuestras relaciones. Pero el clima actual solo permite explosiones emocionales en los medios de comunicación para producir un efecto dramático, o en los tribunales, para ganarnos la simpatía de los miembros del jurado, o en el espacio privado del consultorio del terapeuta. ¿Por qué no identificar y desarrollar métodos y foros en los cuales actualizar el potencial subversivo del ultraje sufrido por la sobreviviente? Es importante recordar que son demasiadas las sobrevivientes que no sienten tal sensación de ultraje y experimentan poco enojo o ninguno, salvo dirigido a ellas mismas. He oído a demasiadas víctimas de violación expresar, entre lágrimas, su preocupación acerca de qué consecuencias le traería la denuncia a la vida *del perpetrador*, incluso a la carrera deportiva de este. La furia de las mujeres en nuestro propio nombre es un éxito obtenido a través de la lucha política y la lucha teórica; es indicativa de la amenaza que plantea. ¿De qué formas podemos expresar esta furia, dejar en libertad su potencialidad perturbadora, pero, al mismo tiempo, minimizar el efecto adverso en nuestra seguridad y en nuestro bienestar?

Consideremos el método de la acusación anónima. En el otoño de 1990, las estudiantes de la Universidad Brown comenzaron a confeccionar una lista con los nombres de sus violadores en las paredes de los baños de mujeres[5]. Esta táctica surgió a partir del enojo provocado por las insuficientes reacciones institucionales a las acusaciones. Al ser listas anónimas, y al haber elegido un lugar relativamente escondido en el cual escribir, las mujeres lograron minimizar su propia exposición y el riesgo de recriminación, si bien varias sobrevivientes se negaron a participar incluso en esta acción anónima por miedo a que los perpetradores adivinaran o supusieran quién había escrito sus nombres. Pero las listas escritas en los baños representaron en ese momento un innovador intento de perturbar, al tiempo que minimizaban los peligros para las sobrevivientes.

En efecto, las listas crearon una enorme perturbación. No solamente se enojaron los perpetradores nombrados, sino que también se despertaron frenéticas reacciones de parte de los administradores sobre su incapacidad de "contener" el discurso sobre agresión sexual en su campus. Pese al hecho de que los encargados de limpieza tenían la orden de borrar las listas apenas aparecieran, las listas seguían apareciendo y crecieron de diez nombres a treinta. Cuando las listas comenzaron a aparecer, en la publicación *Brown Alumni Monthly* (diciembre de 1990:13-15) se informó, como correspondía, que la Universidad se encontraba, en ese momento, en medio de "un concienzudo examen de sus políticas relativas a la agresión sexual". Dicho de otra forma, ya existía en el campus un acuerdo

---

[5] Este incidente fue motivo de una nota en la revista *People* (Freeman, 1990) y en la publicación *Brown Alumni Monthly* (diciembre de 1990: 13-15). También se habló de él en un programa del conductor Phil Donahue.

discursivo oficialmente organizado y permitido para hablar acerca de la cuestión de la violencia sexual cuando las estudiantes decidieron crear su propio espacio discursivo, en las paredes de los baños. La creencia de estas chicas de que las vías oficiales que alojaran el discurso de las sobrevivientes eran ineficientes fue claramente la motivación de estos grafitis, como queda en evidencia a través de lo que escribieron las mujeres. Aquí hay una muestra (citada en Freeman 1990:102):

> [X] es violador.
> Denuncia a ese animal.
> Si crees que "denunciar a ese animal" va a hacer algún bien,
> tienes mucho que aprender sobre el sistema judicial.
> Comencemos a dar nombres. Si no nos cuidamos entre nosotras,
> nadie lo hará.
> ¿Quién borró todos los nombres?
> No dejes que borren esta lista. ¡Pelea!
> [Y] es violador. Nada lo sacará de este campus. Lo sometieron
> a juicio, lo enviaron a su casa durante una semana
> para hacerle una "evaluación psiquiátrica".
> Los chicos blancos y ricos pueden hacer lo que deseen en este campus.
> Borraste nuestra lista, pero eso no borra sus delitos.
> Nosotras, las sobrevivientes, todavía seguimos aquí.

Los administradores estaban tan furiosos por haber perdido el control discursivo que acusaron públicamente de calumnias e injurias a las chicas que habían escrito la lista; también las acusaron de hostigamiento y de "atacar la médula misma del sistema judicial estadounidense" (1990:13-15). También les escribieron a los hombres que figuraban en la lista para ofrecerles como ayuda el iniciar acciones judiciales. Estos eran administradores universitarios que –imaginaría una– debían tomar una posición neutral cuando un grupo de estudiantes acusa a otro grupo; sin embargo, en Brown –como en otros lugares, según mi experiencia–, los administradores se aseguraron de proteger a los estudiantes acusados, lo cual incluyó la facilitación de asesoramiento jurídico gratuito.

En última instancia, este incidente dio como resultado un compromiso mayor por parte de la Universidad por fortalecer y mejorar sus procedimientos para darles tratamiento a los delitos de violencia sexual, y la creación de dos nuevos puestos administrativos que les dieran respuesta a las cuestiones femeninas. Las sobrevivientes debemos continuar desarrollando y explorando formas en las cuales resistir las convenciones del discurso que han silenciado y cooptado muestras voces, y crear nuevas formas y espacios discursivos en los cuales ser testigos, cosa que Nancy Ziegenmeyer define como "hablar a las claras, nombrar lo innombrable, darnos vuelta y enfrentarlo" (1992: 218).

7

El problema de hablar por mí misma

En mi experiencia, los filósofos tienen terror de autonarrativizarse. Si bien somos perfectamente capaces de brindar una narrativa de nuestra contemporaneidad, de la reunión del cuerpo docente universitario o de una reciente visita familiar, que se nos pida que demos una narrativa autobiográfica de nuestras vidas de un modo más serio y abarcativo hace sonar en nosotros una alarma. Sabemos demasiado acerca de la construcción de las narrativas y de las alternativas adecuadas a las que podemos recurrir acerca de dónde comenzar y cómo, dónde abandonar y qué dejar fuera.

Además, las narrativas sobre experiencias en primera persona reciben, a veces, demasiada autoridad epistémica mediante la invocación de un poder retórico (el indiscutible "¡Yo estuve allí!") que hace despertar nuestra desconfianza. En sí misma, la exitosa mercadotecnia de las memorias contemporáneas hace que este género se vuelva el blanco de sospechas, y no es para menos: el beneficio que puede obtenerse de ellas motiva a los editores a minimizar ciertas preocupaciones acerca de la confiabilidad del escritor, lo cual lleva a que descubramos algunas falsedades famosas y desastrosas. En general, cuando alguna enunciación se convierte en una narración en primera persona, dicha narración parece estar inmunizada a todo cuestionamiento; con todo, los filósofos estamos entrenados para rechazar las autorizaciones absolutas de cualquier tipo, eclesiásticas, perceptuales o de otro tipo. Si un simple relato perceptual puede movilizar a los filósofos a producir industrias enteras de análisis epistémicos e hipótesis escépticas, entonces, es probable que a las narraciones de experiencias más sustanciales, significativas y complejas les vaya mucho, mucho peor.

Sin embargo, la primera persona, como género, sigue siendo singularmente poderoso, y no solo por razones dudosas. Y si podemos tomar el punto de vista de primera persona como epistémicamente importante sin pintarlo como "inmune al cuestionamiento", hay menos necesidad de que suene la alarma escéptica. Además, cuando vamos más allá de las narraciones de hechos en primera persona y agregamos un análisis reflexivo, el punto de vista subjetivo puede ser un lugar rico para investigar y para llegar a un análisis lúcido sobre las variables condiciones del conocer. En otras palabras: el punto de vista en primera persona puede ser una vía productiva para la evaluación epistémica precisamente acerca de las afirmaciones absolutas del punto de vista en primera persona. Consideremos el análisis en primera persona proveniente de Maurice Merleau-Ponty (1964:142), en el que reflexiona acerca de sus experiencias en tiempos de guerra. Lo siguiente fue escrito por él cuando terminaba la Segunda Guerra Mundial:

> Nuestro estar vestidos de uniforme no cambió esencialmente nuestra forma de pensar durante el invierno de 1939 a 1940. Todavía teníamos el placer de pensar en los demás en tanto vidas separadas, aparte; [...] todos nuestros estándares seguían siendo los del tiempo de paz. [...] Merodeamos alrededor de este teniente alemán que yacía agonizante en el alambre de púas, con una bala en el estómago, [...] [mirábamos] larga y compasivamente el angosto pecho apenas cubierto por el uniforme, en esa zona de temperaturas casi bajo cero; mirábamos ese cabello rubio ceniza, las delicadas manos, como lo habrían hecho su madre o su esposa. Después de junio de 1940, sin embargo, ingresamos de verdad a la guerra porque a partir de entonces ya no teníamos permitido tratar con los alemanes con los que nos encontrábamos en la calle, en el metro o en el cine, como seres humanos. De haberlo hecho, si hubiésemos querido distinguir a los nazis de los alemanes, el campesino o el obrero debajo del soldado, ellos solo habrían sentido desprecio por nosotros y lo habrían considerado un reconocimiento de su gobierno y de su victoria. [...] La magnanimidad es una virtud del hombre rico.

En este punto, Merleau-Ponty relata no tanto sus percepciones externas en primera persona; antes bien, lo que relata es el contexto social que afectaba su aparato perceptual interno, o la forma en que la guerra había cambiado su sensibilidad. Antes de que comenzara la guerra de verdad, él conservaba la capacidad de conmoverse ante un joven soldado nazi muerto; pero con posterioridad, sus reacciones cambiaron, por fuerza. Por lo tanto, como él mismo explica, la ocupación hizo que los parisienses de su ámbito:

> re-aprendan toda esa conducta infantil que nuestra educación nos había quitado; debimos juzgar a los hombres por las ropas que vestían, [...] vivir al lado de ellos durante cuatro años sin vivir con ellos ni por un minuto, sentir que nos convertíamos en "franceses" bajo su mirada, y no en hombres. Desde entonces, nuestro universo de individuos contuvo esa masa compacta gris o verde. Si hubiéramos mirado con mayor astucia, podríamos haber encontrado amos y esclavos en la sociedad de tiempos de paz, y podríamos haber aprendido cómo cada conciencia –por libre que fuera, por soberana e irremplazable que pudiera percibírsela– se inmovilizaría y generalizaría, un "obrero" o un "francés", bajo la mirada del extranjero (Merleau-Ponty, 1964:142).

Es la ruptura de la ocupación nazi lo que le hace más visible a Merleau-Ponty sus supuestos individualistas previos acerca de cómo uno podría simplemente elegir repudiar la importancia de las identidades grupales. Pero al presentar este argumento, Merleau-Ponty ofrece no solamente una visión relativista sobre convenciones contrastantes, sino también una crítica epistémica de sus prácticas perceptuales anteriores. Las categorías de identidad grupal también existían en tiempos de paz, con sus rangos y privilegios, pero su creencia (a la que tenía derecho) de tener una conciencia soberana le impedía ver lo dicho: la existencia de las categorías de identidad grupal. Pudo haberlas visto, entonces, si hubiera mirado "con mayor astucia"; pudo haber visto "los amos y los esclavos de la sociedad en tiempos de paz". El hecho de que no viera esas cosas no se debía a las ambigüedades de su mecanismo neural, sino que se debía a lo que hoy podríamos llamar una "ignorancia aprendida", un derecho mayoritario, blanco y masculino a la creencia de que los modos individuales de inte-racción pueden trascender sus identidades situadas.

Como resultado de la guerra y su trastocar la vida cotidiana, Merleau-Ponty se torna reflexivo acerca de los hábitos de su vida interior; además, sus prácticas de percepción se les hacen visibles en tanto formas contin-gentes más que necesarias de ser y de interactuar con los demás. En una serie de ensayos de posguerra, él describe los cambios que la guerra forjó en su pensamiento acerca de él mismo, de su libertad y de sus relaciones sociales con los demás. En particular, reflexiona acerca de las identida-des nacionales y étnicas, y la forma en que estas llegaron a tener una significación absolutamente determinante en virtud de las condiciones de ocupación y controlaron las posibilidades de interacción en el nivel emocional y también en el nivel físico. La libertad del individuo para hacer su vida, así como la de elegir el marco en el cual cada uno se formaba sus juicios sobre los demás, se tornó más circunscripto por las condiciones impuestas por la guerra; y en esa nueva experiencia de limitación, los contornos y las condiciones constitutivas del período previo se le hizo visible a Merleau-Ponty. Esto no es solo un cambio en la práctica, sino una conciencia reflexiva acerca de las condiciones sociales que afectan la formación de nuestras prácticas perceptivas.

Merleau-Ponty utiliza con destreza el proceso de auto-narrativización como forma de realizar una afirmación general de que la empatía, e incluso la acción moral, toma su forma a partir de condiciones estructurales. Al igual que otros existencialistas, Merleau-Ponty encontró en la guerra y en la ocupación un desafío a la filosofía del individualismo. Las fenomenologías existenciales fueron, entonces, reexaminadas para enfatizar la facticidad, la corporeidad y las elecciones limitadas; además, ciertas figuras relevantes, como Sartre, Beauvoir y Merleau-Ponty mismo comenzaron a trabajar en la síntesis del existencialismo con elementos del marxismo y en análisis más robustos de la esfera de lo social.

Entonces, los ensayos personales de posguerra escritos por Merleau-Ponty brindan un buen modelo respecto de cómo pensar la práctica de la memoria desde un punto de vista epistemológico. Lo que él nos brinda no es un simple informe perceptual o una narrativa de sucesos planteada como un algo epistémicamente invulnerable porque está contado en primera persona; lo que nos ofrece es un análisis teórico de la experiencia subjetiva que muestra sus inconvenientes y también su potencialidad. Merleau-Ponty ofrece una consideración reflexiva de una experiencia en primera persona, un abordaje crítico de la memoria que explora precisamente la naturaleza mudable de nuestra vida interior –la contingencia, la accidentalidad de nuestras percepciones mismas–, y también las formas en las cuales podemos pensar equivocadamente que nuestra vida subjetiva es natural y espontánea sin que se vea afectada por el contexto. Pero él no pudo haber formulado este mismo argumento de una forma tan rica y detallada si no lo hubiera hecho, precisamente, en primera persona.

Numerosas filósofas feministas –grupo en el que me incluyo– y muchos filósofos críticos de la cuestión étnica han considerado que las obras filosóficas posteriores de Merleau-Ponty contienen abundantes y ricos recursos para mostrar que las relaciones sociales opresivas –como el sexismo y el racismo– pueden sedimentarse en nuestras prácticas habituales de tipo perceptual, imaginario y de corporeidad. El ámbito de las experiencias en primera persona se convierte, entonces, no en el dominio de la autoridad absoluta, sino un sitial donde emprender el descubrimiento y ejercer la crítica.

Pero al plantear preguntas y cuestiones críticas sobre de qué manera nuestra vida interior puede parecer natural y obvia, y su narración puede parecer transparente, ¿no está Merleau-Ponty poniendo en tela de juicio la validez misma de las autonarrativas? En otras palabras, a través de la regresión, ¿no podemos poner en tela de juicio las observaciones que él realizó en 1945, de la misma forma en que él mismo puso en tela de juicio las observaciones que había hecho en 1939?

El debate feminista

Hay puntos de vista feministas contrastantes sobre esta cuestión y sobre el abordaje en general que deberíamos darle al asunto de hablar por uno mismo. En este capítulo quiero aclarar qué está en juego en este debate mediante un contraste de la obra de Sue Campbell y de Judith Butler. En su obra *Giving an Account of Oneself* (2005), Butler expresa escepticismo sobre la posibilidad misma de que existan auto-informes transparentes, dado que la índole de estos es, por fuerza, mediada; además, Butler postula con energía que el escepticismo es la clave para toda autonarrativización responsable. A diferencia de esta situación, en la intervención realizada por Campbell en su obra *Relational Remembering* acerca de la controversia sobre los recuerdos que afloran en nosotros, los recuerdos "que recordamos", ella sostiene que debemos dar vuelta, cambiar, la larga historia de falta de respeto a las mujeres como "recordadoras" y de negarles a las mujeres una "posición autonarrativa" (2003:47).

Tanto Butler como Campbell ofrecen argumentos elaborados, complejos y plenos de matices que se destacan respecto de gran parte de los trabajos sobre la memoria en el establishment de la filosofía dado que, como Merleau-Ponty, dichos trabajos tematizan la forma en la cual las estructuras de poder pueden condicionar nuestra autonarrativización. Pero esta cuestión no hace más que dejarnos en una gran encrucijada. Si, como afirma Campbell –y con razón–, la posición epistémica de autonarración creíble ha sido arbitrariamente negada a las mujeres por razones que son más políticas que legítimamente epistémicas, entonces, necesitamos defender la capacidad de las mujeres de hablar confiablemente por nosotras mismas. Sin embargo, si Butler tiene razón en que las afirmaciones efectuadas en las autonarrativas son sospechosas declaraciones de coherencia y transparencia que necesariamente niegan o, al menos, minimizan la opacidad y la elusividad del yo, entonces, ¿cómo podemos nosotras, con honestidad intelectual filosófica, luchar por la presunta autoridad epistémica de las mujeres?

Butler no solamente se interesa en los excesos de un abordaje deconstructivo que pueda llegar a exagerar la causa del escepticismo en la vida cotidiana. Antes bien, ese interés resuena con las consideraciones planteadas por Merleau-Ponty y con recientes teorías de la filosofía de la mente acerca de las muchas formas en que el autoconocimiento puede encontrarse con ciertas trampas del tipo "creenciales"; es decir, *creencias habituales*, automáticas, de nuestro marco perceptual prejuicioso, concesiones implícitas, y otras varias disfunciones o complicaciones epistémicas (por ejemplo, Gendler, 2008). Las preocupaciones que surgen del mundo de la ciencia cognitiva y de la psicología social pueden ser diferentes de las presentadas por Butler, como ya veremos; pero hay una serie de motivos de preocupación que son comunes entre ambos (los de Butler, por un lado, y, por el otro, los de la ciencia cognitiva y la psicología social): si a un conocimiento en primera persona que sea realistamente confiable se le pueden atribuir los problemas insuperables que tenemos con nuestro *auto*conocimiento. Reitero: la presentación que hace Butler de estas preocupaciones, junto con Campbell, le da tratamiento de manera seria y sostenida a ciertas consideraciones sobre el poder y la política en el dominio del autoconocimiento y de la representación. Además de Campbell y Butler, Lorraine Code (1995), Paul Ricoeur (1995), Susan Brison (2002), Miranda Fricker (2007) y José Medina (2013) tienen argumentos que son pertinentes a este debate y que vale la pena considerar.

El debate sobre la forma en que el feminismo debería tratar la autonarrativización de la mujer se vincula con debates anteriores mantenidos entre feministas analíticas y continentales respecto de la teoría feminista y cómo esta debería abordar las cuestiones de experiencia, subjetividad, conocimiento y acción asertiva. Parece que ese debate no ha sido dejado de lado, sino que se ha transferido a nuevas temáticas.

La confiabilidad epistémica

La pregunta clave sobre hablar por una misma es la cuestión de la confiabilidad epistémica; pero me atrevería a alentarnos a adoptar una formulación expansiva, más que acotada, de este concepto. En primer lugar, la idea de hablar *bien* por una misma implica, sugeriría yo, que, en primer lugar, una caracteriza alguna experiencia o transformación de entre un conjunto de sucesos –algún yo previo, tal vez– con claridad y veracidad; en segundo lugar, que una no está total y completamente fuera de toda correcta ubicación, desconectada de la realidad o, como decimos, "en la luna de Valencia". Es crucial entender esto: lo que Campbell enfatiza es lo que se nos niega a muchas de nosotras. La cuestión no es simplemente si las mujeres podemos hablar por nosotras mismas; la cuestión es también si otros deberían considerar lo que decimos las mujeres como epistémicamente confiable o como verdadero. Cualquiera puede hablar de sí mismo; pero la cuestión es cómo evaluar el contenido de lo que esa persona dice.

Pero necesitamos comprender esto con expansividad; necesitamos una comprensión que precisamente apunte no a la verdad en un sentido acotado, ni que haga foco en los datos fácticos, sino que precisamos un *entendimiento*, en el sentido dado por Catherine Elgin (1997, 1999) a esta palabra: un discurso más *explicativo* que una serie de hechos cargados de contenido representativo. Es posible que Merleau-Ponty recuerde mal varios hechos acerca de la ocupación de París; por ejemplo, el momento en que se dieron ciertos sucesos; pero lo que realmente queremos saber es si su evaluación evidencia, en general, un entendimiento real de lo que sucedió, incluso si le falla la memoria respecto de algunos datos o detalles. Esta cuestión es sobre todo importante para la violencia sexual: los testimonios en primera persona de las mujeres y de las niñas acerca de la violencia sexual son regularmente objeto de descrédito o de tergiversación en los tribunales sobre la base de discrepancias fácticas de menor importancia. En todo proceso judicial sobre violación, la acusada está sentada, declarando, sin la ayuda de testigos que corroboren su relato; y ese relato es juzgado por la veracidad y congruencia de pequeños detalles que puedan contrastarse y comprobarse. A ciertas sobrevivientes del Holocausto se las ha desacreditado por incongruencias fácticas, como si el conjunto de su relato pudiera ser desestimado porque creyeran que había cuatro chimeneas en lugar de una en Auschwitz[1]. Así, se toman las pequeñas faltas fácticas a la verdad para desacreditar toda una afirmación verdadera, como si recordar mal el momento exacto en que se produjo una violación infantil, o el color de la camisa del perpetrador, o la cantidad de chimeneas que había en un campo de concentración significara que, probablemente, la narración sea un invento.

Todo relato verdadero, en el sentido dado por Elgin, no gira tanto en torno de los pequeños detalles o datos que pueden ser fácilmente verificados; antes bien, gira en torno de las grandes afirmaciones que conforman una reflexión genuinamente perceptiva[2]. Lo que buscamos es un relato de los sucesos y de las experiencias, y estas no se construyen necesariamente a partir de pequeños detalles o datos perceptuales. En realidad, los detalles mal recordados pueden indicar verdades enormes: el recuerdo de cuatro chimeneas en lugar de una (el número correcto) puede ser la forma en que la mente transmite la sensación de estar abrumada por la enormidad de la carnicería y la atmósfera de terror y de desesperación experimentada por las víctimas, lo cual es, en efecto, un recuerdo verdadero. Los errores en los detalles, entonces, pueden ser una forma en la cual la mente transmite aspectos verdaderos de la realidad y de la experiencia subjetiva.

Entonces, si el debate respecto de la autonarrativización activa la veracidad o la confiabilidad epistémica de la forma, ¿cómo deberíamos juzgar la confiabilidad si no es en base a hechos detallados? Me parece que los análisis feministas sobre esta cuestión ponen en primer plano de una forma agradable la idea de que necesitamos considerar más que a los sospechosos de siempre; es decir, más que la sinceridad, que los procesos confiables de la memoria, las motivaciones epistémicamente virtuosas o la capacidad competente de tipo perceptual y cognitivo. Estos elementos son necesarios, pero son totalmente insuficientes. Un violador puede recordar con todo detalle una violación, incluida la voluntad de la víctima

---

[1] Véase Oliver (2001) si se busca un análisis profundo y lúcido de este famoso caso.

[2] Nótese que Elgin contrasta la "verdad" y el "entendimiento", mientras que yo uno ambos conceptos. Para ella, el foco de atención en la verdad regresa inevitablemente hacia un modo de control de los hechos de correspondencias simples, mientras que el foco de atención en el entendimiento nos permite mirar, por ejemplo, las determinaciones del significado de los sucesos. Disiento de ella solo en que yo pienso que la palabra "verdad" no debería reducirse a pequeñas correspondencias; me parece que incluso los usos cotidianos de "verdad" pueden alojar una idea más expansiva: por ejemplo, la expresión coloquial "true dat" ("entendido", "comprendido") se usa con frecuencia para referirse a juicios, no solo a simples informes perceptuales. Puede que se trate solamente de que ciertos filósofos tienen una tendencia a atomizar la verdad.

y su consentimiento, y, así, interpretar a su víctima a través de un marco que expresa y entiende de manera totalmente defectuosa la índole de la interacción.

Volvamos a los recuerdos de Merleau-Ponty sobre la ocupación de París, recuerdos estos vívidamente reflexivos. Su autonarrativización tiene un contenido epistémicamente normativo, pero sin dar por sentado que la verdad de nuestra vida puede ser captada con una perfección plena y exenta de ambigüedades. Podemos mejorar nuestras prácticas cognitivas y perceptuales si analizamos reflexivamente nuestras narrativas del yo a lo largo del tiempo sin presumir de que hemos logrado una claridad absoluta y un relato definitivo y completo. Antes bien, si consideramos que la actividad de la autonarrativización es irremediablemente problemática, perdemos el proceso mismo y el punto de vista que necesitamos para mejorar nuestro entendimiento.

A partir de Merleau-Ponty podemos realizar dos observaciones generales. La primera: la sinceridad y la franqueza con la cual ingresamos a un proceso que versa sobre hablar de nosotras mismas es tremendamente insuficiente en cuanto a obtener resultados confiables. Los intelectuales individualistas descriptos por Merleau-Ponty antes de la ocupación –entre los cuales se cuenta–, que habían interactuado con otros sobre una base igualitaria de autoconciencia en la cual deliberadamente se hacía caso omiso de los marcadores de nacionalidad o de identidad de clase (los uniformes, por ejemplo), no tenían el bagaje suficiente para ver o captar plenamente que este modo igualitario (o altruista) de interacción estaba siendo posibilitado justamente por la etnia de estos intelectuales, su clase y su género, y por la situación política de vivir dentro de una democracia progresista que –al menos, en ese momento– no se encontraba en guerra. Así, entender las propias experiencias –en realidad, nuestro propio yo– con alguna profundidad o incluso con suficiencia de ninguna manera es algo que esté garantizado por una orientación hacia la sinceridad.

La segunda generalización –relacionada con la anterior– que podemos inferir de los relatos de Merleau-Ponty es que la ruptura o la distancia temporal es un ingrediente útil para la capacidad de describir el propio yo. Como el búho de Minerva, parece que cuando he atravesado, de alguna forma, una experiencia –por ejemplo, sobrevivir a un trauma– puedo comenzar a entender con mayor plenitud la forma en que yo era antes, y todos los cambios cotidianos e íntimos que se produjeron por la ruptura.

En muchas memorias sobre traumas sexuales se relata precisamente ese "antes y después" de los hábitos corporales y de los grados de autoconciencia (Brison, 2002; Gray-Rosendale, 2013; Freedman, 2014). "Nuestras ideas sobre nosotras mismas y nuestro mundo han quedado alteradas para siempre. Se nos abrió de pronto una puerta hacia una realidad que no habíamos reconocido antes" (Gray-Rosendale, 2013:236).

Los efectos del trauma

Los efectos de la distancia o ruptura están, sin duda, vinculados a otro aspecto general de la autonarrativización: su característica de tornar el yo –el propio yo– en una especie de objeto a ser observado, acerca del cual una puede hablar *en tanto sujeto pensante*. Se define el trauma como una experiencia que el yo no puede convertir en objeto de análisis. Las experiencias traumáticas son, por definición, esas que no pueden ser incorporadas, a las que no podemos darles sentido o a las que no podemos expresar de manera significativa; por este motivo, como muestra Freedman (2014), el trauma manifiesta sus efectos en pesadillas y en pensamientos intrusivos, y en tics físicos involuntarios, todos ellos los detritos mentales que existen más allá de nuestro yo consciente y accesible. Freedman sostiene que al enfrentar esos efectos post-traumáticos y trabajar en ellos, y al hacer que su contenido sea parte de nuestra vida consciente, a veces, las intrusiones pueden cesar.

Hablar de uno mismo o por uno mismo es hacer que el yo se torne un objeto de nuestra propia conciencia intencional. Pero llevar el propio foco de atención hacia un yo que ha sido traumatizado y ha sido, a partir de entonces, experimentado como un yo altamente impredecible puede parecer todo un riesgo: el de caer en un abismo de emociones y pensamientos incontrolables y atemorizantes. No es un lugar al cual una quiera ir sola. De allí la necesidad vital de un contexto dialógico de algún tipo, una conversación con otros o siquiera con una sola persona. Paul Ricoeur (1995) y Sue Campbell (2003) han sostenido que el diálogo es una situación habilitante crucial para forjar las narrativas coherentes presentadas por un yo continuo a fin de transformar las sucesiones borrosas de sensaciones en un relato con significado. Susan Brison (2002) y Karyn Freedman (2014) traen esta idea al contexto de la violación.

Brison explora las consecuencias de su propia experiencia de violación y los obstáculos que ella debió superar a fin de ser capaz de narrativizar el suceso. ¿Cómo convierte una el yo en un objeto –individual, continuo, coherente– en el cual el *antes* y el *después* son tan inconmensurables? Esta tarea desafía las credenciales racionales del sujeto pensante, ese que lleva a cabo la descripción. Brison sostiene que su capacidad misma de darle sentido al suceso y llevarlo dentro de la narrativa existente de su vida *requirió* un contexto dialógico de comprensión sustentadora y empática en el cual ella pudo recuperar la voz que casi había quedado destruida. "A fin de construir autonarrativas, necesitamos no solo las palabras con las cuales contar nuestra narración, sino también un público capaz de escucharnos y con voluntad de hacerlo, *y precisamos, además, entender nuestras palabras con el sentido que queremos darles*" (Brison, 2002:51, las cursivas son mías). Se nos hace preciso contar con una comunidad compatible, no una comunidad donde todos estén de acuerdo con nosotros, sino una en la cual no estemos hermenéuticamente marginadas. Solo en el acto de pensar en voz alta dentro de tal espacio fue Brison capaz de narrativizar el trauma del ataque de una forma tal que pudiera darle sentido. Pero un púbico que no oye nuestras palabras con la intención que les damos no reparará el sujeto pensante y cognosciente que quedó hecho trizas por obra del trauma. Una no obtendrá la confirmación de una misma en tanto ser que tiene la capacidad de conocer, de juzgar o de entender.

Brison efectúa una afirmación filosófica más general acerca del carácter relacional del yo; más aún: efectúa una afirmación filosófica de su carácter fundamentalmente narrativo. Las violaciones sexuales presentan obstáculos especiales en este punto, dado que una bien puede querer resistirse al yo relacional en que una se convierte cuando narra tales experiencias: el yo al que se le tiene lástima, al que no se le cree, o simplemente el yo que ha sido violado y es conocido como tal por parte de otro, y que será potencialmente interpretado para siempre a partir de este único suceso, a la luz de dicho suceso. Un espacio dialógico en el cual la propia experiencia de violación sea el tema de análisis la empuja a una, no sin dolor, a adoptar esa identidad. En este caso, el reconocimiento puede ser experimentado no como algo útil, sino como una especie de horror existencial. Sin embargo, una y otra vez, los escritores de memorias afirman la necesidad vital de tener interacciones con otros luego del suceso para participar en el acto de darle sentido, de que tenga un significado.

El relato de Miranda Fricker (2007) sobre los encuentros dialógicos brinda más detalles sobre por qué es necesario contar con tal contexto sustentador. La marginalización hermenéutica, definida por ella como "los efectos de la desigualdad social sobre el dominio de los significados socialmente disponibles", produce una especie de desierto lingüístico respecto de ciertas cuestiones o experiencias. Consideremos, por ejemplo, que la palabra "racismo" no existía antes de principios del siglo XX, y que el concepto de "acoso sexual" surgió recién en la década de 1970. Tales contextos lingüísticos –yermos, desérticos– pueden dificultar el encontrar las palabras adecuadas para expresar una experiencia, o pensar a fondo cómo entender la experiencia que una acaba de atravesar. La marginalización hermenéutica y una sistemática injusticia epistémica hacia ciertos grupos son los culpables. Encontrarse con un excesivo escepticismo, una incredulidad sistemática sin razón, y una constante y flagrante grosería puede, según muestra Fricker, producir no solo la ausencia de claridad de parte del hablante, sino también una total confusión. La experiencia habitual de la desestimación atrofia la capacidad de conocer, de tener percepciones internas profundas, de entender, de probar ideas, o de poner a prueba los propios juicios. Cuando la desestimación y la incredulidad se organizan alrededor de identidades de grupo, entonces, la comunidad de ésos que, por lo general –y acaso exclusivamente– comparten una experiencia se ve incapacitada de reflexionar en esa experiencia, de darle un sentido coherente a esta y de crear nuevos términos. El entorno hermenéutico que se encuentra a nuestro alcance se ve, entonces, afectado.

José Medina (2013) introduce una importante corrección a la teoría frickeriana de este problema. Los individuos marginalizados, apunta Medina, con frecuencia pueden tener acceso a comunidades marginalizadas en las cuales ellos no experimentan tal injusticia epistémica. Dentro del espacio de estos contra-públicos pueden desarrollar formas de conceptualizar y expresar sus experiencias, incluso formas subrepticias de comunicarse con otros de su grupo cuando se encuentran en espacios dominantes controlados. Concuerdo con Medina, y me atrevo a sugerir que es, sin duda, sobre la base de este exitoso trabajo hermenéutico que deberíamos hacer esfuerzos por reformar el establishment, ese panorama habitual con el que nos encontramos. En otras palabras, no son las personas valientes las que han aumentado los secos desiertos lingüísticos de los espacios dominantes, sino, antes bien, lo fueron las incursiones colectivas realizadas por grupos marginalizados que alteran y mejoran los conceptos, los términos y los significados que todos tenemos a disposición.

Una vez que entendamos que una autonarrativización exitosa no depende simplemente de la sinceridad, sino también en lo que Lorraine Code (1995) llamó un "espacio retórico" –en donde puede producirse la formación de conceptos y la generación de significados–, debemos concluir que el interés por la verdad requiere que nosotros estemos preocupados por las condiciones políticas de la interacción social. Aristóteles creía que la tortura era una vía confiable para decir la verdad; consideremos qué lección diferente tenemos de parte de Fricker, de Code, de Brison y de Medina. Y este contraste no se sigue meramente de un interés por los hechos (la perspectiva del torturador) en contraposición a un interés por el entendimiento. En algunos casos, en definitiva, los hechos mismos requieren oportunidades hermenéuticamente expansivas: ¿fui de verdad acosada sexualmente? ¿Fue una violación? Las verdades que importan rara vez son cuestiones simples.

El yo psicológico narrativo

La idea de que autonarrativizar requiera un proceso dialógico ha dado lugar a teorías del yo retórico o del yo narrativo; es decir, el yo que comienza a existir a través de la práctica de crear una narración acerca de su propia vida (véase, por ejemplo, Ricoeur, 1995). La idea es que el yo es un tipo de fenómeno emergente de lo que es, en esencia, un proceso retórico en el cual la organización conocida de una vida –sus principales experiencias, relaciones, sus puntos críticos de inflexión y sus sucesos determinantes– se vuelca en forma narrativa como si fuera una presentación. La realidad fenoménica de la vida en el momento de la experiencia es una multiplicidad caótica de sensaciones y pensamientos –con frecuencia, escurridizos y efímeros–, que pueden ofrecer numerosos puntos focales e interpretaciones. Como dice Ricoeur: "Es precisamente debido a la índole esscurridiza de la vida real que necesitamos la ayuda de la ficción para organizar la vida retrospectivamente" (1995:162).

En este sentido, el yo, en la forma plenamente modelada y significativa en que podemos pensarlo, viene después y no antes del proceso de narrativización. Considero que el sentido que tiene para Ricoeur comparar la autobiografía con la ficción no es borrar la distinción, sino señalar las importantes similitudes entre ambas. Tomamos el gran embrollo de sensaciones efímeras y pasajeras, y las organizamos en una narración coherente, armada para el público dialógico en particular que tenemos a mano (ese público puede ser nosotras mismas u otras personas). Así, están involucradas tanto la retórica como la narrativa: la retórica, en la forma de un dirigirse a un público específico, teniendo nosotras un objetivo específico en mente –como la explicación y la exculpación– o simplemente que ambas se conozcan (la oradora y el público); y la narrativa, en la forma de un relato que apunte a algún grado de coherencia o, al menos, inteligibilidad, con un principio y un fin.

Sin embargo, descripta de esta forma, la autonarrativización puede abrirle la puerta una vez más a nuestro escepticismo epistémico. Si el yo está tan laxamente atado a la experiencia, si la experiencia socava de forma radical la construcción del yo, ¿cómo pueden tales construcciones ser juzgadas por su contenido de verdad? Platón presentó la retórica como forma de discurso que apunta solo, o en definitiva, a persuadir, y como algo constitutivamente vulnerable a obstruir la verdad. Esta connotación sigue viva cuando se utiliza dicho término. Describimos una pregunta como "meramente retórica" para sugerir que no se trata de una pregunta sincera que busca una respuesta; de esta forma, se separa la retórica de la verdad. Entonces, la idea de un yo retórico puede invocar un proceso de formación del yo que apunta solo al auto-engrandecimiento, a la inocencia moral, o solo una coherencia poco plausible más allá de toda realidad. Sin duda, las interacciones intersubjetivas requieren alguna precaución psicoanalítica: ¿podremos alguna vez saber cuál es nuestro objetivo al explicarnos a los demás? La práctica comunicativa es, con gran frecuencia, el medio por el cual establecemos nuestra posición frente a los demás, transmitimos nuestro poder, o intentamos asegurar nuestra seguridad emocional o de otro tipo.

Ricoeur sostiene que entender la índole retórica del yo ayuda a compensar estas inquietudes más que a exacerbarlas. Al reconocer el hecho de que estamos narrativizando conscientemente nuestra vida para los demás, él sostiene que nos estamos haciendo responsables. La identidad ética "requiere una persona que responda por sus actos", lo cual incluye los actos comunicativos (Ricoeur, 1995:151). Además, en el acto de construcción retórica, invocamos a una persona con intenciones y con una continuidad temporal; en otras palabras, una persona a la que pueda señalarse como responsable. El medio más efectivo de evitar la responsabilidad sería, precisamente, evitar brindar una identidad narrativa o ser incapaz de brindarla. No hay posibilidad de hacer una promesa o de manifestar constancia o fidelidad. En realidad, es imposible construir relacionalidad de ningún tipo sin la producción de un yo inteligible y significativo. Presentar el yo es, también –y por fuerza– una invitación a que nos juzguen.

En consecuencia, lejos de tornar poco pertinentes las consideraciones de verdad, el proceso retórico de narrativizar la propia vida en una interacción dialógica con los demás le abre la puerta al interés por la sinceridad y por la verdad. Además, Ricoeur sostiene que la forma narrativa elucida, al mismo tiempo, la posibilidad de una forma diferente de contar: siempre hay *"variaciones imaginativas* a las cuales la narrativa somete esta identidad. En rigor de verdad, lo que hace la narrativa no es meramente tolerar estas variaciones, sino que las engendra, sale a buscarlas" (1995:148). La posibilidad de contar la narración de otra forma, de comenzar y terminar en diferentes puntos, de concentrarse en diferentes momentos, relaciones o sucesos se hace patente en el acto mismo de narrar, en la índole constructiva y creativa de la formulación posterior al hecho. En lugar de un proceso narrativo que cercene la posibilidad de que existan diversas evaluaciones y significados, dicho proceso la torna a una viva a la variabilidad intrínseca de formas de contar la narración de la propia vida. Trae a la conciencia el acto intencional por el cual el yo comienza a existir.

En mi lectura, la teoría de Ricoeur no eclipsa los peligros éticos ni epistémicos que se tornan patentes mediante el reconocimiento de que el yo es una producción retórica. Claro está, es posible que construyamos narrativas impolutas y eclipsemos o neguemos la intencionalidad y la variabilidad de la construcción de nuestros relatos. Pero, a diferencia de algunos otros filósofos, Ricoeur no considera que la efimereidad y la incoherencia de la vida-en-el-momento-presente nos condene a la perdición epistémica ni torne imposible la construcción de explicaciones significativas y verdaderas sobre quiénes somos y cómo llegamos a quiénes somos. Los relatos son, por naturaleza, reexaminables; y al ofrecer la narración de nuestra propia vida, uno participa en una relación con otros que, al mismo tiempo, crea y reconoce posibilidades éticas. La falibilidad –es decir, la facultad de reexaminar nuestras narraciones acerca de nosotros mismos– no implica que surja un escepticismo, a menos que demos por sentado que nuestros relatos deben ser unidimensionales y fijos para que haya en ellos alguna verdad.

Sin embargo, es importante que ciertos relatos narrativos como el de Ricoeur rara vez hayan hecho contacto con las condiciones políticas que afectan la posibilidad de una acción narrativa. El contexto intersubjetivo y social de la autonarrativización debería recordarnos a los filósofos – aunque no siempre lo haga– que deberíamos considerar las formas en las cuales el poder o las condiciones políticas puedan afectar tanto la forma como el contenido de nuestro conocimiento en primera persona y nuestra autopresentación. Esta es la base esencial de las inquietudes críticas de Butler en *Giving an Account of Oneself* (2005).

La cuestión motivante del libro de Butler es entender la relación que existe entre lo moral y lo social en nuestras prácticas autonarrativizantes. Butler pregunta: "¿Qué se sigue del hecho de que "la forma" en la que las cuestiones de filosofía moral "adoptan los cambios de acuerdo con el contexto –e incluso el contexto mismo, en algún sentido– sea intrínseca a la forma de la cuestión"?" (2005:3). Su objetivo es que no haya universales neutrales a los cuales podamos recurrir. Cuando formulamos preguntas de corte moral sobre nosotros o sobre los demás, estamos, hasta cierto punto, articulando el régimen discursivo en el que vivimos. Así, Butler plantea preguntas escépticas acerca del alcance de nuestra acción moral. Si tenemos –como deberíamos tener– una concienzuda explicación social del desarrollo –desde cero en más– del yo, del pensamiento, y de la acción moral, entonces, ¿cuáles son las implicaciones de esta contextualización social para nuestra acción narrativa, o nuestra acción en la forja de autonarrativas?

La respuesta, de acuerdo con Butler, es que "brindar un relato de uno mismo" es una empresa que no tiene mucho sentido. Hayden White, en la solapa de su libro, ofrece una útil paráfrasis de las tesis centrales del libro de Butler: "que la altura del autoconocimiento bien puede consistir en el darse cuenta de que, en cuestiones del yo, la reflexión es peligrosa, la percepción tiene sus defectos, y el juicio es débil". Hasta cierto punto, el resumen de White puede parecer demasiado elaborado dado que, en esta obra, Butler defiende la legitimidad y la necesidad de brindar un relato de uno mismo, de aceptar responsabilidades y de asignarlas, e incluso de intentar formular un yo coherente (al menos, parcialmente). Ella dice: "Narrar una vida puede tener una función crucial, sobre todo para esas personas cuya experiencia involuntaria de discontinuidad las aflige de forma profunda" (Butler, 2005:59). Además, afirma que, hoy en día, ella reexaminaría la posición que tomó en su obra de 1997, *The Psychic Life of Power*, un libro que brinda una visión increíblemente pesimista de la autoformación en tanto acto necesariamente inaugurado en una escena primitiva, originaria, de castigo o de autosometimiento. El foco de atención de *Giving an Account of Oneself* es la responsabilidad moral en las relaciones intersubjetivas, y aquí ella afirma y defiende la necesidad de brindar un relato, pero no como un acto de autoflagelación, sino como un acto de aceptación de una respons-abilidad que no puede ser reducida a las maquinaciones de la Ley.

Sin embargo, la opinión butleriana de qué implica, en efecto, brindar un relato conserva, como dice White, una gran dosis de escepticismo epistémico sobre el autoconocimiento. Y esta situación se produce porque el autoconocimiento –o lo que podría pensarse con mayor precisión como "autopresentación"– necesariamente implica una gran dosis de heteronomía: el sujeto está arraigado en lo que no creó ni produjo. Las condiciones sociales de la formación del sujeto significan que, para Butler (2005:7), "no hay un "yo gramatical", una "primera persona", que pueda estar emplazada totalmente aparte de las condiciones sociales de las que surgió; no hay un "yo gramatical (primera persona)" que no esté implicado en una serie de normas morales condicionantes que, en tanto normas, tienen un carácter social que excede un significado puramente personal o idiosincrático". ¿Cómo puede uno brindar un relato de "sí mismo" cuando el propio yo es el punto nodal de una serie de relaciones y el efecto de las normas sociales?

Esta es la primera razón que explica el escepticismo epistémico de Butler hacia el autoconocimiento; pero ella tiene una segunda y poderosa razón: nuestras vidas reales son sucesiones de momentos discontinuos y efímeros, donde el significado es caótico y contradictorio. Presentar un yo inteligible a partir de esta materia prima fenomenológica requiere el trabajo de proyección, de imaginación, de maquinación y de mentira, todo lo cual tiene lugar dentro de contextos de normalización coactiva, según su explicación. Así, tenemos una contradicción fundamental e irresoluble: si bien el mandato de brindar una narración de uno mismo es una exigencia de sinceridad y de franqueza, es imposible narrativizar un yo con absoluta sinceridad y franqueza. De allí que Butler provocativamente desafíe la opinión desarrollada por Ricoeur cuando ella pregunta: "¿Es la tarea tapar a través de medios narrativos el quebrantamiento, la ruptura, que es constitutiva del "yo gramatical (primera persona)", que obligadamente une los elementos como si tal cosa fuera perfectamente posible, como si el quiebre pudiera ser remendado y pudiéramos recuperar el dominio defensivo?" (2005:69).

Sin embargo, hay un tercer problema, desde su punto de vista, respecto de la posibilidad de autonarrativización: que el rol del otro –el rol que juega el otro al producir nuestro sentido reflexivo de una vida coherente y narrativizable– queda opacado en el relato autobiográfico por su foco en la construcción del "yo gramatical", de la "primera persona". Aquí, Butler invoca la idea de esos otros que le brindan forma a nuestra historia antes de que podamos formárnosla nosotros mismos –es decir, nuestros padres, nuestros cuidadores, la familia, el contexto social en general–, así como el destinatario inmediato de nuestro informe narrativo, a quien está dirigido el relato, ése por el cual el relato se vio impulsado o, tal vez, obligado, y ése para quien el relato está organizacionalmente construido. "El "yo gramatical" (la "primera persona") siempre está, hasta cierto punto, desposeído por las condiciones sociales de su surgimiento" (Butler, 2005:8). Este hecho genera, según ella cree, una contradicción necesaria y constitutiva cada vez que yo hable por mí misma o como mí misma. Este aspecto de la teoría de Butler –el efecto de esta relación-con-el-otro en nuestro hablar por nosotros mismos– será el que más está en contraste con la teoría de Sue Campbell, que enseguida analizaremos.

Pese al hecho de que Butler explica su afirmación acerca del rol necesario del otro en la autoconstrucción en el contexto del análisis de la teoría psicoanalítica de Jean Laplanche sobre la transferencia –en la cual ella universaliza la transferencia en todos los encuentros intersubjetivos–, no me parece que sus inquietudes requieran adherirse a esas tradiciones teóricas particulares. En cambio, podríamos hacer uso, por ejemplo, de las ideas generales acerca de las condiciones contextuales hermenéuticas que suministran los conceptos disponibles de trabajo narrativo intersubjetivo[3]. El yo que emerge de la práctica comunicativa está constituido, sin duda, en parte por la interacción y en la interacción. Como ha sostenido Satya Mohanty (1997), nuestra capacidad de lograr claridad, de sentir enojo –incluido el enojo en nuestro propio nombre–, o de nombrar nuestras

---

[3] Formulo este tipo de argumento en Visible Identities (Alcoff, 2006), para lo cual me valgo de Gadamer y de Merleau-Ponty.

experiencias es el efecto de la casualidad histórica de las condiciones intersubjetivas.

A partir de este entendimiento de las condiciones necesariamente intersubjetivas de la autoconstitución, debería seguirse que las posteriores elecciones hechas por el yo psicológico no pueden quedar prolijamente divididas entre lo autónomo y lo heterónomo. Pero Butler va más lejos y postula: "El "yo gramatical" (la "primera persona") no tiene un relato propio que no sea también el relato de una relación –o conjunto de relaciones– con un conjunto de normas" (2005:8). Estas normas "establecen la viabilidad del sujeto" (2005:9). Entonces, ahora tenemos que vérnoslas no solo con la interdependencia, sino también con una posibilidad más nefanda. Si bien Butler se aparta de la visión nietzscheana de la que se sirve en este punto –que brindar un relato sobre uno mismo siempre trae aparejada una valencia de miedo–, ella sigue adhiriéndose a la idea de que tal relato siempre está enzarzado en normas coactivas. Esta es la principal forma en la cual ella teoriza las intromisiones del poder en las autonarrativas.

Butler sostiene que en el acto mismo de brindar una narrativa autobiográfica nos vemos enfrentados con su producción contingente, así como con la distancia existente entre la narración de un relato coherente de vida y la real incoherencia de su realidad vivida. Sabemos, en otras palabras, que en la autonarración estamos convirtiendo el yo psicológico en un objeto, un objeto que, por naturaleza, no podemos ser. Como lo sabemos, en cierto nivel, todo intento consciente de emprender y realizar una autonarración concienzuda –y en ese punto ella utiliza el ejemplo del diván de terapeuta– encuentra el "inconveniente común" de explicar, de aclarar. La coherencia, la autosuficiencia, incluso la organización temporal se resisten a las explicaciones largas y detalladas. Tal proyecto narrativo, el de "brindar un relato de uno mismo", debe, entonces, por fuerza, intentar "tapar" la imposibilidad del proyecto. Esa primera persona, ese yo gramatical, que brinda la narrativa, que da una explicación de mí misma, es estructuralmente distinto de ese yo psicológico que aparece a través de las palabras, que es el sujeto del relato.

Butler tiene razón acerca de la fenomenal complejidad y elusividad de la experiencia, y sobre la constitución necesariamente social del yo psicológico; sin embargo, su argumento falla irremediablemente. En su análisis, ella minimiza la desconexión que existe entre el yo psicológico que narra y el yo psicológico que experimenta; tanto es así que el yo gramatical se ve permanentemente deshabilitado. Como las normas que yo no creé son las que hacen que yo exista, ella cree que no puedo narrarlas ni reconocerlas de ninguna forma, salvo como elementos socavantes de la credibilidad y la coherencia (es decir, de la inteligibilidad) de mi discurso. Solo puedo apuntar a la insuficiencia constitutiva de mi autopresentación. Butler dice que estas normas heterónomas son "la condición de mi discurso, pero no puedo tematizar plenamente estas condiciones dentro de los términos de mi discurso. Me veo interrumpida por mi propio origen social" (2005:82). Con todo, nótese que este análisis presuntamente separa el "yo" (gramatical), por un lado, y, por el otro, su origen social; y luego presenta ese "yo" (gramatical) como algo carente de determinación social. La esfera de lo social se ve retratada como una *interrupción* de mi narrativa, y es por ese motivo que el "yo" (gramatical) queda oculto, eclipsado, desafiando la "captura narrativa" (Butler, 2005:80). Al considerar deshabilitante el hecho de que "mi" discurso no sea enteramente mi propio discurso, Butler misma postula aquí una norma ideal de un yo psicológico autónomo. Si nuestro yo psicológico no estuviera constituido interrelacionalmente y socialmente por condiciones heterónomas, entonces, podríamos perfectamente emprender la tarea de autonarrativizar, según su opinión. Ella dice: "Uno puede dar y tomar reconocimiento solo a condición de que uno se desoriente respecto de uno mismo debido a algo que no sea uno mismo; solo a condición de que uno experimente un descentramiento y "no pueda" lograr la autoidentidad" (Butler, 2005:42). El juicio de fracaso, de "no poder", presume aquí un concepto poco probable de una autoidentidad no relacional y no social.

El mero hecho de la desconexión entre el yo gramatical que narra y el yo psicológico que es narrado no es un argumento particularmente fuerte que justifique la incapacidad de narrar una vida; es, al menos, un problema superable dentro de los términos de la narración. No se requiere un conocimiento perfecto para obtener un éxito parcial; y, por su parte, el éxito parcial no amerita los tonos cuasi catastróficos del fracaso narrativo descripto por Butler. Uno puede reconocer que el yo gramatical que habla tiene una capacidad limitada de acción y de autonomía, y también puede reconocer que el yo psicológico del cual habla el yo gramatical es una construcción parcial, y que el yo gramatical está siempre conteniendo dentro de sí la contingencia de lo social. Tampoco pienso que la afirmación de Butler, influida por Nietzsche y Foucault, de que la autonarración es el resultado de un impulso coactivo, sea una caracterización plausiblemente *general*. No siempre estamos de pie delante de un gran jurado intentando explicarnos; a veces, estamos en un espacio discursivo que de verdad es amoroso y sustentador. Y aunque ningún espacio discursivo está por completo libre del poder o del deseo o de las operaciones de transferencia, quedan distinciones significativas entre la valencia política de los diversos espacios, distinciones que la obra de Brison (2002) y Fricker (2007), por ejemplo, describen lúcidamente. Butler puede tener razón en que la acción moral y epistémica del yo psicológico pueden ser, en última instancia, desembrolladas; pero ella tiene una tendencia a visualizar esta dimensión necesariamente social (o lo que ella llama "inscripción social") como necesariamente opresiva, una afirmación que, creo yo, carece de justificación filosófica[4].

Sin embargo, Butler tiene razón al urgir la instauración de un foco de atención sobre el contexto normativo de la autonarración y la desconexión entre la forma en que una emisión lingüística caracteriza un suceso y la forma en que este es vivido. Ella dice: "Eso que soy desafía toda estructura narrativa" (Butler, 2005:80). Ella tiene razón en el hecho de que la estructura narrativa impone un orden que no pudimos haber experimentado, y esa ambigüedad se pierde (2005:68-9). Esta es la base de su afirmación de que todo intento de autoconocimiento falla. Lo que ella llama nuestra "opacidad", o resistencia a la representación transparente, "resiste toda iluminación definitiva" (2005:80). Con todo, nótese que cuando Ricoeur encuentra en el acto de la autonarración una fuerte potencialidad para reconocer la contingencia y la variabilidad de nuestro autoentendimiento, Butler presenta un fracaso inevitable.

Resulta interesante notar que la escrupulosa atención dedicada por Butler a las condiciones exactas de representación nace de su interés por que se formule un relato auténtico y verdadero de los fundamentos de las cosas. Ella sugiere que la idea de brindar un relato de uno mismo implica

---

[4] El abordaje que realizan Butler y Foucault de la "inscripción social" siempre me hace pensar en la descripción kafkiana de "En la colonia penitenciaria", donde escriben sobre el cuerpo del prisionero con instrumentos filosos hasta que aquél comineza a sangrar, a vomitar y, finalmente, muere. En *Giving an Account of Oneself*, Butler (2005) realiza un interesante análisis del cuento de Kafka "El proceso", en el cual la aceptación por parte de un hijo del juicio paterno (una norma a la que no podemos sustraernos) lo lleva al suicidio. Pero si la sociabilidad y la interdependencia familiar son catástrofes, ¿qué concepción del yo psicológico se utiliza aquí?

la existencia de falsas afirmaciones acerca de las condiciones de la acción y de la yoidad, acerca de cómo se origina un relato y qué lo hace posible. Sus argumentos plantean importantes y perturbadoras cuestiones referidas a la legitimidad epistémica de los enunciados acerca de nosotros mismos y de nuestras experiencias. El carácter necesariamente heterónomo de las normas dentro de las cuales estamos insertos pone en tela de juicio, para Butler, lo que hacemos cuando juzgamos o interpretamos. ¿Quién puede hacerse responsable del juzgamiento y de la interpretación que tienen lugar? ¿Cómo podemos saber si nuestros juicios o interpretaciones son plausibles, legítimos, pertinentes? La respuesta es: no podemos. Se presenta una parcialidad imposible de vencer (o una incompletud) y una ambigüedad que caracteriza todo significado y conocimiento. No hay una afirmación que no sea plausible de parte de Butler.

Butler realiza dos observaciones morales respecto del hecho de esta parcialidad y ambigüedad invencibles. La primera observación moral: cuando condenamos –es decir, cuando juzgamos de manera categórica, carente de ambigüedades–, lo que hacemos es ejercer violencia. Butler afirma: "El juicio puede ser una forma de ser incapaces de apropiarnos de nuestras propias limitaciones y, así, de suministrar una base para nada feliz para que exista un reconocimiento recíproco de los seres humanos en tanto eclipsados a sí mismos, parcialmente ciegos, constitutivamente limitados" (Butler, 2005:46). Los juicios que se emiten de manera inequívoca siempre ocultan su inevitable incertidumbre, lo cual indica que tienen objetivos diferentes de la veracidad. Por lo general, llamamos "autorectitud" a este hecho, dado que traza una nítida separación entre nosotros mismos y eso que condenamos, una línea clara de demarcación que purga lo abyecto, en efecto. Es mejor ofrecer un relato más mesurado, con una siempre falible autoconciencia, un reconocimiento de nuestra opacidad hacia nosotros mismos, y aquí es donde Butler encuentra las semillas de la esperanza moral. Reitero: esta no es una afirmación que nos sea desconocida: esa humildad epistémica conduce a buenos resultados éticos porque potencia nuestra voluntad de escuchar más que de hablar, y nuestra voluntad de refrenarnos de una denuncia decisiva o permanente.

Las afirmaciones de Butler ¿tienen sentido aquí? ¿Y de qué manera operan en el contexto de la desautorización epistémica general, incluso genérica, de las mujeres, o la desautorización específica de las sobrevivientes? ¿Puede el juicio normativo cohabitar con un reconocimiento de nuestra acción y constitución relacional dentro del poder?

El yo psicológico relacional

La obra *Relational Remembering: Rethinking the Memory Wars* (2003), de Sue Campbell, puede leerse como una réplica a Butler, si bien aquélla había sido publicada dos años antes. El principal foco de atención de Campbell, como sugiere el título, es la memoria, una cuestión crítica en relación a la violación sexual; pero al evaluar la memoria, ella desarrolla una tesis constructivista en la que se enfatiza el contexto intersubjetivo de la autonarrativización y, por lo tanto, del yo psicológico. Así, en aspectos importantes, su abordaje se encuentra en concordancia con el de Butler; sin embargo, ella arriba a conclusiones radicalmente diferentes.

Campbell desarrolla su tesis sobre la memoria a través de un análisis de los debates que se generaron a partir de la Fundación Síndrome del Falso Recuerdo (FMSF, en inglés). La FMSF fue organizada en 1992 como un grupo de presión para representar a los padres acusados de abuso sexual. Esta entidad afirmaba que los acusadores habían sido estimulados por "terapias de sugestión" a construir recuerdos de sucesos que jamás habían existido. En algunos casos, la FMSF culpó a ciertos terapeutas política y económicamente motivados por influir indebidamente en sus pacientes; pero también apuntó a nuevos estudios empíricos sobre la sugestibilidad de la memoria para plantear dudas sobre acusaciones, y una cantidad de científicos creíbles apoyaron su tesis de que los falsos recuerdos constituían un "síndrome". La FMSF creó una Junta Asesora Científica y Profesional, cuyos miembros podían brindar testimonios periciales en procesos judiciales, así como llevar adelante experimentos para poner a prueba la tesis de la sugestibilidad. Esta junta transmitió sus puntos de vista en numerosos foros públicos y en publicaciones de acceso popular. De allí que, pese al hecho de que la FMSF tuviera objetivos polémicos financiados y sustentados por los padres acusados, el proyecto de esta fundación ganó credibilidad a partir de los estudios realizados sobre la memoria por parte de científicos que suministraron pruebas de que la naturaleza de la memoria humana es altamente sugestionable, incluso en virtud de las mejores condiciones. No solo nuestra memoria es poco confiable –sugirieron los investigadores–, sino que hay nuevos "recuerdos" que pueden, en efecto, ser implantados a través de una sutil sugestión bajo condiciones receptivas.

Estos estudios y su difusión pública ayudaron a crear una incredulidad generalizada hacia las crecientes afirmaciones de abuso sexual infantil que atestaban los *talk shows* diurnos de la década de 1990. Como muestra Campbell, los estudios sobre la sugestibilidad de la memoria ingresaron en un contexto social que, debido a dos importantes componentes, ya estaba inclinado a considerar las afirmaciones de sus acusadores con escepticismo. Uno de esos componentes fue la persistencia de "estereotipos perniciosos sobre la pasividad de la mujer", que le daba apoyo a la afirmación de que las acusadoras eran altamente receptivas a la sugestión; el segundo de dichos componentes, relacionado con el anterior, era una tendencia hacia las nociones individualistas de subjetividad o de auto-formación que creaban una predilección "a mirar la dimensión *social* del acto de recordar solo negativamente, como una especie de amenaza o de contaminante de la memoria" (Campbell, 2003:8; las cursivas son mías). Las muy confiadas conclusiones presentadas sobre la índole de la memoria por parte de científicos "estrella" como Elizabeth Loftus se vieron significativamente magnificadas en el dominio público del discurso (así como dentro de la filosofía, sugeriría yo) mediante ciertas ideas relacionadas y ya poderosas en este contexto sobre la sugestibilidad intrínseca de la mujer y la índole propiamente individual del acto de recordar.

Las guerras por los recuerdos y la memoria presentaron un ámbito en el cual los "hechos" determinados por métodos científicos objetivos y apolíticos se afianzaron en su lugar, sin arredrarse; como contrapartida, teníamos un dominio politizado de terapia feminista y activismo muy emotivo. Se pensaba que la política y los valores influían solo un lado del debate. Sin embargo, la opinión de Campbell fue que ninguna parte del debate debería ser despolitizado. Ella sostuvo lo siguiente: "Si intentamos despolitizar los debates sobre los falsos recuerdos [por ejemplo, concentrándonos solo en la suficiencia científica de los estudios sobre la memoria], descuidaremos los efectos producidos por el poder en las vidas de quieres recuerdan, y sobre las cuales los relatos de la memoria obtienen una fidelidad pública y científica" (2003:15). En otras palabras, numerosos públicos –incluido el público científico– son susceptibles a los juicios con valores cambiantes acerca de la plausibilidad de las hipótesis, la evaluación y la interpretación de las pruebas, y la validez de los marcos conceptuales. Todo esto debe ser sometido a un análisis político informado, pero no a fin de llegar a una conclusión libre de valores, sino a fin de desarrollar una reflexividad sobre las condiciones interpretativas y sociales dentro de las cuales se realizan los juicios.

En rigor de verdad, Campbell no estaba tan interesada en los debates sobre los falsos recuerdos, sino, antes bien, en la forma en que esos debates daban por sentado un particular relato de la construcción de la memoria que tenía una resonancia ideológica con puntos de vista sexistas sostenidos y apoyados desde tiempos inmemoriales; y, además –consideraba ella–, eran simplemente falsos. Los debates acerca de la memoria requería un análisis político no solo a fin de entender cómo un relato de recuerdos le gana a otro, sino, también –y este es un detalle muy importante– con el objeto de entender las condiciones necesarias de la buena memoria. Su postulado de que los procesos de la memoria se ven afectados por su contexto social –incluido su contexto político– y, por lo tanto, el hecho que las mujeres (o cualquier persona) puedan recordar con cierta suficiencia epistémica es un acto socialmente –y no solo neurológicamente– mejorado o deshabilitado.

Campbell empleó el término "recordación relacional" para nombrar su tesis alternativa por la cual considera que la memoria es "una capacidad *apropiadamente* relacional" (2003:16; las cursivas son mías). Los recuerdos se entienden mejor cuando son *experiencias que requieren interpretación*, y no cuando son trascripciones o cintas de video. Los recuerdos son siempre selectivos e involucran una determinación de significación. La capacidad de recordar se ve mejorada cuando una experiencia es considerada lo bastante significativa como para ser repetida, y cuando su denuncia o transmisión recibe atención o credibilidad de los demás. En cierto sentido, a veces podemos elegir recordar, sobre la base de estas condiciones contextuales, y a veces podemos elegir olvidar. "Las estrategias de un olvido motivado", dice Campbell, son en verdad necesarias para que la memoria funcione adecuadamente dado que no podemos recordar todo. La operación de olvidar también nos puede ayudar a transitar traumas que socavan nuestra capacidad de acción porque nos aplastan con pensamientos dolorosos e intrusivos, porque hacen que disminuya nuestra autoestima y porque ponen en peligro relaciones cruciales (2003:48-9). Incluso los procesos óptimos de interpretación y narrativización de nuestros recuerdos siempre va a involucrar interacciones intersubjetivas que afecten la forma en que determinamos su significación, cómo interpretamos los sucesos, y el impacto que el recuerdo de esos sucesos produce en nuestra vida. La idea de que los procesos óptimos producirían recuerdos abarcativamente completos más allá de toda interpretación o influencia social tiene poca lógica.

La memoria no es siempre o incluso a menudo una cuestión individual. Comparamos nuestros recuerdos infantiles contra los de nuestros hermanos y evaluamos nuestra historia relacional con nuestros amigos. A veces rechazamos los recuerdos que otros afirman tener; a veces, aprendemos nuevas cosas; y a veces vemos bajo una nueva luz los sucesos que creíamos recordar muy bien. Puede ser útil analizar nuestros recuerdos con los de quienes estaban allí cuando los sucesos tuvieron lugar; pero también puede ser útil pensar a conciencia nuestros recuerdos con otras personas, que podrían contarnos recuerdos relacionados de sus vidas o, nada más, ayudarnos a pensar a fondo nuestras preguntas y nuestras inquietudes. Cuando ciertos "recordadores", como los llama Campbell, quedan excluidos de ese tipo de proceso común interpretativo intersubjetivo porque afirman que sufrieron un abuso, o solo debido a su identidad femenina, esta exclusión obstruye la capacidad de estos recordadores de desarrollar sus propios procesos de recuerdos o se obsta a la posibilidad de que ellos aporten a los procesos de recuerdos de otros. Cuando a los recordadores se los retrata como personas indiferentes a la *verdad* de su pasado, se les socavan sus habilidades. Según la tesis de Campbell, entonces, la necesidad de interpretación en los procesos de memoria y la índole interactiva y social de la forma en que los humanos recordamos no obsta a la posibilidad de contar con una memoria verídica, ni nos presenta un fundamento a priori para el escepticismo (2003:18).

La selección de los recuerdos y su interpretación involucra lo que Campbell llama "un sentido de yo psicológico". Tener un sentido del propio yo psicológico requiere "oportunidades de entenderse a uno mismo en relación con el propio pasado, oportunidades para planear y para actuar en función de las propias intenciones, y algunas emociones y actitudes de autoconsideración" (2003:29). Estos ingredientes son los que hacen posible el yo psicológico narrativo, o yo continuo, dentro del cual tienen lugar los procesos de la memoria de seleccionar, de interpretar y también de evaluar el carácter de nuestras "experiencias de memoria". Sin embargo, cada uno de ellos requiere un contexto social;

incluso las emociones y las actitudes de autoconsideración –de autoestima– requieren una individuación y una diferenciación respecto de una clase contrastante de otros. Citando la investigación de Elizabeth Waites, Campbell explica: "Las capacidades de la memoria se socializan desde la infancia" (2003:37). Los niños aprenden cómo organizar sus recuerdos, concentran su atención de tal forma que hacen que algunas experiencias sean memorables, y codifican sus experiencias con un significado. Así, los niños desarrollan la capacidad de ser recordadores autoconstituidos que pueden confiar en sus procesos de memoria debido a su sentido de yo psicológico a lo largo de esas relaciones sociales, relaciones estas que necesariamente involucran "intereses, emociones y juicios" (2003:37).

Así, al igual que Butler, Campbell hace de la socialidad una condición constitutiva de la yoidad, del autoentendimiento y de la autonarración. No obstante, para Campbell, la naturaleza social del yo no aconseja, en sí misma y por sí misma, el escepticismo epistémico, y ni siquiera el socavamiento de la autonomía. La pregunta más afín de una evaluación epistémica de nuestra autonarración no es: "¿Se desarrolló en un contexto social de formación de significado?", sino: "¿Cuáles son las condiciones específicas de socialidad en un contexto dado?". En otras palabras, no *si* un yo psicológico se formó socialmente, sino *cómo* se formó socialmente. Algunos contextos sociales brindan recursos epistémicos que potencian nuestras capacidades, en lugar de socavarlas.

Campbell sostiene que nuestra socialidad fundamental debería poner en tela de juicio la noción misma de sugestibilidad de la memoria, puesta sobre el tapete por Loftus y por otros psicólogos. El concepto de "sugestibilidad" o de contagio social implica que hay recuerdos *no*-sociales, narrativas *no*-sociales de experiencias, o experiencias que no son, por así decirlo, susceptibles de sugestión.

La implicación de la opinión de Campbell es que no podemos aislar ni separar los aportes autónomos sociales y no sociales a la formación del sujeto si consideramos que el yo psicológico es esencialmente relacional y social, como sostienen Brison, Campbell, Ricoeur y Butler. El escepticismo de Butler, al igual que el de Loftus, se basa en un extraño apego a ciertas aspiraciones fundacionales por las cuales se convierte un yo psicológico que está libre de la influencia de las normas sociales en el sine qua non implícito de la integridad y de la posibilidad misma de la sinceridad y de la confiabilidad epistémica. Según su punto de vista, la sociabilidad fundamental del yo psicológico es un problema epistémico prima facie. Para Campbell y otros, la naturaleza social del yo psicológico es el medio por el cual logra ejercer su asertividad y la capacidad misma de autonomía o de acción intencionada.

Podríamos vernos tentados a resolver las diferencias que existen entre Butler y Campbell haciendo referencia a distinciones por niveles. Es decir, podríamos vernos tentados a decir que el tipo de inquietud planteada por Butler (2005) es realmente solo de importancia cuando estamos haciendo una ontología del yo psicológico; en este caso, nuestros estándares epistémicos van a ser altos y exigentes. A diferencia de esta situación, en la disputa por la memoria encarada por Campbell (2003), queremos saber algo totalmente diferente: la fundación FMSF ¿tiene una preocupación legítima sobre la sugestibilidad de la memoria bajo condiciones específicas? En otras palabras, puede existir un sentido bastante elemental y básico en el cual los recuerdos pueden ser falsos, lo cual es totalmente diferente del sentido filosófico en el cual la autonarración está siempre implicada en afirmaciones cuestionables acerca de la naturaleza individual de la autoformación y la posibilidad del autoconocimiento. Pero quiero resistir esta respuesta fácil. Necesitamos una teoría congruente de la autonarración en estos dominios; y, por supuesto, la memoria es crítica de la capacidad de narrar nuestra vida. La forma en que la naturaleza básica del yo psicológico y de la voluntad autoformativa, como muestra Campbell, produce un gran impacto en la forma en que encaramos los estudios sobre la memoria y la forma en que interpretamos los datos que ellos suministran.

La cuestión de la violencia sexual suministra un caso especialmente claro de este debate sobre la memoria y sobre la autonarración, dada la prolongada supresión del análisis abierto respecto de ese tipo de recuerdos, el descrédito epistémico sufrido por las mujeres, la posterior mezquindad de la comunidad hermenéutica que podría ser capaz de formar términos y conceptos suficientes y adecuados, y también el complejo "ida y vuelta dialéctico" entre interpretación y experiencia en este dominio, como se ha explorado en capítulos anteriores. Las mujeres, entre otras personas, rara vez han estado en una buena posición para desarrollar sus capacidades de recuerdo o un sentido de yo psicológico. La solución que debe encontrarse no proviene de un mayor individualismo para las mujeres, sino a través de un cambio en el contexto social en el cual se produce el procesamiento de los recuerdos.

Además, podemos reconocer los obstáculos especiales que se presentan en este dominio sin dejar de lado ninguna inquietud acerca de la veracidad de nuestros recuerdos. Podríamos, por ejemplo, mantener el escepticismo hacia la idea de que, si una persona tiene cinco de ocho síntomas de abuso sexual infantil según los enumerados por los sobrevivientes en el manual llamado *A Courage to Heal* (Bass y Davis, 1988), entonces, esos síntomas deberían formar la creencia de que esa persona fue abusada. Podemos, en otras palabras, aceptar el abordaje social a la formación de la memoria planteado por Campbell en su tesis de la "recordación relacional" sin perder nuestra capacidad de trazar distinciones epistémicas entre afirmaciones mejores o peores de recuerdos a las que se ha llegado dentro de esos procesos sociales. La cuestión misma de evaluar y abolir el descrédito epistémico de las recordadoras consiste en mejorar los procesos de memoria de manera tal que asistan a toda la sociedad.

La perturbadora implicación de la tesis de Butler tiene que ver con el papel desempeñado por las normas sociales en el proceso de juicio. Si lo único que somos es un nexo de relaciones, el punto final de los efectos de las normas sociales, entonces, ¿sobre qué base condenamos la violencia sexual, incluidas las relaciones sexuales entre adultos y niños? El consejo de Butler contra los llamamientos al juicio parece basado en estándares epistémicos que son irrealistamente altos y que están desconectados de la mejor información que tenemos acerca de los verdaderos procesos de la memoria.

Alternativamente, a través del abordaje de Campbell, podemos desarrollar de la siguiente manera evaluaciones epistémicas de afirmaciones en pugna sobre la autonarración: podemos preguntar ¿cuál ha sido exactamente el carácter político y epistémico del proceso social en el cual la experiencia de la persona ha sido interpretada y ha sido dotada de significado? ¿Se ha producido una opresión de la identidad o una marginación epistémica en el sentido dado por Fricker (2007)? ¿Cuáles han sido las condiciones políticas del espacio retórico en el sentido dado por Code (1995)? Utilizando el material de Brison (2002), podríamos además sostener que, dado que la formación del sujeto no siempre tiene lugar en virtud de las mismas condiciones, necesitamos un análisis variado, más que un análisis único y uniforme, de sus efectos epistémicos sobre la autonarración y la memoria. La cuestión es si el esfuerzo de emprender un autoconocimiento tiene acceso a términos y a conceptos adecuados para expresar y entender sus experiencias. Sobre esta base, podemos entonces juzgar el yo psicológico particular en una instancia dada, más que todos los yoes psicológicos bajo todas las condiciones. El abordaje de Butler (2005) se presta a una descontextualización abstracta de los problemas de la autonarración; sugiero que podamos construir otro abordaje a través de la obra de Brison, de la de Campbell, de la de Code y de la Fricker, que construye una reflexividad política sin recurrir ni a un escepticismo epistémico general y sin sacrificar nuestra capacidad de seguir preocupados por el estatus epistémicos de las afirmaciones del yo psicológico.

Una falibilidad permanente acerca de la autonarrativización es, por supuesto, siempre una buena idea. Merleau-Ponty también plantea esta idea, incluso en el medio de sus categóricas observaciones acerca del año 1945. Él se pregunta: Pero "¿no somos, en este punto, los tontos de nuestras propias emociones? Si dentro de diez años releyéramos estas páginas y tantas otras, ¿qué pensaríamos de ellas?" (Merleau-Ponty, 1964:150). Su respuesta es instructiva:

> Sin lugar a dudas, [...] esos cinco años no nos han enseñado a pensar mal de lo que una vez juzgamos que era bueno; y a los ojos de la conciencia todavía sigue siendo absurdo esconder una verdad porque perjudique el propio país, matar a un hombre porque vive al otro lado del río, tratar a otra persona como un medio más que como un fin. [...] La Guerra y la Ocupación solo nos enseñaron que los valores siguen siendo simbólicos, nominales y que, en efecto, no tienen valor sin una infraestructura económica y política que has haga participar en la existencia. [...] En la coexistencia del hombre con el hombre –de lo cual esos años nos han hecho conscientes–, la moral, las doctrinas, los pensamientos y las costumbres, las leyes, las obras y las palabras se expresan, todos ellos, unos a otros; todo significa todo. Y fuera de esta singular fulguración de la existencia no hay nada (1964:152).

La autonarración, la autoformación, no menos que la ética, tienen lugar en el medio de las relaciones, de las condiciones sociales circundantes, de la política y de la vida. Este no es un problema previo para el juicio, para la percepción y para la verdad. Antes bien, necesitamos aprender a tener un entendimiento más expansivo de las relaciones de coherencia que pueden constituir la validez epistémica cuando intentamos hablar por nosotros mismos, cuando tratamos de narrar nuestra vida. Así, crear las condiciones dentro de las cuales las mujeres puedan hablar por sí mismas incluso cuando hablan de violaciones sexuales sigue siendo un proyecto feminista críticamente importante.

Conclusión
Situados en la intersección

> Si no comprendemos la índole de la violencia sexual porque está mediada por la violencia y el poder racial, de clase y gubernamental, no tendremos esperanza de desarrollar estrategias que nos permitan, finalmente, purgar nuestra sociedad de la opresiva violencia misógina (Davis 1990:47).

Al comienzo de este libro señalé que estamos experimentando una atención mundial sin precedentes hacia los problemas de la violación y la violencia sexual. La principal cuestión que me planteé fue preguntar cómo maximizar la potencialidad que este momento de visibilidad le presenta al cambio social. No obstante, como sostuve, la justicia para las sobrevivientes se ve constantemente retaceada, desvirtuada y utilizada como herramienta para cumplir ciertos objetivos militares, racistas y heterosexistas. No solo se logra poca justicia; el problema puede verse empeorado cuando los casos más habituales –las violaciones intracomunitarias y las intrafamiliares– se minimizan regularmente, con lo cual se opaca la índole real del problema y se frustran los esfuerzos (y se reducen las motivaciones) por dilucidar los principales factores causales. El sexismo mismo, en sus diversas formas, puede verse exacerbado cuando las soluciones ofrecidas desempoderan a las mujeres y a las jóvenes mucho más de lo que ya están y cuando se retrata a las sobrevivientes como histéricas sin remedio de nuestros tiempos, necesitadas de una supervisión paliativa, o cuando nuestro activismo contra la violación se emplea para potenciar un estado vigilante hipermasculino, racista y militarizado.

Para las generaciones anteriores, prestar atención a los aspectos interseccionales de la historia de la violación sexual de Estados Unidos dio como resultado ciertos análisis de falsos informes acerca de mujeres de alto rango social que habían sido violadas por hombres de bajo rango social. Desde los linchamientos que comenzaron después de la Guerra Civil estadounidense, pasando por el caso Scottsboro (de 1931), hasta el caso de la corredora de Central Park (en 1989), la violación se utilizó como un arma cargada de emocionalidad para legitimar una guerra contra hombres que no fueran blancos.

Este patrón de atención selectiva sobre las violaciones intercomunitarias, en las cuales las víctimas suelen ser blancas o de un rango social más alto que los perpetradores, no le es funcional tampoco a las necesidades de las mujeres blancas, me atrevo a sugerir. Incluso las mujeres ricas y relativamente poderosas sufren de un descrédito epistémico y sufren el hostigamiento. Las denuncias de acoso y agresión, como cosa habitual, en la industria del entretenimiento fueron soslayadas durante décadas, mientras que los medios corporativos bien establecidos buscaban otras noticias sensacionalistas que dirigían nuestra atención a otro lugar. Ahora, una parte más amplia del público es consciente de cuántas delatoras valerosas y cuántos periodistas decididos a contar la verdad se necesitaron, trabajando durante años, para sacar a la luz los abusos cotidianos que se vivían y se viven en Hollywood, en la Iglesia, en las fuerzas armadas, en los medios de comunicación, en la industria de la tecnología, en las reparticiones públicas, en los deportes universitarios, en la educación superior y en otras instituciones poderosas. Es claro: el problema no es reducible a una patología individual cuando las instituciones protegen a los perpetradores, cuando se les da poca importancia a los daños, cuando se excusa el abuso y cuando, de forma rutinaria, buscan manchar el buen nombre de las acusadoras (Harding, 2015). Es preciso que el público que se sienta ofendido por estas conductas dirija su atención al papel desempeñado por las instituciones cuando estas bloquean las denuncias a través de acuerdos de no divulgación y de maniobras jurídicas. Con excesiva frecuencia, las noticias que surgen en los medios sensacionalistas operan como una herramienta de distracción: hacen que miremos objetos brillantes y no las instituciones "respetables" del establishment que permiten la violencia.

La atención cuidadosamente orquestada actúa como una forma de recuperación y hace que se obtengan formas actuales de poder social y de comercio. Numerosos públicos de todo el mundo pueden verse motivados por una negativa general que, como explica Brison, "toma la forma de intentos de explicar el ataque de formas que dejan indemne la visión del mundo que tienen los observadores" (2002:9). Por ejemplo, como sostiene Kiran Kaur Grewal (2016b:186-9), con enorme frecuencia el marco en el cual se oyen las voces de las víctimas está saturado de ideas acerca de mujeres que necesitan protección por parte de los hombres y acerca del violento sexismo de las culturas no occidentales (véase también Sorbera, 2014). Este marco también incluye, como sostiene Angela Davis (1990), la idea de que las fuerzas represivas del estado capitalista –incluida la policía y los sistemas carcelarios– funcionan en su gran mayoría como aliados de las víctimas, sobre todo cuando esas víctimas son mujeres y niños.

Yo sostengo que si a las víctimas realmente se las oyera, estos marcos quedarían por completo destruidos.

Pero hablar no es suficiente. Debemos encontrar formas de darles un tratamiento efectivo a los marcos narrativos dominantes que, con toda probabilidad, van a afectar la recepción de nuestro discurso y van a desviar todo esfuerzo por lograr una reforma. Las instituciones pueden verse forzadas a actuar, como hemos visto en años recientes; pero es probable que prioricen sus propios intereses diseñando mecanismos que oculten el daño y, al mismo tiempo, queriendo parecer serias y sinceras. Una forma en que los sistemas poderosos se autoprotegen y mantienen su operatoria habitual es culpar a los sospechosos de siempre: los individuos no dominantes, los *otros* Otros, unas pocas manzanas podridas. ¿Quién quiere revolucionar el carrito de las manzanas? ¿Quién tiene ganas de ver que las víctimas tienen poder real?

Es sobre todo crítico para las teóricas y las activistas en contra de la violación considerar formas creativas de reaccionar a las denuncias de violencia sexual perpetrada por inmigrantes o por personas que buscan asilo, o perpetrada por individuos que pertenecen a comunidades de color; la idea es que dichas denuncias no exacerben el racismo. Julia Sudbury sostiene que necesitamos repensar las estrategias antiviolencia: "Defender el fortalecimiento de ciertas reparticiones estatales –como la policía y el Poder Judicial– sin transformar las ideologías raciales/de clase que subyacen al encarcelamiento lleva, inevitablemente, a una mayor vigilancia y actividad policial hacia las comunidades pobres y hacia las personas de color" (2006:21). Esta actividad de vigilancia policial puede hacer que las mujeres de esas comunidades se tornen más vulnerables; por ejemplo, al tener menor acceso a un buen empleo, o al verse privadas de ciertas relaciones. Además, toda la comunidad se vuelve comprensiblemente renuente a realizar cualquier tipo de denuncia.

El problema de la visibilidad selectiva no es solo una cuestión que deban tratar y resolver los sectores privilegiados del Norte mundial, sino que es un desafío de todas las sociedades y de todas las comunidades afectadas por las jerarquías sociales que valoran a ciertas víctimas más que otras, donde algunos supuestos perpetradores son preventivamente considerados culpables, sin que se despliegue un intento serio de investigar el caso, y donde las múltiples formas de racismo y de odio religioso infectan los juicios en los diversos grupos. La situación es compleja y dinámica, como señala Sudbury; por eso, necesitamos "desarrollar un análisis de racismos diferenciales que afectan a las comunidades de color; y también necesitamos desarrollar un análisis de las interacciones que existen entre la inmigración y la violencia contra las mujeres" (2006:23). Los marcos dominantes en los cuales se interpreta una cantidad significativa de casos están envenenados por herencias históricamente execrables, incluso dentro de las comunidades de color. Entonces, ¿qué habría que hacer? ¿Cómo quebrar esos marcos, incluso cuando a las víctimas se les otorga una voz para expresarse?

La primera tarea es tornarnos más meta-lúcidos acerca del impacto de la índole interseccional de la dominación y su impacto en el dominio de las violaciones sexuales; esta tarea se logra haciéndonos eco de los sucesos de manera perturbadora; entonces, al tornarnos meta-lúcidos, la resistencia antiviolación podrá identificar y atacar con mayor efectividad las estrategias de recuperación. También necesitamos pensar en algo superior al mero defenderse, pensar en algo que supere el tener que operar siempre dentro de condiciones de factibilidad de eco dispuestas por los estados racistas y por el rédito financiero buscado por los medios. Necesitamos imaginar formas concretas de justicia que podrían ser utilizadas con efectividad para darle tratamiento a las violaciones sexuales dentro de las familias pobres y dentro de las comunidades acosadas. Necesitamos imaginar un verdadero feminismo mayoritario (es decir, multirracial y de clase baja) al poder.

Les daré tratamiento a estos puntos en los párrafos siguientes, con algunos ejemplos ilustrativos. Pero, primero, quiero comenzar con una exploración un poco más amplia de la realidad interseccional de la violación.

Por qué la interseccionalidad es crucial

En períodos anteriores de la historia moderna occidental que ahora han sido objeto de un extenso análisis histórico y de una crítica política, la cuestión de la violación fue una coartada habitual para los linchamientos racistas, las incursiones coloniales y la violencia social de diversos tipos (Davis, 1990, 1998; Smith, 2005; McGuire, 2010; Freedman, 2013). Las afirmaciones de violación suministraron una excusa poderosa y emocionalmente convincente para justificar la violencia racista y colonialista que fue capaz de movilizar y exculpar la justicia por mano propia ejercida por los sectores populares de la sociedad. En rigor de verdad, el sexo coercitivo fue una característica habitual de la vida laboral de las mujeres blancas, una práctica legalmente permitida dentro del matrimonio en diversas clases sociales, y un componente aceptado de la esclavitud, del peonaje colonial y, con posterioridad, de la población negra. No obstante, los únicos casos que parecían atrapar una amplia atención fueron los que involucraban violaciones interraciales de mujeres blancas, habitualmente de clase media; con frecuencia, estos resultaban ser de dudosa credibilidad luego de las torturas y los asesinatos ya habían ocurrido. El grito de violación por parte de las mujeres blancas se tornó, entonces, ampliamente asociado en las comunidades de color con el terror racista. Y el sistema judicial formal no era mucho mejor que los grupos paramilitares informales, como el Ku Klux Klan, en cuanto a los patrones por los cuales determinaban qué casos de violación sexual aceptarían, como evaluar la credibilidad de los acusadores o de los acusados, y cómo administrar castigos. La búsqueda de justicia en el dominio de la violación siempre quedaba distorsionada por parámetros como la etnia y la clase. En consecuencia, todo esfuerzo por contrarrestar las violaciones se enfrentaba al trabajo antirracista, de lo cual se desprendía la poca o ninguna justicia que se administraba a ninguna clase de víctima, incluidas las mujeres blancas.

Hoy en día se han registrado cambios, pero pocos progresos. Demasiados de los casos más ampliamente denunciados en los medios habituales de comunicación involucran perpetradores provenientes de grupos minoritarios de un tipo u otro, y demasiadas de las memorias que son éxito de ventas involucran inmigrantes musulmanes o sociedades musulmanas (Razack, 2004; Wagner, 2007; Bellil, 2008; Grewal, 2016b). Oímos mucho más acerca de violaciones dentro de campos de migrantes que acerca del incesto en las comunidades de clase media; y algunos de los casos más ampliamente cubiertos por el periodismo –como los de los estadios post-Katrina– han resultado una vez más carecer de credibilidad (Thevenot y Russell, 2005). Las intersecciones privilegiadas donde la violación se hace más visible tiene un efecto directo en otras ubicaciones, lo cual les confiere una apariencia de seguridad que puede demolerse solo merced a una enorme cantidad de datos fidedignos.

Es obvio que sigue habiendo una amplia disparidad en la atención de los medios y en las respuestas públicas a los delitos de violencia sexual (Dowd Hall, 1983; Morrison, 1992; Lubiano, 1997). Tanto víctimas como perpetradores reciben un trato diferencial según las especificidades de sus identidades, y más allá de los pormenores del delito (Bourke, 2007). A fin de entender el problema de la violencia sexual, entonces, y los desafíos con los que nos enfrentamos al darle tratamiento, necesitamos explorar por qué algunas víctimas despiertan la empatía del público amplio, mientras que a otras se las culpa o no se les presta atención (Harris, 2014). Así, necesitamos darnos cuenta de que la opresión de género no es una esfera autónoma o sistema cuyo emplazamiento no depende de nada más; no puede ser entendida aparte de otras relaciones de poder operativas en cualquier otro contexto dado.

Podríamos pensar que la forma en que se trata a algunas mujeres privilegiadas es un modelo que debería aplicarse a todas. Aquí, la idea sería la de tomar las prácticas de visibilidad, la evaluación de la credibilidad y la búsqueda de la justicia que tienen lugar típicamente en la intersección del género y del privilegio, e intentar extenderlas a otras. Esto es un error. Los verdaderos cambios que se necesitan para resarcir el maltrato de las mujeres privilegiadas amenazan las relaciones convencionales de poder, las normas cotidianas de interacción social y comercial. Y, además, si la victimización de una mujer privilegiada es considerada de una forma tal que sirva objetivos no relacionados con el delito sufrido por ella, las causas reales quedan intactas. El caso conocido como "la corredora de Central Park" nos brinda varias lecciones en este aspecto.

En abril de 1989, una mujer blanca que corría por el Central Park (como parte de su rutina de ejercicios) fue brutalmente golpeada y violada. Durante meses, la noticia estuvo en las tapas de los diarios, y no solo en la ciudad de Nueva York, sino en todo el mundo, dado que la mujer estaba en coma, luchando por no morir. Los cinco adolescentes afroestadounidenses y portorriqueños, de entre catorce y dieciséis años, que fueron acusados del delito fueron llamados "bestias", "bárbaros" y "animales salvajes" en todos los medios de comunicación. Donald Trump –por entonces, un mero magnate de los bienes raíces– compró el equivalente a ochenta y cinco mil dólares de espacio publicitario en los medios para exigir que se reinstaurara la pena de muerte en el estado de Nueva York; así, se podía proceder a la ejecución de los adolescentes acusados (Smith, 1998).

Como se señaló en el capítulo 1, durante la misma semana en que sucedió esta violación, hubo otras veintiocho violaciones en primer grado o intentos de violación denunciados en la ciudad de Nueva York; casi todos ellos involucraban víctimas negras o latinas.

En el caso del Central Park, la víctima era una banquera de inversión de etnia blanca, de clase alta, que fue tan gravemente golpeada que no pudo identificar a sus perpetradores. Cinco hombres jóvenes de color, provenientes de partes pobres o trabajadoras de la ciudad fueron acusados de la violación; se los interrogó coactivamente; y firmaron confesiones de las que luego se retractaron[1]. Esta violación difería de la vasta mayoría de actos de violencia sexual que tienen lugar entre víctimas y atacantes, quienes comparten la misma clase y entorno social y que se conocen desde antes del incidente. En realidad, cuando las mujeres son victimizadas por hombres a los que conocen, o con quienes ellas han tenido relaciones, tanto la policía como los fiscales y hasta la propia familia y amigos de la víctima experimentan escepticismo ante la acusación. En el caso del Central Park, los cinco jóvenes fueron condenados y enviados a prisión, pero *todos* fueron absueltos trece años después del incidente sobre la base de pruebas de ADN y de una confesión del violador verdadero (y único). Este caso fue documentado en el filme *The Central Park Five*, de 2012.

El caso de la corredora del Central Park recibió una enorme atención por parte del periodismo y fue tomado con gran seriedad por parte del sistema de justicia penal. Pero la víctima no recibió justicia. Cuando finalmente encontraron al verdadero violador, fue casi por casualidad. La intensa reacción a este incidente no hizo otra cosa que darle tratamiento a las injusticias epistémicas y estructurales que contribuyen a agrandar el problema, y creó un motivo para que la gente de color y otra se abstuviera de denunciar, a fin de evitar probables nuevas injusticias.

---

[1] Véase Kassin (2015) respecto de cómo se generan las falsas confesiones.

Valerie Smith utilizó el caso del Central Park y las reacciones despertadas por este en los medios para dilucidar la teoría feminista de la interseccionalidad. Según ella lo explicó, con tal abordaje se sostiene que "las ideologías de etnia, de género [...], de clase y de sexualidad son *categorías recíprocamente constitutivas* de experiencia y de análisis" (Smith, 1998, xiii; las cursivas son mías). Como la opresión de género hace intersección con otras formaciones de identidad, aquella cambia de tipo, no simplemente de grado. Por lo tanto, no puede considerarse que ningún subgrupo sea el paradigma de un grupo identitario, ni que haya experimentado una forma "no filtrada" de opresión de grupo, como mostró la doctrinaria jurídica Kimberlé Crenshaw (1995) en su obra sobre violencia doméstica. El concepto de interseccionalidad no debería implicar estructuras autónomas (por ejemplo, el racismo y el sexismo) que se conectan en un único punto nodal, sino una serie de formaciones complejas, con variados elementos constitutivos y marcos.

Los abordajes interseccionales son muy importantes para entender la situación de las mujeres blancas –o la de cualquier grupo de mujeres provenientes de grupos sociales dominantes en cualquier sociedad dada– porque sus experiencias particulares de sexismo también se ven afectadas por las complejas formaciones de su identidad. Si bien las mujeres negras de clase trabajadora fueron tratadas durante mucho tiempo como las mulas del mundo –como lo expresó Zora Neale Hurston, escritora y antropóloga del Renacimiento del Harlem–, las mujeres blancas de clase alta fueron puestas en un pedestal y consideradas como delicadas flores que necesitaban protección paternal (Hurston, 1978:29; Wallace, 1980). La ideología del pedestal despierta la protección patriarcal y la interferencia en las decisiones tomadas por cualquier mujer acerca de su propia vida, mientras que ser tratada como una mula significa que una es explotada impiadosamente mientras se hace caso omiso de las propias condiciones de vida. En el primer caso, se presenta una excesiva supervisión paternalista; en el segundo caso, un brutal desentenderse de todo bienestar. Reitero: hay una diferencia de tipo, no de grado. Esto es lo que Smith quiere decir cuando afirma que nuestras categorías identitarias no son simplemente formas conjuntas, sino co-constitutivas.

Adoptar un abordaje interseccional no diluye ni deshabilita la posibilidad de hacer del sexismo una prioridad política. Smith misma defendió lo que ella llamó una "política jurídica de la violación centrada en la mujer que busca ejercer una acción policíaca en torno de la conducta sexual violenta y coactiva como delito en sí mismo y por sí mismo; y esta política reconoce que la violación es parte de un sistema de agresión contra todas las mujeres" (1998:20). No obstante, ella sostuvo que desarrollar una política centrada en las mujeres requiere un abordaje interseccional. De lo contrario, se pierden o se confunden las dimensiones plenas del problema. En las semanas y en los meses que siguieron al caso del Central Park, diversos medios periodísticos afroestadounidenses y portorriqueños criticaron efectivamente el énfasis racista de los supuestos violadores, pero también atacaron la credibilidad de la víctima. A diferencia de esta situación, los medios periodísticos mayoritariamente blancos siguieron poniendo el énfasis en los estereotipos racistas. En el medio de este circo mediático, como señala Smith, "la violencia sistémica y la misoginia que contribuyen a la inseguridad de la mujer en esta sociedad" seguían sin ser analizadas. La víctima del Central Park parecía ser nada más que una imagen objetivada, sin su propia voz, simplemente utilizada por diversos grupos para una pulseada de contrincantes que poco tenía que ver con reducir el delito de violación. Las otras veintiocho mujeres que fueron victimizadas ese mes quedaron en la invisibilidad.

Entonces, es crítico desarrollar nuestro entendimiento colectivo de que las formas estructurales e históricas de opresión –sobre todo esas formas organizadas alrededor de las identidades sociales– exacerban el problema de la violación sexual. En particular, necesitamos desarrollar una tesis sobre estas formas de opresión y su aporte a las complejas influencias causales que alientan la violación y protegen o excusan a los perpetradores. Si realmente queremos detener la oleada de agresiones, necesitamos soluciones acordes a las condiciones locales y acordes a *todos* los factores en juego.

Los falsos universales

El abordaje analítico que estoy esbozando aquí se ve frustrado por teorías universalistas de tipo fatalista y a-histórico sobre la inevitable ubicuidad del problema. Pero ¿qué podemos afirmar con certeza acerca de la índole del sexo y de la violación sexual en todo el mundo?

Hay representaciones artísticas de objetos antiguos que retratan la violencia sexual; por su parte, en numerosas narraciones de la mitología clásica griega e hindú se describen violaciones por parte de hombres de rango social superior (sobre todo, dioses). Si bien deberíamos ser cautos al momento de extrapolar cómo eran en general las relaciones en esas sociedades, los relatos místicos transmiten, casi siempre, desaprobación: se describe a una Perséfone agonizante mientras Hades, el rey del inframundo la arrastra. En el *Ramayana*, una pieza épica hindú, Ravana, el violador, aparece como un mendigo ante Sita; la obliga a realizar el honorable acto de brindar alimento y, luego, la viola. La coacción sexual se presenta como un motivo de sufrimiento, de ruptura familiar y de caos social; y también –cosa interesante– como un acto perpetrado por hombres poderosos.

En rigor de verdad, este asunto requiere un plan amplio de investigación interdisciplinaria. Las intersecciones entre la violación sexual y otras formas de opresión pueden dejarse de lado si creemos que existe una base biológica natural de coacción sexual, como sostienen Randy Thornhill y Craig T. Palmer en *A Natural History of Rape* (2000). Si la causa última puede identificarse como una disposición en la conducta sexual masculina que ha evolucionado a través de la adaptación, en la cual la violación es el resultado de las fuerzas de la selección evolutiva, entonces, las ambigüedades contingentes de los sucesos históricos y de las tendencias culturales desempeñarán solo un papel causal aproximado y menos importante. Que un incidente dado tenga lugar en el contexto de una guerra imperialista o dentro de un importante equipo deportivo nos dice poco, creen algunos, que sea útil para la prevención. Con esta forma de pensar, lo único que podemos ofrecer son medidas defensivas contra las fuerzas inevitables de la naturaleza.

Los argumentos naturalistas referidos a las relaciones de género y a las formas de identidad siguen estando basadas en extrapolaciones significativas realizadas a partir de pruebas empíricas insuficientes (Fine, 2010; Jordan-Young, 2011). Son muchos los datos existentes de la antropología y de la arqueología, así como de la sexología, que han sido distorsionados por las subestructuras del colonialismo y del sexismo. La cantidad de datos que *no* conocemos acerca de los patrones de violación sexual en las diversas culturas y a lo largo del tiempo debería hacer que fuésemos cautas y que no emitiéramos afirmaciones definitivas (Dadlez et al., 2009). Pero hay suficientes pruebas contundentes de variación para hacernos desistir de todo pronunciamiento universalista: la violación no es una rutina en toda zona de guerra, como lo expuse en el capítulo 1, y tampoco todo lenguaje tiene términos para designar la violación. También sabemos que diversos tipos de instituciones sociales han estado en indisputable colusión con los perpetradores, lo cual sugiere que el problema no es tanto una patología individual, sino, antes bien, una forma de organización estructural que o bien promueve la violación sexual o bien encuentra formas de no tratar el tema. Estas estructuras pueden ser cambiadas, y es posible aplicar los cambios y hacerlos cumplir.

La mayor parte de las víctimas son de sexo femenino, jóvenes, homosexuales, transexuales, y/o están en prisión, lo que equivale a decir que pertenecen a un rango social bajo. La prueba de fuego para ver si las teorías naturalistas tienen sustento sería un verdadero empoderamiento de esos grupos: ¿continuarían las violaciones en tan grandes cantidades si estos grupos tuvieran poder político, cultural y económico, así como acceso a la justicia epistémica? Sugiero que tomemos este panorama como experimento.

Un universal al cual dirigirse

Sin embargo, hay un solo universal singular que debería ser aceptado por todos los movimientos contrarios a la violación: que todas las víctimas cuentan. Pero esta afirmación no puede implicar una reacción uniforme que haga caso omiso de las estructuras en intersección sin arriesgar una consecuencia que vaya a lastimar más que a ayudar. Entonces, la cuestión es cómo tomar seriamente toda victimización, y qué tratamiento darles a los casos que operan en ambas direcciones de la jerarquía de rango: cuando los perpetradores ponen su ojo en las menos poderosas, así como cuando ponen el ojo en quienes tienen un mayor capital económico y cultural. No podemos justificar que se pase por alto ningún tipo de casos sin caer en el mismo patrón de conmoción selectiva que rige a la muchedumbre que procede a realizar un linchamiento; y, con todo, tenemos que reconocer que las diferencias de estatus y de identidad bien pueden ser afines tanto a entender las causas como a desarrollar medidas reparatorias efectivas.

Por eso, desarrollar un análisis suficiente y adecuado del problema de las violaciones sexuales y un efectivo abordaje respecto del activismo antiviolación requiere una cuidadosa atención a las cuestiones del racismo, del etnocentrismo, del eurocentrismo y del desprecio de las diversas religiones. Las cuestiones de la interseccionalidad son vitales para entender las causas coadyuvantes de la epidemia de violaciones sexuales y para formular respuestas efectivas que puedan, en efecto, reducir el nivel de incidentes y la intensidad de los daños producidos por los incidentes que tienen lugar. Son demasiados los análisis feministas que se han visto debilitados por su falta de atención o por el deficiente análisis de sus dimensiones interseccionales del problema y sus reacciones sociales, judiciales y mediáticas. El activismo antiviolación sigue viéndose socavado y pierde apoyo popular cuando es subvertido por objetivos imperialistas y racistas.

Las llamadas reacciones "duras" pueden producir un escaso efecto positivo y pueden exacerbar la epidemia. Consideremos el sistema carcelario. Las estimaciones de violaciones ocurridas en prisión en Estados Unidos llegan a doscientas mil por año; pese a ello, es sistemática la falta de consideración de este problema (Harris, 2014). Se ha hecho preciso que ciertas organizaciones internacionales como el Observatorio de Derechos Humanos (Human Rights Watch) presionaran a los funcionarios de dichos establecimientos carcelarios para que reconocieran el problema; pero esas organizaciones también alegan que los esfuerzos emprendidos para lograr una reforma han fracasado hasta ahora (Observatorio de Derechos Humanos, 2001, 2007). Dado que las violaciones sexuales están muy difundidas en las prisiones, esos que tienen la suerte de ser liberados van a salir con un trauma mayor y van a ser menos capaces de vivir consigo mismos si son victimizados de nuevo (Chammah, 2015). ¿Cómo podría confiarse en un sistema que produce tantas víctimas para que produzca justicia, seguridad o cambio social? Si realmente tomamos en serio a las víctimas, debemos ocuparnos de los derechos de los que, estando en la cárcel, son victimizados, y no solo debemos considerar los efectos de la prisión de los que ya están fuera. El sistema carcelario que consiste en encerrar seres humanos es una producción masiva de subjetividad sexual de una forma que impacta la totalidad de nuestras comunidades.

Ciertos ejemplos instructivos

Conforme numerosas sociedades se tornan más étnica y racialmente diversas y empobrecidas, las violaciones sexuales que captan la mayor atención de los medios y la reacción del Estado son cada vez más multiculturales e involucran múltiples comunidades. Tales casos pueden impedir que los públicos empobrecidos creen las coaliciones que podrían efectivamente operar un cambio económico. Por ejemplo, en una serie de ataques sexuales que tuvieron lugar durante las festividades de Año

Nuevo de 2016 en varias ciudades importantes de Alemania, se informó que estaban involucradas más de mil mujeres alemanas y cerca de dos mil hombres, muchos de los cuales eran extranjeros que habían ingresado poco antes al país para buscar refugio; sus países de origen (pertenecientes a África del Norte y a Medio Oriente) estaban devastados por la guerra (Noack, 2016). La mayor cantidad de agresiones tuvo lugar en Colonia, donde 492 mujeres denunciaron incidentes que incluían acoso sexual, agresión sexual y violación. Todo esto ocurrió durante una tradición de larga data de festejos al aire libre, que por primera vez involucraba un resultado tan catastrófico.

La cobertura de los medios fue inmediata e internacional. Una popular revista conservadora difundió en su tapa la imagen de una mujer rubia desnuda con huellas negras de manos sobre su cuerpo (Redecker, 2016). En las manifestaciones locales se hacía un llamamiento a la imposición de reglas más estrictas para brindar asilo y, en febrero, el parlamento alemán votó a favor de acelerar las deportaciones y la suspensión de las políticas de reunificación familiar. La violencia contra quienes buscaban asilo por parte de ciudadanos particulares aumentó, lo cual se manifestó una balacera dirigida hacia un complejo habitacional para refugiados (Brenner y Ohlendorf, 2016a). Se produjo un despliegue del sentir pro-refugiados en toda Alemania que hizo posible que la canciller Angela Merkel prometiera que en Alemania se aceptaría un millón de refugiados. Al día de hoy, sigue denunciándose que tanto las personas que buscan asilo como otros residentes de Colonia siguen atemorizados y lastimados, dudosos de asistir a eventos públicos, desconfiados de los que no pertenecen a sus comunidades e inseguros de su integridad física.

Algunos meses más tarde, los periodistas de investigación le bajaron el tono a los incidentes denunciados. Si bien seguía habiendo cientos de mujeres que habían denunciado experiencias de violación sexual, la cantidad de hombres identificados bajó de unos dos mil a treinta y uno (Brenner y Ohlendorf, 2016b).

Los sucesos de Colonia, su cobertura periodística y las consecuencias políticas requieren un análisis interseccional; pero más que esto, necesitan un abordaje interseccional de las intervenciones de las activistas. Una singular lente antirracista podría subrayar la exagerada cobertura y la desmesura de las cifras, y tal vez describir que todo esto produce un pánico social en el aprehensivo público blanco alemán. Una singular lente anti-violaciones podría apoyar la disminución del respaldo a los refugiados y un aumento en la presencia de policía militarizada en las calles.

Sin embargo, se ha desarrollado una alternativa: un abordaje colaborativo horizontal entre las organizaciones feministas de izquierda y las organizaciones de refugiados. Así lo describe la teórica feminista Eva von Redecker, en respuesta a los sucesos de Colonia y sus consecuencias:

> Un grupo de cien mujeres –incluidas teóricas feministas e intelectuales de género– ha lanzado la plataforma "Lo estamos haciendo. Ahora". Rompiendo con el gesto de la ayuda caritativa, las activistas proponen ver la colaboración entre recién llegadas y habitantes de larga data como un modelo de la nueva normalidad. [Ellas describen esta situación como] "una cultura de compartir y de modelar nuestro mundo según nuestras decisiones" (2016:6).

Con esta iniciativa se crearon nuevas oportunidades para construir relaciones más allá de los elementos coactivos controlados por el Estado alemán, e hizo posible que se vislumbrara un activismo antiviolación que piense simultáneamente en los múltiples vectores de opresión en cualquier suceso local dado. Sería mucho menos probable que una colaboración de este tipo, buscada con el compromiso de tratar a todas las partes con igualdad dialógica y justicia epistémica, desviara los esfuerzos en contra de la violación hacia objetivos anti-inmigración o, a la inversa, buscara un lente exclusivo de antirracismo sin tener en cuenta los resultados vinculados con el género. Este es un pensamiento de larga data con una gran probabilidad de tener éxito concreto en la lucha contra las violaciones sexuales.

En la región autónoma que se encuentra bajo el control de la Federación Democrática del Norte de Siria, habitualmente conocida como Rojava, las revolucionarias kurdas han creado comunidades feministas donde las mujeres tienen el verdadero poder político. Dadas las formas de represión social centradas en el género existentes en el Daesh (otro nombre para el Estado islámico), ciertos sectores del PKK (Partido de los Trabajadores de Kurdistán) comenzaron a sostener que el feminismo debía estar en el centro del movimiento por la democracia. Meredith Tax, escritora de larga data y activista de izquierda, sostiene en su libro *A Road Unforeseen: Women Fight the Islamic State* (2016) que esta postura marca un punto de inflexión en los movimientos sociales mundiales de la izquierda. Antes de esto, las incursiones feministas en las luchas de la izquierda hacían que se obtuvieran cambios sobre todo en cuanto a la división por género de la mano de obra en las luchas militares, lo cual posibilitaba que las mujeres combatieran. Tax cita el análisis de Maxine Molyneaux de que la principal historia de los esfuerzos socialistas a favor de la reforma de género "se buscaron principalmente porque cumplían con ciertos objetivos amplios, estuvieran relacionados con el bienestar social, con el desarrollo, con la igualdad social o con la movilización política en defensa de la revolución" (Tax, 2016:138). En otras palabras, la tradición socialista había generalmente manifestado solo un apoyo condicional al feminismo; y luego de que se hubo logrado la liberación, rara vez se compartía el poder.

Esto es lo que hace que la cuestión de Rojava sea convincente. El PKK ha enfatizado no solo el reclutamiento de mujeres luchadoras, sino también el cambio de la cultura de género tanto para hombres como para mujeres. Para luchar contra la cultura de la violación, que el Estado islámico de derecha intenta imponer, el PKK no solo trata de tomar tierras, sino que también intenta adoptar la ideología de género que legitimaría las prácticas del Daesh; es decir, la transformación social y la esclavitud sexual. Una joven cuenta lo siguiente: "En mi tierra, yo jamás me atrevía a hablar con nadie; sobre todo, con hombres. En nuestra organización, compartimos las tareas con igualdad. Por ejemplo, se considera como una enorme vergüenza lavar los calcetines de un hombre; y en cuanto a cocinar, lo hacemos todos juntos" (Tax, 2016:139). Otra militante comenta que ahora se ven peleando una guerra multifrontal: contra el Daesh y contra el patriarcado, donde sea que exista.

Las peligrosas condiciones de la región donde lucha el PKK, con las catastróficas intervenciones de tantos poderes militares, pueden provocar la derrota; pero el ejemplo de una lucha centrada en el feminismo dentro de las circunstancias más difíciles brinda una lección contra el fatalismo, un mal endémico bajo condiciones de paz.

Podemos aprender más lecciones de la resistencia latinoamericana, donde el eslógan *Ni una menos, ni una más* se ha vuelto viral y ha sido el puntapié inicial para el desarrollo de movimientos en la Argentina, en Uruguay, en Chile y en México contra la violencia de género en todas sus formas (Goñi, 2016). Cientos de miles de mujeres y de hombres han marchado para protestar por esos femicidios de jóvenes y de mujeres que no son investigados por las autoridades (Ebbitt, 2015). Es importante señalar que tanto la clase como la etnia son datos fundamentales en las denuncias de victimización. En México, siete mujeres son asesinadas por día; solo 1,6 por ciento de estos delitos han llegado a los tribunales, en la forma de causas penales. Las activistas se valen de la desobediencia civil, del arte escénico, de las redes sociales y de las denuncias para transmitir información y para instar a la resistencia. He trabajado con una estudiante graduada en filosofía de México, D.F. –ella misma era una sobreviviente–, que desafió a la policía en más de uno de esos eventos, bien consciente de los probables peligros a los que se enfrentaba si la detenían.

Este despertar latinoamericano ha tomado una forma marcadamente diferente del que se ha adoptado en otros lugares, lo cual genera un debate permanente. A las sobrevivientes se les da un espacio privilegiado en el liderazgo; y, por su parte, algunos grupos no son inclusivos. Estos son decididamente críticos de los gobiernos que apañan a los que perpetran femicidios, pero la exigencia clave es, con frecuencia, que haya *más* investigaciones y causas penales. Así, más que recorrer una repartición estatal tras otra, muchas de las manifestaciones más importantes se realizan en las propias puertas de las reparticiones gubernamentales y exigen que el Estado tome verdaderamente cartas en el asunto.

Continuaremos viendo una diversidad de movimientos con diferentes orientaciones políticas, procedimientos y exigencias; a veces, en pugna unas contra otras. La mayoría de esas diferencias se encuentran en las distinciones que se experimentan en las condiciones locales, en las ideologías de género y en las prácticas.

Según mi punto de vista, si bien puede justificarse que haya una diversidad de estrategias y tácticas, no se producirá ningún beneficio pragmático si hacemos causa común con fuerzas que no tienen la voluntad de darle tratamiento a las realidades habituales de las violaciones sexuales; tampoco habrá beneficios si nos aliamos con quienes hacen un uso interesado de la preocupación del público a fin de alimentar sus propios y abyectos objetivos. En Colonia, la mayoría de las feministas se negó a aliarse con el sentir racista y pro-policíaco para obtener seguridad para las mujeres contra las agresiones: semejante unión no habría logrado nada útil en el largo plazo, y algo peor: habría logrado que las mujeres que buscaban asilo y que otras víctimas de violaciones sexuales que eran ellas mismas refugiadas callaran por miedo a perder su única fuente confiable de sentido de comunidad. En Rojava, las revolucionarias sostienen que esperar a darle tratamiento a la opresión de género hasta "después de la revolución" no tiene ningún sentido: hay que resolver ahora mismo la cuestión del cambio de paradigma en las prácticas relacionadas con el género que el Daesh intenta imponer. Sin embargo, en otras áreas del mundo –como en América Latina– la exigencia de una toma seria de medidas por parte del Estado puede ser una forma de revelar las complicidades de la élite política, de generar más resistencia contra las oligarquías existentes, y de promulgar más soluciones radicales.

La cuestión del amor

Junot Díaz, aclamado escritor dominicano-estadounidense, es famoso por tematizar el género y la masculinidad en su ficción con un estilo que a algunos les parece perturbador. Yunior, un adicto al sexo –un personaje que se encuentra en varios cuentos y novelas de Díaz–, utiliza a las mujeres y critica a sus compañeras sexuales ocasionales al tildarlas de "sucias" y de "prostitutas". Díaz no nos ofrece binarios morales fáciles ni personajes moralmente puros. Sus relatos muestran figuras realistas que comandan sus vidas sexuales en medio de complejas intersecciones de etnia, clase, género y colonialismo. El lector –una servidora, al menos– encuentra alguna empatía vinculante con casi todos ellos.

En una reciente entrevista con la teórica literaria Paula Moya, Díaz dio un sorpresivo giro al tematizar la violación en sus novelas y en su propia vida (Moya y Díaz, 2016). Díaz analiza de qué forma sus novelas revelan las reacciones masculinas a las culturas que permiten la violación en situaciones de colonización, la violación institucionalizada y orquestada por el gobierno, y los efectos en muchachos y en hombres cuyas madres –así como otras mujeres de sus vidas– han sido violadas. Y también explora los hechos que se producen en las vidas de las mujeres luego de la violación o del abuso sexual.

Así, la obra de Díaz brinda un relato de cómo la violencia sexual es parte de un contexto colonial, y la forma en la cual es probable que se forme la subjetividad sexual para los hombres en esas circunstancias.

> En la novela [*The Brief and Wondrous Life of Oscar Wao*] se puede ver de qué forma el pavor a la violación se cierne sobre todos ellos. Toda la familia está en el circuito de la violación. Y la cuestión sobre la cual el libro gira en torno una y otra vez es que, en la República Dominicana –es

decir, en el mundo construido por el Estado dominicano–, si uno es una Beli, una Lola, un Yunior –si eres alguien–, la violación jamás estará lejos (Moya y Díaz, 2016:398).

Díaz además sugiere que "existe una transferencia intergeneracional del trauma, que pasa de las madres que son víctimas de violación a sus hijas; también existe una transferencia intergeneracional del trauma por violación entre madres y sus hijos" (2016:397). Díaz explica los efectos de esta transferencia en la masculinidad como una retracción hiperactiva respecto de la vulnerabilidad que acompaña la verdadera intimidad. Los muchachos se tornan incapaces de ser testigos de su propia vulnerabilidad. El constante abuso intrafamiliar e interfamiliar que existe en sus vidas es indudablemente un efecto de esta incapacidad, y se distorsiona la posibilidad de que se produzcan relaciones humanas. Los personajes de Díaz con frecuencia intentan hacerse inviolables convirtiéndose emocional y físicamente no disponibles, un esfuerzo que no hace otra cosa que afectar su capacidad de autoestima o la atención consciente necesaria para el autocuidado.

La pregunta que, según Díaz, es central para su labor es si es posible encontrar un amor descolonizado: "¿Es posible amar el propio yo psicológico-quebrado-por-la-colonialidad-del-poder en otra persona-quebrada-por-la-colonialidad-del-poder?" (2016:400).

Como ya sostuve, interseccionalizar nuestro entendimiento de las violaciones sexuales en todas sus formas dará como resultado una expansión de nuestro entendimiento de los efectos sobre las comunidades, sobre las sociedades, sobre los individuos y sobre las relaciones de amor y de sexo, y sobre la construcción de normas de masculinidad y de feminidad. La violación sexual no solo traumatiza a cada una de las víctimas, sino que altera a la familia de esas víctimas y a las futuras relaciones.

Pienso en todos los movimientos sociales progresistas y democráticos de toda Latinoamérica y del Caribe, de Medio Oriente y de África, así como de numerosas partes del Sudeste asiático que han sido debilitados o destruidos con la ayuda de las operaciones encubiertas por parte de Estados Unidos y de las grandes cantidades de dinero del capital global que apoyó a los enemigos de dichos movimientos, por autoritarios o violentos que fueran. El dictador dominicano Rafael Trujillo no pudo haber subido al poder ni haberse quedado durante tanto tiempo sin la ayuda de Estados Unidos; y las prácticas isleñas de violación institucionalizada que él fomentó pudieron haber sido evitadas, con efectos generacionales muy diferentes de los experimentados ahora. Luchar contra el imperialismo y luchar por la democracia son formas de luchar contra la violación. Escuchar a quienes están en la situación misma, los que están en el medio, esos que saben de qué se trata, será clave para avanzar.

Bibliografía

Ackerly, B. y Okin, S. (1999) "Feminist social criticism and the international movement for women's rights as human rights". En: I. Shapiro & C. Hacker-Cordón (eds.) *Democracy's Edges*. Cambridge: Cambridge University Press, págs. 134-61.

Adams, C. y Fay, J. (1981) *No More Secrets: Protecting Your Child from Sexual Assault*. San Luis Obispo: Impact Publishers.

Al-Saji, A. (2010) "Bodies and sensings: on the uses of Husserlian phenomenology for feminist theory". En: S. Heinämaa y L. Rodemeyer (eds.) *Continental Philosophy Review* 43(1): *Special Issue on Phenomenology and Feminism*, págs. 13-37.

Alcoff, L. M. (1996) *Real Knowing: New Versions of the Coherence Theory*. Ithaca, Nueva York: Cornell University Press.

Alcoff, L. M. (2006) *Visible Identities: Race, Gender, and the Self*. Nueva York: Oxford University Press.

Alcoff, L. M. y Gray-Rosendale, L. (1996) "Survivor discourse: transgression or recuperation?". En: S. Smith y J. Watson (eds.) *Getting a Life: Everyday Uses of Autobiography*. Minneapolis: University of Minnesota Press, págs. 198-225.

Alexander, M. J. y Mohanty, C. T. (1997) *Feminist Genealogies, Colonial Legacies, Democratic Futures*. Nueva York: Routledge.

Allison, D. (1994) *SkEn: Talking about Sex, Class, and Literature*. Ithaca, Nueva York: Firebrand Books.

Angelides, S. (2004) "Feminism, child sexual abuse, and the erasure of child sexuality". *GLQ: A Journal of Lesbian and Gay Studies* 10/2 (2), págs. 141-77.

Appiah, K. A. (2005) *The Ethics of Identity*. Princeton: Princeton University Press.

Appiah, K. A. (2010) *The Honor Code: How Moral Revolutions Happen*. Nueva York: W. W. Norton.

Armstrong, L. (1985) *Kiss Daddy Goodnight*. Nueva York: Pocket Books.

Armstrong, L. (1990) "The personal is apolitical". *Women' s Review of Books* 7 (6), págs. 1-4.

Armstrong, L. (1994) *Rocking the Cradle of Sexual Politics: What Happened When Women Said Incest*. Nuevaw York: Addison-Wesley.

Augustín, L. M. (2007) *Sex at the Margins: Migration, Labor, Markets, and the Rescue Industry*. Londres: Zed Books.

Baker, B. M. (1999) "Understanding consent in sexual assault". En: K. Burgess-Jackson (ed.) *A Most Detestable Crime: New Philosophical Essays on Rape*. Nueva York: Oxford University Press, págs. 49-70.

Ball, K. H. (2013) "'More or less raped': Foucault, causality, and feminist critiques of sexual violence". *Philosophia* 3 (1), págs. 52-68.

Balzac, H. de (1965) *Cousin Bette*. 1846. Traducción de M. A. Crawford. Nueva York: Penguin Books.

Barry, K. (1979) *Female Sexual Slavery*. Nueva York: New York University Press.

Bartky, S. L. (1990) *Femininity and Domination: Struggles in the Phenomenology of Oppression*. Nueva York: Routledge.

Bass, E. y Davis, L. (1988) *The Courage to Heal*. Harper & Row, Nueva York.

Bass, E. y Thornton, L. (eds.) (1983) *I Never Told Anyone: Writings by Women Survivors of Child Sexual Abuse*. Nueva York: Harper & Row.

Basson, R. (2000) "The female sexual response: a different model". *Journal of Sex and Marital Therapy* 26, págs. 51-65.

Bayles, M. D. (1972) "Coercive offers and public benefits". *The Personalist* 55, págs. 139-44.

Beauvoir, S. de. (1969) *The Woman Destroyed*. Traducción de P. O' Brian. Nueva York: Pantheon.

Beichner, D. y Spohn, C. (2012) "Modeling the effects of victim behavior and moral character on prosecutors charging in sexual assault cases". *Violence and Victims* 27 (1), págs. 3-24.

Bell, V. (1993) *Interrogating Incest: Feminism, Foucault, and the Law*. Nueva York: Routledge.

Bellil, S. (2008) *To Hell and Back: The Life of Samira Bellil*. Traducción de L. R. McNair. Lincoln: University of Nebraska Press.

Bernstein, J. (2015) *Torture and Dignity: An Essay on Moral Injury*. Chicago: University of Chicago Press.

Best, J. (1990) *Threatened Children: Rhetoric and Concern about Child-Victims*. Chicago: University of Chicago Press.

Bogart, J. H. (1995) "Reconsidering rape: rethinking the conceptual foundations of rape law". *The Canadian Journal of Law and Jurisprudence* 8 (enero), págs. 159-82.

Bourke, J. (2007) *Rape: Sex, Violence, History*. Berkeley: Counterpoint Press.

Brenner, Y. y Ohlendorf, K. (2016a) "Time for the facts: what do we know about Cologne four months later?" *De Correspondent*. Disponible en: thecorrespondent.com/4401/time-for-the-facts-what-do-we-know-about-cologne-fourmonths-later/1073698080444-e20ada1b.

Brenner, Y. y Ohlendorf, K. (2016b) "News after the fact: reporting on New Year s Eve in Cologne with hindsight". *De Correspondent*. Disponible en: thecorrespondent.com/4403/news-after-the-fact-reporting-on-new-years-evein-cologne-with-hindsight/740954526851-d527a047.

Brett, N. (1998) "Sexual offenses and consent". *Canadian Journal of Law and Jurisprudence* 11 (1), págs. 69-88.

Brison, S. (2002) *Aftermath: Violence and the Remaking of the Self.* Princeton: Princeton University Press.

Bromley, N. B. (2007) *Hush: Moving from Silence to Healing after Childhood Sexual Abuse.* Nueva York: Moody Publishers.

Brownmiller, S. (1975) *Against Our Will: Men, Women, and Rape.* Nueva York: Simon & Schuster.

Bryson-Taylor, D. (2015) "Woody Allen's relationship with Soon-Yi is creepier than you could imagine". *Page Six,* 30 de julio.

Burgess-Jackson, K. (ed.) (1999a) *A Most Detestable Crime: New Philosophical Essays on Rape.* Nueva York: Oxford University Press.

Burgess-Jackson, K. (1999b) "Introducción". En: K. Burgess-Jackson (ed.) *A Most Detestable Crime: New Philosophical Essays on Rape.* Nueva York: Oxford University Press, págs. 3-15.

Butler, J. (1987) *Subjects of Desire.* Nueva York: Columbia University Press.

Butler, J. (1988) "Performative acts and gender constitution: an essay in phenomenology and feminist theory". *Theatre Journal* 40 (4), págs. 519-31.

Butler, J. (1997) *The Psychic Life of Power: Theories in Subjection.* Stanford: Stanford University Press.

Butler, J. (2005) *Giving an Account of Oneself.* Nueva York: Fordham University Press.

Butler, S. (1985) *Conspiracy of Silence.* San Francisco: Volcano Press.

Cahill, A. J. (2001) *Rethinking Rape.* Ithaca, Nueva York: Cornell University Press.

Cahill, A. J. (2014) "Recognition, desire, and unjust sex". *Hypatia: A Journal of Feminist Philosophy* 29 (2), págs. 303-19.

Califia, P. (1981) "Man/boy love and the lesbian/gay movement". En: D. Tsang (ed.) *The Age Taboo: Gay Male Sexuality, Power and Consent.* Londres: Tavistock, págs. 133-146.

Campbell, S. (2003) *Relational Remembering: Rethinking the Memory Wars*. Lanham, Maryland: Rowman & Littlefield.

Caplan, P. J. (1995) *They Say You' re Crazy: How the World' s Most Powerful Psychiatrists Decide Who' s Normal*. Nueva York: Perseus Books.

Chakravarti, U. (2005) "From fathers to husbands: of love, death, and marriage in northern India". En: L. Welchman y S. Hossain (eds.) *"Honour": Crimes, Paradigms, and Violence against Women*. Londres: Zed Books, págs. 308-31.

Chamallas, M. (1988) "Consent, equality, and the legal control of sexual conduct". *Southern California Law Review* 61 (mayo), págs. 777-862.

Chammah, M. (2015) "Rape in the American prison". *The Atlantic,* 25 de febrero.

Chase, T. (1987) *When Rabbit Howls*. Nueva York: Dutton.

Chernow, R. (2004) *Alexander Hamilton*. Nueva York: Penguin Books.

Clark, A. (1987) *Women's Silence, Men's Violence: Sexual Assault in England 1770–1845*. Londres: Pandora Press.

Code, L. (1995) *Rhetorical Spaces: Essays on Gendered Locations*. Nueva York: Routledge.

Cohen, D., Green, A., y Wood, E. (2013) "Wartime sexual violence: misconceptions, implications, and ways forward". *United States Institute of Peace Special Report*. Washington, Distrito de Columbia: United States Institute of Peace.

Conte, J. R. (1994) "Child sexual abuse: awareness and backlash". *The Future of Children* 4 (2), págs. 224-32.

Coulter, C. (2009) *Bush Wives and Girl Soldiers: Women's Lives Through War and Peace in Sierra Leone*. Ithaca, Nueva York: Cornell University Press.

Cremonesi, L., Irrera, O., Lorenzini, D. y Tazzioli, M. (2016) "Introduction: Foucault and the making of subjects: rethinking autonomy between subjection and subjectivation". En: L. Cremonesi, O. Irrera, D. Lorenzini, y M. Tazzioli (eds.) *Foucault and the Making of Subjects*. Londres: Rowman & Littlefield, págs. 1-10.

Crenshaw, K. (1995) "Mapping the margins: intersectionality, identity politics, and the violence against women of color". En: K. Crenshaw, N. Gotanda, G. Peller, y K. Thomas (eds.) *Critical Race Theory: The Key Writings that Formed the Movement*. Nueva York: The New Press, págs. 357-83.

Culp-Ressler, Tara. (2014) "The first college to use affirmative action was a laughingstock. Now the tide is turning". *ThinkProgress*. Disponible en: thinkprogress.org/the-fi rst-college-to-use-affi rmative-consent-wasa-laughingstock-now-the-tide-is-turning-a912c34401d9#.pplza5yd7.

Dadlez, E., Andrews, W., Lewis, C., y Stroud, M. (2009) "Rape, evolution, and pseudoscience: natural selection in the academy". *Journal of Social Philosophy* 40 (1), págs. 75-96.

Dalmiya, V. (2016) *Caring to Know: Comparative Care Ethics, Feminist Epistemology, and the Mahābhārata.* New Delhi: Oxford University Press.

Dalmiya, V. y Alcoff, L. (1993) "Are 'old wives' tales' justified?". En: L. Alcoff y E. Potter (eds.) *Feminist Epistemologies.* Nueva York: Routledge, págs. 217-44.

Danica, E. (1988) *Don't: A Woman's Word.* San Francisco: Cleis Press.

Daniluk, J. C. (1998) *Women's Sexuality across the Lifespan: Challenging Myths, Creating Meanings.* Nueva York: Guilford Publications.

Dargis, M. y Scott. A. O. (2011) "In defense of the slow and boring". *New York Times.* Disponible en: www.nytimes.com/2011/06/05/movies/films-in-defense-of-slow-and-boring.html.

Davidson, A. (2001) *The Emergence of Sexuality: Historical Epistemology and the Formation of Concepts.* Cambridge, Massachusetts: Harvard University Press.

Davidson, K. A. (2013) "Egypt sexual assault: Nora Soliman speaks about violence against women in Tahrir Square". *Huffington Post,* 22 de febrero.

Davis, A. (1990) *Women, Culture, & Politics.* Nueva York: Vintage.

Davis, A. (1998) *The Angela Davis Reader.* Hoboken, New Jersey: Wiley.

Delacoste, F. y Alexander, P. (eds.) (1987) *Sex Work: Writings by Women in the Sex Industry.* Pittsburgh: Cleis Press.

Dewey, J. (1958) *Experience and Nature.* Nueva York: Dover Publications, Inc.

Dinsmore, C. (1991) *From Surviving to Thriving: Incest, Feminism, and Recovery.* Albany: SUNY Press.

Doane, J. y Hodges, D. (2001) *Telling Incest: Women's Narratives of Dangerous Remembering from Stein to Sapphire.* Ann Arbor: University of Michigan Press.

Dobash, R. E. y Dobash, R. P. (1998) "Cross-border encounters: challenges and opportunities". En: R. E. Dobash y R. P. Dobash (eds.) *Rethinking Violence against Women.* Londres: Sage, págs. 1-22.

Dotson, K. (2011a) "Concrete flowers: contemplating the profession of philosophy". *Hypatia: A Journal of Feminist Philosophy* 26 (2), págs. 403-9.

Dotson, K. (2011b) "Tracking epistemic violence, tracking practices of silencing". *Hypatia: A Journal of Feminist Philosophy* 26 (2), págs. 236-57.

Dotson, K. (2014) "Conceptualizing epistemic oppression". *Social Epistemology* 28 (2), págs. 115-38.

Dowd Hall, J. (1983) "'The mind that burns in each body': women, rape, and racial violence". En: A. Snitow, C. Stansell, y S. Thompson (eds.) *Powers of Desire: The Politics of Sexuality*. Nueva York: Monthly Review Press, págs. 328-49.

Dworkin, A. (1989) *Pornography: Men Possessing Women*. Nueva York: E. P. Dutton.

Ebbitt, K. (2015) "¡Ni una más! The Mexican epidemic of femicide". *Global Citizen*. Disponible en: www.globalcitizen.org/en/content/niuna-mas-the-mexican-epidemic-of-femicide/.

Eisenstein, H. (1983) *Contemporary Feminist Thought*. Boston: Hall Press.

Eisenstein, H. (2009) *Feminism Seduced: How Global Elites Use Women's Labor and Ideas to Exploit the World*. Nueva York: Paradigm Publishers.

Elgin, C. (1997) *Between the Absolute and the Arbitrary*. Ithaca, Nueva York: Cornell University Press.

Elgin, C. (1999) *Considered Judgment*. Princeton: Princeton University Press.

Eltahawy, M. (2012) "Why do they hate us?". *Foreign Policy*, 23 de abril.

Epstein, S. (1991) "Sexuality and identity: the contribution of object relations theory to a constructionist sociology". *Theory and Society* 20, págs. 825-73.

Estrich, S. (1987) *Real Rape*. Cambridge, Massachusetts: Harvard University Press.

Evans, A. D. y Lyon, T. D. (2012) "Assessing children's competency to take the oath in court: the influence of question type on children's accuracy". *Law and Human Behavior* 36 (3), págs. 195-205.

Fahim, K. (2012) "Harassers of women in Cairo now face wrath of vigilantes". *New York Times*. Disponible en: www.nytimes.com/2012/11/06/world/middleeast/egyptian-vigilantes-crack-down-on-abuse-of-women.html.

Fay, J. (ed.) (1979) *He Told Me Not to Tell*. Renton, Washington: King County Rape Relief.

Federal Bureau of Investigation (2013) "Rape addendum". *Crime in the United States*. Washington, Distrito de Columbia: Gobierno de los Estados Unidos.

Ferguson, Ann (1989) *Blood at the Root: Motherhood, Sexuality, and Male Dominance*. Kitchener, Ontario: Pandora Press.

Feuereisen, P. (2009) *Invisible Girls: The Truth about Sexual Abuse*. Berkeley: Seal Press.

Fine, C. (2010) *Delusions of Gender: How Our Minds, Society and Neurosexism Create Difference*. Nueva York: W. W. Norton.

Foa, P. (1977) "What's wrong with rape?". En: M. Vetterling-Braggin, F. A. Elliston, y J. English (eds.) *Feminism and Philosophy*. Totowa, New Jersey: Littlefield, Adams, págs. 347-59.

Foucault, M. (1970) *The Order of Things*. Nueva York: Random House.

Foucault, M. (1972) *The Archaeology of Knowledge and the Discourse on Language*. Traducción de S. Smith. Nueva York: Pantheon.

Foucault, M. (1976) *La volonté de savoir*. Paris: Gallimard.

Foucault, M. (1977) *Discipline and Punish: The Birth of the Prison*. Traducción de A. Sheridan. Nueva York: Random House.

Foucault, M. (1980) *The History of Sexuality*, Volume 1: *An Introduction*. Traducción de R. Hurley. Nueva York: Pantheon.

Foucault, M. (1984) "What is Enlightenment?". En: P. Rabinow (ed.) *The Foucault Reader*. Harmondsworth: Penguin, págs. 32-50.

Foucault, M. (1985) *The History of Sexuality*, Volume 2: *The Use of Pleasure*. Traducción de R. Hurley. Nueva York, Random House.

Foucault, M. (1986) *The History of Sexuality*, Volume 3: *The Care of the Self*. Traducción de R. Hurley. Nueva York: Random House.

Foucault, M. (1988) "Technologies of the self". En: L. Martin, H. Gutman, y P. H. Hutton (eds.) *Technologies of the Self: A Seminar with Michel Foucault*. Londres: Tavistock Press, págs. 16-49.

Foucault, M. (1989) *Foucault Live: Collected Interviews 1961–1984*. Editado por S. Lotringer. Traducción de L. Hochroth y J. Johnston. Nueva York: Semiotext(e).

Foucault, M. (1999) *Abnormal: Lectures at the Collège de France 1974–1975*. Edición de V. Marchetti y A. Salomoni. Traducción de G. Burchell. Nueva York: Picador.

Foucault, M. (2005) *The Hermeneutics of the Subject: Lectures at the Collège de France 1981–1982*. Edición de A. Davidson. Traducción de G. Burchell. Nueva York: Picador.

Foucault, M., Danet, J., y Hocquenghem, G. (1978) "La loi de la pudeur". *Recherches* 37 (abril), págs. 69-82.

Francis, L. (ed.) (1996) *Date Rape: Feminism, Philosophy, and the Law*. University Park: Pennsylvania State University Press.

Francisco, P. W. (1999) *Telling: A Memoir of Rape and Recovery*. Nueva York: HarperCollins.

Freedman, E. B. (2013) *Redefi ning Rape: Sexual Violence in the Era of Suffrage and Segregation*. Cambridge, Massachusetts: Harvard University Press.

Freedman, K. L. (2014) *One Hour in Paris*. Chicago: University of Chicago Press.

Freeman, J. (1975) *The Politics of Women's Liberation*. Nueva York: Longman.

Freeman, P. (1990) "Silent no more". *People Magazine*, 17 de diciembre, pág. 102.

Freitag, M. (1989) "Rapes alter student life at Syracuse". *New York Times*. Disponible en: www.nytimes.com/1989/11/20/nyregion/rapes-alter-student-life-at-syracuse.html.

Fricker, M. (2007) *Epistemic Injustice*. Oxford: Clarendon Press.

Funk, R. E. (1993) *Stopping Rape: A Challenge for Men*. Filadelfia: New Society Publishers.

Gadamer, H. (2004) *Truth and Method*. Londres: Bloomsbury Academic.

Gaitskill, M. (1994) "On not being a victim: sex, rape and the trouble with following rules". *Harper's Magazine* (marzo), págs. 35-44.

Gallagher, S. V. y Dodds, W. (1985) *Speaking Out, Fighting Back: Women Who Have Survived Child Sexual Abuse in the Home*. Seattle, Washington: Madrona Publishers.

Garfield, G. (2005) *Knowing What We Know: African American Women's Experiences of Violence and Violation*. New Brunswick, New Jersey: Rutgers University Press.

Gauthier, J. (1999) "Consent, coercion and sexual autonomy". En: K. Burgess-Jackson (ed.) *A Most Detestable Crime: New Philosophical Essays on Rape*. Nueva York: Oxford University Press, págs. 71-89.

Gavey, N. (1991a) "Sexual victimization among Auckland University students: How much and who does it?". *New Zealand Journal of Psychology* 20 (2), págs. 63-70.

Gavey, N. (1991b) "Sexual victimization prevalence among New Zealand university students". *Journal of Consulting & Clinical Psychology* 59 (3), págs. 464-6.

Gavey, N. (2005) *Just Sex? The Cultural Scaffolding of Rape*. Nueva York: Routledge.

Geimer, S. y Silver, L. con Newman, J. (2013) *The Girl: A Life in the Shadow of Roman Polanski*. Nueva York: Atria Books.

Gendler, T. (2008) Alief and belief. *Journal of Philosophy* 105 (10), págs. 634-63.

Gibson, J. (1979) *The Ecological Approach to Visual Perception*. Boston: Houghton Mifflin.

Goñi, U. (2016) "Argentina's women joined across South America in marches against violence". *Guardian*. Disponible en: www.theguardian.com/world/2016/oct/20/argentina-women-south-america-marchesviolence-ni-una-menos.

Goodman, A. (1989) "Campus life: Syracuse; campus rapes lead to formation of a task force". *New York Times*. Disponible en: www.nytimes.com/1989/09/17/style/campus-life-syracuse-campus-rapes-lead-toformation-of-a-task-force.html.

Gray-Rosendale, L. (2013) *College Girl: A Memoir*. Albany: SUNY Press.

Grewal, K. K. (2016a) *The Socio-Political Practice of Human Rights: Between the Universal and the Particular.* Nueva York: Routledge.

Grewal, K. K. (2016b) *Racialised Gang Rape and the Reinforcement of Dominant Order: Discourses of Gender, Race, and Nation.* Nueva York: Routledge.

Grimes, D. R. (2016) "We know it's effective. So why is there opposition to the HPV vaccine?". *Guardian.* Disponible en: https://www.theguardian.com/science/blog/2016/jan/11/why-is-there-opposition-hpv-vaccinecervical-cancer.

Group Sisterhood (1998) "Prostitution, stigma, and the law in Japan: a feminist roundtable discussion". En: K. Kempadoo y J. Doezema (eds.) *Global Sex Workers: Rights, Resistance and Redefinition.* Nueva York: Routledge, págs. 87-97.

Hacking, I. (1991) "The making and molding of child abuse". *Critical Inquiry* 17 (trimestre diciembre-enero-febrero), págs. 253-88.

Hacking, I. (1998) *Rewriting the Soul: Multiple Personality and the Sciences of Memory.* Princeton, New Jersey: Princeton University Press.

Hacking, I. (2002) "Language, truth and reason". En: *Historical Ontology.* Cambridge, Massachusetts: Harvard University Press, págs. 159-77.

Harding, K. (2015) *Asking For It: The Alarming Rise of Rape Culture and What We Can Do about It.* Filadelfia: Perseus Press.

Harris, D. (2014) "Prison rape widely ignored by authorities". *ABC News.* Disponible en: www.abcnews.go.com/WNT/story?id=131113.

Hasinoff, A. (2016) "Teenage sexting is not child porn". *New York Times.* Disponible en: www.nytimes.com/2016/04/04/opinion/teenage-sexting-isnot-child-porn.html.

Heberle, R. (1996) "Deconstructive strategies and the movement against sexual violence". *Hypatia: A Journal of Feminist Philosophy* 11 (4), págs. 63-76.

Heinämaa, S. y Rodemeyer, L. (2010) "Introducción". En: S. Heinämaa y L. Rodemeyer (eds.) *Continental Philosophy Review* 43(1): *Special Issue on Phenomenology and Feminism*, págs. 1-11.

Heller, V. (1990) "Sexual liberalism and survivors of sexual abuse". En: D. Leidholt y J. Raymond (eds.) *The Sexual Liberals and the Attack on Feminism.* Nueva York: Pergamon Press, págs. 157-61.

Hengehold, L. (1994) "An immodest proposal: Foucault, hysterization and the 'second rape'". *Hypatia: A Journal of Feminist Philosophy* 9 (3), págs. 89-107.

Herman, J. (1997) *Trauma and Recovery.* Nueva York: Basic Books.

Hester, M., Kelly, L., y Radford, J. (1996) *Women, Violence and Male Power: Feminist Activism, Research, and Practice.* Buckingham: Open University Press.

Hooks, B. (1989) *Talking Back: Thinking Feminist, Thinking Black.* Boston: South End Press.

Human Rights Watch (2001) *No Escape: Male Rape in US Prisons*. Disponible en: www.hrw.org/reports/2001/prison/report.html.

Human Rights Watch (2007) "US: Federal statistics show widespread prison rape". Disponible en: www.hrw.org/news/2007/12/15/us-federal-statistics-show-widespread-prison-rape.

Hurston, Z. N. (1978) *Their Eyes Were Watching God*. Chicago: University of Illinois Press.

INCITE! Women of Color Against Violence (eds.) (2006) *Color of Violence*. Boston: South End Press.

Jagose, A. (2015) "The trouble with antinormativity". *differences: A Journal of Feminist Cultural Studies* 26 (1), págs. 26-47.

Janack, M. (2012) *What We Mean by Experience*. Stanford: Stanford University Press.

Javaid, A. (2014) "Male rape in law and the courtroom". *European Journal of Current Legal Issues* 20 (2). Disponible en: webjcli.org/article/view/340/434.

Johnson, K. (1986) *The Trouble with Secrets*. Seattle, Washington: Parenting Press.

Jolly, M. (1998) "Introduction: colonial and postcolonial plots in histories of maternities and modernities". En: K. Ram y M. Jolly (eds.) *Maternities and Modernities: Colonial and Postcolonial Experiences in Asia and the Pacific*. Cambridge: Cambridge University Press, págs. 1-25.

Jordan-Young, R. M. (2011) *Brain Storm: The Flaws in the Science of Sex Differences*. Cambridge, Massachusetts: Harvard University Press.

Kannabiran, K. (1996) "Rape and the construction of communal identity". En: K. Jayarwadena y M. de Alwis (eds.) *Embodied Violence: Communalising Women's Sexuality in South Asia*. Nueva Delhi: Kali for Women, págs. 32-41.

Kapur, R. (2002) "The tragedy of victimization rhetoric: resurrecting the 'native' subject in international/postcolonial feminist legal politics". *Harvard Human Rights Journal* 15 (trimestre marzo-abril-mayo), págs. 1-37.

Kassin, S. M. (2015) "The social psychology of false confessions". *Social Issues and Policy Review* 9 (1), págs. 25-51.

Katayama, L. (2009) "Love in 2-D". *New York Times Magazine*, 26 de julio, págs. 19-21.

Kazan, P. (1998) "Sexual assault and the problem of consent". En: S. G. French, W. Teays, y L. M. Purdy (eds.) *Violence against Women: Philosophical Perspectives*. Ithaca, Nueva York: Cornell University Press, págs. 27-42.

Kelly, L. (1988) *Surviving Sexual Violence*. Minneapolis: University of Minnesota Press.

Kelly, L. y Radford, J. (1998) "Sexual violence against women and girls: an approach to an international overview". En: R. E. Dobash y R. P. Dobash (eds.) *Rethinking Violence against Women*. Londres: Sage, págs. 53-76.

Kelly, L., Burton S., y Regan L. (1996) "Beyond victim or survivor: sexual violence, identity and feminist theory and practice". En: L. Adkins y V. Merchant (eds.) *Sexualizing the Social: Power and the Organization of Sexuality*. Basingstoke y Londres: Macmillan, págs. 77-101.

Kempadoo, K. (1998) "Introduction: Globalizing Sex Workers' Rights". En: K. Kempadoo y J. Doezema (eds.) *Global Sex Workers: Rights, Resistance and Redefinition*. Nueva York: Routledge, págs. 1-28.

Kimmel, M. (ed.) (2007) *The Sexual Self: The Construction of Sexual Scripts*. Nashville: Vanderbilt University Press.

Kipnis, L. (2017) *Unwanted Advances: Sexual Paranoia Comes to Campus*. Nueva York: HarperCollins.

Kittay, E. (1999) *Love's Labor: Essays on Women, Equality and Dependency*. Nueva York: Routledge.

Kogan, D. C. (2011) "American's real favorite pastime? Judging women". *More*, julio/agosto.

Krakauer, J. (2015) *Missoula: Rape and the Justice System in a College Town*. Nueva York: Anchor Books.

Kramer, E. J. (1998) "When men are victims: applying rape shield laws to male same-sex rape". *NYU Law Review* 73, págs. 293-332.

Langton, R. (2009) *Sexual Solipsism: Philosophical Essays on Pornography and Objectification*. Nueva York: Oxford University Press.

Lawrence, S. E.-L. (2010) "Witchcraft, sorcery, violence: matrilineal and decolonial reflections". En: M. Forsyth y R. Eves (eds.) *Talking It Through: Responses to Witchcraft and Sorcery Beliefs and Practices in Melanesia*. Canberra: Australian National University Press, págs. 55-74.

Leo, J. (2011) *Rape New York*. Nueva York: The Feminist Press.

Levinas, E. (1998) *Of God Who Comes to Mind*. Traducción de B. Bergo. 2da. edición. Stanford: Stanford University Press.

Levy, A. (2013) "Trial by Twitter". *The New Yorker*, 5 de agosto, págs. 38-49.

Lloyd, E. (2006) *The Case of the Female Orgasm: Bias in the Science of Evolution*. Cambridge, Massachusetts: Harvard University Press.

Lloyd, G. (1984) *The Man of Reason: "Male" and "Female" in Western Philosophy*. Londres: Methuen.

Lloyd, R. (2011) *Girls Like Us: Fighting for a World Where Girls Are Not for Sale, an Activist Finds Her Calling and Heals Herself*. Nueva York: HarperCollins.

Loury, G. (1995) *One by One from the Inside Out: Race and Responsibility in America*. Nueva York: Free Press.

Lubiano, W. (ed.) (1997) *The House That Race Built*. Nueva York: Pantheon.

MacKinnon, C. (1987) *Feminism Unmodified*. Cambridge, Massachusetts: Harvard University Press.

MacKinnon, C. (1989) *Toward a Feminist Theory of the State*. Cambridge, Massachusetts: Harvard University Press.

Madigan, L. y Gamble, N. (1991) *The Second Rape: Society's Continued Betrayal of the Victim*. Nueva York: Macmillan.

Mahdavi, P. (2011) *Gridlock: Labor, Migration, and Human Trafficking in Dubai*. Stanford: Stanford University Press.

Marcus, S. (1992) "Fighting bodies, fighting words". En: J. Butler y J. W. Scott (eds.) *Feminists Theorize the Political*. Nueva York: Routledge, págs. 385-403.

Martin, L. R., Gutman, H., y Hutton, P. H. (eds.) (1988) "Introducción". En: L. R. Martin, H. Gutman, y P. H. Hutton (eds.) *Technologies of the Self: A Seminar with Michel Foucault*. Londres: Tavistock Press, págs. 3-8.

May, L. y Strikwerda, R. (1994) "Men in groups: collective responsibility for rape". *Hypatia: A Journal of Feminist Philosophy* 9 (2), págs. 134-51.

McGuire, D. L. (2010) *At the Dark End of the Street*. Nueva York: Random House.

McNaron, T. y Morgan, Y. (eds.) (1982) *Voices in the Night: Women Speaking about Incest*. Minneapolis: Cleis Press.

McNay, L. (1992) *Foucault and Feminism*. Boston: Northeastern University Press.

McWhorter, L. (1999) *Bodies and Pleasures: Foucault and the Politics of Sexual Normalization*. Bloomington: Indiana University Press.

Medina, J. (2013) *The Epistemology of Resistance: Gender and Racial Oppression, Epistemic Injustice, and Resistant Imaginations*. Nueva York: Oxford University Press.

Merleau-Ponty, M. (1964) *Sense and Nonsense*. Traducción de H. L. Dreyfus y P. A. Dreyfus. Evanston, Illinois: Northwestern University Press.

Meyers, D. T. (2016) *Victims' Stories and the Advancement of Human Rights*. Nueva York: Oxford University Press.

Mikaere, A. (1994) "Maori women: caught in the contradictions of a colonised reality". *Waikato Law Review* 2, págs. 125-49.

Miller, L. (2013) "The turn-on switch". *New York Magazine,* 29 de julio-5 de agosto, págs. 38-44.

Miller, S. (2009) "Moral injury and relational harm". *Journal of Social Philosophy* 40 (4), págs. 504-23.

Mohanty, S. (1997) *Literary Theory and the Claims of History: Postmodernism, Objectivity, Multicultural Politics.* Ithaca, Nueva York: Cornell University Press.

Moran, R. (2013) *Paid For: My Journey Through Prostitution.* Nueva York: W. W. Norton.

Moreton-Robinson, A. (2000) *Talkin' Up to the White Woman.* Auckland: University of Queensland Press.

Morrison, T. (ed.) (1992) *Race-ing Justice, En-gendering Power: Essays on Anita Hill, Clarence Thomas, and the Construction of Social Reality.* Nueva York: Pantheon Books.

Morgan, M. (2012) "Toddlers and tears: the sexualization of young girls". *Deseret News,* 17 de noviembre.

Moya, P. M. L. (2002) *Learning from Experience: Minority Identities, Multicultural Struggles.* Berkeley: University of California Press.

Moya, P. M. L. y Díaz, J. (2016) "The search for decolonial love: a conversation between Junot Díaz and Paula M. L. Moya". En: M. Hanna, J. H. Vargas, y J. D. Saldívar (eds.) *Junot Díaz and the Decolonial Imagination.* Durham, Carolina del Norte: Duke University Press, págs. 391-402.

Murray, A. (1998) "Debt-bondage and trafficking: don't believe the hype". En: K. Kempadoo y J. Doezema (eds.) *Global Sex Workers: Rights, Resistance and Redefinition.* Nueva York: Routledge, págs. 51-64.

Narayan, U. (1996) "Contesting cultures: 'Westernization', respect for cultures and Third World feminists". En: L. Nicholson (ed.) *The Second Wave: A Reader in Feminist Theory.* Nueva York: Routledge, págs. 396-414.

National Sexual Violence Resource Centre (2013) *Sexual Assault Statistics.* Enola, Pennsylvania: National Sexual Violence Resource Centre.

Newton, P. (2013) "Canadian teen commits suicide after alleged rape, bullying". CNN.com. Disponible en: www.cnn.com/2013/04/10/justice/canada-teen-suicide/.

Noack, R. (2016) "2,000 men 'sexually assaulted 1,200 women' at Cologne New Year's Eve party". *Independent.* Disponible en: www.independent.co.uk/news/world/europe/cologne-new-years-eve-mass-sex-attacks-leakeddocument-a7130476.html.

Nzegwu, N. (2006) *Family Matters: Feminist Concepts in African Philosophy of Culture.* Albany: SUNY Press.

O'Leary, T. (2010) "Rethinking experience with Foucault". En: T. O'Leary y C. Falzon (eds.) *Foucault and Philosophy.* Oxford: Blackwell, págs. 162-203.

Oliver, K. (2001) *Witnessing.* University of Minnesota Press, Minneapolis.

Oliver, K. 2016. *Hunting Girls: Sexual Violence from The Hunger Games to Campus Rape*. Nueva York: Columbia University Press.

Onal, A. (2008) *Honour Killing: Stories of Men Who Killed*. Londres: SAQI Books.

Ottenweller, J. (1991) *Please Tell! A Child's Story about Sexual Abuse*. Center City, Pennsylvania: Hazelden Publishing.

Oyewumi, O. (1997) *The Invention of Women: Making an African Sense of Western Gender Discourses*. Minneapolis: University of Minnesota Press.

Pateman, C. (1980) "Women and consent". *Political Theory* 8 (2), págs. 149-68.

Pateman, C. (1988) *The Sexual Contract*. Stanford: Stanford University Press.

Pateman, C. (2002) "Self-ownership and property in the person: democratization and a tale of two concepts". *Journal of Political Philosophy* 10 (1), págs. 20-53.

Pateman, C. y Mills, C. (2007) "Contract and social change: a dialogue between Carole Pateman and Charles W. Mills". En: C. Pateman y C. Mills (eds.) *Contract and Domination*. Malden, Massachusetts: Polity Press, págs. 10-34.

Patterson, O. (1985) *Slavery and Social Death: A Comparative Study*. Cambridge, Massachusetts: Harvard University Press.

Pinker, S. (2011) *The Better Angels of Our Nature: Why Violence Has Declined*. Nueva York: Viking.

Pineau, L. (1989) "Date rape: a feminist analysis". *Law and Philosophy* 8, págs. 217-43.

Pineau, L. (1996) "A response to my critics". En: L. Francis (ed.) *Date Rape: Feminism, Philosophy, and the Law*. University Park: Pennsylvania State University Press, págs. 63-107.

Pipe, M. E., Lamb, M., Orbach, Y., y Cederborg, A. C. (2007) *Child Sexual Abuse: Disclosure, Delay, and Denial*. Hove: Psychology Press.

Plante, R. F. (2007) "In search of sexual subjectivities: exploring the sociological construction of sexual selves". En: M. Kimmel (ed.) *The Sexual Self: The Construction of Sexual Scripts*. Nashville: Vanderbilt University Press, págs. 31-48.

Plaza, M. (1981) "Our damages and their compensation rape: the will not to know of Michel Foucault". *Feminist Issues* 1 (3), págs. 25-36.

Polese, C. (1985) *Promise Not to Tell*. Nueva York: Human Sciences Press.

Presland, E. (1981) "Whose power? Whose consent?". En: D. Tsang (ed.) *The Age Taboo: Gay Male Sexuality, Power and Consent*. Londres: Tavistock, págs. 72-9.

Primoratz, I. (1999) *Ethics and Sex*. Nueva York: Routledge.

Razack, S. (2004) "Imperilled Muslim women, dangerous Muslim men and civilized Europeans: legal and social responses to forced marriages". *Feminist Legal Studies* 12 (2), págs. 129-74.

Redecker, E. V. (2016) *Anti-Genderismus* and right-wing hegemony. *Radical Philosophy* 198, págs. 2-7.

Ricoeur, P. (1995) *Oneself as Another.* Traducción de K. Blamey. Edición revisada. Chicago: University of Chicago Press.

Riegel, D. (2007) *We Were NOT Abused!* Filadelfia: SafeHaven Foundation Press.

Roberts, M. L. (2013) *What Soldiers Do: Sex and the American GI in World War II France.* Chicago: University of Chicago Press.

Robnett, B. (2000) *How Long? How Long? African-American Women in the Struggle for Civil Rights.* Nueva York: Oxford University Press.

Rose, T. (2003) *Longing to Tell: Black Women Talk about Sexuality and Intimacy.* Nueva York: Picador.

Rousseau, J.-J. (2007) *Émile, or on Education.* Nueva York: Penguin.

Rubin, G. (1984) "Thinking sex: notes for a radical theory of the politics of sexuality". En: C. Vance (ed.) *Pleasure and Danger.* Boston: Routledge, págs. 267-319.

Rubin, G. (2011) *Deviations: A Gayle Rubin Reader.* Londres: Duke University Press.

Rush, F. (1980) *The Best Kept Secret.* Nueva York: McGraw-Hill.

Salter, A. y Blodgett, B. (2012) "Hypermasculinity & dickwolves: the contentious role of women in the new gaming public". *Journal of Broadcasting & Electronic Media* 56 (3), págs. 401-16.

Sanday, P. R. (1981) "The socio-cultural context of rape: a cross-cultural study". *Journal of Social Issues* 37 (4), págs. 5-27.

Sanford, L. T. (1980) *The Silent Children: A Parent's Guide to the Prevention of Child Sexual Abuse.* Nueva York: McGraw-Hill.

Sawicki, J. (1991) *Disciplining Foucault: Feminism, Power, and the Body.* Nueva York: Routledge.

Scott, J. (1992) "The evidence of experience". En: J. Butler y J. Scott (eds.) *Feminists Theorize the Political.* Nueva York: Routledge, págs. 22-40.

Seidman, S. (1992) *Embattled Eros: Sexual Politics and Ethics in Contemporary America.* Nueva York: Routledge.

Serageldin, S. (2012) "The Egyptian feminist's dilemma: Mona Eltahawy". *Samia Serageldin's Blog.* Disponible en: samiaserageldin.blogspot.ca/2012/04/egyptian-feminists-dilemma-mona.html.

Shapin, S. (1995) *A Social History of Truth: Civility and Science in Seventeenth-Century England.* Chicago: University of Chicago Press.

Sher, J. (2011) *Somebody's Daughter: The Hidden Story of America's Prostituted Children and the Battle to Save Them.* Chicago: Chicago Review Press.

Showden, A. R. y Majic, S. (eds.) (2014) *Negotiating Sex Work: Unintended Consequences of Policy and Activism.* Minneapolis: University of Minnesota Press.

Shrage, L. (1994) *Moral Dilemmas of Feminism: Prostitution, Adultery, and Abortion.* Nueva York: Routledge.

Simon, W. (1996) *Postmodern Sexualities.* Londres: Routledge.

Smart, C. (1989) *Feminism and the Power of Law.* Nueva York: Routledge.

Smith, A. (2005) *Conquest: Sexual Violence and American Indian Genocide.* Cambridge, Massachusetts: South End Press.

Smith, V. (1998) *Not Just Race, Not Just Gender: Black Feminist Readings.* Nueva York: Routledge.

Sorbera, L. (2014) "Challenges of thinking feminism and revolution between 2011 and 2014". *Post-colonial Studies* 17 (1), págs. 63-75.

Spohn, C. y Tellis, K. (2012) "The criminal justice system's response to sexual violence". *Violence against Women* 18 (2), págs. 169-92.

Spurgas, A. K. (2013) "Interest, arousal and shifting diagnoses of female sexual dysfunction, or: how women learn about desire". *Studies in Gender and Sexuality* 14 (3), págs. 187-205.

Spurgas, A. K. (2016) "Low desire, trauma and femininity in the *DSM-5*: a case for sequelae". *Psychology and Sexuality* 7 (1), págs. 48-67.

St. Aubyn, E. (2012) *The Patrick Melrose Novels.* Nueva York: Picador.

Steele, C. (2010) *Whistling Vivaldi: How Stereotypes Affect Us and What We Can Do.* Nueva York: W. W. Norton.

Stiglmayer, A. (ed.) (1994) *Mass Rape: The War against Women in Bosnia-Herzegovina.* Traducción de M. Faber. Lincoln: University of Nebraska Press.

Stryker, S. (2008) *Transgender History.* Berkeley: Seal Press.

Sudbury, J. (2006) "Rethinking antiviolence strategies: lessons from the black women's movement in Britain". En: INCITE! Women of Color Against Violence (ed.) *Color of Violence.* Boston: South End Press, págs. 13-24.

Superson, A. (1993) "A feminist definition of sexual harassment". *Journal of Social Philosophy* 24 (1), págs. 46-64.

Taha, R. M. (2013) "Shura Council members blame women for harassment". *Daile News Egypt,* 11 de febrero.

Tax, M. (2016) *A Road Unforeseen: Women Fight the Islamic State.* Nueva York: Bellevue Literary Press.

Taylor, C. (2009a) "Foucault, feminism and sex crimes". *Hypatia: A Journal of Feminist Philosophy* 24 (4), págs. 1-25.

Taylor, C. (2009b) *The Culture of Confession from Augustine to Foucault*. Nueva York: Routledge.

Theoharis, J. (2013) *The Rebellious Life of Mrs. Rosa Parks*. Boston: Beacon Press.

Thevenot, B. y Russell, G. (2005) "Rape. Murder. Gunfi ghts". Nola.com. Disponible en: www.nola.com/katrina/2005/09/rape_murder_gunfights.html.

Thornhill, R. y Palmer, C. T. (2000) *A Natural History of Rape: Biological Bases of Sexual Coercion*. Boston: MIT Press.

Ticktin, M. (2008) "Sexual violence as the language of border control: where French feminist and anti-immigrant rhetoric meet". *SIGNS* 33 (4), págs. 863-89.

Toobin, J. (2009) "The celebrity defense". *The New Yorker,* 14 de diciembre.

Torrey, M. (1995) "Feminist legal scholarship on rape: a maturing look at one form of violence against women". *William & Mary Journal of Women and the Law* 2 (1), págs. 35-49.

Tremain, S. (2013) "Educating Jouy". *Hypatia: A Journal of Feminist Philosophy* 28 (4), págs. 801-17.

Tuana, N. (1988) "Sexual harassment: offers and coercion". *Journal of Social Philosophy* 19 (2), págs. 30-42.

Valenti, J. (2014) "The only 'privilege' afforded to campus rape victims is actually surviving". *Guardian*. Disponible en: www.theguardian.com/commentis-free/2014/jun/10/campus-rape-victims-survivor-privilege-george-will.

Valian, V. (1999) *Why So Slow? The Advancement of Women*. Boston: MIT Press.

Wagner, T. (2007) *The Making of Me: Finding My Future after Assault*. Sydney: PanMacmillan Australia.

Wallace, M. (1980) *Black Macho and the Myth of the Superwoman*. Nueva York: Warner Books.

Warshaw, R. (1988) *I Never Called It Rape*. Nueva York: Harper & Row.

Weeks, J. (1985) *Sexuality and Its Discontents*. Nueva York: Routledge.

Welchman, L. y Hossain, S. (2005) "Introduction: 'honour', rights and wrongs". En: L. Welchman y S. Hossain (eds.) *"Honour": Crimes, Paradigms, and Violence against Women*. Londres: Zed Books, págs. 1-21.

West, T. (1999) *Wounds of the Spirit: Black Women, Violence, and Resistance Ethics*. Nueva York: New York University Press.

Whittier, N. (2009) *The Politics of Child Sexual Abuse: Emotion, Social Movements, and the State*. Nueva York: Oxford University Press.

Wiegman, R. y Wilson, E. A. (2015) "Introduction: antinormativity's queer conventions". *differences: A Journal of Feminist Cultural Studies* 26 (1), págs. 1-25.

Williams, B. (1993) *Shame and Necessity.* Berkeley: University of California Press.

Wilson, M. y Daly, M. (1998) "Lethal and nonlethal violence against wives and the evolutionary psychology of male sexual proprietariness". En: R. E. Dobash y R. P. Dobash (eds.) *Rethinking Violence against Women.* Londres: Sage, págs. 199-230.

Wolf, N. (1994) *Fire with Fire: The New Female Power and How to Use It.* Nueva York: Ballantine Books.

Yee, V. (2013). "Statutory rape, Twitter, and a generational divide". *New York Times.* Disponible en: www.nytimes.com/2013/04/05/nyregion/generational-divide-in-torrington-conn-over-sex-assault-case.html.

Zarkov, D. (2007) *The Body of War: Media, Ethnicity and Gender in the Break-Up of Yugoslavia.* Durham, Carolina del Norte: Duke University Press.

Ziegenmeyer, N. (1992) *Taking Back My Life.* Nueva York: Simon & Schuster.

Impreso por TREINTADIEZ S. A.
Pringles 521 (C1183 AEI)
Ciudad Autónoma de Buenos Aires
Teléfonos: 4864-3297 / 4862-6794
editorial@treintadiez.com